우리 고대 국가
위치를 찾다
⟨제1권⟩

우리 고대 국가 위치를 찾다 〈제1권〉

초판 1쇄 인쇄 2022년 8월 5일
초판 1쇄 발행 2022년 8월 10일
초판 2쇄 발행 2023년 2월 20일

지은이 전우성
펴낸이 金泰奉
펴낸곳 한솜미디어
등 록 제5-213호

편 집 김태일, 김수정
마케팅 김명준

주 소 (우 05044) 서울시 광진구 아차산로 413(구의동 243-22)
전 화 (02)454-0492(代)
팩 스 (02)454-0493
이메일 hansom@hansom.co.kr
홈페이지 www.hansomt.co.kr

ISBN 978-89-5959-561 7 (03900)

*책값은 표지에 표시되어 있습니다.
*잘못 만들어진 책은 구입하신 서점에서 친절하게 바꿔드립니다.

우리 고대 국가 위치를 찾다

〈제1권〉

전우성 지음

주류 강단 사학계의 '젊은 역사학자 모임'의
(『욕망 너머의 한국 고대사』 비판&반론&올바른 비정)

한국&중국 정사 기록에 의하여 왜곡과 날조로 뒤엉킨
주류 강단사학의 식민사학을 파헤치다.
오랜 기간 이어져 온 논란 사항 정립
(고조선 및 삼국의 위치, 연진장성, 패수, 낙랑, 평양 등
고구려, 통일신라, 고려 영역 재정립/고구려 및
고려 천리장성 조작 확인)

한솜미디어

| 목 차 |

〈1권〉--

[이 글을 쓰는 이유]_16

• 해방 후 한반도에서의 역사학 갈래_19
• 현재 주류 강단 사학계가 표방하는 실증주의 역사관의 실체_23
• 우리나라 주류 강단 사학계가 일제 실증주의 역사학을 추종하고 있다는 증거_30
• 우리나라 역사 인식의 문제_43

Ⅰ. "고조선 역사 어떻게 볼 것인가(기경량)" 글을 반박하여 비판한다_64

[소위 고조선 전문가 논문과 역사 논리를 비판한다]_84
1) 『관자』 사료 이용과 해석을 비판한다_92
2) 『전국책(戰國策)』 사료 이용과 해석을 비판한다_98
3) 『산해경(山海經)』 사료 이용과 해석을 비판한다_107
  ■ 습수에 대하여_123
  ■ 산수에 대하여_125
  ■ 열수에 대하여_126
4) 『사기(史記)』 사료 이용과 해석을 비판한다_141
  ■ 요수(하)에 대하여_151
  ■ 요동 개념 변화에 대하여_151
  ■ 『후한서』「군국지」 연5군 및 한2군의 거리 수치 조작에 대하여_207
    - 백랑수가 소위 연5군 및 한2군에 대한 주류 강단 사학계의 비정을 부정한다._207
    - 소요수가 역시 소위 연5군 및 한2군에 대한 주류 강단 사학계의 비정

을 부정한다._212
　　－사서 기록상 소위 한4군의 위치에 있다는 요수, 백랑수, 압록수가
　　　흐르는 곳은 하북성이다._213
　　－중국사서는 후대로 올수록 우리 역사를 동쪽으로 조작하여 이동시킨
　　　채 왜곡하였다._232
■ 요수와 관련된 사항(대요수, 소요수, 압록수, 안평현) 왜곡에 대하여_234
■ 중국사서 주석(『사기』 삼가주석)에 대하여_316
■ 양평에 대하여_336
■ 영주에 대하여_360
■ 연·진장성에 대하여_364
■ 연나라 위치에 대하여_366
■ 연장성, 연5군에 대하여_384
■ 고조선 이동설의 허구_385
　　1) 불확실한 기록을 후대의 '춘추필법'에 의하여 과대포장한 채
　　　확실한 것으로 하였다._389
　　2) 다른 여러 가지 증거에 의하여도 연나라 진개의 고조선 공략
　　　1,000리 내지는 2,000리 사실은 신빙성이 없다._399
(1) 현재 중국과 우리나라 학계에서 강대국으로 비정하는 연나라는
　　약소국이었다._399
(2) 같은 기사를 다른 열전에도 쓴 것은 둘 중 한 기사는 허위일 가
　　능성이 높다._403
(3) 설사 연의 진개 조선 공략이 사실일지라도 이내 고조선이 탈환
　　하였다._407
(4) 중국사서상의 기록에 의하더라도 연의 동호 내지는 조선 침략
　　과 연5군, 연장성 설치는 신빙성이 없다._415
(5) 유적, 유물에 의하더라도 식민사관의 '고조선 이동설'은 허구이
　　며 식민사관의 변형물이다._420

·인용 사료 목록_435 / 참고 자료 목록_450
·지도 목록_453 / 도표 목록_455

⟨2권⟩-------------------------------------
- ■ 요동군에 대하여
- ■ 요서군에 대하여
- ■ 임유관(현, 궁, 임삭궁)에 대하여
- ■ 마수산(책)에 대하여
- ■ 마읍산에 대하여

(1)고조선

(2)고구려
- ■ 중국사서 해석상 유념할 사항에 대하여
- - 신뢰성 부족
- - 왜곡과 혼란에 빠지지 않을 사전 인식 필요, 사서와의 교차검증 필요
- - 사전 인식과 교차검증 결과 우리 민족 활동 지역은 산동성 확인
- ■ 고구려와 관련된 중요한 사항에 대하여
    ① 고구려 관련 천리와 요동 개념 인식 제고
    ② 고구려와 현토군과의 관련성
    ③ 고구려 발상지 졸본 지역
    ④ 낙랑 개념에 따른 위치 비정
    ⑤ 말갈의 위치에 따른 비정
- ■ '『삼국사기』 초기 기록 불신론'에 대하여

(3)백제
- ■ 백제의 요서 진출에 대하여
- ■ 양직공도에 대하여
- ■ 임나에 대하여
- ■ 백제의 도읍 2성에 대하여

(4)신라
- 한반도 신라를 입증하는 경주 고분과 유물에 대하여
- 탁수, 탁록의 왜곡에 대하여
- 삼한에 대하여

〈3권〉--
- 중국사서 기록상 바다[海]기록에 대하여
- 신라 진흥왕 순수비에 대하여
- 백제 무령왕릉에 대하여
- 신라의 길림성 영역에 대하여
- 신라와 고려의 하북성 영역에 대하여
- 신라 9주 설치 기록 조작에 대하여
- 삭주에 대하여

(5)낙랑
- 예와 옥저에 대하여
- 예와 예맥에 대하여
- 개마대산, 단단대령, 영동 7현에 대하여
- 죽령과 남옥저에 대하여

(6)말갈
- 서여진, 동여진, 생여진, 숙여진에 대하여
- 『고구려-발해인 칭기스 칸1,2』(2015. 비봉출판사, 전원철 박사) 비판
- 평주에 대하여
- 패서도, 패강에 대하여
- 거란의 위치에 대하여

〈4권〉--
■ 하슬라, 니하, 우산성에 대하여
■ 말갈 관련 중국사서 기록 비판

(7)왜
■ 독산성에 대하여
■ 구천에 대하여
■ 상곡군에 대하여
■ 어양군에 대하여
■ 우북평군에 대하여
■ 현토군에 대하여
■ 주류 강단 사학계의 현재 어설픈 시도에 대하여
■ 『삼국사기』 평양성 기록상 패수 오류 비정에 대하여
■ 낙랑군에 대하여
■ 대방(군)에 대하여
■ 낙랑군 교치설에 대하여
■ 중국의 우리 민족 역사 왜곡 비판
■ 고구려 천리장성의 조작에 대하여
■ 칠중성에 대하여
■ 온달과 온달의 활동 지역에 대하여
■ 아차성, 아단성에 대하여
■ 나당 전쟁의 위치에 대하여
■ 묘청의 반란 지역 서경에 대하여

〈5권〉--
■ 중국사서 왜곡 기록에 대하여
■ 『삼국사기』의 올바른 해석 방법에 대하여
■ 안동도호부의 실체
■ 고려 천리장성의 조작에 대하여
■ [1]서해 압록강 도출 근거 2가지 : 1)인주 2)의주

- [2]천리장성 동쪽 끝 동해안 도련포 도출 근거 1가지
- 신라의 서쪽 국경인 호로하와 칠중성에 대하여
- 호로하에 대하여
- 패강에 대하여
- 소위 통일신라의 영역 – 발해와의 국경
- 신라의 동쪽 경계인 철관성에 대하여
- 압록강에 대하여
- 이병도가 비정한 통일신라의 동쪽 경계 철관성에 대하여
- 책성에 대하여
- 고구려, 백제, 신라의 위치 관련 사서 기록의 해석의 일례에 대하여
- 발해에 대하여
- 궁예의 활동 지역에 대하여
- 발해가 당나라를 공격한 등주에 대하여

〈6권〉--
- 유주에 대하여
- 『신당서』「가탐도리기」에 대한 바른 재해석에 대하여
- 거란에 대하여
- 요택에 대하여
- 발해 5경에 대하여
- 고려의 영역에 대하여
- 고려 윤관의 동북 9성에 대하여
- 고려 서희의 강동 6주(8성)에 대하여(1)
- 의무려산에 대하여
- 고죽국에 대하여
- 노룡현과 창려현에 대하여
- 백랑수에 대하여
- 비여현에 대하여
- 용성과 선비에 대하여(1)

■ 소위 서희의 강동 6주(8성) 위치에 대하여(2)

① 흥화진

■ 살수에 대하여

② 용주와 통주
③ 철주

〈7권〉--
■ 안시성에 대하여

④ 귀주
⑤ 곽주
⑥ 장흥진
⑦ 귀화진
⑧ 안의진
⑨ 맹주

■ 쌍성총관부, 동녕부, 자비령, 철령에 대하여
■ 레지선, 당빌선, 본느선에 대하여
■ 고려 지방 행정 조직 '5도 양계'에 대하여
■ 진 장성에 대하여
■ 갈석산에 대하여
■ 패수에 대하여
■ 서안평에 대하여
■ 중국 '만성한 묘'에 대하여
■ 『구당서』 및 『신당서』 「고구려전」의 올바른 해석에 대하여

5) 『위략』 사료 이용과 해석을 비판한다.
6) 『염철론』「벌공」편과 『사기』「흉노열전」 사료 이용과 해석을 비판한다.
7) 『삼국유사』「고조선조」 사료 이용과 해석을 비판한다.
8) 젊은 역사학자 모임 일원의 『염철론』「벌공편」 사료 이용과 해석을 비판한다.
9) 『삼국지』〈위서〉「동이전」 및 『위략』과 『사기』「흉노열전」 그리고 『삼국유사』 사료 이용과 해석을 비판한다.

 (1)동호에 대한 정의 그리고 '고조선 이동설'을 비판한다.
 (2)소위 연5군(진5군)의 위치 및 양평에 대한 주장을 비판한다.

10) 고조선 유적, 유물에 대한 왜곡된 해석을 비판한다.
 (1)'고조선 이동설'은 낙랑군 평양설을 유지하기 위한 식민사학의 왜곡된 변형물이다.
 (2)초기 고조선 중심지는 대능하 지역 내지는 요하 일대라는 설정은 잘못이다.
 (3)고조선 지표 유물에 대한 해석이 잘못되었다.

11) 고조선과 한나라의 전쟁 기사 해석을 비판한다.
 (1)고조선이 패한 전쟁 기사를 이유 없이 장황하게 나열하였다.
 (2)조한 전쟁 당시 고조선의 위치 문제
  ①전쟁 시작 이유
  ②전쟁 시작 및 경과 그리고 결과

12) 결론에 대한 비판

II. "낙랑군은 한반도에 없었다?(기경량)"를 반박하여 비판한다.

1. 낙랑군 위치에 대한 왜곡된 주장

   1) 기자조선의 실체

〈8권〉--
   - 우리 민족 고대국가 수도 평양에 대하여
   - 한산주, 한주 한반도 왜곡 비정에 대하여

   2) 한사군의 실체

2. 실학자들도 식민 사학자?
3. 사이비 역사가의 엉터리 '1차 사료' 활용
4. 진짜 '당대 사료'가 증언하는 낙랑군 위치 P1741
5. 낙랑군 이동과 교치

   - 낙랑군 고조선 주민 자치설에 대하여

6. '스모킹 건' 평양지역 낙랑군 유적과 유물
7. 열린 접근이 필요한 낙랑군

III. "광개토왕비 발견과 한·중·일 역사전쟁(안정준)"을 반박하여 비판한다.

1. 고구려 초기 도읍지 및 위치 그리고 천도 사실

   - 졸본성에 대하여
   - 고구려 수도 천도 사실에 대하여

〈9권〉--
- 국내성에 대하여
- 환도성에 대하여
- 평양성에 대하여
- 부여에 대하여
- 선비에 대하여(2)](고구려와의 관계)
- 부여의 약수에 대하여
- 동부여의 위치에 대하여

2. 광개토대왕 비문 재해석

1) 신묘년조 해석
2) 전체 비문 재해석

- 고구려 시조에 대하여
- 고구려 시조 출처에 대하여
- 비려에 대하여
- 부산에 대하여
- 신묘년조에 대하여
- 치양, 주양에 대하여
- 양평도에 대하여
- 관미성에 대하여
- 백제 한성 함락과 관련한 사실에 의하여 그 위치를 조명하면
- 광개토대왕 비문상의 아리수와 서서상의 욱리하, 사성에 대하여
- 광개토대왕 비문상의 아리수에 대하여
- 하평양(남평양)에 대하여
- 고구려 하북성 평주 지역 도읍 시기에 대하여
- 백제의 남한 지방 옮김에 대하여

〈10권〉--
- 백제의 천도지이자 남쪽 경계였던 웅진(웅천)에 대하여
- 백제 성왕 죽음 장소인 관산성에 대하여
- 백제 도읍에 대한 고고학적 측면에 대하여
- 나당 연합군의 백제 공격에 대하여
- 바다를 통한 당나라의 백제 공격에 대하여
- 당나라 소정방 출발지 성산에 대하여
- 제1차 도착지인 덕물도에 대하여
- 제2차 도착지인 웅진구와 백강에 대하여
- 백제 항복 주체에 대하여
- 임나가라에 대하여
- 임나일본부의 왜의 외교 사절설 논리의 근거 비판
- 대가야 설정의 허구성에 대하여

  [대가야의 존속여부]
  [대가야의 멸망 사실 허구]

- 왜의 외교 사절설 실체 비판

  [안라의 한반도 가야 비정 근거]
  [외교 사절 역할에 대하여]

- 『일본서기』 신뢰성에 대하여
- 고대 시기 한반도와 일본열도의 상황에 대하여
- 왜가 침입한 대방계에 대하여
- 407년 광개토대왕의 기병 5만에 의한 공격에 대하여
- 가야와 포상팔국에 대하여
- 가라의 기록에 대한 고찰

[맺는 말]

우리 고대 국가 위치를 찾다

(『욕망 너머의 한국 고대사』 비판&반론)

한국&중국 정사 기록에 의하여 왜곡과 날조로 뒤엉킨 주류 강단사학의 식민사학을 파헤치다.

| 이 글을 쓰는 이유 |

　이 글은 2018년 10월 중에 출판사 '서해문집'에서 기경량을 비롯한 10명의 젊은 역사학자들의 글로 발행한『욕망 너머의 한국 고대사』에 대하여 반박하는 글이다.

> 『욕망 너머의 한국 고대사』
> 왜곡과 날조로 뒤엉킨 사이비 역사학의 욕망을 파헤치다.
> ― 젊은 역사학자 모임
>
> 1. 고조선 역사, 어떻게 볼 것인가(기경량)
> 2. 낙랑군은 한반도에 없었다?(기경량)
> 3. 광개토왕비 발견과 한·중·일 역사전쟁(안정준)
> 4. 백제는 정말 요서로 진출했나(백길남)
> 5. 칠지도가 들려주는 백제와 왜 이야기(임동민)
> 6. 생존을 위한 전쟁, 신라의 삼국통일(이성호)
> 7. 신라 김씨 왕실은 흉노의 후예였나(최경선)
> 8. 임나일본부설의 어제와 오늘, 그리고 내일(위가야)
> 9. 발해사는 누구의 역사인가(권순홍)
> 10. 고대국가의 전성기, 언제로 봐야 할까?(강진원)
> 11. 〈환단고기〉에 숨은 군부독재의 유산(김대현)

　위에 거론한 기경량을 비롯한 10명의 젊은 사학자들의 글들은 2017년 7월부터 9월까지 《한겨레21》 지면에 7회에 걸쳐 연재한 글들을 뼈대로 만들어진 것이라고 책의 머리말에서 언급했다.

미국의 동양미술사학자 '존 카터 코벨'(1912~1996) 박사는 백인 최초의 일본학 박사이다. 박사는 일본에 머물면서 일본 문화를 연구하기도 하였다. 그 결과 당시의 일본 내 통설인 일본 문화의 근원이 자체 발전적이거나 중국 문화의 영향을 많이 받은 후 한반도와 그 영향을 상호 교류적으로 받았다는 것은 사실이 아니라는 것을 알았다.

역사적 진실인 일본 문화는 전적으로 한반도 영향을 일방적으로 받았다는 사실을 확인하였다. 뿐만 아니라 일본이 얼마 전 한반도를 식민지로 삼은 것과 마찬가지로 고대 시절에 일본이 한반도 남부를 식민지로 점령하여 다스린 것이 아니라, 오히려 반대로 한반도에서 건너온 세력에 의하여 일본은 고대 국가가 형성되고 발전된 사실을 파악하였다(『부여 기마족과 왜(倭)』).

이는 박사의 전적인 연구 결과가 아니라 이전의 일본 문화를 연구한 미국의 그리피스, 페놀로사, 게리 레저드 등 제3국의 학자들이 박사보다 앞서 일본 문화의 근원이 한국이라고 객관적으로 주장했던 것과 일맥상통한 것이다. 박사는 당시 이 수수께끼 즉 역사적 진실은 이러한데 일본은 그렇다 치고 한국인들의 역사 인식이 역사적 진실과 동떨어진 것을 알았다. 이에 그 이유 및 현실을 파악하고자 한국을 방문하여 1978년부터 1986년까지 머물면서 당시 한국 역사계 인물과 토론 등을 벌인 결과 이렇게 토로했다.

■ 『한국문화의 뿌리를 찾아』, 학고재, 존 카터 코벨
"지금의 나이든 학자들은 과거 일본 사람 밑에서 공부했기에 그들에 대한 무슨 의리나 의무 같은 게 있어 그러는 것인가? 그러나 아직 서른이 안 된 젊은 학도들은 누구에게도 빚진 것 없을 테니까 이들은 박차고 일어나 진실을 밝혀서 케케묵은 주장들을 일소해 버렸으면 한다. 누군가는 해야 할 일이기 때문이다."

박사는 끝내 '한국의 젊은 학도들이 그릇된 현실을 박차고 일어나 진실을 밝히는 것'을 보지 못하고 1996년 세상을 떴다.

그리고 박사가 젊은 사학자들에게 기대하였던 1986년으로부터 35년이 지난 지금 그 젊은 사학자들도 학계의 원로 사학자가 되었다. 그리고 현재 또다시 다른 젊은 사학자들이 이제 막 역사학 공부를 마치고 강단 사학계에서 자기 자리를 잡기 시작하였다. 박사가 기대하였던 그들의 선배로서 그 젊은 사학자들은 현재 주류 강단 사학계의 원로들이 되었다. 그러나 박사의 기대와 달리 그때 그 젊은 사학자들은 해방 이후 77년 동안 활발하게 이루어진 사료적으로나 고고학적으로 이루어진 학문적 성과를 전혀 반영하지 않고 일제 식민주의 사관을 그대로 이어받은 채 여전히 이전의 잘못된 논리를 고수하고 있다.

이에 그동안 이루어진 학문적 성과를 반영하여 식민주의 사관에서 벗어나 우리 고대사 인식과 체계를 바꿔야 한다는 재야 민족 사학계 및 일부 비주류 강단 사학계의 주장과 비판에 대하여 뒤에서 숨어 학문적 토론 요청조차 거부하고 있다. 학문적 발전을 거부하는 것이다. 잘못되었더라도 자기 논리를 고수하고자 한다.

한국의 젊은 역사 학도들은 그릇된 현실을 박차고 일어나 진실을 밝히고 있는가.

이에 반발이 심해지면서 그들의 행태에 제동을 걸기 시작함으로써 실질적인 피해가 발생하기에 이르러서야 새로운 시각에 의하여 기존의 잘못된 역사를 바꾸어야 할 젊은 사학자들이 오히려 기존의 잘못된 역사학을 수호하는 행동대 역할을 하는 전위부대를 자처한 채 나서서 '젊은 역사학자 모임'을 만들어 선배 사학자들을 옹호하고 나섰다. 그런데 그들은 학문적으로 대응하지 않고 비학문적인 방법으로 대응하면서 학문적 비판 상대방들에게 학문을 하는 전문가로서는 차마 해서는 안 될 표현인 유사학자, 사이비 학자, 쇼비니즘, 파시즘, 일제 황국사관이라고 몰아세우면서 자기 영역과 논리를 고수하게 하는 방패막이를 자처하였다.

여기서 본 필자가 쓰는 용어에 대하여 잠깐 정의를 내리고 진행하고자 한다. 재야 민족 사학계와 주류 강단 사학계라는 용어에 대한 것이다.

우리나라에 근대 사학이 성립된 시기는 일제시대(일본 제국주의 식민지 상태 시기) 이후일 것이다. 필자는 일반 독자가 이해하기 쉽도록 그동안 통상적으로 사용하였던 일제 강점기라는 용어를 그대로 사용하고자 한다. 물론 '일제 강점기', '대일 항쟁기'라는 표현도 있다.

본 필자는 개인적으로 재야 사학계 특히 민족 사학계에서 주장하는 '대일 항쟁기'라는 표현을 선호하고 타당하다고 여기지만 여기서는 편의상 통상적인 표현인 일제 강점기라는 용어를 쓰고자 한다.

[해방 후 한반도에서의 역사학 갈래]

근대 사학이 성립된 이후 우리 역사학계는 세 갈래 방향으로 전개되었다.

① 일제 식민사학

일본 제국주의는 조선 즉 대한제국을 강제 합병한 후 식민지로 지배하고자 하였다. 그리하여 식민지 정책을 정당화 내지는 원활히 하기 위하여 조선인들의 의식을 타율성 그리고 한계성으로 정형화시킨 후 이를 의식화하고자 하였다. 그래서 변형적인 '실증사학'의 명분하에 우리나라 역사를 사서의 기록에서 편파적으로 왜곡되게 입증된 것만으로 역사를 정립하였다. 이른바 식민지 사관이다. 이의 대표적인 것이 '낙랑군 평양설'에 의한 '한반도 고착화'이다. 모든 역사 논리는 이 원칙에 함몰되고 있다.

② 민족사학

이와는 달리 조선시대 유학자들 중 독립 운동가를 중심으로 뜻있는 선각자들이 나라의 멸망을 겪은 후 나라의 멸망과 이를 극복하기 위한 방법은 교육 특히 역사 교육의 필요성을 깨달았다. 그리하여 이에 대한 연구와 국민 교육화 사업을 하고자 하여 주체적인 역사학을 정립하였다.

③ 사회주의 역사학

또한 다른 한편으로는 일본 유학자들을 중심으로 당시에는 공산주의의 잘못과 모순은 모른 채 단지 서구의 프롤레타리아 사상이 공정한 사회를 이룩할 수 있는 것으로 보았다. 이에 차후 되찾을 새로운 나라에는 새로운 제도가 필요함에 따라 이에는 공산 사회주의 개념이 필요하다는 차원에서 역사를 유물론적, 변증적 방법으로 연구하는 운동도 생겨났다.

즉, 우리나라 근대 역사계에는 세 가지 학파가 있었다고 볼 수 있다.

1. 일제 총독부 '조선사편수회' 식민사학
2. 독립 운동가의 민족사학
3. 유물사관에 의한 사회주의 역사학

그런데 해방 후 '일제 총독부 조선사편수회 식민사학'은 당연히 청

산되었어야 함에도 불구하고 일제 총독부 산하 '조선사편수회'에서 식민사학을 부역했던 이병도와 신석호는 각각

이병도는

1896 출생
1919 와세다대학교 사학 및 사회학과 졸업
　(「고구려 대수당전쟁(對隋唐戰爭)에 대한 연구」를 졸업논문으로 제출했다. 당시 교수였던 요시다 도고[吉田東伍], 쓰다 소키치[津田左右吉](지도 교수), 이케우치 히로시[池內宏]로부터 사사)
1925 조선사편수회 수사관보 촉탁(이나바 이와키치, 이마니시 류를 도와 일함)
1934 진단학회 설립 참여
1945 진단학회 재건, 임시 교원양성소(국어, 국사) 설립장
1946 서울대 사학과 창설 및 교수, 서울대학교 중앙도서관장
1952 서울대학교 인문과학 박사 학위 취득
1953 진단학회 이사장, 서울대학교 부속 박물관장
1954 서울대학교 대학원장, 금성충무무공훈장 수상
1955~1982 국사편찬위원회 위원
1960 문교부 장관, 서울대학교 대학원장 겸 행정대학원장, 학술원 회장
1961 국민대학 학장
1962 대한민국장 수상
1965 성균관대학교 교수
1979 516 민족상
1981 국정자문위원회 위원
1989 사망
2008 친일인명사전 수록

등의 활동을 하였고,

신석호는

1904 출생
1920~1921 세이소쿠 영어학교
1929 경성제대 사학과 졸업, 조선총독부 조선사편수회 촉탁
1930~1937 조선사편수회 수사관보
1938~1940 조선사편수회 수사관
1934 진단학회 창립
1946 임시중등국사교원양성소 설립, 강사, 고려대학교 교수
1947 초등학교 및 중고등학교 사회과 교수요목제정위원, 국정교과서 편찬심의위원
1949 문교부 편수국장
1951 성균관 대학교 교수
1954 제1회 학술원 회원, 서울시사편찬위원회 위원
1962 독립유공자상훈 심의위원, 민족문화추진회 발기인
1963 대한민국 문화훈장
1972 한국사연구회 조직. 회장, 영남대 대학원장. 문교부 편수국장, 고등고시위원
1981 사망
2009 친일인명사전 등재

등의 활동을 하면서 해방 후 한국 역사학계를 완전 장악하여 식민사학을 계속 이어 오더니 결국 현재까지 주류 강단 사학계를 형성하게 되었다.

이와는 달리 해방 후 우리나라는 당연히 위의 ①일제 총독부 '조선사편수회' 식민사학을 ②독립 운동가의 민족사학이 대체하여야 함에도 불구하고 친일 청산이 이루어지지 않고 오히려 한국 역사학계를 장악하여 과거 독립 운동가와 주체적인 민족사학을 탄압하기에 이르렀다.

한편 남한에서의 이러한 상황과 달리 북한에서는 ③유물사관에 의한 사회주의 역사학이 형성되어 있었다. 이러한 상황에서 확장 차원으로 남한에서 탄압받던 독립 운동가의 민족사학을 영입하고자 김석형, 박시형 등이 월북하고 6.25전쟁이 일어나자 정인보 선생을 납북하였다. 이로써 결국 남한에서는 ②독립 운동가의 민족사학은 소멸하고 ①일제 총독부 '조선사편수회' 식민사학만이 남아 주류를 형성하게 되었다.

> 우리나라는 해방 후 일제 식민사학만이 남아 주류를 형성하고 있다.

이와 같이 주류를 형성하게 된 대한민국 역사학계의 ①일제 총독부 '조선사편수회' 식민사학은 명문상 식민사학의 꼬리표를 지우기 위해 '실증사학'을 내세우기 시작하여 오늘에 이르고 있다. 하지만 실질적으로는 식민사학을 그대로 계승하여 우리나라 역사를 좌지우지하는 기관인 교육부, 국사편찬위원회, 동북아역사재단, 한국학중앙연구원을 모두 장악하였다.

더군다나 학생을 가르치는 교육대학을 비롯한 각 대학 강단의 주류를 형성하고 있으면서 총론적으로는 식민사학을 극복하였다고 하지만 각론적으로는 여전히 식민사학을 추종하고 있다.

[현재 주류 강단 사학계가 표방하는 실증주의 역사관의 실체]

그러면 주류 강단 사학계가 주창하고 있는 실증주의 역사관의 실체는 무엇이고 어떤 이유로 주류 강단 사학계가 일제 식민사학을 추종하는가에 대하여 살펴보고자 한다. 실증사학에 대하여는 본 필자도 잘못 알고 있었다. 즉 역사의 모든 선입견이나 민족주의 의식이나 편견을 버리고 객관적인 역사자료에 의하여만 해석하는 합리적인 역사관으로 알고 있었다.

하지만 현재 우리나라 학자들이 표방한 실증주의는 본래의 실증주의가 아니라 일제에 의하여 도입된 것이다. 이것은 일제 군국주의에 의하여 추진된 제국주의 이론에 식민주의 역사관을 가미한 변형된 실증주의이다.

일제가 도입한 실증주의 역사관은 그 단어 내념과는 달리 어느 나라 역사에나 보편적으로 적용되는 객관적인 개념의 역사관이 아니라 각 민족국가에 개별적으로 인정되는 특수한 개념에 의한 역사관이다. 일본이 도입한 실증주의는 19세기 말 독일의 역사학자 레오폴트 폰 랑케에 의하여 시작된 과학적인 연구 방법론으로, 이전에 철학에 속해 있던 역사학을 철학으로부터 독립해서 학문의 기초를 닦은 것이다.

랑케의 민족주의 역사는 개별성과 특수성이다. 말하자면 어느 민족이든 그 민족은 다 개별적이고 특수하기 때문에 서로 우월이 나눠지는 개념이 아니라는 것이다. 따라서 랑케는 모든 민족이 서로 조화로운 관계를 갖게 되면 이 세계는 평화가 올 것이고 인류는 진보하게 될 것이라고 하였다. 즉 당시 다른 나라에 뒤처진 독일 역사를 정립시킴에 있어 선진국인 영국과 프랑스와는 다른 개념을 적용시키고자 한 것이 실증주의이다.

일본이 이러한 역사관을 도입하게 된 것은 유럽에서 가장 뒤처진 국가였던 독일이 유럽의 강자가 된 것을 보았기 때문이다. 일본은 랑케의 제자인 리스를 도쿄제국대학에 초빙하여 도쿄제국대학에 최초로 사학과를 설치하고 일본 역사학자들이 그곳에서 랑케의 실증주의 역사학을 배우고 연구하고 그것을 통해서 새로운 일본의 역사를 근대학적으로 정립하게 되었다.

그러나 일본은 원래의 실증주의 역사관을 도입한 것이 아니라 이러한 역사학적 이론을 토대로 제국주의적 정책을 펼쳐서 아시아뿐 아니라 세계적인 패권국가가 되고자 하는 군국주의 사상에 의한 것이었다. 그래서 일본은 이것을 도입하여 변형시켰다. 즉 랑케의 개별적이고 특수성의 민족주의에 보편적인 제국주의와 식민지 개념을 결합시키는 것이었다.

역설적이지만 제국주의는 역사의 보편성을 강조하는 이념을 갖고 있다. 역사의 보편성이라는 것은 고대로부터 강한 민족이 약한 민족을 지배하는 것이 일반적이고 보편적이라는 것이다.

그래서 유럽에서는 식민지 정책을 펼 때에 식민지 정책의 대상이 되는 국가들은 전부 다 미개하고 열등한 민족이기 때문에 우수한 민족으로 근대화되어 있고 아주 뛰어난 문화를 가진 유럽이 열등한 민족을 지배하고 개화시켜 주고 발전시켜 주는 것이 당연한 논리라고 하는 것이다.

따라서 그런 제국주의 논리가 식민주의 역사관인데 일본이 추구하고자 하는 논리가 바로 그것이었다. 그래서 일본의 실증주의는 우리 민족을 식민지로 다스리는 데 필요했던 역사 이론을 도입하는데 사용하였던 변형된 역사관인 것이다. 그러므로 배척되어야 할 변형된 역사관이지 내세울 정당한 역사관이 아니다. 즉 원래의 개별성과 특수성을 인정한 실증주의가 일본의 제국주의를 위하여 개별성과 특수성을 무시하고 보편성에 의하여 강자의 약자 지배 논리를 인정하는 실증주의로 변질된 것이었다.

이러한 차원에서 일본 제국주의가 우리 역사를 당연히 지배해야 할 지배 대상인 타율적이고 뒤처진 역사로 꾸미기 위해 도입한 것이 변형된 실증주의이다. 따라서 피지배 식민지 역사는 정상적인 전개보다 이데올로기가 앞서게 되어 이 이데올로기를 위하여 편의적으로 왜곡 편집하여 전개시킨 역사를 만들게 되었다.

이렇게 일제가 도입하면서 이를 변형시켜 어느 민족에게나 보편적으로 적용되는 개념인 제국주의와 식민지 이론으로 바꾼 것이다. 즉 어느 민족이나 힘이 약하면 강한 나라에 침범당하고 지배를 받아야 한다는 이론이다. 그러면서 실증주의라는 단어 자체의 의미를 이에 이용하여 주어진 사료를 그대로 적용하되 제국주의와 식민지 이론에 맞는 것만 취사선택하고 왜곡 편집하는 방법을 채택한 것이다. 이러한 방법에 의하여 일제가 우리나라에 이를 적용한 것은 식민지 피지배를 받는 우리 민족의 타율성과 한계성을 심어주기 위하여 역사에 기록된 대로 해석한다는 왜곡된 실증주의의 의하여 편의적 선택에 의한 왜곡된 해석의 역사를 정립시키고자 하였다.

이러한 목적으로 일제 총독부가 설치한 '조선사편수회'에서 정립한 것이 일제의 실증주의 역사관에 의한 조선사이다. 그런데 문제는 이러한 역사관과 이에 의하여 정립된 역사가 지금까지 배척되거나 수정되지 않은 채 우리나라 역사계의 주류를 형성하고 있다는 것이다.

더군다나 지금도 왜곡된 실증주의의 실체를 모른 채 이를 그대로 표방함으로써 객관적인 역사를 하고 있다고 내세우고 있다. 실증주의라는 단어 개념만 이용한 채 오히려 사료의 내용대로 역사를 전개시키지 않고 편집적으로 왜곡된 시각에 의하여 잘못 정립된 일제 식민지 역사관을 그대로 추종하고 이를 옹호하는 사료를 편집적으로 이용하고 있다.

현재 우리 주류 강단 사학계의 역사관이라고 내세운 실증주의 사학은 일제가 도입한 제국주의 이데올로기에 의한 실증주의 역사학이지 랑케의 실증주의 역사학이 아니다. 랑케의 역사학은 독일의 민족주의적 애국적인 역사이다. 그래서 랑케는 제국주의를 부인한다. 그리고 각 나라의 개별성과 특수성을 옹호한다. 그러나 우리나라 주류 강단 사학계가 표방하는 실증사학은 보편성이라는 미명하에 시대에 뒤떨어진 시대착오적인 제국주의를 옹호하고 있다.

현재 주류 강단 사학계가 표방하는 실증주의는 본래의 실증주의가 아닌 일본 제국주의에 의하여 변형된 제국주의이므로 당연히 타파되어야 할 대상으로 이를 표방해서도 안 된다.

설사 일본 제국주의에 의하여 변형된 실증주의가 아니더라도 현재 우리나라 주류 강단 사학계의 학자들은 대부분 실증주의의 본래의 의미도 모르면서 표방하고 있다.

본 필자가 비판하고 있는 소위 젊은 역사학자 모임의 학자들이 주로 상대방인 재야 사학자들을 비판하는 데 사용하는 욕망을 가진 채 역사를 진행하면 안 된다고 하는 의미가 바로 실증주의를 표방한다는 것이다. 이러한 의미에서 실증주의를 하는 자신들은 주관적인 사고나 민족주의 애국심, 욕망을 배제한 채 있는 그대로 역사를 연구하고 해석하는 것을 표방한다.

> 현재 우리나라 주류 강단 사학계가 표방하는 실증주의 역사관은 일제 식민사학이 왜곡하여 도입한 변칙적인 실증주의인 제국주의 식민사학 역사관이다.

하지만

1) 이러한 사고는 역사 전문가들이라고 자칭하는 사람들이 역사를 모르고 하는 어리석은 사고라고 지적하고자 한다. 원래 역사 서술은 서술하는 사람의 입장과 사고에 따라 달리 기록하는 것이다. 특히 고대사의 경우 왕조 국가 내에서 개인의 사고도 물론

개입되지만 그보다는 왕조 국가의 이념, 차별화된 민족정신이 녹아드는 것은 당연한 것이고 이렇게 서술된 역사를 해석함에 있어서도 현재까지 마찬가지의 욕망 등 주관적인 개념이 개입되는 것은 당연하다. 물론 그렇다고 객관적인 사실을 해쳐서는 안 된다.

2) 그러나 실증주의를 표방하는 현재 주류 강단 사학계는 일제에 의한 변형된 실증주의도 아니고 본래의 의미인 랑케의 실증주의도 아니고 위의 주관적인 개념이 들어가지도 않은 채, 있는 그대로 쓰고 해석하는 전혀 다른 의미의 실증주의라고 하더라도 이것은 사실상 불가능할뿐더러 표방하는데도 불구하고 전혀 지키지 않고 있다. 즉 실증주의를 표방하는 현재 우리나라 주류 강단 사학계는 사료 선택을 자신의 논리에 맞는 것만 취사선택하는가 하면 선택된 사료도 자의적으로 편의적으로 해석하고 있다. 그러므로 본래 내지는 변형된 실증주의 전부를 표방해서도 안 되는 세계 역사학계의 아이러니인 변칙적인 잘못된 역사관이다.

3) 비현실적이지만 만약 역사가 완전히 객관적으로 기록되어 있다면 완벽한 실증주의 해석에 의한 연구와 전개가 가능하다. 하지만 우리나라 고대사의 경우 중국은 '춘추필법'에 의하여 자기중심적 역사를 서술하고, 일본은 우리 한민족의 일본열도 진출을 숨기기 위해 왜곡된 역사를 서술하고, 우리나라에서는 소중화 사대주의 사상에 의하여 철저한 중국 중심적인 왜곡된 역사가 서술되었다. 이렇게 기록된 역사를 있는 그대로 해석하라는 잘못된 실증주의에 의하여 역사를 해석한다면 결과는 일본 식민사관이 의도한 것이 되어버릴 수밖에 없는 오류에 빠지는 것이다.

그렇다고 이것을 감안하고 자의적으로 해석하여야 한다는 것이 아니다. 이것을 감안하여 여러 가지 사료와 유적, 유물을 면밀히 검토하여 제대로 된 해석을 하여야 한다는 것이다. 이렇게 하지 않은 주류 강단 사학계를 비판하여 이렇게 하자는 것이 본 필자가 이 글을 쓴 이유이자 목적이고, 본 필자를 비롯한 재야 사학계가 주류 강단 사학계에 강력히 촉구하는 것이다.

특히 우리 주류 강단 사학계는 이러한 의식이 들어갔으나 그나마 기록된 소위 중국의 정사인 24사의 기록마저도 편의적이고 악의적으로 편집하여 불리한 것은 아예 배척하고 겨우 채택한 것도 임의로 주관적으로 해석하고 있다. 그러면서 이를 비판하는 상대방에게 오히려 사료에 충실하지 않는다고 한다. 그러면 과연 누가 사료에 충실하여 제대로 역사를 해석하는지 보여주어 증명하고자 하는 것이 본 필자의 이 글의 목적이기도 하다.

4) 또 한편으로는 주류 강단 사학계가 실증사학을 표방하게 된 이유가 불순하다는 것이다. 즉, 먼저 일제 식민사학을 계승하지 않았다는 것을 감추고 회피하기 위해서 식민사학이라는 탈은 벗어버리고 일제 식민사학이 변형되게 추구했던 실증사학을 내용 그대로 계승하였던 것이다. 즉 일제에 의한 식민사학으로 성립된 논리가 아니라 정확한 자료 해석에 의한 실증사학이라는 것을 두드러지게 보이는 한편, 독립 운동가들을 주축으로 제대로 된 역사를 추구하였던 민족사학을 견제하고자 하였던 것이다. 그리하여 민족사학이 잘못된 민족주의의 과대한 집착과 욕망에 의한 비합리적인 역사학이라는 것을 드러내고 자신들을 합리적으로 보이도록 실증주의를 표방하였다.

이러한 불순한 의도로 표방하였고 잘못되고 불가능한 논리를 실지로 표방하였다 하더라도 그대로 행하지도 못하면서 실증주의라는 이름만을 표방한 것이 주류 강단 사학계의 현주소이다. 따라서 주류 강단 사학계가 표방한 채 실행하고 있다는 실증주의는 시대착오적이고 잘못된 것으로 당장 폐기되어야 할 대상이다. 이러한 행태에 의하여 나온 결과는 총론으로는 식민사학을 부정하고 있지만 각론에서는 식민사학을 여전히 추종하고 있는 것이다. 이에 대하여 본 필자는 이 글을 통하여 철저히 비판하여 지적하고 바로잡으려 한다.

[우리나라 주류 강단 사학계가 일제 실증주의 역사학을 추종하고 있다는 증거]

현재 주류 강단 사학계가 일제 총독부 조선사편수회 식민사학 내지는 일제에 의하여 변형된 '실증사학'을 계승하였다는 증거는 수없이 많다. 즉 '낙랑군 평양설'이나 '임나일본부설'에 대한 총론 부정, 각론 긍정에 있어서의 『삼국사기』 초기 불신론', '임나의 가야 동일시', '임나 지명의 한반도 남부 비정', '백제의 요서 진출설' 부정, '소위 통일신라와 고려의 국경 설정' 등이 대표적이다.

하지만 이외에도 해방 후 77년이 지난 현재까지 이병도나 신석호에 대한 비판 논문이나 저서가 주류 강단 사학계에 없었다는 점 그리고 현재 국사편찬위원회 한국사 데이터베이스 주석상의 이병도 주석 존재(『삼국사기』 등 980여 개), 국사편찬위원회의 1990년 국사편찬위원회사 편찬 내용 중 친일인명사전 등재 요인으로 총독부 조선사편수회 수사관인 신석호의 재임기간을 1929년부터 1965년이라고 하여 한국의 국사편찬위원회가 일제 총독부의 조선사편수회를 계승하였다는 것으로 삼았다는 점 등이다.

5)독재 비판, 민주화 발전이 힘든 이유는 다른 무엇보다 국민들의 의식 문제가 크다고 본다. 그러나 그 의식은 장기간에 걸친 독재시절의 일방적인 선전과 의식화 결과로 왜곡되었기 때문에 제대로 된 민주화를 오히려 잘못된 것이라고 보는 국민의식이 형성되는 소위 세뇌 현상이 걸림돌이 되는 것이다. 우리나라 역사의식도 이와 같다. 우리나라 사학계는 그동안 일제 식민주의 역사관이 유일한 역사관으로 전해 내려와 카르텔이 형성되어 이들의 논리에 반하는 연구나 주장을 하면 이들 세계에서 추방되거나 배척되므로 그들의 잘못된 논리는 비판받지 않고 해방 후 77년 동안 지속되고 있다. 세계 역사상 아이러니라고 할 만큼 지독한 사학계 카르텔이 형성되어 있다.

그 증거는 무수히 많지만 표면적으로 쉽게 알 수 있는 것이 국사편찬위원회의 『삼국사기』, 『삼국유사』 등 우리나라와 중국 정사 24사 등 각 고대사 사료에 대한 주석을 게재하는 것이다. 우리나라 공식 통설로 내세운 한국사 데이터베이스 주석상에 식민 사학자로 1981년에 사망한 이병도의 주석이 다량으로 존재(『삼국사기』 등 980여 개)한다는 사실과 일제 식민 사학자 내지는 일본인 사학자들의 주석이 무수히 존재하면서 우리 고대사의 논리를 대표하는 반면 이를 비판하는 이후의 새로운 학설에 대한 주석이 거의 존재하지 않는 사실이 이를 입증하고 있다.

또한 이러한 잘못된 역사관에 길들여진 국민들을 일깨우는 새로운 주장과 학설을 소개하여 논쟁을 일으키고 새로운 역사적 사실을 정립해야 할 언론은 주류 강단 사학계의 역사 논리를 공부하거나 주류 강단 사학계의 논리만이 정당한 논리라는 왜곡된 의식을 일방적으로 판단한 기자나 편집자들이 주류 강단 사학계와 카르텔을 형성하고 있다는 사실이다.

이들은 새로운 연구를 진행하여야 할 주장을 비학문적인 방법으로 같이 공격하여 그 싹을 잘라 비판이 성립되지 못하는 역사학 체계를 고수하는 역할을 하고 있다. 그럼으로써 해방 후 그동안의 새로운 학문적 성과나 고고학적 발굴 성과에도 불구하고 공고하게 일본 식민지 시절의 역사 논리가 그대로 유지되고 있다.

물론 이러한 바탕에는 이와 같은 논리에 길들여진 국민들이 있다. 이와 관련된 대표적인 예는 주류 강단 사학계의 논리에 의하여 현재 그리고 그동안의 국사 교과서에 나타낸 소위 통일신라와 고려의 국경선은 일제 식민지 시절에 일제 식민주의 사학자들이 조작한 것이 정립된 것으로 이는 잘못된 것이라고 인하대학교 '고조선 연구소'가 여러 논문으로 발표하였다.

그런데 이에 당연히 반론을 제기하거나 역사를 수정하여야 함에도 주류 강단 사학계는 반론을 일체 못 하면서 침묵으로 일관하는 상황임에도 언론에서는 기존의 다른 사안에 대하여 기존 주류 논리에 반하는 비판을 하면 이를 비학문적으로 비판 아닌 비난하는 주류 강단 사학계의 논리를 대대적으로 비호하는 것과는 달리 학계와 같이 침묵으로 일관하고 있다.

대표적인 것이 이 글이 비판하는 주류 강단 사학계의 비학문적 행동대인 '젊은 역사학자 모임'이 펴낸 『욕망 너머의 한국 고대사』이다. 이 책은 이러한 비학문적 행태를 보이는 주류 강단 사학계에 대한 비주류 강단 사학계 및 재야 사학계의 또 다른 비판에 대한 비학문적이고도 왜곡된 대항인 것이다. 이는 언론이 진보나 보수 할 것 없이 모두 주류 강단 사학계의 대변자라고밖에 할 수 없다. 이것이 우리 사학계와 언론계의 현실이다. 마찬가지로 국민의 역사의식 교육을 책임지는 교육부나 국사편찬위원회, 한국학 중앙연구원과 동북공정에 대항하라고 국비로 설립한 동북아역사재단 역시 주류 강단 사학계가 장악하여 기존의 역사학만을 추종하고 있는 것이 우리나라의 현실이다.

그렇다면 이들의 논리가 제대로 된 것인가. 제대로 된 것이라면 당연히 따라야 하며 이를 비판하는 것은 잘못된 것이다. 하지만 잘못된 논리라면 반드시 철회되고 수정해야 한다. 그런데 현재 주류 강단 사학계는 일제 식민주의 사관의 논리를 아무런 수정 없이 그대로 추종하여 학문적으로도 왜곡과 편집이 심하다.

그것을 본 필자가 증명하고자 한다. 물론 전적으로 본 필자의 연구와 노력에 의한 것이 아니다. 신채호 선생을 비롯한 수많은 재야 민족 사학계 많은 분들의 연구를 참조하여 본 필자가 내세우는 것뿐이다. 지금도 많은 분들의 노력이 이어지고 있다. 물론 이분들 중 나름의 근거가 있어 주장하는 것이겠지만 과도한 주장으로 우리나라 역사학을 바로잡으려는 노력에 오히려 해를 끼치기도 한다. 그래서 본 필자는 많은 재야 민족 사학계의 주장을 토론과 학문적 연구를 통해 수렴한 후 일치된 주장으로 정립한 다음 주류 강단 사학계의 현재 논리와 더불어 토론과 학문적 연구를 진행하여야 소기의 성과를 이루리라 판단한다.

그러므로 이제부터라도 재야 민족 사학계 내의 통일된 의견 정립을 이루어서 이를 바탕으로 기존의 주류 강단 사학계의 논리를 허물어트려서 제대로 된 역사를 정립하여 제대로 된 역사를 후손에게 물려줄 것을 제언하는 바이다. 여기서 본 필자가 주장하는 논리는 이미 밝힌 대로 본 필자만의 주장이 아닌 것이고 또한 잘못되었을 수도 있으니 다른 주장이 있으면 토론과 학문적 연구에 의하여 바른 논리를 정립시켜 주류 강단 사학계의 현재 논리에 맞서야 한다고 생각하고 이를 모든 재야 민족 사학계에 촉구하는 바이다.

본 필자가 사용하는 '주류 강단 사학계'라는 단어는 일제 총독부 '조선사편수회' 식민사학을 계승한 학자들을 일컫는 것이다. 반면 비주류 강단 사학계라는 단어는 대학 등 강단 사학계에 몸담고 있으면서도 최재석, 윤내현, 박선희, 복기대, 우실하 교수 등과 같이 일제 총독부 조선사편수회 식민사학을 추종하지 않고 '독립 운동가의 민족사학' 계열의 역사관을 펼치는 학자들을 말한다.

그리고 본 필자가 지칭한 본 필자와 같은 재야 민족 사학계라는 단어는 '일제 총독부 조선사편수회 식민사학' 역사관을 비판하고 '독립 운동가의 민족사학' 역사관을 따르면서 강단이나 역사 기관 등에 재직하지 않고 역사를 연구하는 역사학자나 연구자를 지칭한다.

물론 재야 민족 사학계 중에는 현재 본 필자가 비판하고 있는 젊은 역사학자 모임의 일원들이 '일제 총독부 조선사편수회 식민사학'을 추종하는 주류 강단 사학계가 자기들을 비판함에 대하여 의도적으로 이를 왜곡하여 일부 잘못된 주장을 마치 전체가 잘못된 것으로 호도하여 비난하는 대상이 있기도 하다. 즉 재야 민족 사학계 일부는 자기들의 주관적인 자료만을 편집하여 이를 근거로 우리나라 고대 국가 역사적 활동 전체를 한반도가 아닌 중국 본토만으로 비정하거나 종교와 연계하여 홍산문명을 매개로 고조선 이전에 위대한 국가가 있었고 이 국가에 의하여 세계문명이 발생하였다고 주장하기도 한다. 하지만 대부분의 재야 민족 사학자들은 나름 자기주장이 있지만 본 필자와 같이 일제에 의한 식민사관을 벗어나서 사료와 유적 유물의 실체적 증거에 의하여 한국 고대 역사를 있었던 그대로 제대로 펼치자고 주장한다. 이들 중 무리한 주장을 하는 일부를 전체로 호도하여 전체가 잘못된 주장을 하는 것으로 치부하는 주류 강단 사학계의 논리 전개 방식도 문제가 있다.

본 필자의 이 글의 반박 대상인 글들의 뼈대라고 할 수 있는 위의 2017년 7월부터 9월까지 《한겨레21》 지면상에 7회에 걸쳐 연재한 내용을 낼 당시에는 10명의 젊은 역사학자 모임 일원들은 본격적인 학생의 신분에서 역사공부를 마치는 박사과정에 있거나 갓 종료하여 강사 신분으로 있었다.

젊은 사학자들의 대표를 자처하는 기경량의 경우 학술지인 2018년 5월호인 '강원사학 30호'지에서 "유사 역사학은 조작, 왜곡된 역사상을 통해 민족적 우월성을 강조하고, 대중의 호응을 이끌어내고 있다는 점에서 '위대한 아리안족'의 혈통을 강조하였던 독일 나치즘이나 일제 군국주의의 '황국사관'과 그 궤를 같이한다."라고 하였다. 일제 식민사관에 얽매여 있음에서 벗어나야 한다고 주장하는 재야 민족사학계 연구가들에게 오히려 독일 나치즘이나 일본 제국주의자들의 정신에 젖어 있다고 상상하지 못할 적반하장의 주장을 하였다. 즉 유사 역사학 내지는 사이비 역사학이라는 비난에서 더 나아가 소위 학문하는 자가 자기들의 논리를 학문적으로 비판하는 상대방에게 나치즘 내지는 일본 제국주의자와 궤를 같이한다고 비학문적인 폭언을 학문적인 학술지에서 한 것이다. 또한 스스로 자처하듯이 사학을 정통적으로 배운 전문가라면 상대방을 유사, 사이비라고 비하하듯이 이러한 비전문가들에게 순수하게 학술적으로 반박하여 더 이상 비판을 못 하게 하면 될 것을 비학문적인 비하나 폭언을 하는 것은 학문적으로 반박할 역량이 없다는 것이다. 그들에게 역량이 없다는 것을 이 글에서 본 필자가 입증할 것이다. 더군다나 이 글의 비판 대상으로 위에 거론한 소위 '젊은 역사학자 모임' 일원들이 쓴 『욕망 너머의 한국 고대사』에서도 "사이비 역사학은 쇼비니즘(chauvinism)과 밀접하게 결합돼 있다는 점에서 특히 큰 위험성을 안고 있다."고 막말을 서슴지 않고, 자기들의 논리를 반박하는 사회적으로 인생적으로 선배이자 어른을 비이성적으로 공격하여 자기 영역과 논리를 고집하여 사수하고자 한다.

| 우리나라 역사학은 해방 후 77년이 지난 현재에도
| 전혀 바뀌지 않고 전적으로 식민지 사관에 얽매여 있다.

아직도 우리나라 국민이 식민지 사관에서 벗어나지 못하였다는 것을 보여주는 충격적인 일화가 있다. 그 책임은 먼저 고려 조선시대 유학자들과 일제 식민 사학자들에게 있다. 하지만 충분한 증거 사료와 유적·유물이 있음에도 해방 후 77년 동안 식민사학에서 벗어나지 않은 현재 주류 강단 사학자들에게 더 중한 책임이 있는 것이다. 오히려 같은 증거 사료와 유적·유물을 객관적인 시각으로 바라볼 수 있는 외국인 학자들이 고대 한일 역사를 제대로 보고 있다.

2019년 11월 27일 JTBC 프로그램 "차이나는 클래스(135회)"에서 세계적인 석학이자 퓰리처상 수상가로 베스트셀러 작가인 『총, 균, 쇠(Guns, Germs, and Steel)』의 저자 재레드 다이아몬드(Jared Diamond) 캘리포니아 주립대(UCLA) 교수를 초빙하여 강의를 진행하였다. 박사는 방송 패널들에게 질문을 하였다. 다음의 예제 가운데 어느 것이 사실인가를 질문한 것이다.

예제1
  1-1)현대 일본인은 - 홋카이도의 아이누 후예인가 아니면
  1-2)현대 일본인은 - 그때 이주한 한국인의 후예인가

예제2
  2-1)일본의 농업은 - 한반도의 농업기술을 배워서 시작하였는가 아니면
  2-2)일본의 농업은 - 일본으로 이주한 한국인에 의해 시작하였는가

한국의 젊은 패널들은 두 예제상의 1-2) 및 2-2)가 사실이라는 교

수의 언급에 적잖이 놀라움을 감추지 못했다. 이것이 현재 우리나라 역사관의 현실이다.

박사는 본인이 교수로 재직하는 캘리포니아 주립대(UCLA)에서 이 문제를 거론하여 시험문제로 제시하면 일본인 유학생들이 난색을 표한다고 했다. 그들은 그렇게 배우지 않고 예제상의 1-1) 및 2-1)로 배웠다고 한다. 당연히 그들은 그럴 수 있다. 그런데 본 필자가 놀랍고 안타깝고 분노가 치미는 것은 일본인은 설사 그렇다 하더라도 한국인은 이것을 당연한 사실로 알고 있어야 한다는 것이다. 그럼에도 불구하고 이것을 새로운 사실로 받아들여 놀라움을 나타내고 있다는 것이다.

> **우리나라 국민의 역사 수준은 주류 강단 사학계가 해방 전 77년 이전의 식민사학 수준으로 묶어 놓고 있다.**

이것은 우리나라 전체 국민들의 고대사와 전체 역사 인식을 나타내는 좋은 사례이다. 한국과 일본, 각 나라의 관점이 아닌 객관적인 관점에서 연구한 서양인 존 카터 코벨 교수 등과 세계적 석학인 재레드 다이아몬드 교수 등이 밝히고 있는 역사적 사실을 우리 국민, 우리 청년들은 모르거나 아니면 다르게 아니 거꾸로 알고 있는 사실을 어떻게 설명할 수 있을까. 이것은 우리 역사학계의 책임이다. 그런데도 모든 연결 고리를 끊고 사실을 밝힐 젊은 사학자들조차 선배들을 답습하여 아니 한층 더 지독하게 해방 후 77년 동안의 사료 및 고고학적 발굴, 비판 이론 등 학문적 성과를 무시하고 이전의 잘못된 역사 논리를 고집한다는 것은 놀랍고 안타깝고 분노를 치밀게 한다.

이것이 본 필자가 이 글을 쓰는 가장 큰 이유이다. 조금 더 부연 설명하자면 재레드 다이아몬드 교수는 이것은 자기만의 추론이 아니라 객관적인 증거에 의한 것이라고 하였다. 위의 예제상의 '1-2)현대 일본인은 - 그때 이주한 한국인의 후예'라는 사실은 일본 돗토리 대학 다카오 교수팀의 유전자 분석에 의한 것이다. 그리고 '2-2)일본의 농업은 - 일본으로 이주한 한국인에 의해 시작하였다'는 사실은 고고학적 증거가 차고 넘친다는 것이다.(그의 별도 논문 「일본인은 어디에서 왔는가」에서 "현재의 일본인은 한반도에서 건너온 이주자의 후손이며, 지금의 일본어가 고구려어, 백제어에 뿌리를 두고 있다."고 주장했다.) 이는 또한 '임나일본부설'의 무대가 된다는 가야시대의 한반도의 경상남도 지방과 일본의 규슈 지방의 고대 유적, 유물을 1980년대에 일본 학자들 스스로의 고고학적 비교 연구에서 확인한 결과이기도 하다.

일본열도의 국가 및 문화 형성은 절대적인 한반도 세력의 분국 정복 활동에 의한 것이다.

이 연구에 의하면 당시의 문화 교류 및 역학 관계는 상호 교류적이거나 일본에서 한반도로의 유입이 아니라 일방적인 한반도에서 일본으로의 유입이며, 그것도 단순한 문화 유입이 아니라 세력 집단의 유입이 있다는 명백한 객관적인 고고학적 연구 결과가 나왔다. 그런데도 현재 한국 사학계에서는 이를 동등한 교류로 해석하는 경향이 강하다. 이는 우익 성향이 주류를 형성하고 있는 일본의 주장을 주로 받아들이고 있는 것이다. 식민 지배를 합리화하기 위하여 순수한 학문이 아니라 정치적인 목적으로 수립된 일제 식민주의 사관을 극복했다고 하면서도 일제 식민주의 사관의 대표적인 '임나일본부설' 및 '한사군 한반도 평양설'을 아직도 그대로 추종하거나 변칙적인 이론을 내세우고 있다.

'임나일본부설'을 부정한다면서 일제 식민주의 사관을 합리화하기 위하여 일제 식민주의 학자들이 개발한 비학문적인 의도성 있는 억지 논리인 『삼국사기』 초기 기록 불신론'을 아직도 추종하고 있다. 고구려, 백제, 신라 3국 및 가야국은 여러 가지 고고학적 증거와 『삼국사기』 등의 기록에 의하면 엄연히 B.C. 1세기경부터 고대 국가를 형성한 것이 분명한데도 이를 부정하고 있다.

그러면서 물론 인식상의 부족으로 일부 기록이 문제가 있지만 중국사서(『삼국지』〈위서〉「동이전」 등)들의 대부분의 기록을 자의적으로 편취 왜곡 해석하여 3세기 이후에 고대국가를 형성 발전시켰다 한다. 따라서 1세기부터 3세기 사이 한반도에 여러 소국이 난립하면서 한반도 북부에는 중국 한나라 식민지(한사군)가 있는 '원삼국'시대로 아직까지 구분하고 있다. 그리고 이후에는 한반도 남부에 '임나일본부'가 들어설 명분을 주고 있다.

우리나라의 모든 역사를 대변하는 '중앙박물관'의 시대 구분상에 삼국시대 이전에 '원삼국시대'를 설정하고 있다. 그리고 중국의 동북공정에 대처하라고 예산을 집행하여 운영하고 있는 '동북아역사재단'에서는 당시 고대 국가 지도상에 A.D. 3세기까지 제대로 된 국가가 형성되지 못한 상태로 그려 세계 각국에 배포하고 있다. 이는 식민사학의 기본 원리인 『삼국사기』 초기 기록 불신론'을 아직도 주류 강단 사학계가 그대로 추종하고 있다는 강력한 증거이다.

『삼국사기』에 의하면 이 시기에 삼국은 물론 부여와 가야 등이 활발한 역사적 활동을 펼치고 있는 반면, 중국사서는 이에 대한 기록이 없고 삼국의 원조 격인 삼한의 소국들이 난무하는 기록만 남기고 있다. 하지만 우리 역사를 정확히 알고 서술하는 것은 우리 사서이지 중국사서가 아닌 것이고 우리 사서인 『삼국사기』에 의한 기록이 당시 상황과 맞는다는 것은 중국사서 등과의 교차 검증에 의하여 충분히 입증되는데도 불구하고 우리 사서는 무시하고 중국사서를 중시하는 일제 식민사학 논리에 의한 것이다. 이 글에서는 이에 대하여도 입증할 것이다. 즉 중국사서의 우리 역사에 대한 인식 부족과 무시, 왜곡이 심한 것을 입증할 것이다.

우리나라 고대사 특히 고조선을 연구한 러시아 역사학자 유엠 부찐(1931~2002)은 "일본이나 중국은 없는 역사도 만들어내는데 한국인은 어째서 있는 역사도 없다고 하는가? 도대체 알 수 없는 나라이다."라고 우리나라 역사 인식을 한탄하였다.

일본 학자들은 사석에서 정직하게 고백한다. "일본이 이만큼 빨리 문명화하게 된 것은 역사를 위조했기 때문이다. 일본이 야만이고 한국에 다 지배 받았다고 하면 자부심이 없어지고 기가 죽어 안 되니까 이걸 거꾸로 해서 용기를 내게 했다.", "역사를 날조한 것은 한국에는 큰 피해이지만 우린 그것 때문에 빨리 깨고 자부심을 가지고 청일전쟁, 러일전쟁에서 이긴 것이다."

앞에서 거론한 존 카터 코벨 박사는 한국의 역사관이 바뀌는 것을 소망하였지만 이를 보지 못하고 서거했다. 그리고 한국에서는 여전히 일제 식민주의 사관에 의한 '임나일본부설'이 주장되거나 변칙적으로 반영되고 있지만 북한 학자 김석형(1915~1996)은 오래전에 임나일본부는 한반도 삼국(사국)이 일본열도에 세운 분국 내의 일이라며 임나일본부설의 허구성을 밝혀 일본에 충격을 안겨주었다.

> 역사적 진실을 밝힌 많은 분들이 그 실체를 정립하지 못하고 사라지셨다. 이는 주류 강단 사학계의 식민사관에 의한 철저한 배척에 의한 것이다.

그는 한일관계사 연구 등 광범한 영역의 연구논문을 발표하여 '임나일본부설'의 허구성과 실체를 밝혔으나 결국 일본 측에 의한 주장의 종식을 보지 못하고 서거하였다. 한편 고려대학교 최재석 교수도 『일본 고대사의 진실』 등을 비롯한 수많은 저서에서 한국 및 일본 고대사 학계의 문제점을 제시하여 왔으나 결국 본인이 연구하고 제시한 제대로 된 한일 고대사를 보지 못하고 2016년 별세하였다. 또한 한일 역사 연구가 김인배 씨는 동생 김문배 씨와 함께 1995년도의 저서 『(역설의 한국 고대사)임나신론』에서 일본 측의 '임나일본부설'과는 반대로 존 카터 코벨 박사, 재레드 다이아몬드 교수, 김석형 교수, 최재석 교수 들과 마찬가지로 한반도 세력이 일본 규슈에 진출하여 고대 분국을 형성한 후 이것이 토대가 되어 일본이 고대 국가를 형성하였다고 주장하였다. 그러나 존 카터 코벨 박사 들과 마찬가지로 자신의 주장이 우리나라 사학계에 반영되는 것을 보지 못하고 2019년 서거하였다.

특히 최재석 교수의 경우 주류 강단 사학계와 마찬가지로 대학 강단에 있으면서 일본과 우리나라의 고대 관계에 있어서는 타의 추종을 불허할 만큼 많은 논문과 발표문을 낸 전문가이다. 그러나 주류 강단 사학계의 식민사학 주류들에 의하여 그들의 식민사학 논리에 반한다는 이유로 철저히 배격당한 채 일체 인용 자료로도 나타내지 않고 연구 대상으로는 금기시까지 하고 있는 것이 우리 사학계의 현실이다.

본인도 두렵다. 내 평생 제대로 된 역사가 우리나라 사학계에 반영되어 바른 역사가 펼쳐짐을 보지 못하고 눈을 감는 것은 아닌가 하는 생각에. 필자도 환갑 진갑을 다 보냈다. 1998년 『한국 고대사 다시 쓰여져야 한다』(을지서적)라는 책을 펴냈다. 목차는 아래와 같은데 이 저서와 목차를 거론하는 나름 이유가 있다. 긍정적인 것과 부정적인 것이 있기 때문이다.

001. 우리나라 역사는 낮추려는 역사다
002. 고조선은 환국조선 · 환웅조선 · 단군조선의 결합체이다

003. 왜곡된 고조선 역사의 실체
004. 단군조선의 후예 부여
005. 중국과 일본을 정복한 고구려
006. 중국과 일본을 식민지로 경영한 백제
007. 재해석이 필요한 신라의 역사
008. 일본 건국신화의 주인공 - 잃어버린 찬란한 왕국 가야
009. 긍지를 가지고 다시 한 번 떨치자
010. 참고 문헌

이 책을 쓴 이유는 목차의 첫 번째와 같이 본인이 고대사를 연구한 결과 우리나라 고대사는 중국과 일본에 의하여 왜곡된 데다가 우리 스스로 우리 역사를 낮추어 서술하고 있음을 확인하였기 때문이다. 그래서 이후 목차대로 글을 써서 바로잡자고 주장한 것이었다. 그 결과는 본 필자의 이 같은 주장 때문이 아니라 많은 연구자분들의 제대로 된 연구와 주장에 많이 정립되고 바뀌었으나 근본적인 것은 변화되지 않고 역사학 체계에 편입되지 않았다.

그러던 중 본 필자가 위에 주장한 바들이 고고학적으로 입증될 수 있는 '홍산문명'이 대대적으로 알려지게 되었다. 이것은 우리 고대 국가의 문명으로 우리 민족의 시원을 밝혀줄 고고학적 자료이다. 그러나 중국은 '동북공정' 등을 통하여 우리 것을 자기들 것으로 편입하는 작업을 진행하고 있는데도 우리 주류 강단 사학계는 이를 연구하지 않고 중국 학자들의 주장만을 그대로 받아들여 중국의 것으로 내어주는 행태를 보였다.

이는 앞에서 거론한 많은 분들이 생전에 주장하던 바와 맥락을 같이할 뿐 아니라 이에 대한 우리 주류 강단 사학계의 행태가 여전한 것이었다.

본 필자는 이것이 안타까워 두 번째 저서를 펴내게 되었다. 첫 번

째 출판으로부터 17년 후인 2015년에 『다시 쓴 한국 고대사(매경출판)』를 저술하여 출판하였다.

이 저서물에서 본인은 위에 거론한 재레드 다이아몬드 교수와 같이 잘못된 우리나라 역사 인식을 거론하였다.

[우리나라 역사 인식의 문제]

1. 현재 일본인의 역사 인식

   한반도로부터 선진 문물과 문화는 전달받았으나 이는 원래 중국의 것이다. 한반도는 단지 전달 매개체로 일본은 한반도의 영향을 받은 것이 아닌 중국의 직접 내지는 간접적 영향을 받은 것이라는 인식. 한반도의 영향을 되도록 부정하는 반면 교류가 거의 없었던 중국과의 직접 교류 및 영향은 강조

2. 현재 우리나라 통상적인(주류 강단 사학계) 인식

   중국의 선진 문물과 문화가 우리나라로 들어온 후에 이를 우리 것으로 만든 다음, 일본열도에 문물과 문화만을 주로 전달해 주었다는 인식

3. 제대로 된 역사 인식(현재 우리나라 비주류 강단 사학계와 재야 민족 사학계 인식)

   단순한 문물과 문화 전달이 아니라 한반도 세력이 일본으로 건너가 소위 지배세력이 되어 고대 국가를 성립시킴은 물론 일정 기간 직접 분국으로 다스렸다. 과거 처음부터 현재까지의 일본 천황가는 한반도에서 건너간 도래인이다.

지금 이 글을 읽는 독자들 생각은 어떠신가. 그리고 현재 우리나라 국민들의 생각은 어떠할까. 그러나 안타깝게도 일본에서 귀화하여 독도 문제에 있어서 일본의 논리에 대항하여 우리나라 논리를 내세

우는 데 공이 큰 세종대 호사까 유지 교수에 의하면, 오히려 최근에 일본인 논리를 따르는 한국인이 많아졌다는 의견이다.

현재 우리나라 역사관은 오히려 퇴보하고 있다.
다시 식민사관이 강화되고 있다.

해방 후 77년이 지나고 본인이 첫 번째 졸저를 펴낸 지 22년이 지난 현재, 불과 몇 년 전까지만 해도 공영방송국에서 진보된 역사관에 의한 방영물을 방송하는 등 제대로 된 역사의 진전이 있었는데 요즈음에는 퇴보하고 있는 형편이다.

모 대학의 역사학과 교수로 대학 총장까지 지낸 비주류 강단 사학자는 한 TV 인터뷰에서 "비주류 역사 관련 주제로 연구비를 신청하면 전혀 반영이 안 되니 이후에는 신청조차 포기한다."라고 토로한 사실이 있다. 일제 식민주의 사관을 이은 주류 강단 사학계의 논리를 벗어나는 연구나 논리는 배척당하고 있는 것이다. 그들의 논리를 따라야만 설 자리가 있는 것이다. 학문을 연구하는 지성의 대표라는 대학이라고 별 수 없는 것이다.

현재 우리 대학의 역사학에서는 다른 논리의 연구나 발표는 허락되지 않는다. 주류에 반하는 논리를 펴면 철저히 논문 심사에서부터 매장된다. 그래서 전문적인 학문의 시작부터 연구대상으로 삼지 않는다. 반대 논리를 허락하지 않는다. 이것이 우리 역사학계의 현실이다. 이것이 그릇된 현실을 박차고 나오는 젊은 학도를 볼 수 없는 이유이다.

독립 운동가이자 일제 식민사관을 배격하고 독자적인 역사학 체계를 수립한 신채호 선생의 학문에 대하여 주류 강단 사학계는 민족 우월주의에 의하여 제국주의를 반대하기 위한 수단으로 역사학을 이용한 민족 지상주의자라고 공격하여 우리나라 역사학계에서 배척시켜 버렸다.

또한 고조선의 연구는 북한 땅과 북한 역사학자들과 공동 연구를 진행할 수밖에 없어 북한 학자와 학문적 교류를 하여 고조선의 실체를 밝혀냄으로써 당시 주류 강단 사학계의 논리를 배척했던 윤내현 교수를 공산주의자라고 공격하여 수사기관에 소환되어 조사를 받게 한 사실이 있다. 학문적인 반대 논리에 대하여 학문적인 대응이 아닌 비학문적인 비난으로 대항하는 것이다. 이는 현재의 이 글에서 비판하는 소위 '젊은 역사학자 모임'의 행태와 같다. 비판하는 상대방에게 학문적인 비판이 아니라 비학문적인 '유사, 사이비, 파쇼, 쇼비즘'이라고 비난하고 있다. 이러한 행태는 학문적인 대항인 반론을 제대로 제기하지 못하기 때문이다. 그래서 이러한 비판을 감안하여 학문적인 반론을 제기한다고 내놓은 것이 본 필자가 비판하고 있는 이 책들의 내용인 것이다.

그런데 이 글들이 너무도 비학문적이다. 자기주장인 종래의 식민사학을 그대로 추종한 주류 강단 사학계의 역사 논리를 옹호하기 위하여 사료를 편집적으로 취사선택하고 본래의 내용을 왜곡 해석하는 등 비학문적인 내용을 서술하였다. 이 사항을 본 필자가 학문적으로 비판하려고 이 글을 쓰는 것이다. 그러면 둘 중의 어느 글이 학문적인 것인지 그리고 본 필자의 주장이 맞는 것인지 여부는 이 글을 살펴보면 알 것이다.

한국의 주류 강단 역사학자로 주류 강단 사학계가 지배하는 모 국립 역사 관련 기관의 장이었던 그는 어느 공개 학술회의장에서 "신채호는 네 자로 말하면 '정신병자'이고, 세 자로 말하면 '또라이'입니다."라고 공공회의 장소에서 서슴없이 발언하였다. 또한 이 역사학자는 모 TV 토론 방송에서는 "일제, 쌀 수탈이 아니라 수출인 것"이라고 공공연히 말함으로써 역사적 사실을 왜곡된 시각으로 바라보는 사람이 역사학계의 우두머리 격에 서는 나라가 우리나라이다.

2020년 초에 국비를 지출하여 우리나라 역사관을 대변하는 국립중앙박물관에서 가야 유물 전시관을 열었다. 그런데 최근의 우려스러운 주류 강단 사학계의 역사관이 반영된 '임나일본부설' 선전장이 되어버렸다. 국립중앙박물관은 지난 2019년 12월 3일부터 가야 유물 2,600여 점을 모아서 '가야본성-칼과 현'이라는 주제로 특별전시회를 개최하였다. 주제 명칭 자체부터 일본색이 드러난다. 주최 측은 부정하지만 누가 보더라도 일본풍이다. 그들 인식에만 아닌 것이다. 이것이 문제이다. 그래서 이런 전시회를 기획한 것이다. 이것이 현재 우리나라 주류 강단 사학계의 인식 수준이다. 현재 한일 역사학계에서는 '임나일본부설'은 없었다고 총론적으로는 부정하고 있지만 각론적으로는 "임나는 가야이고 임나는 한반도 남부 땅에 있었다.", "『삼국사기』 초기 불신론(한반도 삼국, 사국의 초기 국가론 부정)"을 그대로 유지하고 있다. 이것을 이번 가야전에 그대로 나타내고 있다. 일제 식민지에서 벗어난 우리나라가 국비를 들여 식민지 사관을 선전하는 전시회를 연 것이다.

- ▲ 『일본서기』상의 '임나일본부' 관련 지명을 한반도에 비정
- ▲ 일본교과서에 실린 왜곡된 가야 지도를 그대로 표기
- ▲ 가야 건국과 김수로왕과 허왕후의 결혼 사실을 신화적인 일로 치부하여 허구, 상상이라는 인식을 갖게 함
- ▲ 일본열도에서 가야에 전래된 소수의 왜계 유물들을 강조하는 반면 가야에서 일본열도로 다량 전래되어 발굴된 가야계 유물은 상대적으로 축소 전시함으로써 일본에서 한반도로 진출하였다는 '임나일본부설'이 사실일 것이라는 인식을 유도

이러한 사태는 문재인 정부가 2017년 6월 국정기획자문위원회에

서 가야사 연구와 복원을 100대 국정과제에 포함시킨 이후, 지방자치단체들이 가야사 복원 관련 예산을 신청하고 발굴 성과도 잇따르면서 우려했던 예견된 측면이었다.

그 우려가 사실로 드러나 현재 주류 강단 사학계의 고대사 인식대로 '가야사 복원'이 '임나일본부설' 복원으로 나타난 것이다. 이러한 것이 확실한데도 이를 지도 감독하여야 할 정부 각 부처 담당자들 및 상급자들의 역사 인식 부족 내지는 주류 강단 사학계 사람들의 진출로 제대로 된 통제를 못 하고 있다. 그저 주류 강단 사학계의 잘못된 행태를 그대로 따르고 있을 뿐이다.

특히 이러한 상황을 감사원 감사 청구를 하였던 바, 답변은 문제를 일으킨 주류 강단 사학계의 자문을 받은 대로 우리나라 사학계 전반의 '통설'이라는 것이다. 바로 주류 강단 사학계의 공통된 인식이라는 것이다. 그 공통된 인식을 가진 대다수를 차지하는 주류 강단 사학계가 일제 식민사학을 추종하고 있다는 사실을 간과하고 있는 것이다. 주류 강단 사학계의 잘못을 지적하면 반대 의견을 자문하고 비교 판단하여야 함에도 잘못된 측의 자문을 받아 잘못에 대한 답변을 하는 것이다. 발전할 수도 없고 개선할 수도 없다. 왜곡된 채 그대로 있어야 하고, 왜곡에 의한 선전이 대대적으로 이루어지는 것을 방관해야 한다.

이것이 현재 대한민국의 현실이다. 더군다나 이 같은 '임나일본부'를 동조하는 전시가 중앙박물관에서 끝나면 부산 전시회를 거쳐 일본 지바현 국립역사민속박물관, 후쿠오카현 규슈국립박물관 등으로 순회 전시회를 가질 계획이었다고 하니 이를 일본에서 본 일본인들은 역사를 거꾸로 알고 일본인들의 자부심과 한국에 대한 우월감을 가지게 될 기회가 될 뻔했다. 일본의 식민지에서 해방이 된 우리나라가 국비를 들여 일본 식민지 사관을 그대로 지닌 일본 극우파의 주장을 그대로 나타낸 전시회를 가진 꼴이 된 것이다. 일본인들은 다시 한반도로 진출할 수 있다는 희망을 보게 되는 것이다. 그것이 자랑스러운 것이고 상대방으로부터도 지탄을 받지 않으니 말이다.

> 현재 우리나라 역사관은 식민지 사관이 주류가 된 채 보수 진보 따로 없이 식민사학과 언론이 카르텔을 형성하여 국민을 호도하고 있다.

그런데 이러한 우리나라 역사 퇴보 우려에 한층 더 심각한 사태가 발생하였다. 12월 3일 가야 유물 전시회가 개막되자마자 보수 진보 가릴 것 없이 각 언론에서 앞다투어 가야전시를 비판하기 시작한 것이다.

세계일보 2019.12.06., 조선일보 2019.12.06. 12.07., 월드투데이 2019.12.06., 한겨레신문 2019.12.09., 중앙일보 2019.12.11., 경북일보 2019.12.11. 12.12.

식민지 사관을 그대로 유지하고 있는 주류 강단 사학계에서 앞서 JTBC 방송의 재레드 다이아몬드 교수 초청 강연 시 젊은 패널들처럼 역사 인식이 잘못되어 있는 언론사에 보도 자료를 보낸 것으로 추정된다. 물론 이 언론사들은 주류 강단 사학계와 카르텔을 형성하고 있다. 이 언론사들이 내어놓은 기사 내용은 『삼국유사』상의 김수로왕과 허황옥의 가야 건국 기사는 신화이고 허구인데 박물관이 실존 역사처럼 전시해 놓았다고 일부 주체적인 내용을 비판한 것이다. 이는 식민지 사관에 의한 주류 강단 사학계의 인식에 의한 보도 자료에 따른 것이다. 물론 언론사들도 이에 동조한 것이다. 구체적인 기사 내용은 전체적으로는 주류 강단 사학계에서 주창하고 있는 역사관에 의하여 전시관을 꾸민 것으로 용납이 되는데 일부 두 가지 유물 전시가 자기들의 논리와 맞지 않는다는 것이다. 하나라도 자기들과 어긋나는 것은 용납이 안 된다는 것이다. 지독하다. 일제 제국주의만큼 지독하다.

먼저 '거북 문양을 새긴 흙구슬' 제목의 유물은 김수로왕의 건국 신화가 담겨 있어 가야인들이 이 건국 신화를 사실로 인정하거나 인식하고 있었다는 유물인데 이를 사실로 인정하는 전시를 하였다는 것이다. 언론에서 이러한 비판 기사를 내보내자 전시회 측은 서둘러 처음 들어오는 입구에서 구석진 곳으로 옮겼다. 주의사항과 함께. "이 방물에는 거북, 관을 쓴 남자, 하늘에서 내려오는 금합 등으로 추정되는 그림이 있어 화제가 되었습니다. 하지만 추상적으로 그려진 그림이기 때문에 보는 이에 따라 다르게 해석될 수 있습니다."

또 한 가지는 『삼국유사』상의 김수로왕과 허황옥의 결혼 기사를 입증하는 유일하다시피 한 유물인 '파사석탑'을 입증되지도 않은 것이라고 비판하는 기사를 내보냈다. 전시회 측은 언론에서 이러한 비판 기사를 내보낸 후에 이를 '신화의 공간'에 전시함으로써 신화라는 것을 강조하였다. 파사석탑은 『삼국유사』 권 제3 탑상편 제4 금관성파사석탑조(金官城婆娑石塔條)에

"금관(金官) 호계사(虎溪寺)의 파사석탑(婆娑石塔)이라는 것은 옛날에 이 읍이 금관국이었을 때 시조 수로왕(首露王)의 비인 허황후(許皇后) 황옥(黃玉)이 동한(東漢) 건무(建武) 24년 무신에 서역의 아유타국(阿踰陁國)에서 싣고 온 것이다. 처음 공주가 부모의 명을 받들어 바다를 건너 장차 동쪽으로 가려 하였는데 파도 신의 노여움에 막혀 이기지 못하고 돌아가 부왕(父王)에게 말하였다. 부왕이 이 탑을 싣고 가라고 명하니 곧 쉽게 건널 수 있어서 남쪽 해안에 정박하였다. 붉은 돛, 붉은 깃발, 주옥(珠玉) 등 아름다운 것을 실었기 때문에 지금 주포(主浦)라고 부른다. 처음 언덕 위에서 비단 바지를 풀은 곳은 능현(綾峴)이라고 하며, 붉은 깃발이 처음 들어온 해안은 기출변(旗出邊)이라고 한다.
수로왕이 그를 맞이하고 함께 나라를 다스린 것이 150여 년이었다. 이

> 때에 해동에 아직 절을 세우고 불법을 받드는 일이 없었다. 대개 불교가 아직 들어오지 못하여 토착인들이 신복하지 않았으므로 본기에는 절을 세웠다는 기록이 없다.
> 제8대 질지왕(銍知王) 2년 임진(452년)에 이르러서야 그 땅에 절을 세웠다. 또 왕후사(王后寺)(아도(阿道) 눌지왕(訥祇王)의 시대로 법흥왕대의 절이다.)를 창건하여 오늘날에 이르기까지 복을 빌고 겸하여 남쪽의 왜를 진압하고 있는데 가락국 본기에 자세히 보인다.
> 탑은 모가 4면으로 5층이고 그 조각이 매우 특이하다. 돌에 미세한 붉은 반점 색이 있고 그 질은 무르니 우리나라에서 나는 것이 아니다. ≪본초(本草)≫에서 말하는 닭벼슬의 피를 찍어 검사했다는 것이 이것이다. 금관국은 또한 가락국(駕洛國)이라고도 하는데 본기에 자세히 실려 있다."

라고 기록되어 있다. 이미 고려시대 이전부터 우리나라 돌이 아니라 하였다. 더군다나 인도 지방의 돌이라고 알려져 왔다. 이러한 이야기가 구전되어 이미 오래전에도 실시했고 최근에도 고려대학교 산학협력단에서 실시한 재질 검사 결과 우리나라 것이 아닌 것으로 밝혀졌다. 또한 우리나라에는 유래가 없는 김수로 왕릉의 쌍어문양은 인도의 문양으로 현재까지 존속한다. 그런데도 이는 식민지 사관에 의한 '임나일본부설'에 방해된다는 것이다.

이러한 사실은 가야가 1세기경에 나라를 건국하여 활발하게 역사적 활동을 하였다는 사실을 나타내는 것이므로 이는 '임나일본부설'의 의한 4세기부터 6세기까지 가야 지방을 지배하였다는 논리에 방해가 되므로 애써 사실이 아니고 신화로 못 박고자 이를 인정하지 않으려는 것이다.

하지만 가야의 1세기경의 건국 사실과 역사적 활동은 『삼국사기』나 『삼국유사』 기록에서도 확인할 수 있다. 더군다나 이 시기의 가야의 고유 토기가 발굴됨으로써 확인되고 있다. 또한 『삼국사기』 卷第一

新羅本紀 탈해(脫解) 이사금(尼師今) 二十一年秋八月, "아찬 길문이 가야와 싸워 이기다."(77년), 『삼국사기』卷第一 新羅本紀 파사(婆娑) 이사금(尼師今) 十七年秋九月, "가야의 습격을 격퇴하다."(96년)의 기록에서 이 시기에 신라와의 전쟁 사실이 기록되어 있다.

반면에 4세기부터 200년간 가야 지방을 지배하였다는 증거 즉 일본 측 유적, 유물은 가야 지방에서 일체 나오지 않고 있다. 오히려 이 시기부터 계속하여 가야의 유적, 유물이 일본열도에서 수없이 나오고 있는 역사적 진실을 손으로 하늘을 가리듯 부정하고 있다.

언론사가 주류 강단 사학계의 보도 자료를 받았다 하더라도 이를 확인하는 절차인 주류 강단 사학계를 비판하는 비주류 강단 사학계나 재야 민족 사학계의 의견을 들어보고 자문을 구한 후 보도를 했어야 하는 것이 당연한 보도의 절차인 것이다. 그런데도 이를 지키지 않고 일방적인 주장만을 그대로 내보냈다는 것은 감사원의 감사 청구에 대한 감사원의 답변 태도와 일맥상통한다. 하지만 이 한 가지 내지는 몇 가지 사례만으로 주류 강단 사학계와 언론이 카르텔을 형성하였다고는 할 수 없을 것이다. 그러나 이전부터 이와 같은 식민지 사관과 언론과의 카르텔 형성은 현재 비주류 강단 사학계와 재야 사학계의 커다란 화두가 되고 있는 것이 현실이다. 또한 이와 같은 사실은 이전의 일부 언론의 친일 행적과 현재 일부 언론의 위에서 거론한 '반일 종족주의' 옹호에 따른 토착왜구라는 비판을 받는 것에서 이미 드러나고 있다. 하지만 이와 성향이 다른 언론에서도 식민지 사관에 의한 기사가 본격적으로 나타난 것이 이번에 본 필자가 반박하는 글을 쓰게 된 이 젊은 사학자들이 대대적으로 나서서 재야 사학자들을 공격하기 시작할 때이다.

당시 젊은 사학자들의 선배들 식민사학 옹호와 이를 비판하는 재야사학에 대한 공격과 이를 적극 옹호한 언론의 보도 행태는 다음과 같다.

■젊은 사학자 :

'역사비평' 2016년도 봄 호 및 여름 호 '사이비 역사학 비판', 각 신문 보도

●언론 :
1. 2016.03.04. 한국일보 조태성 기자 : 젊은 사학자들 뿔났다. "낙랑군 평양설을 식민사학 매도" 계간 '역사비평' 통해 "재야사학 사이비" 정면 비판
2. 2016.03.04. 한국일보 조태성 기자 : "재야사학 주장은 '지구가 명왕성 돈다.'는 수준", 젊은 고대사 연구자 모임 이끄는 기경량 강원대 강사
3. 2016.03.07. 한국일보 조태성 기자 : "현실 어려울수록 우향우, 역사도 예외가 아니죠.", 조인성 교수 '고대사 시민강좌' 열어
4. 2016.03.08. 한겨레신문 허미경 선임기자 : "덮어놓고 '식민사학'? 사료 놓고 따져보자."
5. 2016.03.11. 경향신문 정원식 기자 : '식민사학'이라는 주홍글씨, 어디까지 타당한가, 재야 사학계, 역사학계 '한사군 한반도설' 등 식민사학으로 규정, 젊은 역사학자들 "재야 사학계 주장은 사이비 역사학" 본격 반박, 국정교과서 '고대사 부풀리기' 맞물려 뜨거운 '역사전쟁' 예고
6. 2016.03.12. 경향신문 박은하 기자 : 사이비 역사학은 왜 위험한가?, '닫힌 역사학'은 가짜 역사학이다."
7. 2016.03.22. 한국일보 조태성 기자 : "낙랑토성 봉니 위조여도 낙랑 평양설 흔들림 없어", 동북아역사재단 상고사 쟁점 1차 토론회 격론
8. 2016.04.11. 경향신문 심진용 기자 : "학문의 선을 넘은 '고대사 논쟁'…더 이상 침묵할 수 없다.", 재야 사학계에 거침없는 반격…젊은 역사학자 3인을 만나다.(대담 보도)
9. 2016.06.05. 한국일보 조태성 기자 "위대한 고대사 집착이 되레 식민사관적 시각"

10. 2016.06.06 경향신문 심진용 기자 : 소장 역사학자 3명, '역사비평' 여름 호서 민족주의적 재야 사학계 두 번째 비판, 넓은 영토가 곧 위대한 역사 시대착오다.
▶ 본 필자 : 각 출판사, 각 언론사 및 기자에게 반론문 송부 - 언론 카르텔 형성하여 재야 사학계 공격에 대하여 비판

■2017년 사이비 역사학을 비판하는 책 『한국 고대사와 사이비 역사학』(젊은 역사학자 모임, 역사비평 편집위원회 지음, 역사비평사, 2017.2.3. 출판)

■2017년 7월부터 9월까지 《한겨레21》 지면에 '진짜 고대사'라는 이름으로 7회에 걸쳐 연재
▶ 본 필자 이에 대한 반론문 해당 언론사 송부

■2018.06.27. JTBC 차이나는 클래스 66회 기경량(가톨릭대학교 국사학과 교수) : '고구려로 떠나는 시간여행'

■2018 『욕망 너머의 한국 고대사』(서해문집, 젊은 역사학자 모임 : 서울대학교 국사학과 출신 가톨릭대학교 인문학부 국사학전공 조교수 기경량, 연세대학교 사학과 출신 서울시립대학교 국사학과 조교수 안정준 등, 2018.10.20. 출판)

■2019.6.18.~22. K-TV 생각의 탄생(51회) '광개토대왕비 어디까지 알고 있니?' : 기경량 교수(가톨릭대학교 국사학과 교수)

제1강. 광개토대왕비 어디까지 알고 있니? - 광개토대왕비, 대지에 세워지다!
제2강. 광개토대왕비 어디까지 알고 있니? - 광개토대왕비 100년 논쟁의 시작
제3강. 광개토대왕비 어디까지 알고 있니? - 우리는 광개토대왕비에서 무엇을 욕망하는가
▶ 본 필자 : 이에 대하여는 자세히 후술할 예정이다.

이와 같이 일부 언론과 식민지 사학은 카르텔을 형성하여 식민지 사학을 옹호하는 현재 주류 강단 사학 논리를 고집함으로써 왜곡되어 비하된 역사관을 국민들에게 심어주고 있다. 그동안의 언론 보도 행태를 보면 일부 역사 인식이 없는 젊은 기자가 잘못된 젊은 사학자들의 논리를 여과 없이 보도하는 것이 아니라, 주류 강단 사학계와 같이 잘못 경도된 역사관을 가진 언론사 내지는 언론사 간부가 뚜렷한 역사관이 없는 젊은 기자에게 취재 보도하도록 한다.

실제로 보도 당사자인 기자에게 본 필자가 확인한 바, 자신이 보도한 내용에 대하여 아는 바가 없다고 솔직히 실토한 사실도 있다. 그렇지 않으면 주류 강단 사학계의 젊은 사학자들과 같이 잘못된 역사학을 배운 사람이 언론사에 들어가 그들과의 친분으로 같은 역사 논리를 가지고 기사를 작성한다. 이러한 행태는 최근 국립중앙박물관의 가야 전시에 대한 보도로 이어져 주류 강단 사학계의 일방적인 주장을 보도함으로써 잘못된 것이 제대로 된 것을 축출하는 결과를 낳고 있는 것이다. 이것이 우리나라 역사계의 현실이다.

> 이번 기회를 발판으로 삼아 젊은 사학자들의 잘못된 역사 서술을 철저히 학문적인 방법으로 비판하고 반박하여 대안을 제시함으로써 우리나라에 식민사학이 발을 못 붙이게 하고자 이 글을 쓴다.

본 필자는 이들이 위에 언급한 2017년 7월부터 9월까지 《한겨레21》 지면상에 7회에 걸쳐 연재할 당시와 같은 주장을 담은 이전의 '역사비평'의 2016년도 봄 호 및 여름 호의 '사이비 역사학 비판'에 대하여 이들의 주장을 비판하였다.

이들에 대한 반론문을 한겨레신문사, 역사비평사 그리고 이 같은 사항들을 보도한 각 신문사 및 기자들에게 보내면서, 젊은 역사학자들의 잘못된 논리를 다음과 같다고 규정한 바 있다. 그것은,

> 1. 비판에 대하여 학문적 연구와 비판을 하지 않고 자기 논리만 계속 고수함.
> 2. 학문적 비판을 비학문적 매도와 학문적 반대 성과를 학문적으로 수용하지 않음.
> 3. 일부 잘못된 반대 논리에 대하여 신랄하게 비판하여 전체를 호도하는 잘못이 있다.
> 4. 얼마 안 되는 사료도 제대로 해석을 하지 못할뿐더러 일제 강점기 시대의 잘못된 유적과 유물 그리고 이후 새로이 발견된 유적과 유물을 편의적으로 취사선택하여 기존 논리를 고수하는 잘못이 있다.
> 5. 사료가 적은 고대사의 경우 사료와 유적·유물 전체를 보아 역사를 전개하여야 함에도 일부 왜곡되고 조작된 유적과 유물 그리고 취사선택한 일부 사료들에 의하여 기존 논리를 고수하는 우를 범하고 있음.
> 6. '낙랑군 평양설'이라는 기존 논리를 고수하기 위한 '고조선 이동설', '교치설' 그리고 '낙랑군 고조선계 주민들이 지배층 내지는 자율성을 가지고 있었다.'는 주장은 식민사학 극복이 아니라 식민사학의 변형 내지는 기형아임.
> 7. 비판하는 상대방을 비학문적으로 매도함으로써 진정한 전문적인 학자의 양식이 결여됨.

이었다.

> 우리나라 역사서인 『삼국사기』, 『삼국유사』, 『고려사』와 중국 정사(24사)를 교차 검증하면 주류 강단 사학계의 식민사학이 역사를 조작하였음이 저절로 파악된다.

본 필자는 역사학을 전공한 사람이 아닌데도 우리 고대사에 대한 여러 자료를 검토하여 연구하고 공부하다 보니 자연스레 현재 우리나라 역사학 체계가 잘못되어 있다는 것, 해방 이후 현재까지의 역사학계에 심각한 문제가 있다는 것을 알게 되었다. 모든 사료를 제대로 해석만 하면 되는 것이다. 모든 사료가 현재 주류 강단 사학계의 비정이 잘못되었다는 사실을 알려주고 있다. 모든 해답은 모든 사료에 있다. 이 같은 사료를 주류 강단 사학계는 왜곡된 인식으로 왜곡하여 해석하고 있다는 것을 알 수 있었다. 주류 강단 사학계가 설정한 바에 의하면 모든 사료가 서로 부합되지 않는다. 하지만 주류 강단 사학계가 비정하는 바와 달리 비정하면 모든 사료가 이에 맞게 부합되고 있다.

그런데도 전문적으로 역사를 공부한 학자들이 이것을 모른다는 것은 전혀 이해되지 않는다. 이미 거론한 바와 같이 알면서도 우리 역사학계 풍토가 기존 논리에 반한 주장을 하면 설 자리를 잃기 때문에 그런 것이라고 생각된다. 하지만 그렇다고 하더라도 이는 나라를 팔아먹는 것보다 더 심한 것으로 우리 민족의, 우리 국민들의 영혼을 팔아먹고 선조들이 피땀 흘려 지켜온 땅을 못난 후배들이 스스로 내어주는 꼴이다. 그런데도 이를 바로잡지 않는 것은 20세기 초 일본 제국주의에 나라를 팔아먹은 일과 다름없는데 그런 일을 계속한다는 것이 안타까움을 넘어 분노가 치민다.

> 역사학을 전공한 학자들이 아마추어 역사가가 확인할 수 있는 역사적 사실을 모른다는 것은 있을 수 없는 일이다.
> 이는 고의적인 외면으로 반민족적 범죄 행위이다.

　본인은 두 번째 저술을 펴낸 이후 한국 고대사와 관련한 작은 분야에 글을 써왔지만 책으로 엮어낼 마음은 없었다. 왜냐하면 책을 낸다는 것이 너무 힘들고 어렵기도 하고 부족하지만 내가 알고 있고, 쓰고 싶은 것은 어느 정도 썼기 때문이기도 하다. 그리고 한편으로는 우리 고대사 인식과 체계가 바뀌었으면 하는 바람이 있었다. 하지만 이후 현실에서는 바뀌지 않고 역사 인식과 체계가 퇴보를 하는 것 같아 무력감을 느끼고 있었다.

　그러다가 젊은 사학자들이 본 필자를 비롯하여 그들을 비판하는 재야 민족 사학자(그들은 유사 사학자, 사이비 사학자라고 한다.)를 비난하는 글을 이론적으로 완벽하게 반박 비판하면 젊은 사학자들이나, 주류 강단 사학자들이나, 일반 국민들이나, 카르텔을 맺은 일부 언론인들이 무엇이 잘못되었는지 판단되면 우리나라 역사가 바뀌는 계기가 될 것이라는 확신이 점차 커져갔다. 그럼으로써 우리나라에 식민사학이 발을 못 붙이게 되어 제대로 된 우리나라 역사가 정립될 것이라는 확신이 들어 힘들지만 눈보라가 휘날리는 만주벌판에서 독립운동한다는 각오와 자세로 이 글을 쓰기로 마음먹었다.

　여기서 덧붙이고자 하는 것은 이전의 본인의 미미한 기여는 별 도움이 되지 않았겠지만 그동안 많은 재야 민족 사학자들과 이미 언급한 서거하신 분들을 비롯한 소수의 비주류 강단 사학자분들의 연구 성과에 힘입어 조금이나마 바뀌고 있는 긍정적인 면도 있다는 점을 밝혀두고자 한다.

　나중에 자세히 설명하겠지만 원래 식민사학의 근본 원리는 '위만조선 왕험(검)성=평양=한사군 낙랑군 평양'인데 주류 강단 사학계 일부에서 '왕검성은 평양이 아니다'라는 주장이 힘을 얻고 있어 식민사학의 원리인 '한사군 낙랑군 한반도 평양설'이 무너지고 있다.

또한 인하대학교 '고조선 연구소'에서 고구려의 수도인 평양이 한반도 평양이 아니라는 연구 결과와 고려 그리고 초·중기 조선의 국경선이 기존에 우리나라 역사 체계상의 압록강과 두만강 국경이 아니고 지금의 요령성 요하 인근이라는 연구 결과가 있어 이것을 기화로 전반적인 역사학 체계가 개편되어야 할 시점을 강력히 요구하게 되었다. 그러나 그럼에도 불구하고 아니 이러한 요구와 변화가 강력해짐에 따라 오히려 주류 강단 사학계의 반발 내지는 역행이 심화되거니와 이러한 요구에 침묵으로 일관하는 태도는 여전히 유지하고 있다.

> 같은 사학계에서 여러 논문으로 제기된 사항에 대하여도 전혀 학문적 반론이 없으면서 기존의 잘못된 논리를 바꾸지 않는 것이 현재 우리나라 사학계의 현실이다.

잘못된 기존의 것을 바꾸지 않으려는 것이다. 그래서 이것을 바꾸는 데 일조하고자 본 필자는 그들의 핵심을 그들도 인정하지 않을 수 없게끔 학문적으로 사료 근거에 의하여 비판하고 올바르게 정립하고자 한다. 그 노력이 바로 이 글의 젊은 사학자 비판이다.

소위 젊은 역사학자들이 『욕망 너머의 한국 고대사』에서 다룬 분야는 앞에서 거론한 11개의 글 가운데 3개의 글에 대한 것이다.

1. 고조선 역사, 어떻게 볼 것인가(기경량)
2. 낙랑군은 한반도에 없었다?(기경량)
3. 광개토왕비 발견과 한·중·일 역사전쟁(안정준)

여기서 이것의 모든 것에 반박할 의향과 자료와 합리적인 이유 등이 넘치도록 많지만 중요하고 대표적인 것만 다루고자 하는 것은 집중을 위한 면도 있고, 이것을 다루다 보면 다른 분야는 저절로 잘못된 주장이라는 것이 밝혀진다는 이유 때문이다. 또한 이 3개의 주제는 역사관 내지는 관련 내용이 서로 연관된 면도 있다.

물론 출판물의 지면 한계도 있어 일부 분야를 다루는데도 그들이 말하는 사이비, 유사 사학자 비난을 듣지 않으려면 많은 증거 자료를 인용하고 언급하여야 하기 때문에 전체를 다루기에는 역부족일 것 같아서이다. 그래서 위의 분야 중 1~3분야만 다루기로 한다. 기회가 있으면 나머지 분야도 다루기로 한다. 특히 8분야 즉 '임나일본부설'은 꼭 다루려고 하였다. 흥미롭고 새로운 사실이 있는데 지면상 기회가 있으면 다음에 다루고자 한다.

물론 1~3분야를 논하면 사실상 다른 분야도 모두 다루게 될 것이다. 그렇기 때문에 굳이 다른 분야를 별도로 다룰 필요가 없을 수도 있다. 하지만 전문적으로 자세히 다루고자 하면 별도로 다루어야 할 것이다.

그러나 기회가 있을지 모르겠다. 글을 쓰고 책으로 낸다는 것이 너무 힘들다. 반대되는 논리를 반박한다는 것이 상당히 힘들고 어려운 작업이다. 먼저 상대방의 논리를 확실히 파악하여야 한다. 상대방의 논리는 전문가들이 77년 이상을 소위 학문적으로 쌓아온 것이다. 그리고 다음에는 반박 논리가 확고히 세워져 있어야 가능하다. 그러고 나서는 반대되는 논리가 확실히 잘못된 것이라는 것을 확실히 입증하여야 한다. 이를 위해서는 이를 반박할 확실한 논리와 증거자료가 있어야 한다.

> 본 필자의 이 글은 철저히 역사 사료의 교차 검증에 의한 것으로 결코 허황된 근거 없는 주장이 아니다. 모든 역사 사료가 입증하는 것이다. 이 역사 사료가 입증하는 사항을 현재 주류 강단 사학계는 고의로 외면하고 있다.
> 이 입증된다는 사실과 이를 고의로 외면하고 있다는 사실을 밝히고자 하는 것이 이 글이다.

그러기 위해서 본 필자는 모자란 공부 즉 소위 젊은 역사학자들이 주장하는 바에 혹시 모르는 타당한 것이 있는지, 이에 대한 반박 논리가 그 근거와 타당성이 있는지 여부에 대한 근거 자료를 찾느라 부족하나마 최선을 다했다.

그런데 주류 강단 사학계가 사용한 자료 안에 다 있었다. 단지 주류 강단 사학계는 이 사료를 왜곡하여 해석함으로써 잘못된 결과를 낳은 것이다. 이러한 해석에 의한 바로는 모든 역사적 사실 내지는 상황과 맞지 않는 것이다. 그야말로 학문이 아닌 것이다. 그런데 이를 제대로 해석하니 전혀 다른 결과가 나왔다. 이 결과는 모든 역사적 사실 내지는 상황과 맞아떨어졌다. 그래서 본 필자는 자신 있게 이 글에 의한다면 식민사학이 다시는 우리 땅에서 발을 못 붙이게 된다는 확신을 갖고 이 글을 세상에 내놓아 많은 사람이 읽어 새로운 역사 인식을 갖기를 바라는 마음으로 이 글을 내놓는 바이다.

젊은 사학자와 주류 강단 사학계는 그동안 그들을 비판하는 소위 유사, 사이비 역사학자들을 우리 고대가 넓은 영토와 찬란한 우월한 문명을 지닌 국가라는 근거도 없이 허황된 욕망에 사로잡힌 채 주장하는 것이라고 비하하면서 상대해 주지 않았다. 전문가이자 학자라면 당연히 학문적 비판에 대하여 학문적으로 연구하고 잘못된 것을 지적하여 잘못된 주장을 철회하게 하여야 함에도 그렇게 하지 않고 비학문적으로 몰아붙여 자기들 논리는 무조건 옳은 것이니 그냥 따르라고 한다.

그 이면에는 자신감이 없어서이기도 한 것이다. 그래서 자기들의 논리가 잘못이라는 것이 밝혀지면 자기들의 설 자리가 없어짐을 두려워해서인 것이다. 하지만 자기들의 설 자리를 위해서 우리 민족 우리 국가의 제대로 된 역사를 비하함으로써 민족 및 국가 자존심을 떨어뜨림은 물론 장래 및 미래 유사시에 영토 및 문화 종속권 문제가 발생하였을 때 현재도 그렇지만 우리의 모든 것을 이민족 및 다른 국가에 내어주는 결과를 초래한다면 어떻게 할 것인가. 그래서 제2의 식민지 시대가 온다면 이의 책임은 어떻게 되는 것인가를 생각할 때 학자라면 자신의 영위보다는 학문적 결과에 따라야 함이 당연하다고 본 필자는 강조하는 바이다.

본 필자는 전문적인 역사학 교육을 받지 아니하였다. 하지만 일부 관련 서적을 보면서 현재 주류 강단 사학계의 식민사학 논리는 잘못되었음을 인식하게 되었다. 그래서 이를 바꾸어야 한다는 열정으로 두 권의 저서를 내어놓았다. 하지만 이 글이 비판하고자 하는 소위 젊은 역사학자 모임 일원들이 내놓은 위의 글들을 비판하고자 하니 그들의 논리가 잘못되었음을 총론적으로는 인식하고 있었으나 개별적인 전문적 지식이 부족한 것을 인식하게 되었다. 그리하여 새로운 공부 즉 연구가 필요하게 되었다.

그래서 이 글을 쓰면서 끝없는 역사 공부에 매진하게 되었다. 따라서 필자의 비판 대상 글이 나온 후 뒤늦게야 이 글을 내놓게 되었다. 그 자료는 방대하였고 더군다나 반박이나 비판 글은 상당히 어렵고 힘들고 방대하였다. 즉 상대방을 비판하기 위해서는 먼저 비판할 상대방의 글을 소개하고 이에 대하여 반론을 제기하고 반론을 입증할 자료를 충실히 제공하고 이에 대한 대안을 근거 자료와 함께 제시하

여야 한다. 방대하면서도 어려운 작업이었지만 의외로 비판과 반론
은 쉬운 것이었다. 모든 자료 즉 우리 고대사를 대상으로 한 모든 중
국 사료와 우리나라 사료 특히 『삼국사기』, 『삼국유사』, 『고려사』
에 해답이 있었다. 이러한 사료는 현재 주류 강단 사학계의 식민사관
과는 다른 것이었다. 그동안 이러한 자료에 대하여 '춘추필법'에 의한
중국 측의 왜곡과 고려 및 조선시대 유학자들의 왜곡 그리고 일제 강
점기 식민 사학자들의 왜곡된 해석에 의하여 잘못 해석되어 왔을 뿐
이다.

특히 중국 측은 자기들의 사서 기록과도 맞지 않게 많은 위치를 이
동시켜 우리 고대사를 동쪽으로 이동시켜 놓았다. 우리는 예전부터
이것을 그대로 받아들여 이들 사료를 해석하고 있었던 것이다. 놀라
운 사실은 주류 강단 사학계의 식민사학 역사 왜곡을 비판하는 재야
민족 사학계와 비주류 강단 사학계에서도 많은 부분을 이같이 왜곡
된 역사 인식에 의하여 해석함으로써 또 다른 역사 왜곡을 한다는 사
실을 본 필자는 파악하였다. 하지만 모든 인식을 왜곡된 인식 이전으
로 하여 모든 사료를 해석한다면 모든 사료가 현재 우리 주류 강단
사학계의 왜곡된 식민사학을 제대로 비판하고 제대로 된 역사로 바
꾸어놓을 수 있다는 것을 이번 연구와 집필로 알게 되었다. 즉 모든
사료가 현재 주류 강단 사학계의 식민사학이 역사를 왜곡하고 있음
을 증거하고 있다.

> 이 글에 대하여 이 글의 비판 대상인 젊은 사학자들은 물론 주류
> 강단 사학계의 반론을 기대한다. 제대로 반박을 못 할 것이다.

그렇다면 이제부터 이 글에서 과연 기존 주류 강단 사학계가 주창하
는 논리는 일제 식민 해방 77년 이후 아니 그들의 논리대로 하면 고려

및 조선 그리고 조선 실학자들 이후 통용되고 인정된 논리로써 실제 역사에 부합된 논리가 맞는 것인지 아니면 이를 비판하는 그들이 칭하는 유사, 사이비 역사학자들이 주장하는 바는 학문적 사료나 고고학적 근거 없이 나라와 민족을 사랑하는 허황된 욕망에 의한 국수주의, 쇼비니즘 주장인지 여부를 판가름 지어볼 것이다. 이 모든 것을 그들이 쓰는 편의적 자기 선택적 자료 이용이나 왜곡에 의한 것이 아니라 확실한 모든 증거 자료에 의하여 합리적으로 비판할 것이다.

그리고 이 비판과 이에 대한 반론에 토론을 제의하는 바이다. 물론 무시하거나 거부하겠지만 본 필자는 그만큼 자신 있다는 것이다. 반론이나 토론 의향이 없으면 지금부터라도 밥그릇을 내려놓고 학자의 양심에 따라 그들의 리그에서 벗어나서 올바른 학문을 하기를 강력히 권하는 바이다.

본 필자는 이 글을 인생의 마지막으로 삼아 혼신을 다 기울였고 최선을 다했다. 그 결과 본 필자 스스로 놀라움을 금치 못하였다. 고려 및 조선시대 유학자들을 비롯하여 일제 식민 사학자, 해방 후 77년 동안의 역사학자들이 살펴온 사서 기록들을 확인한 결과에 의하면 이들을 제대로 해석하면 현재 우리 역사는 전부 잘못되었고 전혀 다른 역사가 정립될 수 있다는 사실을 확인하였다. 놀라운 사실에 환희도 느꼈지만 분노도 느꼈다. 같은 사서 기록인데 전혀 다른 결과가 도출된다는 것은 그동안 우리 역사를 잘못 정립하였다는 것을 의미하기 때문이다. 과연 어떠한 것에 의하여 이러한 결과가 도출되는지 지켜볼 일이다.

> 기존의 역사서들에 의하더라도 제대로 해석하면 현재 우리 역사 정립 사항이 전부 잘못되었다는 사실과 새로운 놀라운 역사 사실이 확인된다. 이는 이 글에서 확인될 것이다.

I. "고조선 역사 어떻게 볼 것인가(기경량)" 글을 반박하여 비판한다

우선 본 필자의 비판 대상인 이 글은 주제를 다음의 다섯 가지로 정했다.

1. 단군신화는 언제 만들어졌나
2. 환웅 부족? 곰 부족, 호랑이 부족?
3. 고조선은 어디에 있었나
4. 고조선과 한나라의 전쟁
5. 보편적 역사로서 고조선사

우선 고조선 역사를 다루면서 그 많은 고조선 역사 내지는 관련 사실 중에 신화, 한나라와의 전쟁을 부각하여 다루는가 하면 '기자조선'을 다루지 않은 것 자체가 선입견에 의한 것으로 이는 학문적으로 객관적인 글이 아니라 편파적인 주제 선정이라고 지적하고자 한다. 식민사학을 잘 모르면 일제 식민사학 내지는 주류 강단 사학계가 신화를 강조하고 최초라고 하는 조한 전쟁을 다루는 한편 그들이 애써 강조하는 조선시대 학자와 중국사서가 강조하는 '기자조선'을 다루지 않는 것에 잘 모르거나 오히려 주체적인 역사관에 의한 것이라고 할지 모른다. 하지만 이는 전적으로 식민사관에 의한 것이라는 사실은 조금만 식민사학을 확인하면 알 수 있다. 이에 대하여 본 필자는 설명할 것이다.

> 본 필자의 비판 대상인 이 글이 고조선과 관련하여 다룬 주제 선정 자체가 식민사학의 논리를 그대로 나타내고 있다.

식민사학의 기본은

1) 고조선(단군조선)의 신화화 그리고 이와는 반대로 역사적 실체로서의 불인정,

2) 우리 민족의 최초 국가인 고조선은 한반도 북부 평양 지방에 미미하게 있다가 중국 연나라 망명 세력에 의해 위만조선으로 시작한 후 얼마 안 있어 중국 한나라에 멸망당한 후, 한나라가 설치한 한사군으로부터 식민 지배를 받아 중국의 발달된 문명을 전수받아 이후 고대 국가들이 성립하였으며(한사군 낙랑군 한반도 평양설),

3) 한반도 남부 가야 지방은 『일본서기』상의 임나 지역으로 일본 세력이 4세기경 이전부터 진출하여 '임나일본부'를 설치하는 등 식민 지배를 받았으므로 『삼국사기』상의 신라, 고구려, 백제, 가야 등의 국가가 1세기경부터 성립하여 발달하였다는 기록은 신뢰할 수 없고 이들 국가는 위의 한사군 영향을 받아 3세기 이후부터 국가 체계를 갖추기 시작했다는 것이다('임나일본부설' 및 『삼국사기』 초기 불신론').

여기에 덧붙이고자 하는 것은 나중에 더 자세히 다루겠지만 본 필자의 비판 대상인 이 글이 주장하는 '한사군 낙랑군 한반도 평양설'은 일제 식민사관이 아니라 고려시대, 조선시대, 실학자들이 인정한 것이라는 주장과 함께 당시의 근거 사료와 주장을 그 근거로 삼았다.

일부 사실은 그렇다 하더라도 이는 잘못된 주장이다. 이와 같이 논리의 근거를 고려시대, 조선시대, 실학자들로 하면서도 정작 고려시대, 조선시대, 실학자들이 지속적으로 주장한 『제왕운기』상의 소위 삼조선설 즉 "①전조선 : 단군조선, ②후조선 : 기자조선, ③위만조선"상의 '기자조선설'을 거론하지 않았다. 현재 주류 강단 사학계가 기자를 거론하지 않으니까 식민사관을 배격하였다고 여길 수도 있으나 오히려 거론하지 않는 것 자체가 잘못된 것이다. 본 필자가 나중에 거론하겠지만 중국은 우리나라를 종속화하고, 우리나라는 소중화를 자처하는 사대주의에 의하여 형성된 '기자조선설'이므로 이를 역사학 체계에서 빼는 것이 주체성 있는 역사 추구이므로 이는 일본이 정립한 식민사관에 반하는 것으로 식민사관을 배격하였다고 강단 사학계는 내세우고 있고 일반인들은 그렇게 인정하고 있다. 그러나 이는 변명이고 이를 인정하는 것은 변명을 받아들이는 것이다. 일본 제국주의 식민사학은 처음에는 기자조선을 우리 조선사 역사학 체계에 편입시킴을 긍정적으로 검토하였다. 왜냐하면 우리 민족의 주체성을 떨어뜨리는 것이기 때문이다. 그러나 이후 생략하는 것을 공식화한 후 이를 체계화시켰다. 그 이유는 두 가지이다.

첫 번째 이유는 기자조선이 기록상 조선으로 건너왔다는 것이 B.C. 12세기 일이므로 만약 이것을 역사적 사실로 할 경우 건너온 조선이라는 국가도 B.C. 12세기 이전에 존재하였다는 것이 된다. 그러므로 식민사학이 목적으로 하는 논리인 B.C. 2세기에 위만이 망명해 올 즈음에나 우리 민족은 국가라는 존재가 실재하고 있었다가 중국에서 건너온 위만 세력에 찬탈 된 후 이도 역시 중국 한나라에 멸망된 후 중국의 식민지가 되는 것으로 하고자 하는 일제 식민사학의 논리에 맞지 않기 때문이다.

두 번째는 중국사서와 고려 및 조선시대 유학자들은 중국 상(은)나라의 기자가 당시 미개한 한반도로 와서 문명적으로 교화시켰다는 것으로 중국 종속화 및 소중화 사대주의 사상에 의거한 역사학 체계를 삼았다. 이는 일본이 우리나라를 침탈할 당시에 일본 제국주의의 가장 큰 이슈인 한반도 조선의 탈중국화(탈청국화) 및 일본 제국주의에 대한 유일한 종속화 논리에 위배되었기 때문이다. 그래서 일제 식민사학 논리에서 제외하였던 것이다.

연구를 해보니 식민사학의 기본 원리인 고조선 신화화와 중국에서 망명한 세력에 의한 위만조선 그리고 이를 중국 한나라가 멸망시키고 지금의 평양에 설치한 한사군에 의하여 문명이 전파되어 고구려 등 고대 국가가 형성됐다는 정해진 도식에 기자조선은 불필요하고 이에 위배되기 때문이라고 여겼던 것이다.

다른 중요한 이유는 기자조선을 연구해 보니 식민사학의 기본 원리 중 가장 중요한 사항인 '한사군 낙랑군 한반도 평양설'의 핵심인 평양설이 허구의 '기자조선설'에 의한 것임이 밝혀지기 때문에 즉 '기자조선설'을 제대로 연구하여 '기자조선설'의 허구성과 우리나라 전래 과정이 밝혀지면 평양설이 조작된 것임이 밝혀지기 때문이기도 한 것이다. 이에 대하여는 상당한 지면을 할애할 정도로 깊이 있게 다루어야 하므로 다음 장인 '2. 낙랑군은 한반도에 없었다?(기경량)'에서 자세히 설명하기로 하겠다.

> 설화는 설화이고, 건국 신화는 어디에나 존재하는데 이를 비판하여 건국 사실을 모호하게 만든 것은 식민사학의 주된 논리이므로 이를 비핀(판)한다.

위의 글에서는 고조선을 원론적으로 부정하는 차원에서 고조선의 역사적 사실을 모호하게 하기 위해서 국가 건국 신화를 거론하였다.

원래 신화는 역사적 사실이 실제와 다르게 표현되어 있는 것이 상례이다. 세계 어느 나라에 있어서도 건국 사실은 설화적, 신화적으로 표현되어 구전되어 오다가 역사서를 편찬할 때 그대로 서술하는 것이 당연한 것이다. 그런데도 유독 고조선만 건국 사실이 신화로 되어 있는 듯 서술되어 있다 하여 역사적으로 모호하다는 저의를 드러내 보였다.

더군다나 그 건국 신화가 실제 고조선의 역사를 반영한 것임을 증명하려고 애쓴 것이 불과 '중국 산동성 지상현 소재 무씨 사당의 화상석'과 '중국 지린성 지안시 소재 장천 1호분 고구려 벽화'만이 존재하고 있고, 그것도 그의 말대로 "유구함을 증명하는 일이 쉽지 않다."고 하여 고조선 단군신화의 실제성 및 역사 유구성의 신빙성을 의심하여 결국은 단군조선의 역사성에 의문을 표하는 본래의 역사 인식을 나타내고 있다.

그리고 거론한 대상과 시기도 화상석의 경우 1~2세기, 고구려 벽화의 경우 그 이후로 하여 설사 실제성을 나타내었다 하더라도 그 시기를 상당히 낮추어 보았다.

우선 세계적으로 건국 역사 및 시조 설화에 대하여 이를 물질적인 유적, 유물을 통하여 입증된 사례가 얼마나 있는지 반문하고자 한다. 단지 단군신화를 어느 정도 나타낸 것이 있어 주목한 것에 불과하고 이것을 단순 신화의 실제성과 연관하여 설명해 보고자 한 것에 불과한 것을 억지로 증명하려고 애쓰다가 결국 하지 못한 것처럼 서술하여 결국 단군신화는 실제성과 유구한 역사성을 증빙할 수 없는 모호한 것이므로 역사적 실제성이 의심스러운 것으로 유도하였다.

이러한 전개 방식은 잘못된 것으로 그 문제점을 우선 지적하고자 한다. 자기 논리상 지적한 것이 단군신화의 역사성 의문에 아무런 영향이 될 수 없는데도 전혀 가능성이 없는 것을 제시함으로써 가능성이 많은 것을 부정하는 것은 학문을 연구하는 전문가의 자세가 아니다.

그리고 단군신화가 전해져 오는 사서로 누구나 알만한 『삼국유사』 이외에 다른 버전의 『제왕운기』를 소개하여 그의 말대로 다양한 단군신화 존재 가능성을 제시함으로써 앞서의 증거물이 부족하고 모호함과 더불어 결국은 "단군신화가 고조선 당대부터 존재했다고 판정할 만한 뚜렷한 증거는 없다는 점을 확인할 수 있다."라는 결론을 내리는 데 이용하였다.

하지만 여러 가지 다양한 신화가 존재하면 그만큼 풍부하여 신빙성이 부여되고 다른 버전이 존재한다는 것은 그만큼 오랜 기간 동안 많은 전래에 따라 일부 변형이 따랐다는 것으로 이는 결국 유구성과 신빙성을 오히려 높여주는 것인데도 다른 결론을 도출하는 것은 잘못된 논리이다.

고려 이후의 두 가지 버전의 두 가지 역사서만 거론하여 단군조선의 역사성을 모호하게 만든 것에 대하여 비판한다.

그리고 본 필자의 비판 대상인 이 글은 단군신화가 기록되어 있는 우리나라 역사서를 고려 중기 이후의 것으로 『삼국유사』와 『제왕운기』를 들었다. 하지만 역사를 전공하지 않은 재야 사학자들을 유사, 사이비 역사학자라고 비난하는 고대 역사를 전공하는 전문가라면 우리나라 역사서가 어떻게 되어왔는지 그 유래와 과정을 알 것이고, 만약 모른다면 다른 역사를 거론하는 사람을 비전문가라고 비난하여서는 아니 될 것이다.

거론한 역사서는 단군에 관한 특히 단군 건국 사실을 기록한 대표적인 역사서이다. 하지만 단군조선 건국 사실을 비하하거나 신빙성이 없다는 선입견 내지는 목적을 가지고 논리를 전개하지 않는 한 한참 이전의 역사 사실을 겨우 고려 중기 이후에 그것도 다른 버전을 가진 역사서가 존재한다고 거론함으로써 그 실제 역사성을 불신하게 만드는 것은 상당히 비전문가적인 행태로 전문가라면 마땅히 비난을 받아야 한다.

우리나라는 고조선으로 시작하여 부여, 고구려 등 사국(고구려, 백제, 신라, 가야)으로 이어져 온다는 것은 상식의 역사이다. 물론 식민 사학자들은 식민사학 논리에 의하여 이를 달갑게 받아들이지 않는다. 즉 부여와 가야의 역사성을 은근히 배제하고 있다. 이러한 역사 전개상에 있어서 적어도 고구려, 백제, 신라의 경우 각각의 역사서가 존재하였으나 망실되어 전해지지 않는 것 또한 『삼국사기』상에 기록된 엄연한 역사적 사실이다.

즉 고구려는 『유기』 100권과 『신집』 5권, 백제는 고흥이 편찬한 『서기』라는 역사서가 존재하였으나 전란 등으로 소실되었다. 신라는 『국사』라는 역사서가 존재하였으나 역시 망실되어 전하지 않는다.

본 필자의 비판 대상인 이 글이 지적한 대로 단군신화를 기록한 『삼국유사』상에서 단군신화를 『위서』와 『고기』에서 인용하였다고 하였던 바, 『위서』는 중국사서로 현재 전해지지 않으며, 『고기』는 그가 지적한 대로 우리나라 책 이름이 '고기'인지 아니면 '옛 기록'인지 모르나 『삼국유사』가 인용하였다면 당시에는 이들이 존재하였다는 것이 확실하다고 보아야 한다.

더군다나 그는 단군 건국 사실을 『삼국유사』와 『제왕운기』 두 가지 사서만 거론하였는데 두 사서 외에도 『응제시주』, 『세종실록 지리지』(평양부조)』, 『삼국사절요』, 『동국통감』 등에도 실려 있으며, 버전도 그가 거론한 두 가지 이외에 한 가지를 더하여 세 가지로 보는 연구 결과도 있다.

이렇듯 많은 사서의 기록에 있다는 것은 이를 인용한 사서 즉 『고려기』가 존재하였다는 것으로 보는 것이 합당하다. 조선시대 승정원일기 영조 편(승정원일기 영조 편 영조44년 5월 22일자)에 사관을 시켜서 『고려사』를 읽게 하였는데 지금의 고려사에 없는 '제왕목록'과 '단군' 편을 읽게 하였다는 것이다.

> "임금께서 말씀하시길, 유신은 고려사 초권을 들고 입시하라 ~ 임금께서 말씀하시길, 상번사관이 제왕목록을 읽으라. (상번)병정이 읽기를 마치니, 임금께서 하번(명훈)은 단군 편을 읽으라. ~ "

지금 전해 오는 『고려사』는 조선시대에 편찬된 것이다. 지금의 『고려사』에는 이 내용이 없다는 것은 조선시대에 편찬된 지금의 『고려사』 외에 다른 것, 즉 고려시대 편찬된 것이 있었거나 지금의 『고려사』와는 다르게 조선시대에 편찬된 것이 있었다는 것을 의미한다.

실제로 조선이 건국된 직후인 태조 시에 조준, 정도전에 의하여 고려사인 『고려국사』가 편찬되었다. 그러나 이는 현재 전해지지 않는다. 그러나 이후 이 편찬에 대한 비판이 일어 재편찬 주장으로 다시 세종 시에 간행을 시작하여 여러 우여곡절을 거쳐 일단 1451년(문종 원년)에 간행하였다. 그러나 이후 사대주의 사관에 위배된다는 등의 이유로 개정 작업을 거쳐 다시 1454년(단종2)에 인쇄 반포되었다. 그러나 이마저도 현재 전해지지 않는다. 단지 1455년 인쇄된 것과 중종 연간에 복각한 목판본 그리고 1613년(광해군 5) 목판본이 전해 내려왔다가 본격적인 간행물은 일세 상섬기인 1908년에 간행된 것이다.

따라서 이에 대한 적극적이고 본격적인 연구가 진행되어야 한다. 즉 ①초기에 편찬된 『고려국사』 내용과 이후의 간행본과의 내용 등의 차이점 ②간행 경위 과정에서 논란이 많았던 '참의지사' 즉 고려국은 분수에 맞지 않게 중국을 모방해 황제 운운했다는 『고려사』 편집자들인 조선 초기 유학자들의 역사 인식에 의한 『고려사』 편찬 과정과 ③그럼에도 불구하고 '술이부작'과 '이실직서' 즉 있는 그대로 기록하였다고 하면서도 정작 세종의 직서 명령에는 반발하는 인식에 의하여 『고려사』를 편찬하고 개작하는 과정에 의한 결과물인 『고려사』 기록의 사실성 문제 등을 검토하여야 한다.

| 『고려사』는 편찬자인 조선시대 성리학자들에 의하여 왜곡 편찬되었다.

'참의지사' 즉 고려국은 분수에 맞지 않게 중국을 모방해 황제 운운했다는 조선시대 『고려사』 편집자와 조선 전기 지배층의 주자학 제일주의와 중국 사대주의 이념에 투철한 사람들의 주장으로 고려에서 실제로 사용하였던 황제 칭호를 삭제하였다. 즉 황제 칭호를 왕으로 바꾼 채 편찬하는 인식에 따라 고려국 역사를 편찬함으로써 있었던 그대로 기록하지 않았던 것이다.

그럼으로써 세종의 경우 이실직서 즉 있는 그대로 기록하라는 명령이 있음에도 이를 반대하는 사례가 있었다. 이러한 철두철미한 인식과 이러한 인식에 의한 우여곡절에 의하여 고려사를 기록하여 편찬한 『고려사』가 제대로 '술이부작' 즉 있는 그대로 기록되어 있을 수 없다. 즉 황제를 왕이라고 바꾸는 인식이라면 중국과 대등하거나 우위에 선 역사 사실을 그대로 기록하거나 한반도가 아닌 중국 대륙에서의 고려국 활동을 그대로 기록하였을 리 없다.

실제로 「본문」은 그대로 기록하면서도 그 위치는 「지리지」상에는 원래의 위치인 곳과 한반도로 이동된 곳에 이중적으로 기록하는 등 스스로의 모순 기록을 남겼다. 그럼에도 현재 방송에 자주 출연하는 주류 강단 사학계의 소위 고려 전문가라는 교수는 있는 그대로의 기록을 중시한다고 하면서 주류 강단 사학계의 『고려사』에 대한 '술이부작', '이실직서' 원칙을 절대 신뢰한다고 한다.

그렇다면 황제를 왕으로 바꾼 사실과 편찬 시 '참의지사' 주장과 '직서' 명령 반대 그리고 이러한 우여곡절 끝에 편찬된 『고려사』가 그들의 신뢰대로 제대로 '이실직서' 원칙을 지켜서 기록되었다고 할 수 있는가에 대하여는 고의로 배척하고 무시한 채 무조건적인 사실 그대로의 역사 서술임을 고집하고 있다.

이것도 문제이지만 사실대로 서술을 고집하면서도 『고려사』「서문」에 기록된 고려국의 서북 경계인 압록과 동북 경계인 선춘령 즉 서북 경계인 하북성 압록수인 지금의 호타하와 동북 경계인 두만강 북쪽 700리 공험진은 그대로 인정하여 따르지 않은 채 일제 식민 사학자들이 정하여 준 한반도 압록강에도 못 미치는 압록강 하구로부터 함흥만(도련포)으로 설정한 것을 해방 후 77년이 지난 지금까지도 따르는 모순을 보이고 있다.

더군다나 이에 대한 논문 즉 일제 식민 사학자들이 조작하여 만들어놓은 한반도 내의 고려 국경이 잘못되었다는 논문과 주장이 같은 대학교 측에서 제시되었음에도 불구하고 이에 대한 반론은 제시하지 않은 채 기존의 일제 식민사학에 의하여 정해진 논리는 수정하지 않고 있다.

다룰 만한 수많은 고려 역사가 있는데도 유독 소위 굴욕적인 시대인 원나라 간섭기만을 공영 방송국과 연계하여 중점적으로 다루는 이유가 도대체 무엇인지 본 필자는 그 고려 전문가 교수에게 묻고자 한다.

이것이 우리 주류 강단 사학계의 민낯이다. 자기들이 신뢰하고 그대로 따른다고 하면서 그대로 따라야 한다고 강조하는 그 사서 기록을 정작 그들은 따르지 않은 채 오히려 왜곡 조작한 일제 식민 사학자들 논리를 아무런 추가 연구 없이 따르고 있다.

그러면서 정작 새로이 연구하여 밝힌 사실에 대하여는 어떠한 학문적 반응을 하지 않은 채 굴욕적인 역사만 다루고 있다. 이를 어떻게 설명할 수 있다는 말인가.

이러한 상황은 이 글에서 정작 비판하고 있는 고조선 및 낙랑군에 대한 사항에 있어서도 똑같이 적용된다. 젊은 역사학자들을 포함한 주류 강단 사학계는 고조선을 되도록 부정하면서도 정작 고조선이 멸망하게 되는 한나라와 위만조선과의 전쟁인 조한전쟁 기록은 상세하고 장황하게 소개하고 있다. 이를 어떻게 설명할 수 있다는 말인가. 그런데 이와 같은 것은 일부에만 해당되는 것이 아니다. 우리나라 주류 강단 사학계의 전반적인 공통점으로 우리나라 역사학계의 현실이다.

원래 편찬된 『고려사』도 문제이지만 그것도 제대로 내려왔는지 문제이고, 지금 전해진 『고려사』도 원래의 『고려사』와 달리 의도적으로 후세에서 편찬 내지는 편집되어 전해 내려온 것일 수도 있다. 일제 강점기에 식민지 일본 학자 등이 저질렀을 수도 있다. 왜냐하면 상식적으로 앞뒤가 안 맞는 사항이 많기 때문이다.

현재 전해지는 『고려사』는 조선 건국 직후 조선시대 공신들에 의하여 좋게 평가하면 시대정신, 다르게 평가하면 의도적인 목적 즉 사대주의와 유교 중심적인 사관에 의하여 쓰인 것으로 파악되고 있다. 고려시대를 저평가하고 몽골계 원나라를 제외한 중국 계통 국가와 동등 내지는 우위에 섰던 고려국의 역사적 활동을 유교적 중국 사대주의적 역사관에 의하여 의도적으로 왜곡하여 쓴 것이다.

이로 말미암아 단군조선 등 민족국가 계통 망실, 사대주의에 의한 허위의 기자조선 왜곡화, 고려 국경 축소 등이 이루어졌다. 이에 대하여는 '기자조선' 관련 사실을 다룰 때 같이 다루고자 한다. 왜냐하면 『고려사』 편집 과정이 '기자조선' 그리고 이에 의하여 같이 왜곡되어 형성된 '한사군 낙랑군 한반도 평양설'과 관련이 있고 이것이 본 필자가 반론할 중요한 소재이기 때문이다.

아무튼 영조가 본 『고려사』에는 단군 사실이 기록되어 있었음은 분명한 사실이다. 또한 승정원일기 영조 편(승정원일기 영조 편 영조 47년 10월 7일자)에는 신라, 백제에서 단군제사를 일 년에 두 번(2월과 8월) 거행하였다는 기록을 확인한 것으로 되어 있다. 이렇듯 영조가 열람한 『고려사』가 참조한 기록과 단군제사 사실이 있었던 기록이 존재하였다는 것을 알 수 있다.

> "~주상(영조)이 말하길 '경의 말이 옳다. 주서(注書)가 나가서 신라, 백제에서 단군을 제향하는 달을 알아오라' 하였다. 천신(賤臣)이 명을 받고 돌아와 아뢰어 말하기를 '일 년에 두 번이고 2월과 8월에 제향한다'고 말하였다.~"

이것이 『삼국유사』와 『제왕운기』 그리고 단군 사실을 기록하면서 참조 내지는 인용한 『고기』인 것을 알 수 있다. 여러 학자들의 연구에 의하면 『고기』는 『삼국사기』의 원조 격으로 고구려, 백제, 신라 및 이들의 선조인 부여와 단군의 신화와 역사적 사실을 기록한 『구삼국사』라는 것이 밝혀졌다. 따라서 그가 지적한 대로 단지 2개의 역사서밖에 없어 신빙성이 부족하고, 그것도 편찬 시기가 고려 중기로 유구한 역사성이 의심되니, 버전도 2개로 서로 상충한 것이 있어 신뢰성에 의심이 가고, 그것을 인용한 『위서』와 『고기』는 현재 전해지지 않아 그 신빙성에 의심이 간다는 것은 상당히 목적성을 가진 시각에 의한 것이라고 볼 수밖에 없다.

먼저『고기』의 경우 이전의 고구려, 백제, 신라의 역사서는 망실되었으나 이를 기록한 사서들이 전해져 오면서 소위『고기』로 불리며 시대가 흐름에 따라 확대, 축소, 편집 등 변화를 거치면서 전해져 오다가 고려시대 이후에『삼국유사』등 여러 사서 편집 시 이용되다가 어느 순간 없어져 버린 것이 아닌가 한다. 특히『조선왕조실록』세조 시기 이후 한동안,

【사료1】『조선왕조실록』세조실록 7권, 세조 3년 5월 26일 무자 3번째 기사 1457년(명 천순(天順) 1년)

팔도 관찰사에게 고조선비사 등의 문서를 사처에서 간직하지 말 것을 명하다.

팔도 관찰사에게 유시하기를, "고조선 비사 · 대변설 · 조대기 · 주남일사기 · 지공기 · 표훈삼성밀기 · 안함 노원 동중 삼성기 · 도증기, 지리성모, 하사량훈, 문태산 · 왕거인 · 설업 등 삼인 기록, 수찬기소의 1백여 권과 동천록 · 마슬록 · 통천록 · 호중록 · 지화록 · 도선 한도참기 등의 문서는 마땅히 사처에 간직해서는 안 되니, 만약 간직한 사람이 있으면 진상하도록 허가하고, 자원하는 서책을 가지고 회사할 것이니, 그것을 관청 · 민간 및 사사에 널리 효유하라." 하였다.

【사료2】『조선왕조실록』예종실록 7권, 예종 1년 9월 18일 무술 3번째기사 1469년(명 성화(成化) 5년)

예조에 명하여 모든 천문 · 지리 · 음양에 관계되는 서적들을 수집하게 하다.

예조에 전교하기를, 주남일사기 · 지공기 · 표훈천사 · 삼성밀기 · 도증기 · 지이성모하사량훈, 문태 · 옥거인 · 설업 세 사람의 기록 1백여 권과 호중록 · 지화록 · 명경수 및 모든 천문 · 지리 · 음양에 관계되는 서적들을 집에 간수하고 있는 자는, 서울에서는 10월 그믐날까지 한정하여 승정

> 원에 바치고, 외방에서는 가까운 도는 11월 그믐날까지, 먼 도는 12월 그믐날까지 거주하는 고을에 바치라. 바친 자는 2품계를 높여 주되, 상 받기를 원하는 자 및 공사천구에게는 면포 50필을 상주며, 숨기고 바치지 않는 자는 다른 사람의 진고를 받아들여 진고한 자에게 위의 항목에 따라 논상하고, 숨긴 자는 참형에 처한다. 그것을 중외에 속히 유시하라." 하였다.

조선 왕조 수립 시 추구했던 중국 종속 사대주의에 반하는 주체적인 역사관에 의한 사서들을 수집하게 함으로써 별도 보관을 허락하지 않게 하는 등의 핍박에 다수 소실된 것으로 보인다. 조선 왕조 입장에서나 표면적으로는 한 가지 통치이념에 맞는 역사학 체계만 수립한다는 명분이 있었지만 다른 면으로 보면 당시 조선의 통치이념이 중국 사대주의가 명백한 것인 만큼 이에 반하는 사상은 당연히 기자조선에 반하는 단군조선 사상임은 당연한 것이다.

따라서 당시의 고서 수집 명령은 그 목록으로 보아도 단군조선과 관련된 것임을 확신할 수 있다. 당시 『조선왕조실록』상의 시기 표현상에 명나라 연호를 병기 표기한 것에서도 조선 왕조의 중국 왕조 종속 태도를 알 수 있고, 수집 서적 목록상에 고조선 관련 서적이 있는 것으로 보아 이를 확인할 수 있다. 더군다나 당시의 수집 명령은 점차 가혹해져 참형에 처할 만큼 강하였다. 이는 대한민국 정부 수립 초기 시절 공산주의자에 대한 태도보다 심하였다.

따라서 이때 고조선 관련 서적이 거의 없어지거나 숨겨 버린 사실을 확인할 수 있다. 단지 고조선 관련 사실도 일부만 제시한 『삼국유사』와 『제왕운기』상과 같이 조선 왕조가 인정한 범위 내의 한정된 서술만 가능하였다. 이는 이후 일세 강섬기에 많은 우리의 고유 사서가 수집되어 없어지거나 일본 본토로 옮겨져 현재 일본에 비밀리 보관되어 있는 것과 그 궤를 같이 한다. 이로 말미암아 제대로 된 우리 고유의 역사가 사장된 채 왜곡된 역사가 펼쳐지게 되었다.

> 우리 민족 고유의 사서는 조선시대 우리들에 의하여 그리고 일제 강점기에 수탈되어 우리의 손에서 사라짐으로써 왜곡된 역사가 전개되었다.

이규보는 그가 지은 『동국이상국집』의 전집 제3권에 실려 있는 『동명왕』편을 저술하면서 김부식이 『삼국사기』를 편찬하면서 참고한 것이 확실한 『구삼국사』를 본 것으로 되어 있다. 이것으로 보아도 『삼국유사』가 인용한 『고기』의 근거가 확실히 있는데도 학자가 이를 부정하거나 거론하지 않는 것은 심히 유감이다.

또한 단군조선 건국 사실도 그가 제시한 두 가지 버전이 아니라 세 가지 버전이다. 『삼국유사』의 첫 번째 버전, 『제왕운기』의 두 번째 버전 외에 『삼국사절요』와 『동국통감』의 세 번째 버전도 있다는 것이 최근의 연구 결과로 밝혀졌다.

따라서 다양한 버전이 존재한다는 것은 신뢰성이 없는 것이 아니라 이 버전은 서로 다른 것이 아니라 첫 번째가 두 번째로 대변될 수 있고 이것이 다시 세 번째로 발전 변화되었다고 볼 수 있다. 그러므로 신뢰성이 더 높아지며 설사 서로 다른 버전이 있음으로 하여 그 신뢰성에 무게를 둘 수 있다. 여러 가지 버전이 있다는 것은 오래전부터 다양한 것이 사실적으로 전해 온다는 의미이기도 하기 때문이다.

따라서 그가 지적한 대로 "다만 학문으로서 단군신화를 다룰 때는 그 성격과 한계를 충분히 염두에 둘 필요가 있다."는 점잖고 신중한 학문적인 입장으로 이야기함으로써 오히려 단군 사실을 비학문적인 시각에 의하여 신빙성에 의심을 두면서 연구하지 말고 반대로 많은 연구를 하여 학문적인 성과로 이어지게 하는 것이 학자의 소명이라고 지적하고 싶다.

앞으로 계속 거론하겠지만 연구를 하면 할수록 더 신빙성 있고 신뢰성 있는 것이 단군의 역사적 실체이고, 이를 부정하는 것은 오히려 비학문적이고 편집적인 학문 태도로 학문적인 목적이 아니라 정치적이거나 이념성이 들어간 학문 태도라고 본 필자는 학문적으로 비판하는 바이다.

수렵 생활 대상과 중국 세력에 침략당해 쫓겨난 상대로만 고조선을 그린 것에 대하여 비판한다.

이와 같이 단군 건국 사실을 신화로 취급하는 것이 식민사관의 제1의 논리이다. 그 논리상 단군신화 역시 신빙성 없는 것으로 치부하였듯이 어쩔 수 없이 겨우 인정하는 고조선 역사의 실체에 대해서도 본 필자의 비판 대상인 이 글에서 1)고조선을 수렵 민족으로 묘사, 2)중국 세력에 쫓겨나는 대상인 고조선, 3)고조선 영역 축소 및 한반도 내 고착화, 4)중국 한나라에 멸망되는 광경을 많은 지면을 할애해 상세히 묘사, 결론)본 필자의 비판 대상인 이 글은 수수께끼의 별 볼일 없는 것으로 결론 내린 고조선에 대하여 국력과 영토에 대한 콤플렉스를 달래고 환상을 충족시키지 말고 욕망의 거품을 걷어내어 냉정하게 역사로 바라보아야 한다고 설파한다. 그렇지 않으면 국력과 영토에 대한 콤플렉스를 가지고 환상에 의한 비학문적인 사이비 역사학을 하는 것이라고 성토하고 있다. 그렇다면 민족 간 패배의 역사를 잘 알고 명심하는 것이 과연 콤플렉스를 달래고 환상을 충족시키기 위해서 필요한 것인지? 이것을 되묻고 싶다.(주류 강단 사학계에 대한 공개 질문1) 이로부터 시작되는 공개 질문은 당초 이 글의 비판 대상인 '젊은 역사학자 모임'의 일원들에게 던지는 것이었다. 하지만 결국 전체 주류 강단 사학계에 속하므로 이를 대상으로 하였다. 그러므로 '젊은 역사학자 모임'의 일원들이 주류 강단 사학계를 대표하고 나서 이 글의 비판 대상인 글을 내놓았으므로 대표로 해주면 될 것이다.

과연 그런가? 우선 학문적으로 실증적인 방법에 의하여 본 필자의 비판 대상인 이 글이 고조선을 그리는 데 학문적인 논리와 주장을 하는지 살펴보고 그렇지 않을 시에는 누가 비학문적인 사이비 역사학자인지 판가름 냈으면 한다.

그러고자 본 필자는 이 글을 쓰는 것이다. 지극히 객관적인 학문적인 자료에 의하여. 우선 그는 신화 형태가 아니라 실체를 갖춘 고조선 관련 기록으로 4세기 무렵에 지어진 것으로『관자』를 들었고, 정치체제로 고조선의 활동을 본격적으로 확인할 수 있는 자료로 중국 한나라 시기에 편집 저술된『염철론』의「벌공」편을 들었다.

먼저『관자』라는 사료는 중국 춘추시대(BC770~403)부터 시작하여 서한시대(BC202~AD8)까지 거의 700여 년이라는 시간에 걸쳐 여러 제자, 문하생, 추종자들에 의하여 저술된 것을 관중이라는 사람의 이름을 빌려 편집되었다고 보는 것이 타당하다. 그러나 저술 및 편집 시기에는 여러 가지 설이 있는 것인데 유독 이를 B.C. 4세기로 확증하여 보는 것은 고조선의 실제 역사를 낮추려는 의도로 보인다.

그리고 본 필자의 비판 대상인 이 글은『관자』의 여러 가지 사실이 기록이 있는데도 유독 '무늬가 있는 가죽을 특산물로 교역하는 대상'으로 고조선을 거론하며 수렵 생활을 하는 낮은 단계의 수준을 영위하는 대상으로 그렸다. 그러나 거론한『관자』의「규도」편 및「경중갑」편 기록에는,

【사료3】『관자』「제78 규도 13」

환공(桓公)이 관자(管子)에게 물었다. "나는 천하에 일곱 군데의 보물이 있는 곳이 있다고 들었습니다. 이러한 놀라운 보물을 어디서 구할 수 있겠습니까?"

관자가 대답하기를, "첫 번째 보물의 위치는 월색(月色)의 보물이 있는 음산산맥(陰山山脈)이요 두 번째는 은이 나는 자산산맥입니다. 그리고 발조선에서 나는 반점(斑點)이 있는 문피가 세 번째 보물입니다."라고 하였다.

【사료4】『관자』「제80 경중갑 13, 20, 22」

"제에는 거전의 염전이 있고, 연에는 요동의 (짠물을 달이어 만든) 소금이 있다. 환공이 말하기를 "사이가 복종하지 않은 것은 아마도 잘못된 정치가 천하에 퍼져서 그런 것이 아닌지 나로 하여금 걱정하게 하는데, 내가 이를 위해서 행할 방법이 있겠소."
관자가 말하기를 "오와 월이 내조하지 않은 것이 진주와 상아의 폐물 때문이라 생각되며, 발조선이 내조하지 않은 것은 표범 가죽과 모직 옷을 폐물로 요청하기 때문이라 생각됩니다. ~ 한 장의 가죽이라도 충분한 가격으로 계산해 준다면 8천 리 떨어진 발조선도 내조할 것입니다."

분명히 고조선을 '발조선'이라고 기록하여 단재 신채호 선생과 민족사학자 및 재야 사학자들이 그동안 주장하여 온 '고조선 삼조선설' 즉 고조선은 삼조선 즉 '번조선, 막조선, 진조선'으로 이루어져 있었다는 주장에 신빙성을 부여해 주는 중국 측의 오래된 기록이다.

그런데도 이러한 기록과 사실은 전혀 거론하지 않고 단지 무늬 가죽 생산 집단으로 묘사한 것은 의도가 있는 편집적인 논리 전개이다. 즉 이와 비슷한 시기의 것으로 여러 가지 설이 있는 『산해경』이라는 사료에도 역시 고조선에 대한 언급이 나오는데도 이는 거론하지 않았다. 『산해경』은 B.C. 4~3세기에 출간되고 곽박(郭璞 : 276~ 324)에 의해 재편집된 책으로, 그 내용이 어느 한 시기에 쓰인 것이 아니라 춘추 말기부터 전한시대 여러 곳에서 작성된 기사들을 모은 것으로 되어 있다.

그러나 『관자』와 마찬가지로 『산해경』도 출간 시기에 관해 논란이 있는데 이보다 앞선 B.C. 6세기경이라는 설도 있는데 그 시기를 낮추어 잡고 있다. 이는 되도록 고조선이 기록되어 있는 사료의 제작 시기를 낮추어 잡아 고조선의 역사를 낮추어 보려는 의도가 분명하다.

『산해경』 사료를 살펴보면,

【사료5】 『산해경』 「제11 해내서경」

동호는 대택 동쪽에 있다. 이인은 동호 동쪽에 있다. 맥국은 한수 동북쪽에 있다. 연나라와 가까웠고, 연나라에게 멸망했다.

【사료6】 『산해경』 「제12 해내북경」

조선은 열양 동쪽에 있고, 바다의 북쪽 산의 남쪽에 있다. 열양은 연나라에 속하였다.

(1) 곽박(郭璞)云 : 「조선은 현재 낙랑현이고(朝鮮今樂浪縣), 기자가 하사받은 곳이다(箕子所封也). 열은 물 이름이고(列亦水名也), 현재 대방에 있으며(今在帶方), 대방은 열구현에 있다(帶方有列口縣).」 학의행(郝懿行)云 :「(한서(漢書) 지리지(地理志)云 : 『낙랑군 조선 또는 탄열 분려산은(樂浪郡朝鮮又呑列分黎山), 열수가 나오는 곳이고(列水所出), 서쪽 점제에 이르러 바다로 들어간다(西至黏蟬入海).』 又云 : 『함자의 대수는(含資帶水), 서쪽 대방에 이르러 바다로 들어간다(西至帶方入海).』 대방과 열구 모두 낙랑군에 들어간다(又帶方列口並屬樂浪郡), 진서(晉書) 지리지(地理志) 열구는 대방군에 들어간다(列口屬帶方郡).」

【사료7】 『산해경』 「제18 해내경」

동해의 안, 북해의 구석에, 조선 천독이라는 나라가 있다. 그곳 사람들은 물에 살며, 사람을 가까이하고 사랑하며 산다.

(1) 곽박(郭璞)云 : 「조선은 현재 낙랑군이다(朝鮮今樂浪郡也).」 원가기록(珂案) : 조선(朝鮮)已見해내북경(海內北經).

(2) 곽박(郭璞)云：「천독은 천축국이다(天毒即天竺國), 도덕을 중요하게 여기고(貴道德), 문서와 금과 은과 돈이 있으며(有文書, 金銀, 錢貨), 부처가 이 나라 안에서 나왔다(浮屠出此國中也). 진나라(晉) 대흥 사년(大興四年), 천축의 호왕이 진귀한 보배를 바쳤다(天竺胡王獻珍寶).」왕숭경(王崇慶)云：「천독은 달리 뜻이 있을 것으로 의심(天毒疑別有意義), 곽박(郭)以為即천축국(天竺國), 천축은 서역에 있고(天竺在西域), 한나라 명제가 석가 유골의 땅에 사자를 보냈으며(漢明帝遣使迎佛骨之地), 이것이 맞는지 틀린지 알 수 없다(此未知是非也).」원가기록(珂案)：천축은 현재 인도다(天竺即今印度), 중국의 서남쪽에 있고(在我國西南), 이 천독은 동북쪽에 있어(此天毒則在東北), 위치가 아주 다르다(方位迥異), 故왕숭경(王氏)의심하고 있다(乃有此疑). 어쩌면 안에 빠진 글자나 잘못된 글자가 있다고 하는데(或者中有脫文訛字), 아직 알 수 없다(未可知也).

" ~ 오랑캐는 동호의 동쪽에 위치한다." "조선은 열양의 동쪽에 위치하고 바다의 북쪽 산의 남쪽에 위치한다. 열양은 연에 속한다. 조선은 지금의 낙랑현을 가리킨다."라고 기술하여 고조선이 연의 동쪽에 있던 열양 동쪽에 위치하고, 고조선 위치에 나중에 설치되는 한사군 낙랑현이 있다고 기술하였다. 이러한 고조선의 존재와 위치 비정에 중요하거니와 그럼으로써 식민사학의 주요 원리인 '한사군 낙랑군 한반도 평양설'을 무력화할 수 있는 자료이다.

즉 당시 연나라의 영역은 지금의 북경 지방에 훨씬 못 미친 북경이 소속되어 있는 하북성 동북쪽과 산서성에 걸쳐 있었고, 연과 고조선의 국경인 열양은 고조선의 위치가 주류 강단 사학계가 현재 주장하는 한반도 평양 지방이 아니라 지금의 북경보다 서쪽인 하북성 보정시 근처에 위치하였다는 것은 의심할 여지가 없다. 여기에 대해서는 이외에도 많은 문헌상의 증거가 있다. 이에 대해서는 앞으로 계속 살펴볼 것이다.

[소위 고조선 전문가 논문과 역사 논리를 비판한다]

「고조선사 연구 방법론의 새로운 모색」(요약본) 2017년도
『인문학연구』 제34호(한국교원대 송호정 교수)

1. 머리말
— 고조선의 고대 국가이므로 ①그 연 주제가 국가 형성 과정 연구에 집중하는 것이 필요하며, ②국가 형성단계의 고조선 문화, 즉 철기가 전래되는 단계의 고고학적 지표 정리가 중요하고, ③이런 고고학 자료에 대한 최종적인 역사적 고찰은 문헌 자료를 통해 이뤄져야 함.

2. 고조선사 관련 문헌자료
  1) 선진문헌 중 고조선 관련 내용
   (1) 『관자』의 고조선 기록
   — 『관자』 경중갑 편 기록에서 요동과 조선이 구분되어 독자적으로 등장. "요동의 구운 소금" "조선의 호랑이 가죽과 털옷"
   (2) 『전국책』의 고조선 기록
   — 역시 요동과 조선이 연나라의 동쪽에 위치한 두 정치체로 병렬적으로 등장. "연의 동쪽에는 조선 요동이 있고……"
   (3) 『산해경』의 고조선 기록
   — "오랑캐는 동호의 동쪽에 위치한다." "조선은 열양의 동쪽에 위치하고 바다의 북쪽 산의 남쪽에 위치한다. 열양은 연에 속한다. 조선은 지금의 낙랑현을 가리킨다." 조선이 연의 동쪽에 있던 열양의 동쪽에 위치하고, 동호의 동쪽에 존재한다고 기술.

  2) 『사기』 조선열전
   — 고조선사와 관련하여 가장 믿을만한 사료. 위만조선과 고조선의 멸망 과정이 비교적 자세하게 서술. 왕검성, 열수, 요하, 패

수의 위치 등을 통해 고조선의 영역 및 세력 범위에 대한 추정이 가능. "진이 연을 멸망시키고 요동외요에 속하게 하였다." "패수에 이르러 경계를 삼고 연에 속하게 하였다." "위만이 망명하여 … (요동)장새를 나와 패수를 건너 진조공지 상하장새에 거주하였다."
— 위의 기사와 한과 고조선의 전쟁 기록을 통해 봤을 때 패수는 청천강일 가능성이 매우 높아. "좌장군의 군대는 패수상군을 격파하고 이내 앞으로 나아가 (왕검)성 아래에 이르렀고 …." 패수 위쪽에 배치된 고조선 군대를 물리치고 곧바로 왕검성을 내려갔다는 내용을 통해 패수와 왕검성 사이에는 강이나 산맥이 존재하지 않았음이 확인.

3) 『위략』
— 고조선이 기원전 4세기 말경 왕을 자칭하는 왕국 단계로 발전했다가 약 한 세대 뒤인 기원전 280년경 연의 침략으로 바다 2천여 리의 땅을 빼앗겼다는 기록.
— '칭왕'은 고조선이 명실상부 고대 국가 단계로 성장했음을 의미. 2천 리는 매우 넓은 지역을 가리키는 수치이지 정확한 기록으로 볼 수 없음.

4) 『염철론』 벌공 편과 『사기』 흉노열전
— 『염철론』 "연이 동호를 습격하여 달아나게 하고, 땅을 천 리 개척하였다. 계속해서 요동을 지나 조선을 공격하였다." 요동이 조선과 구별되는 지역에 있었음을 말해 주는 또 하나의 분명한 사료.
— 『사기』 흉노열전. 연이 동호를 1천여 리 밖으로 몰아내고 장성을 쌓았다는 기록 "연은 장성을 쌓아 조양에서 양평에 이르게 하였는데, 그곳에 상곡 어양 우북평 요서 요동군을 두고 오랑캐를 막았다." 동호에 대한 대비책이지 고조선에 대한 것이 아니었음에 유의. 따라서 요서 지역에서 고조선의 중심지나 영역을 추정하는 것은 불가능.

5) 『삼국유사』 고조선조
— 고조선이 평양에 도읍했다는 기록+단군 신앙이 평양 지역의 지역신앙으로 내려오던 것이 고조선의 건국신화로 자리 잡았다는 점+단군신화의 배경지로 등장하는 세 군데 지명(묘향산, 서경(평양), 황해도 배천)이 모두 평양에서 반경 150km 범위 안에 위치하고 있다는 사실 등에서 『삼국유사』를 편찬할 당시 대동강 지역이 고조선의 수도로 인식되어 왔음을 알 수 있음.

3. 고조선의 국가 형성 관련 고고 자료
— 그간의 연구는 거의 대부분 비파형동검문화의 유형 분류와 주민집단의 비정에 집중되어 진행. 그러나 이러한 연구는 각 문화 유형 간의 특징 차이와 유사성을 특정 정치체나 세력 집단의 문화로 볼 수 있는지의 문제가 있고, 한 지역의 고고 문화에 대한 문헌상에 분명한 기록이 없다는 점에서 논리적 설득력이 떨어짐. 대신 고조선 후기 역사와 관련해 문헌 기록에 분명히 나오는 고조선 관련 자료를 바탕으로, 고대 국가로서 고조선의 구체적인 문화 특징이 무엇인지에 대해 추적해 보는 방식으로 연구 방향 바뀌어야.
— 문헌자료를 통해 봤을 때 기원전 4세기를 전후해 고조선은 국가 단계로 성장한 것으로 보여. 『위략』에서 나타나는 조선후의 칭왕. 그리고 당시 고조선에는 왕과 박사·대부 등의 관직이 존재했다는 사실 등. 따라서 기원전 4세기 이후 고조선이 고대 국가로 성장해 나가는 시기에 해당하는 고고학적 지표들을 발굴하여 이를 문헌 기록상에 나오는 고조선 사회와 연계시켜 해석한다면 어느 정도 고조선 사회에 대한 이해가 가능하리라 판단.

1) 왕성의 축조 여부
— 『사기』 조선열전 고조선과 한의 전쟁 기록에서 봤을 때, 고조선의 왕성인 왕검성이 한반도 서북 지방에 있었음은 분명. 그러나 현재 서북한 지역에 남아 있는 고대 성 가운데 어느 성이 고조선 시기의 왕검성에 해당하는지 추적하는 데 어려움이 있어.

2) 고분의 등장
 ─ 후기 단계 고조선의 무덤은 토광묘. 남포, 함흥, 황주 등. 지배계급의 무덤이 한 곳에 집중되어 있어. 이는 이곳이 주민들과 지배계급이 오랫동안 거주한 지방의 중심지였다는 것을 보여줘. 기원전 2세기를 지나면서부터 목곽묘로 변화. 대동강 유역과 황해도 및 함경남도 남부 일정 지역에 집단적으로 집중 분포. 이는 피장자가 정치권력에 의해 지역공동체사회로부터 단절되어 묻힌 결과로 볼 수 있어.
 ─ 청동기시대 경우 요하~압록강 일대의 석관묘(대석개묘)·미송리형 문화권과 서북한 지역의 지석묘·팽이형토기 문화권 그리고 요동반도 지역이 독자적으로 문화권을 이루고 있었음이 드러나. 모두 지석묘와 석관묘라는 동일 계열의 묘제를 사용하는 것으로 보아 같은 계통의 주민(예맥족)이 살고 있었고, 지리적 차이로 인해 문화 유형의 차이가 있게 된 것으로 사료.

3) 토기 양식의 성립
 ─ 심양의 정가와자 무덤에서 출토된 토기. 기본적으로 미송리형 토기와 비슷한 조합을 보이나 그보다는 훨씬 후대의 토기 양식 특성을 보여. 한반도 세형동검문화 단계의 기본 토기 양식인 점토대토기와 흑도장경호(후기 미송리형토기)가 조합된 토기. 이러한 토기 양식은 고조선 이후 한강 이남의 삼한 사회에도 영향을 미쳐.
 ─ 청동기시대의 경우 요서에는 삼족기, 요동에는 미송리형토기, 길림성 일대에는 삼족기+서단산 토기, 한반도 서북 지방에는 팽이형토기. 요동 지역과 한반도 서북 지방에서 출토되는 미송리형토기는 청동기시대에 그 일대에 살았던 예맥족과 고조선 사람들이 남긴 대표적 토기로 볼 수 있음.

4) 위세품의 제작과 사여
 ─ 고조선은 국가 형성 과정에서 족장세력의 연맹 단계를 거쳐 국가의 지배신분층으로 편제. 그러나 중앙의 힘은 고조선이 멸망

할 때까지 지역공동체에 기반을 가진 세력을 완전히 왕권하에 장악하지 못했던 것으로 보이며, 제천의식을 거행하고 천명사상 등을 통해 고조선 왕조의 통합을 유지하는 데 노력했던 것으로 사료.
— 후기 고조선의 고고학 자료 중에는 중심 유물들이 제례의식과 관련된 것이 많아. 원판형 청동기, 세형동검과 세문경 등. 이는 당시 지배자가 지역공동체 제례의식의 집행자로서 사제권을 수행한 공동체의 우두머리였을 것이라는 추측이 가능.

5) 원거리 대외교역권
— 여러 지역집단들과 계층으로 분열되어 있던 고조선은 중국의 동진세력과 대립관계가 조성되면서 점차 국왕을 정점으로 중앙집권화를 강화. 왕권이 부왕에서 준왕으로 계승되었다는 사실에서 왕위 계승이 비교적 안정적이었다는 사실이 확인되며, 준왕이 위만에게 박사를 내리고 고조선 서쪽 지역에 대한 통치를 명한 것으로 볼 때 대외적으로도 일정한 집권력이 있었던 것으로 보여.
— 위만은 주변 만이족이 중국을 침입하는 것을 방어하고, 만이 군장이 입견천자하는 것을 차단하지 않는다는 조건하에 한에게서 철기무기를 보급 받았음. 그리고 이를 바탕으로 진번·임둔 등의 세력을 복속. 그러나 손자 우거 대에 이르면 한과의 공식적인 외교관계가 지속되지 않아. 이는 조선이 철제무기 제작기술을 습득했으며 그 수준 또한 일정 단계에 이른 상황에서 중간무역의 이익을 독점하고자 하는 실질적인 이해관계에 따른 거부로 판단 가능. 고조선은 진번, 임둔, (한때) 동옥저, 진국 등이 요동 지역의 중국 군현에 직접 조공하고 교역하는 것을 막아 한의 침공을 부름.

4. 맺음말
— 문헌 자료로 봤을 때, 조선과 요동은 서로 다른 지역에 존재하고 있었고 조선은 요동 바깥의 한반도 서북 지방에 위치했던 것

    으로 보여. 중심지 이동설에서 상정하듯 한반도 서북부 지역이 후기에 중심지로 된 것이 아니라 초기부터 고조선의 중심이었다는 것이 합리적 가설.
    ─ 국가 형성 단계의 고고학 자료를 통해 봤을 때 역시 한반도 서북부 지방이 고조선의 중심 지역이라 할 수 있음.

이와 같은 소위 우리나라 주류 강단 사학계의 고조선 전문가 논문을 보면 본 필자가 비판하는 글의 주장 소재나 패턴이 거의 같다. 따라서 젊은 역사학자들이 주장하는 바에 반박 비판하는 것보다 소위 고조선 전문가라고 일컫는 사람들의 논리를 반박 비판하는 것이 본 필자가 추구하고자 하는 비판 목적에 부합하는 것 같아 이를 행하고자 한다.

우선 논문을 살펴본 바, 제목을 '고조선사 연구 방법론의 새로운 모색'이라고 하여 소위 고조선 전문가가 새로운 연구 방법을 제시하는 것으로 알 수도 있겠다. 하지만 확인해 본 결과 실망스럽게도 기존의 주장 즉 '한사군 낙랑군 한반도 평양설'을 학문하는 사람으로서는 하지 않아야 할 왜곡과 편집적 방법에 의하여 재차 주장하는가 하면, 새로이 제시한 고고학적 자료에 의한 반증 및 비판 제기에 비학문적 비판을 하면서 기존 논리를 고수하였다. 이렇게 새로운 학문적인 명백한 자료와 비판에 대하여 이를 거부하는 새로운 방법을 제시하는 것이 본 필자의 비판 대상인 이 논문에서 말하는 방법론의 새로운 모색이라는 것을 파악할 수 있었다. 그렇다면 본 필자의 비판 대상인 이 논문의 주장이 과연 학문적이며 타당한 것인지 아니면 이를 비판하는 본 필자의 비판과 주장이 과연 학문적이며 타당한 것인지 밝혀보도록 하겠다.

먼저 이 논문이 주장하는 논리에 신빙성을 부여하고자 인용한『관자』와 관련하여 수렵 관련 사실에 대해서는 이미 반박 비판하였고,

본 필자의 비판 대상인 이 논문은 거론하였으나 앞의 본 필자의 비판 대상인 글에서는 거론하지 않은 『산해경』에 대해서도 반박하여 비판하였다.

여기서는 본 필자의 비판 대상인 이 논문이 제시하면서 『관자』와 『전국책』에서의 요동과 조선의 구분 그리고 이러한 구분 아래 『산해경』의 동호 동쪽의 조선이라는 기술에 의하여 동호와 조선의 구분과 조선의 위치 규정을 다른 사서 『사기』 「조선열전」, 『위략』, 『염철론』 「벌공」 편과 『사기』 「흉노열전」, 『삼국유사』 「고조선조」와 연결 내지는 증빙으로 삼아 식민사관의 대표적인 논리인 '한사군 낙랑군 한반도 평양설'을 입증하려고 했다. 여기서 이에 대하여 반박 비판하고자 한다.

이것은 본 필자의 반박 대상인 앞글에서도 『관자』, 『염철론』 「벌공」편, 『위략』, 『사기』 「흉노열전」, 『삼국유사』를 거론하여 증빙으로 삼으면서 정치체로 고조선의 활동을 본격적으로 확인할 수 있는 자료라고 소개하면서 결국 본 필자의 비판 대상인 이 논문과 같은 맥락으로 아니면 주장을 그대로 이어받아 동호와 조선을 구분하였다. 그리고 연이어 본 필자의 비판 대상인 이 논문과 마찬가지로 유물 등을 거론하면서 '한사군 낙랑군 한반도 평양설'로 귀속시켰고, 마찬가지로 위만조선의 멸망 과정을 많은 지면을 할애하여 상세히 언급하였다.

그렇다면 두 글이 모두 제시한 중국 사료가 요동과 조선 그리고 동호와 조선을 구분하였고, 결국은 그들이 편집적으로 내린 결론인 조선은 요동과 동호와는 별개의 정치체제이며 그러므로 조선은 이들의 동쪽인 한반도에 위치하여 결국은 한나라에 패해 여기에 식민지가 설치되었다는 것이 사실인가를 살펴보고 이에 대하여 반박하여 비판하고자 한다.

이 주제는 사실 다음에 다루면서 비판할 주제인 '낙랑군 평양설'과 관련한 것이지만 그 편에서 다룰 사항이 많은 관계로 여기서 살펴보기로 한다. '낙랑군 평양설'과 관련된 것이기도 하지만 그보다 앞선 고조선의 기원 및 실제 역사 사실과 관련된 것이기 때문이다.

　먼저 본 필자의 비판 대상인 이 논문의 주장을 분석하여 분류해 보면 요동과 조선이 별개라는 주장과 동호와 조선이 별개라고 주장하면서 조선은 요동과 동호의 동쪽 즉 한반도에 위치해 있어 식민사학의 기본 원리인 '한사군 낙랑군 한반도 평양설'을 고수하는 것으로 파악할 수 있다.

　그래서 본 필자의 비판 대상인 이 논문이 제시한 『관자』 그리고 『전국책』과 앞의 글과 같이 제시한 『염철론』 「벌공」 편 그리고 동호와 조선이 별개라고 주장하면서 본 필자의 비판대상인 이 논문이 제시한 『산해경』과 앞글과 같이 제시한 『사기』 「흉노열전」에 대하여 살펴보기로 한다. 우선 각 사료를 개별적으로 살펴보고 이에 대하여 잘못됨을 비판한 다음 전체 해석에 대하여 비판하고자 한다.

> 본 필자의 비판 대상인 이 논문의 비학문적이고 비합리적인 고조선 한반도 고착화를 비판한다.

1) 『관자』사료 이용과 해석을 비판한다

우선 본 필자의 비판 대상인 이 논문은 『관자』의 「경중갑」 편과 「규도」 편에서 요동과 조선이 구분되어 독자적으로 등장, '요동의 구운 소금', '조선의 호랑이 가죽과 털옷'이 기록되었다 하여 요동과 조선이 구분되어 있고, 조선은 동쪽으로 요동 다음에 있으므로 요동이 끝나는 지점인 요동 동쪽 바깥인 한반도에 고조선이 존재하였다고 주장하고자 이 사료를 인용하였다.

그러면서

> "『관자』 경중갑 편은 제환공과 관자가 사방 오랑캐에 대한 대처 문제를 이야기한 것을 기록한 것이다. 여기서 왕의 통치를 도와주는 자원으로 연의 경우에는 요동 지역의 구운 소금(煮)을 들고 있어, 요동 지역을 연의 통치범위에 포함시켜 이해하고 있음을 알 수 있다. 곧바로 다음 문장에서는 齊의 사방 오랑캐가 불복하는 상황에 대처하는 과정에서 발·조선의 호랑이가죽과 가죽옷을 보물로 삼아주자고 하여, 遼東과 朝鮮을 燕의 海內와 四夷 지역으로 구분하여 인식하고 있다.
> 반면 관자 규탁 편 기록은 기원전 7세기 당시 중국인들이 발·조선의 반점 박힌 짐승가죽[文皮]을 대단히 귀중한 물품으로 인정하였고, 경중갑 편과 달리 발·조선을 자기들의 영역 안[海內]로 인정하고 있다.
> 초기 고조선과 관련하여 관자 경중갑 편 기록에서 주목해서 보아야 할 부분은 한 문장 안에 '遼東'이라는 명칭과 '朝鮮'이라는 명칭이 구분되어 독자적으로 등장한다는 점이다. 이처럼 '조선'과 '요동'이 다른 지역으로 기록되어 있다는 점은 청동기시대 초기 고조선의 위치와 관련하여 매우 중요한 점을 시사한다. 그리고 조선이 海內가 아니라 오랑캐로 표현된 점에서 해내인 요동 지역보다 그 이남인 한반도 서북 지역을 가리키는 것으로 볼 수 있다.

> 만일 관자의 내용을 관중이 활동한 시기까지 올려본다면 고대 중국인들은 이미 기원전 7세기경에 조선을 알고 있었으며, 그것이 전국시대의 내용이라고 해도 당시 고조선은 요동 지역과 구분되는 지역이면서 *海外* 지역에 존재하고 있었음을 알 수 있다."

라고 하였다.

우선 첫 번째 본 필자의 비판 대상인 이 논문은 앞의 글과 마찬가지로 『관자』「경중갑」편과 「규도」편에 나오는 발조선에 대하여 설명이 없다. 조선이면 조선인데 발조선이라고 한 것에 대하여는 설명이 없는 것이다. 이것은 앞의 글을 비판하면서 이미 앞에서 언급한 바와 같이 재야 사학자들의 '삼조선설'을 피한 것으로 볼 수 있어 잘못임을 지적한다.

두 번째 또한 분명히 「경중갑」편 원본에는 「규도」편과 마찬가지로 '朝鮮不朝'의 '朝鮮'의 '朝' 글자 앞에 '發'이 있어 '發朝鮮'임을 알 수 있는데 본 필자의 비판 대상인 이 논문은 고의로 그랬는지 착오 내지는 오타로 그랬는지 「규도」편과 달리 누락시켰다. 그러나 본 필자는 이 누락은 의도적으로 보고자 한다. 이는 위의 비판과 같은 맥락이다.

세 번째 본 필자의 비판 대상인 이 논문은 관자 「규도」편을 「규탁」편 기록이라고 했다. 『관자』에는 「규탁」편도 별도로 있다. 『관자』 78편은 「규탁」 1~8, 「규도」 9~21로 구성되어 있다. 인용한 구절은 「규도」 13에 나오는 구설이다. 이는 오타이거나 실수이다.

네 번째 또한 「경중갑」편의 기록을 인용하여 "연의 경우에는 요동 지역의 구운 소금(煮)을 들고 있어, 요동 지역을 연의 통치범위에 포함시켜 이해하고 있음을 알 수 있다."고 하였다. 또한 이어서 "발·조선의 호랑이가죽과 가죽옷을 보물로 삼아주자고 하여, 遼東과 朝鮮을 燕의 海內와 四夷 지역으로 구분하여 인식하고 있다."라고 하여 요동을 연의 영역인 해내에 그리고 조선을 연과 요동 바깥 지역에 규정시켜 버렸다. 그러나 다시 「규탁」편(규도」편의 잘못)의 기록을 들어 "발·조선을 자기들의 영역 안[海內]로 인정하고 있다."라고 규정해 버렸다. 상충되고도 반대로 규정하였다.

그러면서 정작 이것에서의 결론은 "'遼東'이라는 명칭과 '朝鮮'이라는 명칭이 구분되어 독자적으로 등장한다는 점이다." 그리고 이러한 점에서 "조선이 海內가 아니라 오랑캐로 표현된 점에서 해내인 요동 지역보다 그 이남인 한반도 서북 지역을 가리키는 것으로 볼 수 있다."라고 엉뚱한 결론을 내리고 있다. 도저히 납득할 수 없다. 합리적인 추론이 불가능하다. 「경중갑」편과 「규도」편에서 각각 반대의 해석을 나름 내렸으면서도 어떠한 합리적인 설명 없이 결론은 「경중갑」편을 따르고 있다. 그리고 더 이상한 것은 아무런 합리적인 설명 없이 갑자기 그 오랑캐로 표현하였다는 조선의 위치가 해내인 요동 지역보다 그 이남인 한반도 서북 지역을 가리킨다고 규정한 것이다.

① 우선 「경중갑」편의 연의 소금 기록에서 연이 소금을 가지고 있다거나 연에는 소금이 있다고 해석하여 연이 요동을 자기 영역으로 하였다는 해석은 잘못된 것으로 볼 수 있다. 즉 연의 경계 밖 즉 연 이외의 나라인 조선을 비롯하여 다른 나라가 존재하였다면 이러한 나라들이 존재하는 동쪽을 모두 요동이라고 지칭하고 이 요동에서 소금을 구하여 가지고 있을 수 있는 것이다. 그런데도 굳이 이것을 연은 요동을 자기 영역으로 인식했다고 규정한 것은 할 수 없는 판단일 것이다.

더군다나 본인 스스로 「규도」편에서는 조선 즉 발조선을 자기 영역인 해내로 인정했다고 했으면서 이상한 결론인 해외로 규정해 버렸다.

② 그리고 설사 잘못된 결론인 조선이 해외로 규정되어 있다고 하더라도 또한 연의 영역인 연과 요동 바깥인 해외에 조선이 있다고 하더라고 주류 강단 사학계의 논리인 '한사군 낙랑군 한반도 평양설'에 맞추기 위해서 조선의 위치를 한반도 서북 지역이라고 규정하는 것은 도저히 학문적 내지는 합리적으로 이해할 수 없는 논리이다. 설사 주류 강단 사학계의 논리대로 요동 바깥이더라도 그 요동을 어떻게 규정하더라도 한반도 북부인 만주 지방 내지는 그 만주 지방의 서쪽인 요하 동쪽인 요동의 동쪽 지방도 될 수 있는 것이다.

물론 이 결론과 주류 강단 사학계가 계속 주장하는 평양의 낙랑군 유물(조작된 유물이지만)과 연관시켜 그 위치를 설정했는지 몰라도 『관자』의 상충된 구절과 해석으로는 이러한 결론을 내리는 것은 잘못임을 밝혀둔다.

다섯 번째 더군다나 본 필자의 비판 대상인 이 논문은 스스로가 인용한 다음에 살펴볼 『전국책』과 『산해경』의 기록에 의한다면 그가 이것을 인용하여 얻고자 하였던 목적과는 전혀 반대로 허망하게 무너짐을 알 수 있다. 즉 다음의 『전국책』에 의하면 "연의 동쪽에는 조선 요동이 있고…"라고 되어 있어 오히려 『관자』에서 본 필자의 비판 대상인 이 논문이 결론 낸 것과는 상충되게도 연의 영역인 요동보다 조선이 연에 가깝게 위치해 있는 것으로 되어 있다. 그래서 이 논문은 『전국책』의 기록을 위치 기록이라고 보면 안 되고 조선과 요동이라는 2개의 정치체제가 따로 존재하고 있었다는 의미로 애써 변명하듯이 하고 있다.

이러한 모순 때문인지 몰라도 앞의 본 필자의 비판 대상인 글은 그래서 『전국책』을 인용하지 않았다. 불리한 자료를 거론하지 않는 것은 학문의 기본적인 논리 전개 방식이 아니다. 이는 주류 강단 사학계의 전통적인 방법이자 일제 식민사학에서 그대로 물려받은 방법이다. 일제 식민 사학자들이 식민사학 논리를 정립하기 위하여 이 논리에 맞는 자료만 이용한 방법을 그대로 사용하고 있는 것이다.

또한 그 다음에 본 필자의 비판 대상인 이 논문이 인용한 『산해경』에 의해서도 『관자』에서 당해 논문이 낸 결론이 허망하게 무너질 수 있는 것이다. 자세한 것은 『산해경』에서 다루면서 비판하겠지만 직접 관련된 것만 거론하고자 한다.

즉 『산해경』은 앞에서 살펴본 바와 같이 『관자』와 비슷한 시기의 것인 바, 이 사료 자체에서는 조금 다르게 실려 있는 것을 알 수 있다. 즉 조선이라고 표기한 바가 '해내북경'과 '해내경'에 기록되어 있고 동호의 동쪽에 있는 오랑캐를 조선으로 보는 주류 강단 사학계 학자들에 의하여 오랑캐 즉 이인이 조선이라고 한다는 것은 '해내서경'에 기록되어 있다.

그렇다면 『산해경』이 기록될 당시에 취급한 대상이 여러 주변 국가를 다 포함하였고 조선이 각각 다른 범위에 포함되어 있더라도 분명히 당시 중국의 중심부를 나타낸 '해내경'에도 조선이 기록되어 있는 것에서도 알 수 있듯이 본 필자의 비판 대상인 이 논문이 규정해 버린 대로 요동에서도 머나먼 변방인 한반도 서북 지역으로 볼 여지는 전혀 없다.

『전국책』과 『산해경』과 관련한 본 필자의 비판 대상인 이 논문의 판단의 잘못에 대해서는 계속 비판하도록 하겠다.

■ [도표1] 본 필자의 비판 대상인 이 논문의 사료 이용 비판

	사료	기록	논문 해석	논문의 해석 결론	문제점
1	관자 경중갑 편	발조선 문피, 요동의 소금	연은 요동과 조선을 구분 인식	경중갑 기록 채택 : 조선이 요동 지역보다 그 이남 한반도 서북 지역 위치	논리 비약, 요동 조선 구분 문제점-다른 사서 역순서 기록 존재 등
2	관자 규도 편	발조선 문피	연은 발조선을 자기 영역 인식		
3	전국책	연의 동쪽 조선, 요동	조선, 요동 별도 정치체제	지리적 순서 아님 (조선이 요동보다 연 가까이 있음을 부정)	『관자』 해석과는 다르게 정치체제 해석 잘못. 지리적 순서 부인 잘못(포표 주석 무시)
4	사기 소진열전	연의 동쪽 조선, 요동			
5	산해경 해내서경	이인은 동호 동쪽	고조선은 이인에 포함	고조선은 한반도 서북부 위치(낙랑군 위치)	고조선을 동호에 포함시키지 않고 이인에 포함은 자기편의 해석
6	산해경 해내북경	조선 열양 동쪽, 열양 연나라 속함	연이 지배한 동쪽 지방 열양 동쪽 조선 존재		열양이 요령성까지 포함 근거 전혀 없음
7	산해경 해내경	동해안, 북해 구석 조선 천독 있음	조선 한반도 서북 지방 위치(낙랑군 지역)		동해안, 북해 애석 논리비약->동해안, 북해는 하북성 지역
8	염철론 벌공 편	동호 습격 후 요동 건너 조선 공격			연의 동쪽에 요동이 있다는 자기주장과 달리 동호가 있으므로 채택 배제

2) 『전국책(戰國策)』 사료 이용과 해석을 비판한다

본 필자의 비판 대상인 이 논문은 기존 논리를 옹호하고자 또 다른 중국 사료를 이용하였다. 그러면 이에 대하여 살펴보고 이를 비판하고자 한다.

> 선진 문헌 가운데 초기 고조선의 활동과 그 위치에 관한 내용은 戰國策 (4)에서도 보인다.
> 전국책 권29 「燕策」에는 蘇秦이 연나라 文侯(기원전 361~333)에게 당시 연의 주변 상황을 말하는 내용이 있다.
> "연의 동쪽에는 조선 요동이 있고, 북쪽에는 임호와 누번이 있다. 서쪽에는 운중과 구원이 있고, 남쪽에는 호타와 역수가 있다. 땅은 사방 2천 리이고 무장한 군사가 수십만이고 수레가 7백 승이나 되며 식량은 10년을 버틸 수 있다." (5) 위 기록은 蘇秦이 燕 文侯(기원전 361~333)를 달래면서 하는 이야기로서, 기원전 4세기경의 사실을 말한 것이다. 그런데 똑같은 내용이 사기 소진열전에 그대로 실려 있어 (6) 사실성을 더해 주고 있다.
> 전국책과 사기 소진열전의 기록에서는 지명·족명 혹은 물 이름으로 두 지역을 분별·열거하여 연나라의 사방으로 이르는 곳을 설명하고 있다. 그 내용을 자세히 보면 '조선·요동'은 '임호·누번' 등과 병렬되고 있어, 연의 동쪽에 조선과 요동이 있었다는 의미로 해석할 수 있다. 이 내용은 다른 두 사서에서 동일한 기록이 나오는 것으로 보아 매우 신빙성이 있는 것으로 보인다. 이 기록에는 분명히 朝鮮과 遼東이 병렬되고 있으며, 연나라의 동쪽에 별도로 위치한 두 정치체로 등장한다.
> 전국책 기록을 문자의 기록 순서에 따라 조선이 연나라 쪽에 가까운 지역에 있는 것이라고 이해하는 경우가 있다. 그러나 그렇게 쉽게 생각하기에는 기사가 너무 단편적이다. 물론 戰國策에 쓰인 순서대로 조선이 연 쪽에 가까운 지역에 있었다고 이해할 수도 있다. 그러나 연나라 남쪽 경계 강인 呼沱水에 대한 기록에는 呼沱水·易水의 순서로 되어 있

으나 실제 호타수는 역수보다 더 남쪽에 있다는 점으로 보아 이는 지리적 순서에 따라 기술된 기록이 아님을 알 수 있다.
따라서 전국책의 기록에서는 단지 遼東과 朝鮮의 인접 관계만을 알 수 있을 뿐이며, 연의 동방에 朝鮮과 遼東이 따로 존재하고 있었다는 의미로 해석할 수 있다.(7)

(4) 戰國策은 西漢 劉向이 編訂한 책이다. 전체 33편으로 戰國時代에 있었던 역사적인 사실과 策士들이 의논하고 策謀한 것을 기록한 것이다 (中華文化辭典, 廣東人民出版社, p.666).
(5) 戰國策卷29 燕策1 "蘇秦將爲從 北說燕文侯曰 燕東有朝鮮遼東 北有林胡樓煩 西有雲中九原 南有嘑沱易水 地方二千餘里 帶甲數十萬 車七百乘 騎六千匹 粟支十年"
(6) 史記卷69 蘇秦列傳 第9 "說燕文侯曰燕「燕東有朝鮮 遼東 北有林胡樓煩…」"
(7) 徐榮洙, 「古朝鮮의 위치와 강역」, 韓國史市民講座2권, 一潮閣, 1989, pp.22~23

『전국책』은 B.C. 6년경에 만들어진 책으로, 전국시대에 대륙을 누비며 세 치 혀로 유세했던 책사의 변설과 권모술수를 기록했다. 『전국책』은 이 책의 편자 유향이 지은 제목이며, '책(策)'이란 책략이라는 뜻이다. 여기서 본 필자의 비판 대상인 이 논문은 만들어진 시기를 또다시 앞서 인용한 사료들과 마찬가지로 낮추어 B.C. 4세기로 보았다.

전국책은 원래 33권으로 이루어졌으나 시간이 지남에 따라 많이 없어졌다. 그러나 송나라(북송)의 포표(鮑彪)가 1147년에 개개의 이야기를 연도순으로 편(篇)과 장(章)을 정리하고 자신이 주를 달아 책을 펴냈다. 나중에 언급할 필요가 있으니 이 구절을 포표가 단 주석을 포함하여 살펴보자.

> 蘇秦將爲從(一), 北說燕文侯曰:「燕東有朝鮮(二)´遼東(三), 北有林胡´樓煩(四), 西有雲中´九原(五), 南有呼沱´易水(六) 地方二千餘(七)里, 帶甲數十萬, 車七百乘, 騎六千疋, 粟支十年(八). 南有碣石´鴈門(九)之饒, 北有棗栗(一〇)之利, 民雖 不由田作, 棗栗之實, 足食於民矣 此所謂天府也.『戰國策』卷二十九 「燕」一.'蘇秦將爲從北說燕文侯'
>
> 〔九〕鮑本幷州郡. 補曰:正義云, 碣石山在平州, 燕東南;鴈門山在代, 燕西南.
> "(포표는 주석 달기를 사기 정의를 인용하여) 갈석산은 평주에 있으며, 연나라의 동남쪽이다. ~"

　　본 필자의 비판 대상인 이 논문은 앞서 언급하였듯이 『전국책』을 이용하여 그의 논리인 '고조선 평양설'을 입증하고자 하였다. 모든 사서는 인용하여 설명할 때 원본을 제시하여야 하고, 특히 중국사서의 경우 그 원문에 주석을 다는 경우가 많고, 그 주석이 원문보다 중요한 사실을 전하는 경우가 많다. 또한 중국사서의 경우 원문보다 후대에 단 주석이 중국의 '춘추필법'에 의하여 원문을 왜곡하는 경우도 많다. 따라서 이러한 모든 것을 가감하지 않고 전달하면서 이 모든 것을 정확히 분석해야 하므로 주석을 포함한 전문을 인용하여 알려야 한다.

　　그러나 위에서 본 필자가 제시한 바와 같이 본 필자의 비판 대상인 이 논문은 원문 해석만을 전달하고 원문과 주석 전체를 인용하여 전달하지 않았다. 그 결과 위의 표포의 중요한 주석을 고의이든 실수이든 무의식적이든 누락시킨 것이다. 그런데 누락시킨 내용이 스스로 주장하는 바와 상충된다는 것이 고의성에 의심의 무게가 더해진다.

　　즉 본 필자의 비판 대상인 이 논문은 이 인용문을 스스로 주장하고자 하는 '고조선 평양설'에 이용하고자 하였다. 하지만 그 인용문의 주석인 포표의 주석은 연나라가 갈석산이 있는 곳에 있으며 갈석산은 평주에 있고 연나라의 동남쪽에 있다고 하였다. 갈석산은 나중에 본 필자가 설명하겠지만 고조선의 위치와 깊은 관련이 있는데, 연나라와 고조선은 갈석산 근처에 있었던 것이다.

따라서 고조선 역시 갈석산 근처의 평주에 있었던 것이다. 평주는 나중에 설명하겠지만 지금의 하북성 지방에 있었다. 따라서 이 주석을 포함한 인용문에 따르면 이 논문의 주장과 달리 고조선은 평양에 있지 않고 중국 본토 북경이 있는 하북성에 있었다는 증거물이 되는 셈이다. 그래서 이 논문은 이 인용문 전체 원문과 주석을 전달하지 않은 것으로 여겨진다. 이는 잘못된 논리 전개 방식이다.

다시 이 논문이 전개하는 순서대로 확인해 보자. 이 논문이 밝힌 대로『사기』「소진열전」에도 같은 방식 즉 연의 동쪽에 조선, 요동 식으로 기술되어 있다.

【사료8】『사기』「권69 소진열전 제9」

연나라 문후에게 유세하여 말하였다. "연나라의 동쪽에는 조선과 요동이 있고, 북쪽에는 임호와 누번이 있으며, 서쪽에는 운중과 구원이 있고, 남쪽에는 호타와 역수가 있다. 지방이 이천여 리이며, 갑옷 입은 군사가 수십만이고, 전차가 육백 대이며, 기마가 육천 필이고, 곡식은 수년을 지탱할 수 있다. 남쪽에는 갈석과 안문의 풍요로움이 있고, 북쪽에는 대추와 밤의 이로움이 있다. 백성들이 비록 농사짓지 않아도 대추와 밤으로 넉넉하니, 이것이 이른바 천부이다. ~"

주(注)(요약), 정북 쪽을 병주라 하고 그곳의 하천을 녹타(淥沱)라고 한다. 색은에서는 녹타를 호타(滹沱)라고 하였으며, 호타는 대군(代郡) 염성(鹵城)현을 출발하여 동남으로 흘러 오대산 북쪽을 지나 동남쪽 정주를 지나 바다로 든다. 역수(易水)는 역현에서 나와 동쪽으로 흘러 유주 귀의현을 지나 동쪽에서 호타하와 합쳐진다.
색은 주석 : (전국책) 갈석산은 상산(常山) 구문현(九門縣)에 있다. (한서)지리지에 대갈석산(大碣石山)은 우북평(右北平) 여성현(驪城縣) 서남쪽에 있다.

이것은 이 논문이 이용하고자 하는 바에 의하여 왜곡 해석해 버린 『관자』(연의 요동 소금)와 다음의 『산해경』(동호의 동쪽 오랑캐인 조선) 그리고 앞으로 살펴볼 식민 사학계의 '고조선 이동설'에 이용하는 중국 사료들 중의 하나인 『염철론』「벌공」 편에서의 내용과 다른 것이다.

> **【사료9】**『염철론』「권6 벌공」 편
>
> 연이 동호를 습격하여 쫓아내고 땅을 1,000리를 넓혔으며, 요동을 건너 조선을 공격하였다.

이 논문은 스스로의 논리 달성에 이용한 『관자』를 해석함에 있어 이것과 상충되는 다른 사료가 존재한다면 즉 자신이 억지로나마 이끌어낸 조선이 요동보다 바깥에 있다고 한 것과는 달리 『전국책』그리고 『사기』「소진열전」에서는 조선이 요동보다 먼저 언급되어 있다면 섣부른 결론을 내리지 말거나 달리 결론을 내리거나 유보하거나 다른 사료를 더 병행하여 연구한 후 결론을 내려야 함에도 불구하고 섣부르게 내지는 자신의 논리에 맞추어 결론을 내리면서 상충된 사료의 기록은 다른 의미로 치부해 버렸다.

즉 상충된 다른 기록이 있다면 『관자』를 해석함에 있어 요동이 조선보다 연나라에 가까운 서쪽에 있고 그것은 연의 영역이라는 판단과 조선은 머나먼 요동의 동쪽 그것도 저 멀리 한반도 서북 지방에 있다는 잘못된 판단을 내려서는 안 된다. 더군다나 상충된 기록이 본인 스스로 언급하였듯이 『사기』「소진열전」에도 있다면 더욱 그렇다.

또한 반대로 자신이 언급하였듯이 『전국책』과는 달리 상충된 기록이 『관자』에 있다면 『전국책』을 해석함에 있어 신중을 기해야 함이 당연한 것이다.

그런데도 『전국책』의 기록은 자기 입맛에 맞추어 억지로 꿰어 맞춘 『관자』와는 달리 명백한 기록이 있음에도 더군다나 자기 나름대로 억지로 이 기록의 의미를 해석하였으면서도 결론은 엉뚱하게 다른 것으로 내려버린다.

> 본 필자의 비판 대상인 이 논문은 요동을 정치체제로 해석한 채 요동 다음에 있다는 조선은 한반도 서북부에 위치 비정하는 비학문적 행태를 보이고 있다.

즉 "이 기록에는 분명히 朝鮮과 遼東이 병렬되고 있으며, 연나라의 동쪽에 별도로 위치한 두 정치체로 등장한다."라고 하여 요동을 조선과 같은 정치체로 잘못 인정하여 해석했다. 이러한 해석은 도저히 타당성이 없는 것이다. 이러한 잘못된 해석은 그만두더라도 이 기록을 인정한다면 그 위치 순서도 인정하여야 한다. 그러나 이번에는 이 기록의 신빙성을 자기 목적에 맞추려고 "지리적 순서에 따라 기술된 기록이 아님을 알 수 있다."라고 부정하고 엉뚱한 결론을 내려버린 것이다.

더군다나 이 논문의 논리인 연, 요동, 조선이라는 도식에 맞는 기록인 『염철론』 「벌공」 편 기록이 있으면 적극적으로 이를 인용하여 주장하여야 할 텐데 이를 인용하지 않은 것은 이 내용이 스스로의 논리와 상충되기 때문이다. 즉 이 기록에 의하면 동호 다음에 요동과 조선이 있게 되는 것이다. 그러므로 요동이 연나라 바로 동쪽에 있다는 자신의 논리를 오히려 배척하고 있는 것이다. 그러므로 이를 배제한 것이다. 이러한 논리 전개 방식은 하지 말아야 할 제1원칙인 불리한 자료 배척, 유리한 자료만 채택한 것이다. 이는 전형적인 주류 강단 사학계와 그들이 추종하는 일제 식민 사학자들의 논리 전개 방식이다. 이들이 이러한 방식을 채택하는 이유는 모든 자료를 채택하여 살피다 보면 그들의 논리가 잘못되었음이 드러나기 때문이다.

본 필자의 이 글 전체는 이러한 점을 비판하여 모든 자료에 의한 원래 그대로의 역사 전개인 것이다. 이에 대하여는 객관적으로 지켜볼 일이다.

본 필자의 비판 대상인 이 논문이 억지로 부정한 『전국책』과 『사기』「소진열전」의 기록이 오히려 정확한 것이라는 판단이 가능하다. 즉 조선은 당시 요동이라는 먼 동쪽보다 연나라에 가까이 있어 조선 다음에 요동을 표현한 것이 맞는 것이다. 즉 여기서의 요동은 말과 단어 그대로 '遼東'으로 '멀 : 료'의 '먼 동쪽'이라는 의미이지 본 필자의 비판 대상인 이 논문과 앞글이 스스로의 논리에 맞추고자 억지로 꿰어 맞추어 조선과 별다른 정치체제이거나 한반도 서북 지방에 있게 하기 위해서 연과의 사이에 요동이 있는 것이 아닌 것이다.

또 한편으로는 그렇기 때문에 당시 먼 요동이라는 개념이 후에 성립한 요서와 요동이라는 위치 개념 속에 조선은 당연히 요서 지방에 위치해 있는 것이지 주류 강단 사학계가 말하는 한반도 서북 지방은 결코 아닌 것이다. 결국 본 필자의 비판 대상인 이 논문의 의도대로 잘못 해석한 『전국책』에서의 요동은 조선과는 별다른 정치체제가 아닌 먼 동쪽이라는 의미인 것이며, 앞서의 『관자』「경중갑」편에서의 요동 또한 조선을 포함한 연의 동쪽이라는 위치 내지는 지역을 의미하는 것으로 해석될 여지가 한층 신빙성이 있는데도 이를 무시하거나 억지로 자기 논리에 맞추는 방식은 주류 강단 사학계가 사용하는 유일하고도 지속적인 방법인 것이다.

젊은 역사학자들이 포함된 주류 강단 사학계가 이러한 방식을 통상적으로 이용한다는 것은 앞으로 계속 밝혀질 것이다. 또한 연나라 옆에 요동 또는 조선 내지는 조선 또는 요동이 있다면 우선 연나라의 위치를 규명하고 그 옆에 있는 요동과 조선의 위치를 확인하는 것이 위치를 규명하는 방법이다.

그렇다면 연나라의 위치를 규명하는 것에는 기록대로 조선과 요동의 위치가 있듯이 임호와 누번, 운중과 구원, 호타하와 역수 그리고 갈석과 안문의 위치를 규명하면 될 것인데도 이에 대하여는 언급도 없고 연구도 없다. 이것은 본 필자가 비판하는 앞글의 경우도 마찬가지이고 주류 강단 사학계 전체가 그렇다. 도대체가 고조선의 정확한 위치를 파악하고 싶지 않은 것이다.

> 갈석산은 고조선, 낙랑군, 연나라의 위치 좌표가 된다.
> 마찬가지로 호타하와 안문은 현재에도 존재하는 지명으로
> 하북성 고조선, 연나라의 위치 좌표이다.

앞으로 살펴보겠지만 고조선의 위치는 물론 낙랑군의 위치와 관련하여 갈석산은 중요한 좌표가 된다. 그렇다면 갈석산과 관련이 있는 연나라의 위치가 좌표가 되고 연나라의 위치는 갈석과 더불어 임호, 누번, 운중, 구원, 호타하와 역수 그리고 갈석과 더불어 안문이 있다. 여기서 임호, 누번, 운중, 구원, 역수 등은 당시 시대의 명칭이므로 별도의 추가 연구가 필요하겠지만 호타하와 안문은 지금도 존재하는 지명이다.

그 위치에 연나라가 있었고 그 이웃에 고조선이 있었던 것이다. 그곳은 바로 중국 하북성으로 북경 서남쪽 보정시 인근과 그 서쪽과 남쪽인 것이다. 이것에 대하여는 앞으로 자세히 설명하도록 하겠다. 이와 같이 우리 고대사와 관련된 지명이 중국에 아직도 그대로 남아 있다. 물론 '춘추필법'에 의하여 그 위치를 동쪽으로 옮기어 우리 고대사의 활동 무대를 지금의 요하로 바꾼 이후 이곳에도 많이 남아 있지

만 이는 역사 왜곡인 것이다. 이보다도 더 서쪽인 지금의 하북성 지방에 우리 고대사 즉 고조선과 고구려 그리고 백제 등과 관련된 지명이 그대로 많이 남아 있다.

그래서 주류 강단 사학계 사학자들은 이에 대한 연구나 언급 없이 어떻게 보면 논란의 여지가 있는 사항 즉 요동과 같은 것에 시비를 걸고 있는 것이다. 이는 일제 식민사학에서 사용하는 방식과 유사하다. 본 필자가 여러 저서나 자료에서 강조하여 언급한 바와 같이 정상적인 방법으로 고대사를 연구하면 일제 식민사학 논리와는 다르게 한민족 고대사가 상당히 발전적인 모습이 되므로 일부 문제가 될 수 있는 사소한 것을 무리하게 비학문적으로 편집 해석하여 부정적인 것으로 만든 다음 그럼으로써 전체적인 것을 부정적으로 결론 내리는 방법이다. 그렇게 정립한 것이 식민사학에 의한 조선사이다.

이에 대하여는 앞으로 본 필자가 많이 강조하여 비판할 것이다. 그것은 본 필자의 개인적인 견해에 의한 것이 아니라, 욕망에 의한 사이비 유사 역사학에 의한 것이 아니라 객관적인 방법으로 중국 정사와 『삼국사기』 등 우리나라 역사서에 의한 지극히 학문적인 방법에 의하여서이다.

3) 『산해경(山海經)』 사료 이용과 해석을 비판한다

다음으로 본 필자의 비판 대상인 이 논문은 앞서 본 필자의 비판 대상인 앞의 글을 비판하면서 거론한 『산해경』을 논리 전개에 이용하였다. 본 필자의 비판 대상인 이 논문은 사료의 해석을 다음과 같이 하였다.

> 위 기록 중 산해경 해내서경에 기록된 '夷人'은 동호의 동쪽 지역에 위치한 오랑캐로서, 명확하게 말하기는 어렵지만 '夷人' 중에 고조선도 포함된 것으로 해석할 수 있다. 한편 산해경 해내북경에는 "조선이 列陽의 동쪽, 바다의 북쪽, 산의 남쪽에 있었고, 열양은 연에 속했다"라고 쓰여 있다. 여기서 열양은 기원전 3세기경 연의 동쪽 지방, 곧 연이 지배하던 조선의 서쪽 영역을 말한다.
> 현재의 요동과 서북한은 뒤로는 장백·낭림산맥을 등지고 앞으로는 바다에 면해 있다. 또한 해내경에서 '동해의 안쪽 북해의 모퉁이(東海之內北海之隅)'라 한 것은 크게 말하여 조선이 동해의 범위 안, 즉 동해에 면하였고 더 구체적으로 말하면 그 동해 북부의 한쪽 가에 있다는 뜻으로도 볼 수 있다. 해내북경에서는 조선이 지금의 낙랑현을 가리킨다고 하는데, 조선 지역은 대체로 한반도 서북 지방에 해당한다고 할 수 있다.
> 중국 고대사서에 의하면 당시 연의 영토는 결코 遼陽, 즉 요하 동쪽보다 더 멀리 확대된 적이 없다. 따라서 산해경의 기록을 통해서는 조선이 연의 동쪽에 있던 열양의 동쪽에 위치하고, 동호의 동쪽에 존재했다는 사실을 알 수 있다. 그리고 그 지역은 낙랑군의 지역으로 비정할 수 있다.

첫 번째로, 『산해경』 제11 「해내서경」에 기록되어 있는 오랑캐를 동호와는 다른 동호 바깥의 오랑캐로 보았다. 즉 앞에서의 조선보다 서쪽 즉 연의 동쪽에 요동이 있듯이, 여기서는 조선보다 서쪽 즉 연의 동쪽에 동호가 있음을 이용하였다. 요동 및 동호의 동쪽 즉 한반도 서북 지방에 조선을 두기 위해서다.

> 본 필자의 비판 대상인 이 논문은 고조선을 동호와는 또 다른 동쪽의 오랑캐로 비정하였다. 이는 도저히 납득이 안 되는 비정이다. 오로지 자기 논리 즉 고조선을 한반도 서북부에 위치하게 하고자 하는 비학문적인 비정이다.

그러나 ①동호를 조선이라고 볼 수는 없는 것인가를 되묻고 싶다. 아니면 동호도 어차피 동쪽의 오랑캐인데 동호에 조선도 포함시켜 해석할 수는 없는 것인지 되묻고 싶은 것이다. 왜 굳이 동호가 아니고 동호의 동쪽 지역에 위치한 오랑캐에 조선이 포함되는지 당연한 설명과 해석이 없다.

이렇게 된다면 앞의 『관자』와 『전국책』 그리고 『사기』 「소진열전」에서의 연의 영역으로 잘못 해석한 요동이 동호인지 아니면 그 요동이 동호라는 지역에 있는 것인지 아무런 설명도 없다. 또한 이러한 의미로밖에 해석할 수 없는데 이렇게 해석하는 것은 도저히 있을 수 없는 것임은 당연한데도 이렇게 하는 것은 도대체 이해할 수가 없다. 물론 연나라의 영역과 위치 그리고 바로 인접한 조선 즉 고조선의 영역과 위치 그리고 이 두 나라의 위치 및 역학관계 변화 등이 주류 강단 사학계 논리와 연결되는 핵심사항으로 앞으로 주요 비판과 논리 전개 대상이지만 연나라 바로 옆에서 역사적 활동을 한 것은 조선 즉 고조선이라는 것은 주류 식민 사학계나 재야 사학계 그리고 중국 사학계나 일본 사학계도 인정하는 통설이므로 이러한 본 필자의 비판 대상인 이 논문의 잘못된 논리는 이해가 되지 않는다. 이는 이미 앞에서도 언급한 대로 일제 식민사학 논리와 유사하다.

식민사학의 논리를 보면 그 논리의 증거가 되는 모든 것이 도저히 그 논리를 뒷받침 못 해 주는데도 억지로 이와 같은 방법으로 비학문적으로 끌어낸 다음 엉뚱한 결론을 내린 것이다. 왜냐하면 기본적으로 잘못된 논리이기 때문이다. 이러한 논리는 일본 학자들이 모든 고대사에 쓰는 방식이다. 왜냐하면 고대사는 일본인들이 내린 결론과 상반된 역사적 활동이기 때문에 제대로 증거를 해석하여 결론 내리면 자기들이 주장하는 고대사와 정반대의 결론이 도출되기 때문에 하나의 증거 자료에서 교묘하게 잘못된 근거를 도출한 다음 잘못된 최종 결론을 도출할 수밖에 없는 것이다.

　이와 같은 「해내서경」의 잘못된 해석은 살펴본 『관자』와 『전국책』 『사기』 「소진열전」과 다음에 살펴볼 『산해경』의 다른 기록과 『사기』 「흉노열전」 및 「조선열전」, 『염철론』 「벌공」 편, 『삼국지』 〈위서〉 「동이전」에 인용된 『위략』 등 각 기록들에 의해서도 이해가 안 되는 것이다. 이 같은 잘못된 한심한 방식으로 형성된 것이 일제 식민사학이 만들고 현재 주류 강단 사학계가 추종하는 '한사군 낙랑군 한반도 평양설'이다. 이들 사료에 의한 자세한 비판과 연관성에 대해서는 앞으로 단계적으로 해 나가기로 한다.

　②본 필자의 비판 대상인 이 논문은 여기서 비학문적인 방법이라고 판단되는 방식을 사용하고 있다.

"'夷人'은 동호의 동쪽 지역에 위치한 오랑캐로서, 명확하게 말하기는 어렵지만 '夷人' 중에 고조선도 포함된 것으로 해석할 수 있다."
이는 일제 식민 사학자들인 일본 학자와 이병도를 비롯한 조선인 식민 사학자들이 역사를 왜곡시킬 때 말도 안 되는 비정을 하는 방법과 똑같다. "명확하게 말하기 어려우면" 하지 말아야 한다. 명확하게 밝혀지지 않으면 학자는 말하거나 판단하면 안 된다. 그런데도 불구하고 "해석할 수 있다"로 발전하고 그 다음 더욱 발전하여 결국은 엉뚱한 결론을 내리는 것이다. 확실하지 않은 근거에 의하여 내린 결론이 과연 올바른 결론이 될 것인지는 의문이다. 이러한 방식으로 형성된 것이 식민사관이다.

두 번째로, 위의「해내서경」기록 해석과 달리「해내북경」에서 본 필자의 비판 대상인 이 논문은 복잡하게 언급하였지만 결론은 연에 속한 열양 옆에 조선이 있다는 것이다. 그런데 이 논문은 이것을 해석하지 않고 마치 열양이 앞의 『관자』에서 연에 속했다고 해석해 버린 요동이나 연의 동쪽, 조선의 서쪽에 있는 것으로 해석해 버린 동호인 것으로 은근슬쩍 해버린 채 조선의 위치를 멀리 한반도 서북 지방으로 치부해 버렸다. 열양을 연이 지배하던 조선의 서쪽 영역을 말한다고 하였다. 도대체 무슨 말인지 모르겠다.

이 기록에 따르면 열양은 연의 영역이고 조선은 그 옆에 있었다는 것인데, 그렇다면 이 논문이 해석하기를 앞에서 다른 기록인『관자』「경중갑」편에 의하여 연의 영역으로 하였던 요동(요동의 소금) 옆에 조선이 있는 것이고,『산해경』「해내북경」에서 연의 영역인 열양 바로 옆에 조선이 있다면,『산해경』「해내서경」상에서 해석하기를 연의 영역이 아닌 채 옆에 있던 동호의 동쪽에 있는 이인이 고조선은 잘못된 것으로써 동호가 조선이 되는 것이고 요동이 열양이 되어야 하는 것이다.

아니면 요동과 열양이 다른 것이라면 이에 대한 설명이 있어야 하고, 동호가 고조선이 아니고 옆의 이인이 고조선이라는 해석에 대한 설명이 있어야 타당하다. 또한 바로잡아 동호가 고조선이라면 이에 대한 설명이 있어야 한다. 아니면『산해경』「해내북경」의 기록인 연의 영역인 열양 옆에 고조선이 있다는 기록이나『산해경』「해내서경」의 기록인 연의 동쪽 옆에 동호가 있고, 동호 옆에 고조선이 있다는 것은 잘못된 것인지 설명과 해석이 있어야 한다.

합당한 설명 내지는 해석이 없으면 이러한 해석은 아전인수 격으로 잘못된 것이다. 그렇지 않으면 여기서의 『산해경』「해내서경」의 이 논문의 해석인 동호의 동쪽 지역에 있는 이인(夷人)을 고조선으로 본 것은 잘못이고, 앞의 요동을 연의 영역으로 해석한 것은 잘못인 것이다. 아니면 『산해경』「해내북경」의 기록인 연의 영역 바로 옆에 고조선이 있다는 기록이 잘못된 것이 된다. 결국 요동은 연의 영역이 될 수 없고 연의 영역인 열양이 될 수 없다.

그리고 『산해경』「해내서경」에서 기록한 동호와 이인은 고조선과 관련 없다. 아니면 이 논문이 착오 내지는 고의로 잘못 해석한 것이다. 왜냐하면 『산해경』의 다른 편인 「해내북경」과 「해내경」에 '조선' 즉 고조선이 있으므로 굳이 「해내서경」에 있으면서 조선으로 표기가 안 된 동호와 이인을 조선과 관련 있는 것으로 해석하는 것은 자기 논리에 유리한 것은 관련 없더라도 끌어들이고 불리한 것은 배척하는 식민사학의 습관적인 행태와 유사하다.

> 요동은 일정한 고정된 개념이 아니라 변화해 온 개념이다.
> 나중의 개념을 앞선 시기에 적용하는 것은 제대로 된
> 학문적 방법이 아니다.

또한 『산해경』(BC6세기->4세기), 『관자』(BC6세기->4세기), 『전국책』(BC6세기->4세기) 시기에서 거론한 요동은 이 논문이 거론한 정치체제의 개념이 아니다. 이 정치체제의 개념은 이 시기보다 나중에 생긴 개념 즉 연나라가 고조선을 침략하고 세운 연5군 중의 요동군이 생긴 이후의 개념이다. 그러므로 이 시기보다 전인 이 세 가지 사서에서의 요동 개념은 단지 사서의 주인공인 중국 계열 국가 동쪽에 있던 여러

나라 즉 중국 중심에서 머나먼 동쪽에 위치한 지역을 포함한 위치 개념으로 봐야 할 것이다.

연의 영역이라고 해석하거나 정치체제로 해석하는 것은 상당히 단편적이고 의도적인 것이라고 할 수 있다. 더군다나 이 논문이 인식하고 있는 아니 인식하고 싶은 요동 즉 지금의 요하 이동 지방인 요동과 이 사서들에 의한 당시의 요동은 전혀 다른 것이다. 이것은 역사상의 상식에 속한다. 그런데도 이러한 상식을 주류 강단 사학계는 부정하고 있다. 당시에는 지금의 요령성 요하 동쪽의 요동에 대한 개념 자체가 아예 존재하지 않았다. 당시의 요동은 지금의 하북성 지방 즉 중국 민족 계열 국가 중 가장 동쪽에 있었던 연나라의 동쪽 전체를 지칭하는 것이 명백함은 전문가가 아니더라도 알 수 있는 것을 학문적인 것을 비학문적인 방법으로 소위 억지를 부리고 있는 것이다.

그렇기 때문에 주류 강단 사학계에서는 연나라를 지금의 요령성 요하 인근까지 억지로 비학문적 비상식적으로 비정하고 있는 것이다. 이것은 중국사서의 기록과 역사적 사실과도 배치된다. 이에 대하여는 앞으로 자세히 살펴볼 것이다. 문헌학적 증거 즉 중국사서의 기록에 의해서이다.

요동에 대한 개념은 요동이 한국 고대사에 있어서 중요한 평양, 요하, 패수 등과 마찬가지로 어느 일정한 개념이 아니라 시대와 사건에 따라서 변화한 개념이 확실한 것으로 요동도 처음의 개념과 나중의 개념이 있다. 이것도 당연한 것인데 주류 강단 사학계는 나중에 고착된 지금의 요령성 요하 이동의 요동 개념만을 단 한가지로 고착하여 인정하고 있다. 이는 중국사서 기록에 배치되는 것이다. 요동에 대한 처음의 개념은 이 세 가지 사서에서의 개념일 것이다. 나중의 개념 즉

- 1차 개념인 사서의 주인공인 중국 계열 국가 동쪽에 있던 여러 나라 즉 중국 중심에서 머나먼 동쪽에 위치한 지역을 포함한 위

치 개념에 이은

- 나중의 개념(2차 개념)으로 이는 연이 고조선(진번, 조선)을 침략한 후 (침략한 연의 장수 진개는 연소왕의 전성기인 BC283~279년 사이에 활약했던 장수이므로 이 시기에 이루어짐) 연5군(요동군 포함) 설치 후 생긴 개념으로 당시 요동군은 현재 개념으로 요서 지역이다.
- 그리고 3차 개념은 요나라가 생긴 후(937년) 현재의 요령성 요하를 이전의 하북성에 위치한 원래의 요수 하천에서 사서 기록 및 실제로 그 위치를 변경한 후 그 동쪽 지방을 가리키게 된 개념이다.

나중의 2, 3차 개념 이전에는 먼 나라 동쪽이라는 개념으로 한나라 계열 나라들인 연나라 동쪽을 모두 요동이라 하여 여기에는 고조선도 포함한다. 즉 연나라 영토이거나 정치체제가 아니라 위치 개념이었던 것이다. 요동이라는 정치체제가 존재하였다는 것은 도대체 있을 수 없다는 것이 역사적 기본 상식이다. 이에 대한 자세한 사항은 계속된 이 논문에 대한 비판 과정에서 이루어질 것이다.

세 번째로, 더군다나 본 필자의 비판 대상인 이 논문이 임의로 아무런 근거 없이 해석해 버린 '열양'에 대한 해석도 비학문적인 것으로 독단적인 해석이다.

이 논문은 『산해경』「해내북경」상의 '열양'을 연의 영역으로 해석하였다. 조선의 위치를 '열양'의 동쪽이고 그 '열양'은 연에 속했다고만 했는데 그 '열양'을 연이 지배하던 조선의 서쪽 영역으로 해석한 것이다. 이것도 문제다. 식민사학은 어떠한 사료를 해석해도 우리 민족 계열의 국가가 중국의 지배를 받은 것으로 해석하고 있다. 이는 연이 고조선의 영역을 지배한 것처럼 오인하게끔 하는 잘못된 해석이다.

또한 이 논문이 해석한 '열양'은 어떠한 영역, 즉 영토라고 생각하기에는 사료상의 기록만 보아도 납득하기 어렵다. '열양'이 어떠한 경계선이나 경계 내지는 국경을 이루는 강, 하천 혹은 산맥을 일컬을 수도 있기 때문이다. 일컬을 수도 있기 때문이 아니라 사실 '열양'은 어떠한 영토, 영역을 나타낸 것보다는 연나라와 고조선의 경계에 있던 강, 하천 내지는 산맥인데 굳이 영토, 영역 그것도 고조선의 서쪽 영역으로 연이 지배하는 것으로 해석하였다. 이것은 사서 기록에 의하여 입증되는 것이다.

『산해경』「해내북경」상의 '열양은 연에 속했다(1)' 이 구절에 곽박 등 후세인이 주석을 달았다.

> (1) 곽박(郭璞)云:「조선은 현재 낙랑현이고(朝鮮今樂浪縣), 기자가 하사 받은 곳이다(箕子所封也). 열은 물 이름이고(列亦水名也), 현재 대방에 있으며(今在帶方), 대방은 열구현에 있다(帶方有列口縣).」학의행(郝懿行)云:「(한서(漢書))지리지(地理志)云:『낙랑군 조선 또는 탄열 분려산은(樂浪郡朝鮮又吞列分黎山), 열수가 나오는 곳이고(列水所出), 서쪽 점제에 이르러 바다로 들어간다(西至黏蟬入海).」又云:『함자의 대수는(含資帶水), 서쪽 대방에 이르러 바다로 들어간다(西至帶方入海).』대방과 열구 모두 낙랑군에 들어간다(又帶方列口並屬樂浪郡). 진서(晉書) 지리지(地理志) 열구는 대방군에 들어간다(列口屬帶方郡).」

본 필자가 비판하는 논문도 주석을 달은 곽박에 대하여『산해경』을 재편집한 것으로 소개하고 있다. 그만큼 곽박은『산해경』에서 주요한 사람이다.

> 산해경은 기원전 4~3세기에 출간되고 곽박(郭璞 : 276~324년)에 의해 재편집된 책으로, 그 내용이 어느 한 시기에 쓰인 것이 아니라 춘추 말기부터 전한대(前漢代)에 여러 곳에서 작성된 기사들을 모은 것이다(岡本正, 「山海經について」中國古代史研究』第一, 熊山閣, 1960, pp.7~12; 徐敬浩, 山海經研究, 서울대학교 출판부, 1998, pp.65~93).

이러한 곽박의 주석은 『한서』 「지리지」에서도 입증된 바 있으며, 또 다른 중국사서인 『후한서』 「군국지」에서는

【사료10】『후한서(後漢書)』 「군국지」

1. 유주(幽州)

⑩ 낙랑군(樂浪郡)

낙랑군(樂浪郡), 무제(武帝)가 설치하였다. 낙양(雒陽)에서 동북쪽으로 5,000리 떨어져 있다. 18개의 성이 있고 가구 수는 6,1492이며 인구수는 25,7050명이다.

1) 조선현(朝鮮縣) 2) 염감현(訷邯縣) 3) 기수현(淇水縣, 패수현) 4) 탐자현(貪資縣) 5) 점선현(占蟬縣) 6) 수성현(遂城縣) 7) 증지현(增地縣) 8) 대방현(帶方縣) 9) 사망현(駟望縣) 10) 해명현(海冥縣) 11) 열구현(列口縣) [1] 12) 장잠현(長岑縣) 13) 둔유현(屯有縣) 14) 소명현(昭明縣) 15) 루방현(鏤方縣) 16) 제해현(提奚縣) 17) 혼미현(渾彌縣) 18) 낙도현(樂都縣)

[1] 郭璞注山海經曰列水名列水在遼東 곽박(郭璞)이 주석한 산해경(山海經)이 말하기를 열(列)은 강 이름인데 열수(列水)는 요동(遼東)에 있다고 했다.

유주를 설명하면서 유주에 속한 11개 속현 중 낙랑군에 대하여 기술하면서 열구현의 열은 강 이름인데 그 열수는 요동에 있다고 분명히 하였다. 여기서 두 가지를 살펴볼 수 있겠다.

하나는, 여기서 확인할 수 있는 것은 이미 앞에서 거론하였듯이 본 필자의 비판 대상인 이 논문이 해석한 열양이 어떠한 영역이나 영토이기보다는 당시 연나라와 고조선과의 경계를 이룰 수 있는 강(하천)으로 해석하는 것이 합리적이라는 것이다. 설사 열양이 어떠한 지역을

나타낸다고 하여도 그 지역은 상당히 제한된 좁은 지역이라는 것이다. 즉 열수라는 하천이 있는 지역이라는 것이다. 그러므로 그가 이 사료와 구절을 끌어들여 이용하려고 하였던 조선이 연나라의 영역인 열양의 동쪽 그것도 과장되어 해석한 멀리 떨어진 한반도 서북부 지방 평양 지방이라고 한 것은 상당한 비학문적, 비합리적인 오류라는 사실이다.

두 번째는, 후에 자세히 설명되겠지만 이 논문은 애써 곽박의 주석을 소개하고 살펴보려 하지 않았다. 모든 사료를 다 거론한 다음 분석하고 검토해서 내린 결론을 자기주장으로 한 채 이를 학설로 내세워야 하는 것이다.

여기서 알 수 있는 세 번째는, 연나라와 고조선과 경계를 나타낸 『산해경』의 열양은 열수로 요동에 있는데 이곳은 바로 주류 강단 사학계가 주장하고 있는 한사군의 낙랑군이 설치된 곳이라는 것이다. 낙랑군은 요동으로 연나라의 경계에 있다는 것이다. 이와 같이 낙랑군이 요동에 있다는 중국 사료는 이외에도 『후한서』 '광무제본기' 건무 6년 6월조(30) 기록의 주석, 『후한서』 '배인 열전'에도 있듯이 모든 중국 사료가 낙랑군은 요동에 있다고 하였지 한반도 서북 지방인 평양에 있다고 하지 않았다. 단지 유교 도입과 중화 사대주의에 의하여 끌어들인 기자조선의 평양을 한반도로 조작 비정한 후 역사왜곡이 있은 다음에 여기에 고조선을 위치시킨 것이 있을 뿐이다. 이에 대하여는 후에 자세히 살펴볼 것이다.

또한 네 번째는, 만약 연나라 영역인 열양 옆에 고조선이 있다고 한다면 이보다 앞서 『관자』에서의 연나라 옆의 요동 그리고 그 다음의 고조선이 있다고 하거나 『산해경』상의 연나라 옆의 동호 그리고 그 다음의 고조선이 있다고 한 것과 연관되어 열양이 요동 내지는 동호가 되어야 한다. 그러면 열양은 요동이나 동호만큼의 영역이 되어야 한다. 열양이 요동이거나 동호이거나 그리고 요동이나 동호만큼의 크기인지는 도저히 납득할 수 없는 사항이다. 따라서 이 논문의 논리는 처음부터 모든 것이 도저히 성립할 수 없다.

 이 논문은 낙랑군과 조선이 요동에 있다는 명백한 사료는 소개하지 아니하고 애매하게 해석될 수 있다고 여겨지는 사료만 소개한 채 멋대로 해석하고 있는 이유 중의 하나도 이러한 명백한 사료를 의식해서 이를 고의로 기피한 채 자기가 내리고 싶어 하는 결론에 이용하고 있는 것이다. 이것은 일제 식민사학을 추종하는 주류 강단 사학계가 논리를 전개하는데 통상적으로 사용한 방식이다. 왜냐하면 명백한 사료가 명백히 식민사관이 잘못되었다고 증거하고 있기 때문이다. 그러므로 하루빨리 스스로 폐기하여야 한다. 현재 허물어지고 있는 상황이다. 현재 유일하게 평양 지방의 낙랑군 유적 및 유물에 매달리고 있는 형편이다.

> **역사학에 있어서 고고학적 자료는 문헌학적 입증이 가능하여야 신빙성이 부여되는 것이다. 그러나 '낙랑군 평양설'은 조작되거나 왜곡 해석된 고고학적 자료에만 의지한 것이다.**

 고고학적 자료는 문헌학적으로 입증이 가능한 가운데 2차적으로 신빙성을 부여받는 것은 역사학의 상식이다. 문헌학적인 것은 무시하고 고고학적 자료만으로 고집하는 것이 '낙랑군 평양설'이고 이러한 비상식적인 학문이 주류를 이루고 있는 세계 역사학상의 아이러니가 존재하는 유일한 곳이 우리나라이다. 하지만 고고학적 자료에 대해서도 나중에 자세히 논하겠지만 그들 주류 강단 사학계의 학자들조차도 이를 부정하고 있으며 현재 위만조선의 도읍인 왕검성이 평양이라는 기존의 식민지 사관의 주장도 문헌학적으로나 그들 내부에서 부정되고 있는 상황이다. 왜냐하면 문헌학적으로 역사서에 명백히 기록되어 있기 때문이다.

어떤 이는 주류 강단 사학계와 이를 비판하는 재야 민족 사학계의 중간에서 객관적으로 판단하는 것처럼 하면서도 근본적인 인식은 기존의 잘못된 주류 강단 사학계의 왜곡을 근거로 한반도가 아닌 중국 대륙에 우리 고대 국가가 있었다는 것을 허황된 주장이라고 하고 있다. 주류 강단 사학계를 비판하는 많은 모든 사료를 제대로 검토해 보았는지 본 필자는 묻고자 한다.

모든 사료에는 우리 고대 국가가 한반도가 아닌 중국 대륙 하북성과 산동성에서 활동한 사항이 기록되어 있는데 한반도로 왜곡 조작한 것을 왜 그대로 놔두려고 하는지 본 필자는 되묻고자 한다. 필자는 모든 사료가 기록하고 있는 원래의 위치에 비정하고자 지적하고 비판하며 이 글을 쓰고 있다. 이 글을 제대로 읽어보고 판단을 내려 보길 바란다.

그동안 중간에서 이러한 주장을 하는 재야 민족 사학계의 잘못도 있다. 즉 원래 사료대로 중국 대륙에서의 활동을 주장하면서 주류 강단 사학계에 논리, 문헌학적으로 비판하지 못한 채 제각각 다른 주장을 하니 신빙성과 논리성이 떨어진 것이다.

주류 강단 사학계를 비판하면서도 그들과 같은 방식으로 자기들만의 일방적인 주장만 펼침으로써 제대로 된 인정을 받지 못한 것이다. 그래서 본 필자가 주장하는 바는 그동안 많은 재야 민족 사학계 여러분이 각각 자기 방식대로 주장해 온 것들이다.

하지만 본 필자가 나서서 이 글을 쓰는 것은 이러한 주장을 펼치기 전에 제대로 된 주류 강단 사학계의 논리를 비판하고 그동안의 주류 강단 사학계의 논거를 논리적으로 비판한 채 반대되는 증거를 제시하여 제대로 된 논리를 확립하고자 하는 것이다. 이에 그동안 주류 강단 사학계가 일제 식민사학에 의하여 왜곡 해석하여 식민사학 논리에 이용한 『삼국사기』를 비롯하여 대표적인 중국 정사 『삼국지』〈위서〉「동이전」, 『신당서』「가탐도리기」 등에 대한 비판과 재해석을 하는 것이다. 이 같은 상대방이 제시한 자료에 의한 비판과 이의 재해석에 의해서만 냉소적으로 바라보는 객관적임을 자처하는 중간 입장자가 제대로 인식할 수 있을 것 같은 방식으로 본 필자는 이 글을 쓰고자 한다.

이와 같이 요동과 조선을 같이 표기한 사료만 소개하면서 요동과 조선은 별개의 정치체제라고 해석한 본 필자의 비판 대상인 이 논문의 판단과 이에 반하여 이 논문이 편의적으로 소개한 사료조차도 이러한 판단이 잘못되었음을 나타낸다(요동과 조선의 순서 역으로 표기 사료도 존재, 요동의 의미가 정치체제가 아닌 점 등).

> 요동은 ① 중국에서 제법 먼 동쪽 ② 연5군의 요동군 동쪽
> ③ 요령성 요하 동쪽 개념으로 변하여 왔다.

더군다나 소개하지 않은 여러 다른 사료에 의해서도 요동은 단지 조선이 위치해 있던 자기네 중국에서의 동쪽에 있는 위치를 나타내었다고 판단 내리는 것이 절대적으로 합리적이며 그 요동에 조선이 있었던 것이 확실하다. 이후 연나라가 연5군을 설치하여(사실상 진나라가 설치) 요동군이 생겼는데도 같은 지역을 요동이라고 중국사서에 기록하고 있으며 이후 다시 바뀌어 요나라 이후 당시 요수 즉 요하 지방 동쪽에 있던 지역과 조선을 요동으로 지칭하였던 것이 명백하다. 어쨌든 그 요동에 조선이 있었지 요동 너머 요동과는 다른 곳 즉 한반도에 조선이 있지 아니하였다. 분명히 한반도는 요동이 아니었다.

그런데 아직도 국사편찬위원회 한국사 데이터베이스상의 주석에 오래전 일제 식민 사학자들의 수많은 주석이 그대로 실려 있다. 현재 주류

강단 사학계는 학문적 수준이 해방 전보다 나아진 것이 없거나 당시 식민 사학자들의 학문적 성과가 워낙 탁월하여 그대로 따를 수밖에 없는 상황이거나 둘 중의 하나이다.

중국 사료상 당나라 이후에 왜곡되기 전 낙랑군이 한반도의 서북 지방인 평양에 있다고 기술한 사료는 단 하나도 없으며 모두 연과의 경계인 열수와 나중에 살펴볼 패수를 경계로 한 요동 지방에 있었다고 한결같이 기술하고 있다. 중국사서상 한반도로 연결한 사서는 당나라 이후 특히 명·청대 학자들에 의해 원사료에 주석을 왜곡하여 달음으로써 이루어졌고 이후 현재 중국 측은 지금의 동북아역사재단 및 한국 역사계의 명·청대 왜곡 비정을 그대로 따르고 있는 입장에 힘입어 한반도 안에 만리장성을 그려 넣고 있는 것이다.

이렇듯 우리나라에서는 고려 및 조선시대 유학자들의 소중화 사대주의에 힘입어 고대 당시 사료에 주석을 기재하여 놓으면서 당시의 위치 사항을 한반도로 바꾼 것을 일제 식민 사학자들이 그대로 수용하고 현재 주류 강단 사학계에서는 역사학계 카르텔에 의하여 주체적이고도 제대로 된 연구 없이 그대로 따르고 있는 것이 현재 우리나라 역사학의 현주소이다.

그러므로 열수 등 하천의 위치 그리고 이와 관련된 지명, 연의 영역 그리고 연과 관련된 장성 지방기관만 확인하면 낙랑군의 위치를 확인할 수 있다. 그런데도 본 필자가 이 글에서 비판하는 논문과 일제 식민사학은 낙랑군이 한반도 평양에 있었다는 것이다. 그렇다면 다른 것은 차치하더라도 여기서의 열수가 한반도의 대동강이나 그 위의 청천강 아니면 그 위의 압록강이 되어야 할 것이다. 사실 식민사학이 주장하는 바가 바로 이것이다. 열수를 대동강, 청천강, 압록강으로 둔갑시키는 것이다. 그렇다면 당시 연의 영역이 한반도 북부 만주 지방 내지는 한반도 북부 깊숙이 들어왔어야 할 것이다. 그리고 요동의 개념도 지금의 요하 동쪽으로 한정되어 있으면서 요동이 전부 연의 영역이 되어 있어야 할 것이다. 하지만 이것은 역사를 뒤집는 엄청난 왜곡으로 동북공정 작업을 하는 중국조차 인정하지 않는다.

> 본 필자의 비판 대상인 이 논문의 논리라면 열양의 열수가 한반도 대동강이나 청천강이 되어야 한다. 그러면 연나라의 영역이 한반도 서북부까지 진출해 있어야 한다.
> 하지만 이는 역사상 있을 수 없는 비상식적 논리이다.

그럼 이제부터 이에 대하여 하나하나 살펴보기로 한다.

이미 '요동'에 대하여는 살펴보았으나 자세한 것은 후에 또 살펴보기로 하고, 여기서는 당시 『산해경』, 『한서』, 『후한서』에 기록된 '열수'에 대하여 살펴보고 이후에 연나라의 강역과 위치에 대하여 살펴보기로 한다.

'열수'에 대하여 기록한 중국사서가 있다. 본 필자의 비판 대상인 이 논문이 스스로의 논리에 이용하고자 인용한 사료이다. 이 사료가 바로 사마천의 『사기』「조선열전」이다.

【사료11】『사기』「조선열전」 '고조선'

집해에서 장안이 말하기를 조선에는 습수와 열수와 산수가 있는데 이 세 강이 합하여져서 열수가 된다고 하였다. 아마도 낙랑이 조선이란 이름을 얻은 것은 여기에서인 것 같다. 색은에서 안을 내었는데 朝의 음은 조(潮)인데 죠[直驕反]로 발음된다고 하였고, 鮮의 음은 선(仙)이다. 산수(汕水)가 있기 때문에 이름을 얻은 것이다. 汕의 음은 산(訕)이다.

이 기록상의 열수는 『산해경』에서 언급한 연나라와 조선의 국경으로 이 열수는 습수와 산수 그리고 열수가 있는데 이것이 합쳐져서 열수가 된다고 하였으므로 열수 옆에는 습수와 산수가 존재함을 알 수 있다. 그러므로 습수와 산수의 위치를 살펴보면 우선 열수의 위치를 알 수 있겠다. 그럼으로써 연나라와 조선의 국경도 알 수 있을 것이다. 이러한

> 고조선의 위치 논란은 우선 습수, 산수, 열수의 위치만 알더라도 일단 해결된다. 고조선의 위치는 물론 우리 고대 국가의 위치는 여기서부터 시작한다. 물론 주류 강단 사학계에서는 이들 삼수(三水)를 요령성으로 왜곡 비정하고 있다. 하지만 삼수 관련 지명은 요령성이 아니라 산서성 및 하북성이다.

■ [그림1] 삼수(습수, 열수, 산수)회지 위치도

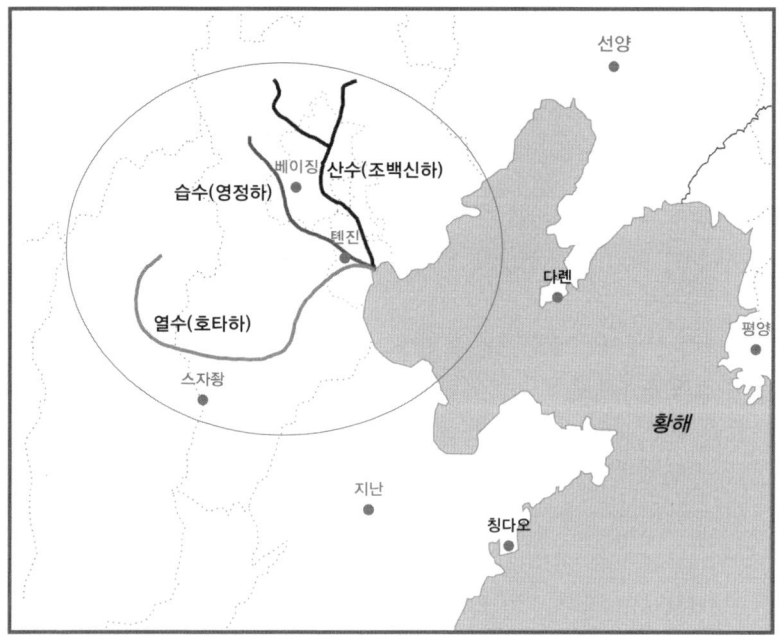

[습수에 대하여]

우선 습수에 대하여 살펴본다. 『자치통감』은 '상건수'를 주석하면서 『수경』을 인용하여 '습수'가 '상건수'라고 하였다.

> 【사료12】『자치통감』「권181 수기오」
>
> 『수경』에, 습수는 안문군 음관현에서 나와서 동북쪽으로 흘러 대군 상건현을 지나는데, 상건수라고 부른다. 동쪽으로 광양군 계현 북쪽을 지난다. 지금은 계성 남쪽을 지나는데, 성읍이 옮겨진 것이다. 건의 음은 간이다.

여기서 인용한 『수경』은 불상이나 상흠이 저술한 것으로 보기도 하며, 북위의 역도원이 편찬한 『수경주』의 모태가 되는 사료로 중국 하천에 대하여 기록한 사료이다. 『무경총요』는 습수를 습수 상건하의 한 지류로 설명하고 있다.

> 【사료13】『무경총요』 10
>
> 습수의 근원은 안문에서 나와, 동쪽으로 흘러 상건수와 만난다.

현재 장가구시 서쪽의 회안현 동쪽에서 세 강이 합쳐져 시작된 양하(Yanghe River, 洋河)가 안문산이 있는 삭주시 동북부에서 시작한 상간하(Sanggan River, 桑干河)와 합쳐져 장가구시 남동쪽의 회안현 서남쪽에서 영정하(Yongding River, 永定河)로 시작되어 북경시 서부로부터 북경을 감싸고 돌아 북경시 동남부 랑방시(廊坊市) 남부를 흘러 천진시 남부에서 영정신하(Yongding new River)가 되어 천진의 북당항을 통해 발해만으로 들어간다.

▌습수는 지금의 하북성 영정하이다.

이 영정하가 고대의 습수인 것이다.

> 【사료14】『흠정사고전서』「수도제강 권3」
>
> 상건하는 옛날의 치수이며, 또 습수이며, 또 루수인데 지금은 영정하로 부른다. 산서성 삭주 마읍현 서북쪽의 홍도산에서 나오며, 풍속에서는 홍도천이라 부르는데, 즉 옛날의 루두산이다.

사서상의 명칭인 '안문'이 지금도 존재하고 '상건'수도 지금도 명백히 존재한다. 또한 '안문'은 지금도 그대로 산서성 흔주시 대현에 남아 있는 안문관(Yanmenguan, 雁門关)으로 앞에서 살펴본 연나라의 위치와 관련된 지명이다. 따라서 인근에 연나라와 고조선이 존재하였던 것이다. 그곳은 바로 북경 서남쪽 보정시 인근으로 하북성 지방이다. 그리고 『수경』상의 대군은 이미 인용한 【사료8】『사기』「권69 소진열전 제9」상에 기록된 대로 당시 압록수이자 마자수이자 청하인 하북성 석가장시 북부를 흐르는 호타하(Hutuo River, 滹沱河)가 발원하는 곳이다. 호타하가 산서성 흔주시 번치현 고산수고(Gushan Reservoir, 孤山水库)에서 발원하고 있는 것이다. 그런데 호타하의 흐름 방향이 분명히 처음에는 현재 서남으로 흐르다가 그 후에는 남쪽으로 흐르다가 산서성 흔주시 북쪽에서는 아예 방향을 동쪽으로 바꾸어 동북으로 혹은 동남으로 흐르다가 지금의 하북성 형수시 안평현에 이르러 바다로 들어가는 것이다. 이러한 흐름 방향으로 말미암아 나중에 『수경주』에서의 같은 흐름 기록으로 인하여 많은 흐름 방향 중 일부 흐름 방향만을 내세워 이곳 하북성 하천으로 비정하지 않고 요령성 내지는 한반도 북부 하천으로 왜곡 비정하는 단서를 제공하고 있다는 것을 염두에 두어야 할 것이다.

[산수에 대하여]

그러면 산수의 위치에 대하여 살펴보기로 한다.

산수는 위의 『사기』 '조선열전'상의 조선에 대한 『사기집해』에서의 장안의 말을 인용한 습수, 열수, 산수라는 강물의 이름에서 유래한 것으로 하였듯이 『사기색은』은 '산수'로부터 '조선'이라는 명칭이 나왔다고 하였다.

그리고 본 필자가 이 글에서 비판하는 논문이 인용한 『전국책』 비판에서 나왔던 『사기』 '소진열전'에서 조선(朝鮮)에 대한 기사(연의 동쪽에 조선과 요동이 있다.)에서 조선의 명칭에 대하여 『사기색은』의 주석이 "索隱 潮仙 二音, 水名", "조선(朝鮮)은 조선(潮仙) 2음이다. 이는 물 이름이다."라고 하여 조선이라는 명칭 즉 국명이 조선(하)라는 하천에서 유래한 것으로 하였다. 따라서 산수는 조선(하)라는 하천이라는 것을 알 수 있으며 산수 내지는 조선하는 고조선에 위치함을 알 수 있다.

이 조선하는 위의 습수를 설명한 『무경총요』에서 거론하고 있다.

▍산수는 지금의 하북성 조백신하이다.

현재 중국 하북성 북경시 동부를 거쳐 천진시 동부로 흐르는 조백하(Chaobai river, 潮白河)이다. 북경 지방에서 흐르고 있던 하천의 이름이 조선하인 것이다.

> 【사료15】『무경총요』「전집 권22 연성주군 12」
>
> 동북쪽으로 중경에 이르는데, 북문을 나가서 옛 장성을 지나 망경까지 40리이다. 또 온여하와 대하파를 지나서 50리를 가면 순주에 이른다. 동북쪽으로 백서하를 지나 70리를 가면 단주에 이르며, 여기서부터는

> 점점 산길로 접어든다. 50리를 가면 금구전에 이르며, 산길로 접어들면 길이 꼬불꼬불하여 리수나 이정표가 없다. 조선하를 지나 90리를 가면 고북하구에 도달한다 ~

위에서 조선하를 지나면 고북하구가 나온다고 하였는데 현재 중국 하북성 동쪽으로 흐르는 조하를 건너면 고북구가 나오므로 조하의 옛날 이름이 조선하임을 알 수 있다. 이 조하(Chaohe River, 潮河)가 도중에 백하(Baihe River, 白河)와 만나서 조백하가 되는 것이다. 산수가 바로 조백하인 것이다. 이 조백하가 하류에 오면서 조백신하(Chaobai river, 潮白河)로 이름을 바꾼 채 천진만으로 흘러내리고 있는 것이다. 이와 관련하여 고조선이 한반도 평양에 있었다고 고집하는 주류 강단 사학계는 조선하가 왜 지금의 중국 본토 북경 지방에 있었는지 설명하여야 하고 중국의 하북성 북경 및 북경시 서남 지방에 있던 습수와 산수 즉 현재의 영정하와 조백(신)하가 그들이 주장하는 지금의 평양 지방의 어느 하천인지에 대하여 설명하여야 할 것이다.

[열수에 대하여]

그럼 마지막으로 열수에 대하여 살펴보도록 하겠다. 열수에 대해서는 이미 살펴보았듯이 【사료6】『산해경』「제12 해내북경」상의 '열양은 연에 속했다(1)'의 구절에 대하여 곽박의 주석상에,

> (1) 곽박(郭璞)云 : 「조선은 현재 낙랑현이고(朝鮮今樂浪縣), 기자가 하사 받은 곳이다(箕子所封也). 열은 물 이름이고(列亦水名也), 현재 대방에 있으며(今在帶方), 대방은 열구현에 있다(帶方有列口縣).」

라고 되어 있다. 이것을 뒷받침하는 중국 사료가 살펴본 【사료10】 『후한서(後漢書)』「군국지」1. 유주(幽州)인데 여기서 낙랑군이 속한 유주에 대한 설명에서 유주에 속한 낙랑군, 그 낙랑군에 속한 열구현의 주석에

> (1) 郭璞注山海經曰列水名列水在遼東 : 곽박(郭璞)이 주석한 산해경(山海經)이 말하기를 열(列)은 강 이름인데 열수(列水)는 요동(遼東)에 있다고 했다.

라고 되어 있어 열수는 요동에 있다고 한 것이다. 열양은 낙랑군이요 기자조선이요 대방군인데 모두 요동에 있다고 한 것이다. 열양에 대하여 열은 물 이름이고 이는 당시 대방현에 있으며 대방은 열구현에 있다고 한 열구현에 대하여 다음 사료를 보면 평주 대방군에 열구현이 있다.

> 【사료16】『진서』「지리지」'평주', '유주'
>
> 평주는 생각건대 우공의 기주지역이며, 주나라의 유주이며, 한나라의 우북평군에 속했다. 후한 말에 공손도가 스스로 평주목을 칭했다. 그의 아들 공손강과 강의 아들 공손연이 모두 제멋대로 요동에 의거하니 동이 9종이 모두 복속하였다.
> 위나라는 동이교위를 설치하여 양평에 거하였고, 요동·창려·현토·대방·낙랑 등 5개 군을 나누어 평주로 삼았다. 후에 도로 유주에 합하였다. 공손연을 멸한 후에 호동이교위를 두어 양평에 거했다. 함녕 2년 (AD276년) 10월, 창려·요동·현토·대방·낙랑 등 5군국을 나누어 평주를 설치했다. 26현 18,100호이다.
>
> ⑤ 대방군
>
> 대방군(帶方郡), 공손도(公孫度)가 설치하였고 현은 7이며 가구 수는 190이다.

1) 대방현(帶方縣) 2) 열구현(列口縣) 3) 남신현(南新縣) 4) 장잠현(長岑縣)
5) 제해현(提奚縣) 6) 함자현(含資縣) 7) 해명현(海冥縣)

그러므로 산해경의 열양과 열수는 대방군이 있던 지역이며, 이는 나중의 평주가 있던 자리이며, 이 평주의 대방군 열구현은 한나라 때는 우북평군에 속하였던 곳이다. 나중에 평주 및 유주에 대하여 살펴보겠지만 평주 및 유주에 대방군이 있었고, 대방군에 열양과 열수가 있었다. 그러므로 대방군 이전에 고조선이 이곳에 있었던 것이다. 평주와 유주는 결코 한반도가 아니다. 따라서 대방군은 물론이고 고조선은 한반도에 없었던 것이다. 또한 이미 살펴본 【사료8】『사기』「권69 소진열전 제9」를 자세히 살펴보면,

> 소진이 연나라 문후에게 말하기를 "연나라의 동쪽에는 조선과 요동이 있고, 북쪽에는 임호와 누번이 있으며, 서쪽에는 운중과 구원이 있다. 남쪽에는 녹타와 역수가 있으며 지방이 2천여 리이다…남쪽의 갈석(碣石)과 안문(鴈門)의 풍요로움이 있고 북쪽에는 대추와 밤이 많이 나는 이점이 있다. 백성들이 비록 농사를 짓지 아니하여도 대추와 밤이 있어서 풍족하니 이곳이 이른바 천부(天府)이다.
>
> 주(注)(요약), 정북 쪽을 병주라 하고 그곳의 하천을 녹타(淥沱)라고 한다. 색은에서는 녹타를 호타(滹沱)라고 하였으며, 호타는 대군(代郡) 염성(鹵城)현을 출발하여 동남으로 흘러 오대산 북쪽을 지나 동남쪽 정주를 지나 바다로 든다. 역수(易水)는 역현에서 나와 동쪽으로 흘러 유주 귀의현을 지나 동쪽에서 호타하와 합쳐진다.
> 색은 주석 : (전국책) 갈석산은 상산(常山) 구문현(九門縣)에 있다. (한서)지리지에 대갈석산(大碣石山)은 우북평(右北平) 여성현(驪城縣) 서남쪽에 있다.

이에 의하면, 연나라 남쪽에는 안문과 갈석이 있고, 또 호타와 역수가 흐른다고 하였다. 『사기색은』의 주석에 따르면 호타는 호타하(Hutuo River, 滹沱河)이다.

열수는 지금의 하북성 호타하이다.

연나라 남쪽에 해당하는 안문과 갈석은 모두 호타하와 같이 있기도 하고 북쪽에도 위치하므로, 『산해경』과 곽박의 주석에서 연나라의 남쪽을 흐르는 열수는 현 중국 하북성 보정시 남부 지역을 관통하여 흐르는 호타하(Hutuo River, 滹沱河)라는 것을 알 수 있다. 현재 중국의 호타하는 3개의 강이 합류하여 1개의 강인 호타하로 흐르고 있다.

현재 이 강은 안문이 있는 삭주시 동부, 대동시 남부, 보정시 서북부 사이 산서성 흔주시 번치현에서 발원하여 산서성 흔주시 대현의 안문(관) 남부를 지나 산서성 흔주시 북부, 하북성 석가장시 북부를 지나 보정시 남부에 있는 하북성 창주시 헌현 서부에서 부양하(fuyang river, 滏陽河)를 만나 자아하(Tzu-ya river, 子牙河)가 되어 나중에 역수 즉 제1요수로 지금도 그 이름이 남아 있는 역수하(Yishuihe, 易水河)와 만나 천진만으로 흘러 들어간다. 역수하는 하북성 보정시 역현의 역수호(Angezhuang Reservoir, 安格庄水庫(안격장수고))에서 발원하여 중역수(Zhongyishui River, 中易水), 북역수(Beiyishui River, 北易水)로 나눠져 동쪽으로 해서 동남쪽으로 흐른다. 그러므로 이곳은 기본적으로 하북성 북경 서남쪽의 보정시 서쪽과 남쪽인 석가장시 인근이다.

사서의 기록에 의하면 이 강은 우북평군 지역을 통과하고 있다. 우북평군의 위치에 대하여도 차후에 설명하도록 하겠다.

그렇다면 강단 사학계가 그토록 신봉하여 한사군 낙랑군 한반도 평양설에 이용하고자 인용하고 있는

【사료11】『사기』「조선열전」'고조선'

조선에는 습수와 열수와 산수가 있는데 이 세 강이 합하여져서 열수가 된다고 하였다. 아마도 낙랑이 조선이란 이름을 얻은 것은 여기에서인 것 같다.

이 구절의 당시 고조선의 위치를 알 수 있는 세 강과 이의 합쳐진 열수에 대하여 강단 사학계는 설명을 하여야 하고 이것이 어떻게 한반도의 평양 근처로 비정될 수 있는가에 대하여 학문적인 해명이 있어야 할 것이다. 그렇지 않으면 한사군 낙랑군 한반도 평양설은 당장 폐기되어야 마땅할 것이다.

그런데 현재 주류 강단 사학계는 위의 3개 하천(습수, 산수, 열수)이 모여 하나의 하천(열수)이 되는 곳인 고조선 지역이자 낙랑 지역에 대하여 열수에 대하여만 대동강 내지는 다른 강으로 비정하고 있고, 나머지 강은 대동강 유역의 남강, 비룡강일 수도 있고 보통강, 남강일 수도 있고 남강, 재령강일 수도 있다는 등 제대로 비정을 못 하거나 하더라도 제대로 된 근거를 대지 못하고 있다.

또한 이러한 식민지 논리인 '낙랑군 평양설'에 의한 평양 이외에 한반도 어떠한 다른 곳에서도 비정을 못 하고 있다. 비정을 하지 못하는 대신 이 사서 기록을 무시하고 있다. 이 세 강이 합쳐지는 곳이 조선이고 낙랑이라고 했다. 그나마 대동강으로 비정하는 열수 지역에 대하여 **[1] 郭璞注山海經曰列水名列水在遼東 곽박(郭璞)이 주석한 산해경(山海經)이 말하기를 열(列)은 강 이름인데 열수(列水)는 요동(遼東)에 있다고 했다.** 분명히 요동 지방이라고 하였다. 요동이 그들이 비정하는 지금의 요령성 요하 동쪽 지방이라고 해도 한반도는 아니다. 그러면 주류 강단 사학계는 한반도 평양도 요동이라고 할 것이다. 그들은 학문이 아니라 종교를 신봉하는 것이다. 식민사학이라는 종교와 '낙랑군 평양설'이라는 교리와 함께. 또한 이곳은 낙랑 지방으로 낙랑 지방에 낙랑군과 현토군을 설치하였다고 하였다. 그들의 논리대로라 하더라도 낙랑군 지역이라는 평양에 현토군은 설치되지 아니하였다. 이곳은 평양 지방이 될 수 없다. 사실 낙랑 지방에 위만조선이 있었고 나중에 낙랑군과 현토군도 설치되었지만 이전에는 구다국, 개마국, 옥저 등도 있었다. 한반도 평양은 소위 한4군의 낙랑군 설치 자리도 못 된다. 주류 강단 사학계의 이 같은 모든 비정은 명백히 한반도 평양을 낙랑군 지역으로 정해 놓고 여기 있는 강을 위의 사료상의 열수로 비정한 거꾸로 된 방식에 의한 전혀 근거 없는 조작 방식에 의한 것이 너무나도 명백하다. 열수는 한반도에 없었다. 여기는 한반도가 아니라 당시 요동이었던 지금의 하북성인 것이다.

> 사서 기록상 고조선이 위치한 세 하천 지역인 습수는 영정하, 산수는 조백신하, 열수는 호타하로 기록하고 있다.
> 만약 고조선을 한반도 서북부로 비정한다면 연나라 위치도 이곳에 있어야 한다.

당시『사기』「조선열전」은 한반도를 거론조차 하지 않았을뿐더러 거론이나 기록 대상도 아니고 당시에 한반도 지역은 이 같은 사서의 편찬자들은 물론 그들의 인식상에는 전혀 없었다. 조선이 이곳에 있었다는 것을 사서가 기록하고 있고 낙랑이 조선이란 이름을 얻은 것이 이곳의 세 하천이 합쳐지는 곳에서 연유한 것으로 기록하고 있다. 낙랑 지역에 조선이 있었다는 것을 많은 사서가 입증하고 있고 이 지역에 나중에 주류 강단 사학계가 정립한 소위 한4군의 낙랑과 현토군이 설치되었다고 기록하고 있다.

> 이 세 하천 지역인 하북성이 조선과 낙랑의 위치이다.

그렇다면 이 세 하천이 있는 하북성에 조선 즉 고조선과 낙랑 지역이 있고 소위 한4군의 낙랑군과 현토군이 여기에 있는데 이를 무시하거나 부정한 채 이곳에서 아주 멀리 떨어진 한반도 서북부인 평안도 평양 지방에 비정하는 이유가 무엇인지. 이 기록 부정 내지는 무시 이유에 대하여 전문가 집단인 주류 강단 사학계는 답할 것을 요구하는 바이다. 세 하천의 정확한 위치와 이에 대한 근거를 답해 주길 요구한다. 아니면 대략적인 위치라도 답해 주길 바란다. (주류 강단 사학계에 대한 공개 질문2)

이외에도 해명해야 할 수많은 증거가 있는데 그중에서 지금 다루는 주제와 가장 많은 관련이 있는 것으로 연나라의 영역에 대하여는 잠시 후 자세히 설명하도록 하겠다.

[4]네 번째 【사료6】『산해경』「제12 해내북경」과 【사료7】『산해경』「제18 해내경」의 기록을 본 필자의 비판 대상인 이 논문은

> "한편 산해경 해내북경에는 '조선이 列陽의 동쪽, 바다의 북쪽, 산의 남쪽에 있었고, 열양은 연에 속했다'라고 쓰여 있다. 여기서 열양은 기원전 3세기경 연의 동쪽 지방, 곧 연이 지배하던 조선의 서쪽 영역을 말한다. 현재의 요동과 서북한은 뒤로는 장백·낭림산맥을 등지고 앞으로는 바다에 면해 있다. 또한 해내경에서 '동해의 안쪽 북해의 모퉁이(東海之內北海之隅)'라 한 것은 크게 말하여 조선이 동해의 범위 안, 즉 동해에 면하였고 더 구체적으로 말하면 그 동해 북부의 한쪽 가에 있다는 뜻으로도 볼 수 있다. 해내북경에서는 조선이 지금의 낙랑현을 가리킨다고 하는데, 조선 지역은 대체로 한반도 서북지방에 해당한다고 할 수 있다.
> 중국 고대사서에 의하면 당시 연의 영토는 결코 遼陽, 즉 요하 동쪽보다 더 멀리 확대된 적이 없다. 따라서 산해경의 기록을 통해서는 조선이 연의 동쪽에 있던 열양의 동쪽에 위치하고, 동호의 동쪽에 존재했다는 사실을 알 수 있다. 그리고 그 지역은 낙랑군의 지역으로 비정할 수 있다."

이라고 해석했다. 도대체 무슨 근거로 이 같은 결론 즉 "**바다의 북쪽, 산의 남쪽에 있었고**", "**동해의 안쪽 북해의 모퉁이**(東海之內北海之隅)" 기록

을 한반도 서북 지방으로 비정할 수 있다는 것인지 도저히 모르겠다. 이는 근거 없는 비학문적 추정이다.

① 당시 연의 영역은 이 논문의 설명대로 '연의 영토는 결코 요하 동쪽보다 더 멀리 확대된 적이 없다.' 그런데 문제는 요하가 어디인가에 달려 있다. 그래서 이 논문은 요하를 변동 없이 지금의 요하라고 고집하고 있다. 이는 전혀 근거가 없는 것이다. 그리고 연의 영토에 대해서는 주류 강단 사학계와 일부 강단 사학계 및 재야 민족 사학계와 주장이 서로 엇갈리고 있다. 즉 주류 강단 사학계는 연나라 초기에는 지금의 만리장성인 산해관 지방까지가 연나라 영역이었고 그 후에 소위 연나라 연개의 침입 후에는 요하 이동 지방의 한반도 압록강까지 내지는 심지어 한반도 청천강까지라고 하고 있다. 여기에 그들이 설치한 요동군이 위치하는 것으로 하고 있다. 이는 사서의 기록에도 전혀 맞지 않는 것으로 미리 설정한 '낙랑군 평양설'에 의하여 낙랑군을 평양 지방에 비정함에 따라 이웃에 있다고 하는 요동군을 이웃에 비정한 것일 뿐 전혀 근거가 없다.

반면 일부 비주류 강단 사학계 및 재야 민족 사학계에서는 지금의 난하 동쪽인 하북성 진황도시 산해관 인근까지라고 하기도 하고 북경 서남쪽이자 보정시 서북쪽 지방으로 하는가 하면, 하남성 지방이라고도 한다. 이에 대한 논란은 이 글이 진행되는 대로 자세히 밝혀질 것이다. 하지만 자세하게 밝히지 않더라도 여기서의 구절만을 가지고도 해답을 찾을 수 있다. 즉 당시 춘추전국시대 나라 중 가장 동쪽에 있었던 연나라가 북경 동쪽 내지는 그 동쪽으로부터 계속 만주 지방에 있었다고 한다면 그 입장에서 바다의 동해는 당연히 지금의 천진만 이남이었고 나머지는 남해였다. 절대로 한반도는 이 연나라의 동해에 있지 않았다. 설사 넓게 보아 지금의 황해를 동해라고 한다면 한반도 그 동해의 바깥쪽이었다. 이는 너무나도 상식적인 것이 아닌가.

그리고 연나라와 인접한 조선국이 지금의 북경 인근 지방으로부터 벗어나 지금의 만주 지방에 위치해 있었다면 조선국의 위치를 남해 내지는 발해 내지는 황해의 북쪽에 있음으로 동해라는 표현을 하지 아니하였을 것이다. 하지만 조선국은 "바다의 북쪽, 동해의 안쪽, 북해의 모퉁이"에 있다고 한 것으로 보아 북경 이남 지방으로 볼 수밖에 없고, 지금의 한반도 서북 지방은 절대 아닌 것이다. 사서 입장에서 한반도 서북 지방은 "바다의 동쪽, 동해의 바깥쪽, 북해 아닌 대해의 동쪽"에 있다고 해야 할 것이다.

> 고대 중국에서 천진만인 발해만을 북해, 래주만을 동해, 이 북해와 동해를 합친 것이 바다[海], 발해만을 발해라고 하였다.
> 따라서 고조선의 위치인 바다의 북쪽, 동해의 안쪽, 북해의 모퉁이는 하북성 지역을 일컫는 것이다.
> 더군다나 하북성의 바다[海]는 지금의 하북성 호타하로 이곳 북쪽이자 하북성 북쪽에 있는 태행산맥 남쪽에 고조선이 위치한 것을 기록한 것이다.
> 한반도 서북부 평양 지방은 바다의 동쪽, 동해의 바깥쪽, 대해의 동쪽이어야 한다.

당시 중국에서는 지금의 천진만인 발해만(Bohai Bay)을 북해, 산동성 산동반도 북쪽으로 그들의 중심 강인 황하가 동쪽으로 흘러 바다로 들어가는 곳인 동쪽 바다인 현재의 래주만(Laizhou Bay)을 동해라고 하였다. 이 북해와 동해를 합쳐 전체 바다라고 하였고 천진만을 발해라고 하여 지금의 발해(Bohai Sea) 영역보다는 상당히 작은 것이었다.

물론 중국사서상 고대 기록에 있어서 발해 기록에 대하여 이를 현재의 큰 지역인 발해도 아니고 이전의 이보다 작은 지역인 천진만을 발해라고 하지도 않았고, 보통 중국사서가 바다라고 기록한 것이 지금 개념의 바다가 아니고 큰 하천이나 호수, 수로를 바다라고 하였다. 특히 대부분 지금의 산동성과 하북성에서는 황하나 호타하를 비롯한 하천, 호수, 수로를 바다로 하였듯이 발해는 지금의 산동성과 하남성 사이에 지금도 남아 있는 남사호 즉 남양호, 독산호, 소양호, 미산호 등 4개 호수가 같이 있는 큰 호수보다 더 큰 호수가 고대 시절에 있었는데 이를 발해라고 하였다는 주장도 있다.

이러한 이론과 발해의 천진만 논리가 당시 중국사서의 상식적인 하북성 위치 기록이었고 이는 당시의 공통되고도 상식적인 지리 인식을 반영한 것이었다. 이러한 사실은 천진만 이북과 이동 지방 즉 지금의 북경부터 그 동쪽은 중국인들의 인식 대상이 아니었던 것이다. 이것은 역사적인 상식이다. 이를 모른다는 것은 도저히 역사를 공부하는 사람에게는 있을 수 없는 것이다.

그럼에도 불구하고 상식 밖의 주장을 하는 것은 자신의 잘못된 논리를 합리화하기 위한 것이라고밖에는 할 수 없다. 이런 방식으로 성립한 것이 주류 강단 사학계의 고조선 및 낙랑군의 한반도 위치 비정이다. 우리 주류 강단 사학계는 그동안 고조선을 논하면서 사마천의 『사기』 일부 구절과 반고의 『한서』 그리고 그 이후의 역사서 일부 구절만을 가지고 논한 반면, 고조선의 성립과 활동 시기 및 그 이후의 역사서를 총망라하여 연구한 사실이 없다.

이러한 일부 사서의 일부 구절만을 가지고 논함에 비판을 가하자 현재 이 글의 비판 대상인 논문에서는 의외로 고조선 초기 기록을 거론하고 있다. 하지만 비학문적 비합리적으로 해석하고 있다는 것이 드러나고 있다. 이와 같은 사례는 계속 나타나고 있다.

이 글이 진행되면 저절로 이해될 것이다. 따라서 중국 계통 국가는 즉 고조선의 서쪽에 있었던 나라들은 북경까지도 미치지 못하였고 북경 서남쪽인 보정시 서남쪽 그 이남 지방에 있었지 결코 그 이북 및 이동 지방 및 이곳으로부터 계속하여 만주 지방에 있지는 않았다. 지금의 하북성 진황도시 난하 인근까지 결코 있지 않았다. 이러한 단정은 중국사서의 기록에 의한 것이고 이후의 사서 기록에도 이를 입증하고 있다. 당연히 당시의 중국사서 기록도 그렇다.

하지만 발해 이후 요나라 이후에야 역사적 기록이 이곳까지 확대되었고 이 시기 이후 이전 시기의 역사서에 주석을 붙인 내용을 왜곡하여 동쪽의 위치로 기록함으로써 동쪽 지방이 역사 활동 지역으로 나타나고 있는 것이다. 결국 고조선 당시에 그들에게 있어서 바다 즉 지금의 발해 내지는 황해(서해)를 동해라고 한다면 당연히 그들은 북경 이남 지방에 있었던 것이 사실이고, 더군다나 그 바다와 떨어져 있었기에 그들과 인접한 고조선이 그 동해의 안쪽이며 북해의 모퉁이로 바다의 북쪽이고 산의 남쪽에 있었던 것이다. 그쪽은 바로 북경 인근 지방으로 해서 서쪽으로 계속된 영역인 것이다.

더군다나 중국사서 기록상 하북성 기록에서 바다[海]의 경우 대부분 지금의 하북성 호타하인 것에 의하면 이 바다는 바로 하북성 호타하로 이곳의 북쪽이자 이곳 하북성 북쪽에 있는 태행산맥의 남쪽에 고조선이 있는 것을 기록한 것이 확실하다. 이것이 어찌하여 동해 즉 황해의 바깥쪽 한반도 서북 지방이 될 수 있다는 것인지 학문적으로나 상식적으로도 도저히 이해할 수 없다. 이 구절 해석을 보통 사람들에게 해석해 보라고 하자. 결과는 너무나 자명하다. 이렇게 명백한 결과를 다르게 해석하여 성립한 것이 바로 주류 강단 사학계의 논리이다. 이것에 대하여 그 양이 많아질 수밖에 없어서 양이 많은 이 글 전체가 이에 대하여 반론을 제기하는 것이다. 이렇게 하여야만 객관적이라고 자처하는 사람들을 겨우 설득할 수 있을 것 같기 때문이다.

연나라가 어디에 있었다는 논란은 접어두더라도 당시 『산해경』이 거론하는 대상과 이 대상에서 거론한 조선은 중국과 만주에서 멀리 떨어진 알지도 못하는 한반도 나라가 아니라 자기 나라에 근접한 국가 즉 중국 본토 즉 지금의 황해요 당시 동해 안쪽인 서북쪽 모퉁이 쯤에 위치해 있던 것을 나타낸 것이다.

즉 일부 비주류 강단 사학계 및 재야 민족 사학계의 주장대로 연나라는 중국 본토 북경 서남쪽인 하북성 보정시 서북쪽 지역에 있었고, 조선은 이와 인접한 지역인 하북성 보정시 서남쪽에 있음을 표현한 것이다. 이것이 이 두 구절에 완전히 들어맞는다.

당시 한반도 서북부 평양 지방은 중국사서 『산해경』의 거론 대상이 못 된다.

② 더욱 가관인 것은 "바다의 북쪽, 산의 남쪽에 있었고"란 구절을 한반도 서북 지방 평양 지방 즉 한사군 낙랑군 위치에 억지로 맞추려다 보니 안 되겠는지 "현재의 요동과 서북한은 뒤로는 장백·낭림산맥을 등지고 앞으로는 바다에 면해 있다."라고 하였다. 아무런 근거나 이유 없이 중국의 북경 서남부 지방으로부터 넓은 만주 지방의 많고 많은 바다와 산을 제쳐두고 멀리 동쪽 끝에 있는 한반도 서북한으로 비정하고 있는 것이다. 이것이 그동안 주류 강단 사학계가 고조선, 낙랑, 대방 등 한사군과 나중의 임나일본부와 관련한 가야, 임나를 논하면서 관련된 지명을 비정하는 방식이다. 이에 대하여는 해당되는 곳에서 비판하여 논하도록 할 것이다.

그러나 이렇게 비정한 것과는 전혀 다르게 한반도 서북한은 (황해, 서해)바다는 완전 서쪽이고, 장백산맥은 서북으로 멀리 서쪽으로 엇비슷하게 있고, 낭림산맥 역시 동쪽으로 엇비슷하게 있다.

그래서 맞지 않으니 요동을 끼워 넣었다. 본 필자가 이 글에서 비판하는 이 논문은 요동을 연의 영역이라고 했다. 조선을 설명하는데 연의 영역인 요동을 같이 넣은 이유는 서북한이 설명에 맞지 않으니 조금이라도 설명에 맞는 요동을 끼워 넣은 것이다. 그러나 장백산맥 또한 우리나라 전체를 서북쪽으로 비스듬하게 두르고 있을 뿐 바다의 북쪽 즉 바다를 남으로 하고 있지는 않다.

"바다의 북쪽, 산의 남쪽"에 맞는 지역은 본 필자가 이 글에서 비판하는 이 논문이 맞추고 싶어 하는 평양 지방 즉 한반도 서북 지방이 아니라 뒤로는 즉 서쪽으로부터 해서 북쪽으로 전체를 두르고 있는 현재의 중국 하북성 태행산맥으로 하고, 앞으로는 중국사서상에 하북성 기록에서 바다[海]로 주로 기록되는 현재의 호타하 하천의 북쪽 지역으로 당시의 요동이고 나중의 개념으로 요서인 것이다.

결국은 본 필자가 비판하는 이 논문이 '한사군 낙랑군 한반도 평양설'을 고집하기 위하여 『관자』와 『산해경』을 억지로 이에 맞추어 해석하고, 엄연히 사실적으로 기록한 『전국책』과 『사기』「소진열전」의 기록을 근거 없이 자의적으로 해석한 것은 전부 잘못된 것으로 당연히 배척되어야 한다. 따라서 이렇게 끌어낸 논리인 '한사군 낙랑군 한반도 평양설'은 잘못되어도 한참 잘못된 억지 논리로 당장 폐기해야 한다. 식민사학 논리이자 주류 강단 사학계의 논리는 이렇게 만들어진 것이다.

역사적으로 고조선이 중국 연나라와 바로 옆에서 역사적 활동을 한 것은 모든 사료가 증명해 주는 역사적 사실이다. 하지만 이를 왜곡하여 연나라가 지금의 압록강까지 영역을 확대하고 그 옆에 고조선 영역이 한반도 서북 지방에 위치했다는 설정은 주류 강단 사학계가 소중하게 여기는 자기들 논리의 근본인 연개의 침입에 의한 고조선 이동이 있었던 이후의 일이지 이보다 앞선 연나라와 조선과의 초기 활동 기간을 기록한 이 구절들은 아닌 것이다.

즉 초기 연나라와 고조선의 위치는 본 필자가 이 글에서 비판하는 이 논문이 말하는 한반도 서북 지방은 결코 아니기 때문에 이 같은 자료를 그렇게 해석하면 안 된다. 당시를 기록한 사료는 연나라와 고조선의 위치를 호타하와 역수, 안문관, 갈석산, 요수, 연장성과 진장성이 있었던 하북성임을 증거하고 있다. 이것에 대한 반증이 있으면 얼마든지 제시해 보라고 주류 강단 사학계에 요구하는 바이다. (주류 강단 사학계에 대한 공개 질문3)

앞으로도 연나라와 조선의 위치 그리고 변동 관계에 대하여 논하겠지만 여기서 나타난 것만 보더라도 습수, 열수, 산수 세 강을 추적하고 연구하면 조선의 위치가 나올 것인데 그동안 이들에 대한 주류 강단 사학계의 연구는 거의 전무하다.

본 필자가 이 글에서 비판하는 이 논문 역시 이에 대하여는 언급이 없다. 이외에 연나라의 위치를 연구하면 바로 옆에 있던 고조선의 위치를 알 수 있는데 연구는 하지 않고 자의적으로 해석한 중국 측의 일방적인 연구 결과에 일방적으로 맡기고 있다. 게다가 당초의 위치에서 이동한 것으로 설정한 연나라의 고조선 침범에 따른 영역 확대를 기정사실화하는 한편 그 면적도 상상 밖으로 확대하여 자기들 논리에 맞추고 있다. 이 허구성에 대하여는 뒤에서 자세히 비판하도록 하겠다. 이렇듯 도저히 성립할 수 없는 논리를 학문적으로나 상식적으로도 맞지 않는 억지 논리에 의하여 허구의 우리나라 고대사를 설정해 놓았다.

중국과 일본 그리고 다른 나라의 역사학 연구에 지리학을 연계하는 것이 일반적이다. 그러나 우리나라는 해방 후 77년이 지난 현재까지 고조선, 부여, 고구려 등의 위치 관계가 매우 중요한 과제로 논란되어 왔는데도 지리학을 연계한 역사학 연구가 이루어지지 않고 있었던 것이 매우 유감이다. 특히 이 글에서 지금까지 살펴본 중국의 고대 역사학 자료만 보더라도 지리 관계가 많이 포함되어 있다. 그런데도 전문적인 지리학 연구가 수반되지 않은 관계로 올바른 역사 연구가 이루어지지 않은 채 관련 분야의 전문가라고 하는 사람들도 잘못된 해석을 거리낌 없이 하고 있는 실정이다. 앞으로 우리 역사학 연구에도 전문적인 지리학 체계가 도입되기를 기대해 본다.

하지만 전문적인 지리학이 없더라도 중국사서의 기록을 그대로 추적하여 연구하면 올바른 결과가 나온다는 것은 본 필자 같은 비전문가도 사학으로나 지리학으로도 위치를 규명할 수 있다는 것이 이를 입증하고 있다. 그런데 전문가이면서 수십 년간 역사를 그것도 고대사만 전공하여 연구한 교수님들이 중국사서에 기록되어 나타난 자료에 의하여 파악할 수 없다는 것은 있을 수 없는 일이다. 이는 하지 않으려 하거나 할 수 없다고 하는 것밖에는 달리 변명의 여지가 없다. 이것이 우리나라 주류 강단 사학계의 현주소이다.

4) 『사기(史記)』 사료 이용과 해석을 비판한다

　본 필자의 비판 대상인 이 논문은 근거 없는 자의적 해석에 의한 자신의 논리를 유지하기 위하여 드디어 『사기』 「조선열전」을 이용하였다. 그러면서 고조선사와 관련하여 가장 믿을만한 사료라고 하였다. 그러나 이 언급도 문제가 있다. 우리 주류 강단 사학계 학자들은 유달리 중국과 일본의 역사 기록 및 역사 관련 자료와 이에 대한 연구 결과를 높이 평가하고 의존한다. 반면에 우리 고유의 역사 기록 및 역사 관련 자료와 이에 대한 연구 결과 그리고 기존 해석에 대한 비판은 무시하거나 존중하지 않는다. 이 논문이 찬사한 사마천의 『사기』는 중국 역사상 그 이전에는 체계 없이 역사를 기록해 온 것과는 달리 당시 한나라 및 이전 역사에 체계를 세우면서 정리하여 중국 계열 나라 역사는 물론 동북아 역사학 체계를 세우면서 비교적 객관적으로 그리고 사실적으로 역사를 기록한 점은 높이 평가된다.

　하지만 이 사료는 춘추전국시대의 공자에 의하여 쓰였다는 『춘추』이래 그야말로 중국 역사학 체계를 세운 사료이다. 즉 중국 중심적 역사관에 의하여 쓰인 사료이다. 물론 진시황의 진나라가 중국을 통일한 사실이 이미 존재하지만 한나라 이전의 진나라는 중국 하화족이 아닌 소위 동이족 국가이며, 그 이전의 국가들은 춘추전국시대로 지방 국가 체계였으며, 그보다 이전의 소위 하-상(은)-주나라에 있어서 '하'나라는 전설상의 국가이며, '상(은)'나라는 동이족 국가이고, '주'나라만이 하화족으로 분류할 수 있다.

　그러나 그 영역은 주나라 수도인 낙양(하락)의 '천하지중'이라는 아주 작은 지역이 역사적 활동 무대였던 것이다. 물론 현재 중국에서는 이를 확대하고 우리나라를 비롯한 전 세계는 그대로 따르고 있다. 더군다나 그 당시 거의 모든 중국 계통 국가 및 지역에서의 민족 신화 및 건국 설화는 온통 동이족 신화와 설화만이 존재하고 있었다.

이러한 상황에서 사마천이 한무제 이후 넓어진 영역에 의한 동이족 역사의 하화족 편입 그리고 동이족 역사적 신화와 사실의 중국화 및 체계화를 기하고자 만든 것이 바로『사기』이다. 즉 당시 지배하고 있던 동이족 역사와 전설, 신화를 하화족 중심으로 바꾸어 체계화시킨 것이『사기』인 것이다.

> 사마천의『사기』는 동이족 역사를 중국계 하화족 역사로 변모시킨 역사서이다.

따라서 중국 계통 국가 및 하화족으로서는 상당히 만족스러운 것이지만 동이족 즉 우리 민족 계통에서는 상당히 왜곡된 것이며 객관적인 면에서도 상당히 문제가 있는 역사서이다. 이는 본 필자의 견해나 판단이 아니고 그렇다고 우리 입장의 견해나 판단이 아니라 중국 학계 스스로도 전통적으로 표면적으로는 인정하지 않지만 묵시적으로나 진실적인 학문적 입장에서는 인정하는 사항이다.

현재 주변 동북아 역사를 자기 역사로 편입시키는 '동북공정' 작업과 마찬가지로 중국은 하 · 은 · 주 그리고 춘추전국시대 이후 '한'나라시대를 거쳐 오면서 넓어진 영역에 따라 정복시킨 영역 및 주변 동북아의 과거 역사와 전통을 자기 역사화하여 동이족 특히 고조선의 역사를 자기들의 역사로 변질시켜 중국인의 역사 체계로 편입시킨 역사학 체계를 수립시켰던 것이다.

이후 이러한 역사 편입 및 자기 역사화 작업은 왜곡으로 강화된 한편 중국으로부터 도입된 유교 영향을 받은 우리 민족 계열의 고조선 계승 국가들은 이러한 영향을 상당히 받아 결과적으로 전체 동북아 역사가 변질되어 중국 위주화 역사가 된 결정적인 역할을 한 것이 『사기』이다.

이후 중국 역사서는 『사기』의 편찬에 추진력을 받아 중국 중심 역사의 왜곡에 박차를 가하는 계기가 된다. 이러한 평가를 내리게 하는 대표적인 사례가 되는 『사기』의 편찬 과정을 살펴보면 더욱 결정적이다.

중국은 우리의 단군 건국 신화와 마찬가지로 '삼황오제 신화'에 의하여 중국 하화족 중심의 역사를 꾸미려고 하였으나 당시 오래전의 역사는 전부 동이족 역사밖에 없었던 관계로 역사적 활동으로 널리 알려진 동이족 인물 치우는 차마 내세우지 못하게 되었다. 동이족 인물로 널리 알려졌기 때문이었다. 이에 치우와 싸운 것으로 알려져 내려온 다른 동이족 황제를 한족의 시조로 둔갑시키려 했으나 이의 동이족임을 감추기 위해 동이족인 것이 명백하게 알려진 황제의 아들 소호는 지워버린 채 잘 알려지지 않은 황제의 손자 전욱을 변칙적으로 황제의 후계자로 설정해 「오제본기」를 서술했다. 후계자인 아들을 제쳐두고 손자를 그 계통으로 세운 비상식적인 설정인 것이다.

사마천의 『사기』는 동이족 역사를 중국계 하화족 역사로 변모시키기 위하여 비상식적인 체계를 조작하였다.

이로써 동이족인 삼황(태호 복희씨, 염제 신농씨, 황제 헌원씨)은 모두 없애고 "오제본기[황제헌원, 전욱고양(황제 둘째 아들인 창의의 아들), 제곡고신(전욱의 조카), 제요방훈, 제순중화] - 하 - 은 - 주 - 춘추전국시대 - 진 - 한" 역사 인식 체제로 구성하여 『사기』를 완성하였다.

여기서 소외되고 지워진 정통 계승자 소호는 소호김천씨로 나중에 전국시대를 통일한 진나라의 시조이다. 따라서 중국을 재통일한 주체가 동이족이다. 그리고 소호김천씨는 여기서 출발한 예족인 신라와 가야의 시조가 되기도 하는 것이다. 따라서 중국 및 우리나라 역사서에 기록되어 있는 대로 신라와 가야 사람들이 자신들의 시조로 인식한 소호김천씨를 중국의 시조로 사대주의 발상이라고 하는 것은 역사 인식의 부족에서 오는 소치이다.

신라와 가야의 원천이 중국 대륙 진나라의 시작점에서 같이 출발하였으며 이러한 사실은 전체 역사서가 증거하고 있다. 단지 당시 중국 및 동북아시아의 역사가 시작부터 동이족에 의한 역사밖에 없던 것을 사마천의 『사기』부터 이를 중국 한민족으로 둔갑시켜 자기들 역사로 편입한 것을 후대의 중국 역사서가 따른 것으로 말미암아 후대 사람들 모두 이를 사실 그대로 받아들여 원래 동이족인 시조를 중국 한민족의 시조로 왜곡하여 잘못 인식하고 있을 뿐이다.

『사기』가 동이족이라서 제외시킨 소호김천씨는 이후 진나라 및 신라족의 기원이 된다.

이것이 중국 역사서의 실체이다. 그 체계적인 시작이 사마천의 『사기』이다. 이러한 사항은 몇 사람의 의견이 아니라 많은 유명 중국 사학자들이 인정한 사항이다. 그런데도 우리나라에서는 소위 『사기』 전문가라는 사람들이 이러한 점을 아는지 모르는지(알아도 문제고 몰라도 문제다. 알면 알면서도 속이는 것이고, 모르면 무지의 소치인데도 전문가라고 자처하고 있다.) 무시한 채 알리지도 않고 중국 측이 만든 역사 즉 우리 고대 역사를 가로채거나 굴곡시킨 역사서를 자랑스럽게 소개하고 있다.

신라와 가야의 시조 소호김천씨에 대하여는 다음에 상세히 설명할 것이다. 이와 같은 중국 중심의 역사 서술로 이후 역사서가 이를 따른 관계로 이와 같은 시조 관계 기사는 물론 이후의 역사적 활동에 있어서도 중국 이외의 민족 국가에 많은 편파적인 역사 서술이 이루어진 배경이 된다.

『사기』에 대한 이와 같은 비판은 무조건 비판하려거나 민족주의 정신으로 배척하려는 것이 아니라 정확한 역사적 판단을 기하기 위함이다. 왜냐하면 역사적 왜곡은 당시뿐만 아니라 후대에 많은 파급효과를 가져왔기 때문이다. 중국의 자기중심적 역사 편찬에 의하여 편찬된『사기』와 이후의 중국 역사서 서술, 이에 편승한 사대주의 정신에 의하여 편찬된 우리나라『삼국사기』및 이후의 역사서 그리고 왜곡과 편집주의적 역사관에 의하여 왜곡 편찬된『일본서기』등 동북아 3국의 역사서로 현재 동북아 3국의 역사는 왜곡으로 점철되어 있다.

이로 인하여 각국의 민족성도 영향을 받아 왜곡 굴절되어 있으므로 제대로 역사를 파악하여 지난 왜곡을 바로잡아 진정한 역사를 펼쳐 각국 및 동북아의 미래가 제대로 펼쳐져야 한다. 이러한 의미를 가지고『사기』의 진정한 편찬 경위가 어떠했는지, 비판적인 논거가 과연 타당하였는지 아니면 진정 이 사료가 중국 민족뿐만 아니라 상대방으로서 역사적 활동을 한 우리 한민족 계열 국가의 역사적 활동 및 관계를 제대로 기록한 진정한 역사서인지 평가해 보고 그렇지 않은 사실이 있으면 이제라도 정확히 평가하여 제대로 된 역사를 정립시켜야 할 것으로 생각한다. 그럼으로써 이 사료를 이용하는 지혜를 가져야 할 것이지 무비판적으로 신뢰해서는 안 될 것이다. 그럼에도 불구하고 본 필자가 이 글에서 비판하는 논문은 이 사료에 의하여 우리 고조선사 연구가 이루어져야 한다고 강조하고 있다.

그러면 계속하여 본 필자의 비판 대상인 이 논문이『사기』사료를 자기수장 즉 '한사군 낙랑군 한반도 평양설'에 어떻게 이용하는지 살펴보고 이에 대한 비판을 이어가도록 하겠다.

이 논문은【사료11】『사기』「조선열전」'고조선'의 기록을 인용하면서 고조선의 위치를 잘 알려주는 기록으로써 이로 말미암아 고조선의 위치를 알 수 있다고 명확히 단정하였다.

> "처음 연 전성시기에 일찍이 진번 조선을 공략하여 관리를 두고 장새(鄣塞)를 쌓았다. 진이 연을 멸망시키고 요동외요(遼東外徼)에 속하게 하였다. 한이 일어나 그곳이 멀고 지키기 어렵다고 하여 다시 요동고새(遼東故塞)를 수리하고 패수(浿水)에 이르러 경계를 삼고 연에 속하게 하였다. 연왕(燕王) 노관이 반란하여 흉노에게 들어가니 위만이 망명하여 1천여 명을 모아 북상투를 틀고 오랑캐 복장을 하고 동쪽으로 달아나 (요동)장새를 나와 패수를 건너 진고공지 상하장새에 거주하였다. 점점 진번 조선의 오랑캐 및 옛 조선오랑캐 및 옛 연 제 망명자들을 복속시키고 왕노릇하다가 왕검성에서 도읍하였다."

그 이유를,

> "(한사군이 설치된 위만 고조선의 도읍지인) 왕검성(王儉城)의 위치와 그 곁에 흐르는 열수(洌水)의 위치, 요하(遼東)의 위치, 고조선과 한의 경계를 이룬 패수(浿水)의 위치 등이 고조선의 영역 및 세력 범위와 관련하여 중요하다.
> 또 사기(史記) 조선열전(朝鮮列傳)의 뒷부분에 기록된 한과 고조선의 전쟁 기록을 보면 고조선의 위치와 관련하여 중요한 정보가 나온다.
>
> "병사 5만인으로 좌장군 순체는 요동(遼東)을 나와 우거(右渠)를 공격하였다. (중략) 좌장군의 군대는 패수상군(浿水上軍)을 격파하고 이내 앞으로 나아가 (왕검)성 아래에 이르렀고, (왕검)성의 서북쪽을 포위하였다."
> 사기 조선열전에 나오는 '요수(遼水)'는 현재의 '요하(遼河)'를 가리킨다. 요하는 '한(漢)' 이후 그 위치가 변동되거나 문헌 기록에도 다른 강 이름으로 표기되지 않았다. 그렇다면 요동고새 바깥에 설정된 한과 고조선의 경계인 '패수(浿水)'는 청천강 또는 압록강을 가리킨다고 볼 수 있다. 나아가 왕검성 옆에 흐르는 '열수(洌水)'는 대동강, 고조선의 후기 단계 수도인 '왕검성(王儉城)'은 고고 자료와 여러 문헌 자료를 보면 대동강 유역의 평양임이 분명하다."

라고 단정 지었다. 그러면서 그는 계속하여

> "고조선이 한과 전쟁을 벌이는 기록에서 좌장군이 요동지역을 나와 패수 위쪽에 배치된 고조선 군대를 물리치고 곧바로 왕검성으로 내려갔다는 점에서 패수와 왕검성 사이에는 강이나 산맥이 존재하지 않음을 알 수 있다. 따라서 사기 조선열전 기록에 나오는 패수는 청천강일 가능성이 매우 높다.
> 결국 사기 조선열전 기록에 따르면 당시 고조선은 요동 바깥의 한반도 서북지방에 위치했던 것으로 보는 것이 합리적이다."

라고 결론 내렸다. 이러한 단정적인 결론을 하나하나 살펴보고 비판해 보고자 한다.

우선 앞에서 인용한 【사료11】『사기』「조선열전」 '고조선'의 전문을 이 논문이 인용한 것과 비교하면서 살펴보자. 이와 관련하여 이 논문은,

> (한사군이 설치된 위만 고조선의 도읍지인) **왕검성**(王儉城)**의 위치와 그 곁에 흐르는 열수**(洌水)**의 위치, 요하**(遼東)**의 위치, 고조선과 한의 경계를 이룬 패수**(浿水)**의 위치 등이 고조선의 영역 및 세력 범위와 관련하여 중요하다.**

라고 하여 열수와 요하 그리고 패수를 거론하였다. 분명 앞에서 본 필자가 설명하였듯이, 【사료6】『산해경』「제12 해내북경」상의 '열양'에 대한 곽박의 주석상에 '열수'가 있으며, 【사료11】『사기』「조선열전」 '고조선'에서는 고조선과 관련하여 "집해에서 장안이 말하기를 조선에는 습수와 열수와 산수가 있다"고 하여 습수, 열수, 산수를 거론하였는데, 느닷없이 기존 사료와 다른 열수, 요하, 패수를 거론하였다. 그러면서도 이에 대한 중국 사료가 많음에도 이에 대한 일체의 설명 없이 자기 나름대로 선정한 채 이에 대한 해석을 임의로 단정해

버렸다. 더군다나 요하는 【사료11】『사기』「조선열전」'고조선'에 나오지도 않는다. 그런데 그는 아무런 설명 없이 요동을 요하로 바꾸었다. 여기에는 여러 가지 이유가 있을 것이다. 그 이유의

첫 번째는, 당초 고조선이 있었다는 위치에 있는 습수, 열수, 산수에 대하여 사료적 근거를 들어 설명을 하지 않으려는 것이다. 본인을 비롯한 아마추어 역사가 그리고 그들이 말하는 사이비 역사가나 유사 역사학자들도 찾아 거론하는 사료를 모를 리 없다. 더군다나 그동안 많은 재야 민족 사학자들이 거론하였다는 것을 모를 리 없다. 그렇다면 당연히 비판하여 반론을 제기하고 난 후 나름의 주장을 하여야 한다. 그런데도 그렇게 하지 않는다. 진정한 학문은 모든 사료를 놓고 이를 분석하고 비판한 다음 결론을 내려야 한다.

이는 앞에서도 언급한 바와 같이 일제 식민주의 학자들이 우리 고대사를 다루는 데 사용하던 방법이다. 본 필자가 강조하는 바이지만 이것이 현재까지 일본 학자들이 동북아 역사를 연구하는 전통적인 연구 방법이다. 소위 왜곡된 실증주의 역사학 방법인 것이다. 즉 전체적인 사료나 모든 역사 관련 자료에 의한 결론은 당연한 것으로 귀착되므로 이를 회피하는 반면, 사료나 자료 중에서 비판 대상으로 적당한 것을 취사선택한 다음 논란이 될 수 있거나 다르게 해석할 수 있는 일부 사료나 자료에 대하여 비판을 가한 다음, 잘못된 것으로 몰아간 후 이것이 잘못되면 전체가 잘못된 것으로 결론을 내리는 방식이다. 대표적인 일례가 나중에 설명하겠지만 고대에 있어서 한반도 국가의 일본열도 진출 역사이다.

이 같은 역사적 진실은 전체적인 사료나 자료에 의하면 당연한 결론에 도달할 수 있기 때문에 일부 사료나 자료를 부정하여 전체의 당연한 사실을 부정하는 결론을 내리는 것이 일본 사학계의 현실이다.

그리하여 내린 결론은 역사적으로 일본열도는 중국으로부터 직접 영향을 받거나 중국으로부터 전해 온 것이 한반도를 거쳐 일본에 영향을 미친 것이지 결코 단독적인 한반도 영향은 직접 받지 않았다는 것이다. 설사 한반도가 일정한 문화를 중국으로부터 받았다 하더라도 일정 기간 자기 것으로 하면 한반도 문화라는 사실은 완전 무시한 채 모든 것이 중국 문화임을 애써 강조하여 한반도에서의 문화 유입을 어떡해서든지 부정하려는 것이 현재 일본이 정립하고 있는 자기네 역사이자 동북아 역사이다.

하지만 이러한 일본 사학계의 행태나 방식을 비난할 면목이 없다. 우리 주류 강단 사학계도 이러한 방식을 사용하고 있기 때문이다. 앞에서도 거론하였지만 외국의 객관적인 학자들의 연구 결과에 의하면 절대적인 한반도의 직접적인 영향하에 일본이 형성되었다는 주장과 달리 우리 역사계는 전혀 다른 결론을 내리고 있다. 상호작용에 의하여 일본의 영향도 있었다고 한다. 그러면서 소위 허구의 '임나일본부설'을 총체적으로는 부정하면서도 각론적으로는 적극 동조하고 있다. 즉 임나 지명을 한반도 남부에 설정해 놓고 있다. 임나 지명이 분명 일본열도 규슈 지방에 있음에도 불구하고 이러한 비정은 '임나일본부설'을 결과적으로 긍정하고 있는 것이다.

임나 지명의 한반도 비정은 단순한 비정에서 끝나는 것이 아니라 이 지명이 위치한 곳을 소위 우리 삼국시대에 일본 세력, 즉 전설 속의 인물인 신공황후가 실존 인물이 되어 일찍이 점령한 지역이 되는 심각한 역사 사실을 인정하는 결과를 낳는 것이다. 이에 대하여는 순서에 의하여 자세히 비판하도록 할 것이다.

두 번째는, 애써 『사기』 「조선열전」에 나오는 요동을 요하로 둔갑시켜 고조선의 위치를 설정하려는 의도는 지금의 요하가 명백하기 때문에 이를 예전의 요하로 몰고 가고 요하 이동에 있는 곳을 요동 그리고 요동 동쪽에 있는 한반도 서북부를 그동안 주류 강단 사학계의 핵심 논리인 한사군 낙랑군 위치로 몰아가고자 하는 것이다. 그래서 요하를 고금 이래로 변동이 없는 것으로 무조건 설정해 놓았다. 이것은 비학문적이고 비상식적인 설정이다.

그러면 본 필자의 비판 대상인 이 논문이 외면한 세 하천에 대하여는 이미 설명하였던 바, 이 논문이 제시한 세 하천 즉 열수, 요하, 패수 중에서 열수에 대하여는 이미 설명하였고 나머지 요하와 패수에 대하여 논해 보기로 한다. 우선 요하에 대하여 살펴보기로 한다. 패수를 나중에 살펴보고자 하는 이유는 시기상 요하와 연·진장성 후에 거론되기 때문이다.

■ [그림2] 요동, 요수 세 가지 개념

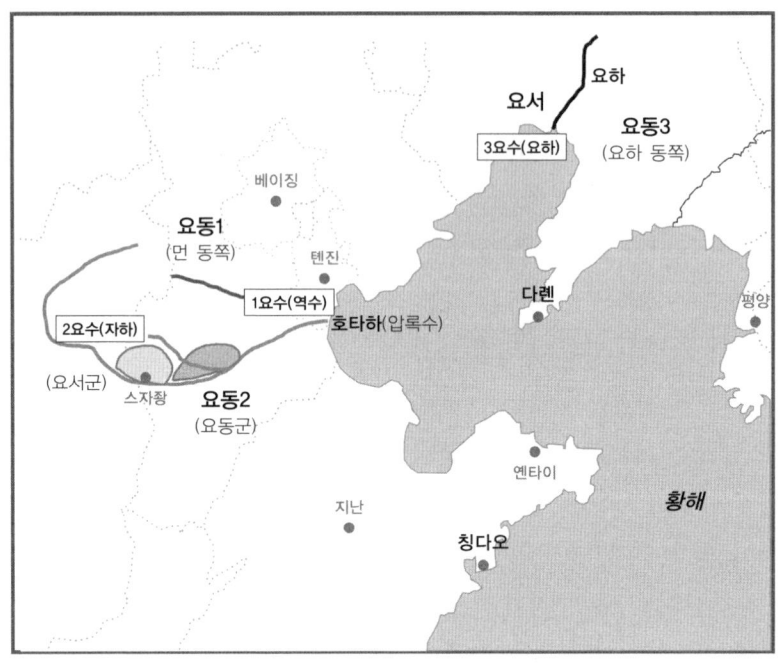

[요수(하)에 대하여]

앞서 설명한 '열수'에 이어서 요하는 고조선과 한사군의 위치가 요동에 있었다고 하였기 때문에 우리 고대사에 있어서 중요하다. 즉 요동은 요하의 동쪽을 의미하기 때문이라는 것이다. 하지만 요하의 동쪽이라는 의미의 요동은 요하가 지금의 위치 즉 지금의 요하를 나타낸 이후의 의미인 것이다. 이전의 요동 즉 사료에 나타나고 여러 가지를 파악한 바에 의하여 구분한 요동은 세 가지 개념이 시간에 따라 그 위치 등을 달리한 채 변하여 왔다. 이는 조금만 역사를 살펴보아도 알 수 있는 사항으로 이를 무시한다는 것은 자기 논리에 맞추고자 역사 진실을 외면하는 행위이다.

[요동 개념 변화에 대하여]

이미 요동의 개념 변화에 대하여 설명하였지만 첫 번째 요동은 중국 계통 국가 즉 춘추전국시대 이후 이미 거론한 바 있는『관자』,『전국책』,『산해경』과 같이 고조선이 중국사서에 나타난 이후부터 일정 기간 동안 즉 나중에 거론하겠지만 연나라가 고조선을 침범한 후 설치한 연5군 설치 이전까지는 고조선을 포함하여 연나라 동쪽 지방을 통칭하여 나타낸 것이다. 즉 중국 계열 고대 국가가 인식하고 그 인식을 나타낸 사서에 기록된 요동은 중국 계열 국가의 동쪽 지방을 나타낸 것이다. 즉 '먼 동쪽 땅'이라는 의미이다. 여기에 중국 계열 국가 동쪽에 중국 계열 국가가 아닌 고조선이 바로 이어서 있었던 것뿐이다. 즉 그들이 생각하는 동쪽 지방 요동에 고조선이 있었던 것이다.

두 번째, 요동은 나중에 설명하겠지만 중국 계열 국가인 전국시대 연나라시대의 연5군 설치 이후에는 요동 지방이 연5군 중의 하나로 설치된 요동군 위치로 옮기었다. 하지만 연5군을 비롯한 요동군은 나중에 설명을 하겠지만 연나라가 설치한 것이 아니다. 통설적으로는 연나라 전성기인 소왕 시기 연개 장수에 의하여 고조선을 침략하여 일정한 영토를 확보한 후 여기에 연5군을 설치하고 연장성을 쌓은 것으로 되어 있다. 하지만 분명히 중국사서에는 연5군을 다음의 나라인 진나라가 설치한 것으로 기록하고 있다.

> 【사료10】『후한서(後漢書)』「군국지」 1. 유주(幽州)
>
> ⑧ 요동군(遼東郡)
> 요동군(遼東郡), 진(秦)에서 설치하였다. 낙양(維陽)에서 동북쪽으로 3600리 떨어져 있다. [1]성은 11개이고 가구 수는 6,4158이며 인구수는 8,1714명이다.

　다른 연5군 즉 상곡군, 어양군, 우북평군, 요서군도 마찬가지이다. 이러한 기록은 이보다 앞선 시기의 기록이면서 연나라 및 진나라에 이은 한나라의 역사 및 지리를 기록한 『한서』「지리지」에서도 마찬가지이다. 이에 대하여는 다음에 자세히 살펴보도록 하겠다. 여기서의 요동군은 주류 강단 사학계가 비정하는 지금의 요하 이동 지방이 아니라 하북성 북경 서남쪽 보정시 서남쪽에 위치하는 석가장시 북쪽인 행당현으로부터 지금도 그 지명이 남아 있는 하북성 형수시 안평현 인근에 위치해 있다. 이곳에 요수와 관련된 양평현, 망평현, 요양현, 안시현이 있고, 패수와 관련된 험독현, 번한현이 있다. 이곳의 서남쪽이 소위 두 번째 개념의 요서(군)가 되고 이곳으로부터 동쪽이 두 번째 개념의 요동(군)이 되는 것이다.
　그리고 세 번째, 요동 즉 많은 사서의 마지막 요동은 '요'나라 성립

이후 요하를 지금의 요하로 지칭하게 된 이후에는 본 필자의 비판 대상인 이 논문이 설정하는 요동 지방이 요하의 동쪽 지방 즉 지금의 요령성 요하 동쪽 지방을 지칭하게 된 것이다.

　이러한 사항이 중국 사료상에 엄연히 나타나는데도 이들을 모두 현재의 요하 이동으로 지칭하는 것은 잘못이다. 요동의 위치도 변했고, 요하의 위치도 변했고, 이에 따라 여기에 있었던 고조선의 위치도 저절로 변했던 것이다. 중국사서에 변한 것으로 기록되어 있다. 그리고 변화되어 기록된 고조선의 위치를 그대로 해석한 것이다. 여기에 문제가 생긴 것이다. 그런데도 이를 변한 위치로 해석하는 것은 학문이라고 할 수 없는 역사 조작 행위이다.

　당초 한사군이 설치되기 전이나 설치된 이후 요동은 많은 기간 동안 지금의 요하 동쪽인 요동이 아니라 소위 '고대 요동'으로 중국 본토 북경 지방과 현재의 요하 서쪽 지방이었다. 즉 나중에 요하 이동 지방의 요동이 성립되었을 시기 이후부터 요서 지방이라고 불렸던 곳에 해당되는 지역이었던 것이다.

　중국 사료가 그것을 명백히 말해 준다. 그런데 주류 강단 사학계는 이것에 눈감고 있거나 자기에게 유리한 사료나 구절만 이용하여 모든 요동 지방을 지금의 요하 동쪽 지방으로 비정하고 있다. 학자라면 당연히 전체 사료를 가지고 분석하여 결론을 내려야 하는데 우리 주류 강단 사학계는 절대 그렇게 하지 않는다. 자기 논리에 맞는 일부 사료만 선택하고 또한 그것도 객관적이 아닌 자의적으로 해석하고 있다. 그래서 우리 역사가 왜곡된 것이다. 여기에 많은 영향을 미친 것이 첫 번째로 중국사서이다. 당나라 이후 소위 '춘추필법'이 극에 달한 시기 이후에 이전의 사서에 주석을 달거나 새로운 사서를 편찬하여 기록하면서 원래의 지명을 나중의 위치에 명명하여 원위치를 아예 옮겼다. 하지만 이러한 변경 사항은 중국사서의 기록을 조금만

들여다보고 연구하면 자연스럽게 확인할 수 있다.

  모든 중국사서가 뒤에 명명한 위치를 나타내지 않고 원래의 위치를 많이 나타내고 있기 때문이다. 또한 이러한 현상에 영향을 미친 것이 당시의 통상적인 사항이었다. 즉 원래의 위치에서 명명된 집단이나 세력 내지는 군현이나 하천이나 위치 지명이 그 위치를 옮겨 달리하면서도 원래의 명칭을 그대로 사용하거나 중국사서의 습성 아닌 관례대로 원래의 명칭을 갖다 붙여 기록하였기 때문이다. 하지만 이러한 현상 역시 충분히 파악할 수 있는데도 그렇게 하면 역사학 카르텔에 의하여 문제가 되기 때문에 하지 않으므로 파악할 수 없는 것이다.

  이와 같이 요동의 개념과 위치도 시간의 흐름에 따라 시대적으로 변했고, 요동과 관련 있는 요하 즉 요수의 개념도 변했다. 요동과 요수는 서로 관련성이 있다. 중국사서의 기록상에 요동과 요수의 개념과 위치에 직접적으로 영향을 미친 것이 이 글이 살펴볼 진장성과 갈석산이다. 이것을 살펴보는 이유가 있다.

  그것은 본 필자의 비판 대상인 이 논문이 애써서 자기 나름대로 해석하는 목적이 있는 바와 같이 요동의 개념과 위치를 정하는 것이 한국 고대사의 열쇠인 고조선과 한사군 낙랑군의 위치를 결정하는 것이기 때문이다. 다음의 중국 사료가 그것을 말해 주고 있다.

【사료17】『사기』 권2 「하본기」 제2

우는 기주(冀州)에서 치수사업을 시작했다. 기주에서 먼저 호구(壺口)를 잘 다스리고 다시 양(梁)과 기(岐) 지역을 잘 다스렸다. 다시 태원(太原) 시작하여 악양까지 이르렀다. 또 담회(覃懷)에서 공적을 이루고 형장(衡漳)에 이르렀다. 이곳 기주의 토질은 희고 부드러워서 세금 등급은 1등급이었으나 흉년에는 2등급도 되었으며 전답은 5등급이었다. 상수(常水)와 위수(衛水)

> 가 물길대로 흐르고 대륙택(大陸澤)도 잘 다스려졌다. 조이(烏夷)들은 가죽 옷 입었으며, 오른쪽으로 있는 갈석(碣石)을 끼고[1] 바다로 들어간다.[2]
>
> [1] 집해 공안국이 이르기를 : 갈석이 바닷가의 산이라 했다.
>
> [2] 집해 서광이 이르기를 : 바다를 강이라고 하기도 한다. 색은 : 『지리지』는 말하기를 '갈석산은 북평군 여성현 서남쪽에 있다.'고 하였다. 『태강지리지』는 말하기를 '낙랑군 수성현에 갈석산이 있다. 장성이 일어났다.'고 하였다. 또 『수경』은 말하기를 '요서 임유현 남쪽 물속에 있다.'고 하였다. 아마도 갈석산은 두 개인 듯하다. 여기에서는 '갈석을 오른쪽으로 끼고 '하'로 들어간다.'는 구절의 갈석은 당연히 북평군의 갈석이다.

이 사료에는 여러 가지 중요한 사항이 있지만 여기서 언급할 사항은 [2] 집해 주석 사항에 『태강지리지』는 말하기를 "'낙랑군 수성현에 갈석산이 있다. 장성이 일어났다.'고 하였다."라는 구절이다.

즉 낙랑군 위치에 갈석산이 있고 소위 만리장성이라는 진나라 장성이 있다는 것이다. 그래서 재야 민족 사학계는 주류 강단 사학계가 주장하는 '한사군 낙랑군 한반도 평양설'을 비판하며 그 평양에 갈석산과 만리장성이 없으므로 갈석산과 만리장성이 있는 곳에 낙랑군이 있으므로 갈석산과 만리장성이 어디에 있는지 찾아서 그곳에 낙랑군이 있음을 입증하여야 한다고 하는 것이다. 그래서 갈석산과 만리장성의 위치가 중요한 것이다. 그런데 중국사서상에 갈석산과 만리장성과 같이 나타나는 것이 요수이다.

그래서 세 가지를 같이 찾거나 하나하나를 개별적으로 찾더라도 그 위치를 알 수 있는 것이다. 결정적으로 이 구절로 말미암아 현재 중국은 '동북공정'상 역사를 조작한 채 만리장성을 한반도 깊숙이까지 그려 넣어 자국민에게 가르치고 있다. 한편 이러한 동북공정에 대비하기 위해 국가가 설립한 동북아역사재단은 한국의 주류 강단 사학계가 장악한 채 자기 논리를 고수하기 위하여 국비로 만든 '동북아 역사지도집'에 중국 동북공정 논리를 그대로 수용하는 지도를 완성한 사실이 있다. 우리나라 주류 강단 사학계의 역사에 대한 개념을 보여 주는 가장 좋은 일례이다.

왜냐하면 일제 식민지 시절에 일본인 역사학자와 함께 '낙랑군 평양설'을 주요 논리로 하는 식민사학을 완성하고자 일제가 설립한 '조선사편수회'에서 촉탁직으로 조선사 편수작업을 같이하다가 해방 후 서울대에서 역사학을 가르치고 문교부 장관까지 지낸 이병도 등이 한반도 황해도에 진나라 장성이 설치되었다고 조선사를 정하여 놓았다. 그리고 현재 우리 주류 강단 사학계가 이것을 그대로 추종하고 있기 때문에 중국은 자신 있게 동북공정에 의하여 지도를 그렸고, 우리 주류 강단 사학계가 대거 포진한 동북아역사 재단에서도 같은 지도를 그렸기 때문에 중국의 처사를 비난하거나 비판할 처지가 못 된다.

이러한 중국과 우리나라 주류 강단 사학계의 논리를 배척하기 위한 제일 좋은 작업과 배척 논리가 갈석산과 진장성 그리고 여기에 관련된 요수(하)와 패수, 요동에 대한 개념이다. 중국사서상 이들은 서로 연관되어 있다. 그러면 이들을 하나하나 밝혀내어 중국의 동북공정과 우리나라 주류 강단 사학계의 식민사관을 타파해야 할 것이다. 이러한 작업의 일환으로 본 필자의 비판 대상인 소위 젊은 역사학자들을 포함한 주류 강단 사학계의 논리를 비판하고자 본 필자가 이러한 것을 밝히는 글을 쓰는 것이다. 이렇게 갈석산과 진장성의 위치를 규명하면 낙랑군의 위치를 밝힐 수 있으면 그것을 찾거나 아니면 갈석산과 진장성이 한반도 평양에 있음을 입증하여야 한다.

그런데도 주류 강단 사학계는 자기들 논리에 불리한 사료이므로 이 사료들에 대하여 【사료17】『사기』 권2 「하본기」 제2의 주석에 인용한

『태강지리지』의 경우 없어진 불분명한 자료를 근거로 후대의 주석에 의한 것이라고 평가 절하한 채 연구와 해석을 하지 않고 있다.

앞으로 살펴보겠지만 낙랑군의 위치와 관련된 것을 확인하면 낙랑군의 위치를 규명할 요소가 이미 언급하였던 갈석산, 진장성, 요수, 패수, 요동 등 수없이 많고 이를 기록한 중국사서도 무수히 많다. 더군다나 낙랑군에 갈석산과 장성이 있다는 똑같은 기록이 있는 사서는 무수히 많다. 그러므로 선제적으로 우선『태강지리지』의 신빙성을 문제 삼아 그 기록을 무시하고 싶은 것이다. 그렇다고 무시되는 것이 아니다.

물론 주류 강단 사학계가 이러한 태도를 취하는 이유가 주류 강단 사학계를 비판하는 재야 민족 사학계에서 유독 이 사서의 기록만을 제시하고 있음에도 그 원인이 있다. 연구와 제시가 부족한 탓도 있다. 그러나 이것만 있는 것도 아니고 일부에 그치는 것도 아니다. 많은 사서의 기록이 이에 대한 진실을 말하고 있다. 앞으로 살펴볼 수많은 사서에서『태강지리지』의 기록과 같은 기록이 많고 같은 의미를 나타내는 기록이 수없이 많다. 여기서 하나만 살펴본다면 이미 인용하여 확인한 사료상에

【사료16】『진서』「지리지」 '평주', '유주'

③ 낙랑군

낙랑군(樂浪郡), 한(漢)에서 설치하였다. 6개의 현을 다스린다. 가구 수는 3700이다.
1) 조선현(朝鮮縣): 주(周)가 기자(箕子)를 봉한 땅이다.
2) 둔유현(屯有縣)
3) 혼미현(渾彌縣)
4) 수성현(遂城縣): 진(秦)이 쌓은 장성이 일어난 곳이다.

낙랑군 수성현에 진장성이 일어난 곳, 즉 진장성이 시작되거나 끝난 곳으로 기록되어 있다. 이것은 본문이 아닌 주석이고 없어져 버린 사서 기록을 인용한 것이라고 폄하하여 무시한 사항인 낙랑군 수성현에 갈석산이 있고 진장성이 있다는 『태강지리지』상의 기록이 다른 정사 기록에도 분명히 있다. 이 수성현은 현재도 하북성 보정시 서수구에 이름이 그대로 남아 있다. 이곳 서쪽에는 바로 갈석산 즉 좌갈석으로 비정되는 백석산이 하북성 보정시 래원현에 있다. 따라서 『태강지리지』의 기록은 다른 사서 기록에 의해서도 진장성 위치가 확인되고 실제 갈석산도 확인된다. 다른 여러 사서 기록에도 갈석산과 진장성이 낙랑군의 위치이고 이 낙랑군은 고조선의 위치를 알려주는 지표로 입증되는 것이다. 이에 대하여는 계속 입증하여 설명할 것이다. 따라서 하나의 사서만을 배척한다고 되는 것이 아니다. 마찬가지로 주류 강단 사학계를 비판하는 측에서도 철저히 확인하여 이를 입증하는 여러 사서를 도저히 부인하지 못하도록 제시하여 입증하여야 한다.

하지만 이 글이 비판하는 바와 같이 이 같은 사료를 비상식적으로 해석하거나 사료에서 유리한 것만 선택하고 불리한 것은 아예 연구하거나 거론하지 않거나 무시하거나 폄훼하는 편집적인 방식으로 논리를 전개하고 있다. 본 필자의 글에서 그것을 확인할 수 있을 것이다. 이 글을 쓰는 목적이 또한 그것이다. 요수와 요동은 각각 시대의 흐름에 따라 중국사서 기록상 세 가지 다른 개념으로 기록되어 있으며 이는 고조선과 중국계 국가 간의 경계선으로 알려진 패수와도 관계가 있다. 고조선의 영역과 관련이 있고 같은 영역 내에 존재하였기 때문이다. 또한 요수는 중국사서상에 진장성과 갈석산과 관련이 있다. 그래서 결국은 고조선의 위치와 낙랑군의 위치를 말해 주는 지표가 된다. 또한 이 요수는 패수와 더불어 고구려의 건국 위치와 그 영역도 말해 주는 중요한 지표가 된다.

> 요수는 ① 연나라와 고조선의 경계 지방인 하북성 역수
> ② 낙랑군, 패수, 고구려 지방인 하북성 자하 ③ 요령성 요하

요수는 앞에서 살펴본 요동의 개념과 연계하여 비슷하게 중국사서 상에 그 개념이 변경되어 왔다.

첫 번째 개념은, 연나라의 위치 즉 고조선과의 경계 및 고조선의 위치와 관련되는 것이고,

두 번째는, 연나라의 진개 침범 이후에 생긴 연장성, 진장성 그리고 갈석산과 관련된 것으로 이는 또다시 고조선, 낙랑군, 패수, 고구려와 관계가 있다.

그리고 세 번째는, 나중에 요나라 이후 그 위치가 지금의 요하로 변경되어 이후 역사서나 원래 사서에 붙인 주석에 원래 역사를 이곳으로 비정함에 따라 역사가 굴절되고 왜곡되기 시작하는 것이다.

> 중국사서상 첫 번째로 기록된 요수는 역수로
> 지금의 보정시 역현 지방에 위치한다. 이 지역 인근에
> 연나라가 있었고 갈석산이 있었고 진장성이 있었다.
> 이곳에 당초 고조선이 있었고 낙랑군이 있었다.

중국사서상 첫 번째로 나타난 요수는 역수이다. 이 역수는 사서의 기록대로 연나라 남쪽에 있어 연나라 태자 단(丹)이 형가(荊軻)로 하여금 진왕(秦王 : 진시황)을 암살할 것을 명하고 역수에서 형가를 송별할 때 노래를 불렀다고 전해져 온다. 또한 남북조시대 북조의 대표적 학자인 유신이 이 사건에 대하여 지은 시에 역수를 요수로 하고 있다. 당

시 북경 하북성 역현에 흐르던 강인 역수를 요수라 칭한 것이다.

역수는 〈네이버 한자사전〉에 "중국(中國) 하북성(河北省)에 있는 강 이름"으로 되어 있다. 〈백도백과(百度百科)〉에 역수는 지금의 역수하(易水河)를 지칭하는 강이며 중국 하북성 보정시(保定市) 역현(易县, 이셴 : yizhouzhen (이주진))에 위치해 있다.『요사』〈지리지〉남경도, 역주 고양군에 의하면 '역현'은 "원래 한국(漢)의 현이었고 옛 성은 지금 현은 동남쪽 60리에 있다."고 되어 있다. 그리고 같은 기록상의 역주 고양군에 '역현'과 같이 래수현과 용성현이 있는데, 이 래수현과 용성현은 보정시 북쪽 역현 옆과 그 남쪽에 아직도 각각 존재하고 있다. 여기에 역수가 흐르고 있다. 이 역수(Ylshuihe River)는 예전의 고조선과 연나라의 경계인 이전의 갈석산으로 현재 백석산에서 발원한다. 현재 백석산에서 발원한 역수호(Angezhuang Reservoir, 安格庄水库(안격장수고))에서 역수하가 흘러 다른 하천과 합류하여 북역수(Beiyishui River, 北易水)가 되어 역현 중앙을 가로질러 흘러간다. 같은 역수호에서 발원한 중역수(Zhongyishui River, 中易水)가 남쪽으로 흐르고 있다.

이곳 남쪽에 낙랑군의 수성현으로 비정되는 곳으로 지금도 중국 허베이성 바오딩시 쉬수이구(수성진, Suichengzhen, 遂城镇)이란 명칭으로 남아 있다. 북역수와 중역수는 역현 동남부에서 합쳐져 정흥현(定兴县) 서남쪽에서 합쳐진 후 탁수인 남거마하(South juma River, 南拒马河)와 합쳐져 남거마하가 되어 흐르다가 백도진 서남쪽이자 용성현 동북쪽에서 란도하(兰沟河, Langou River) 및 탁수인 북거마하의 백도하(Baigou River, 白沟河)와 만나 대청하(Daqing River, 大清河)와 백거인하(Baigouyin River, 白沟引河)로 나뉜 후 소차정(Shaochedian, 烧车淀), 백양정(Baiyangdian, 白洋淀)으로 흘러 들어간다. 대청하(Daqing River, 大清河)는 나중에 호타하의 자아하(Tzu-ya river, 子牙河)와 만나서 천진만 서부에서 독류감하(Duliujian River, 独流减河)가 된다. 결국 역수와 호타하(열수)는 만나게 된다.

한편 보정시 역현 서남부 용문수고(Longmen Reservoir, 龙门水库) 북부에서는 남역수인 폭하(Puhe River, 瀑河)가 발원하여 흘러서 서수구(徐水区) 남부에서 남폭하(Nanbao River, 南瀑河)가 되어 조작정(Zaozuo dian, 藻苲淀)으로 흘러 들어간다. 이 역수인 요수가 연나라의 위치를 말해 준다. 앞에서 사료인 【사료8】『사기』「권69 소진열전 제9」상에 나타나는 역수가 바로 중국사서 기록상의 첫 번째 요수로 연나라의 위치를 말해 준다.

연나라는 주류 강단 사학계가 이야기하는 지금의 요령성 요하 지방이 아니라 북경 서남쪽에 위치한 것을 말해 준다. 이 역수를 남쪽으로 한 채 사서상에 연나라의 위치로 기록된 바와 같이 남쪽에 갈석과 안문 그리고 녹타 즉 호타하와 이 역수를 일직선상의 남쪽 경계로 하여 그 북쪽에 위치한 것이다. 이것은 고조선의 위치를 알려주는 것이기도 하다.

참고로 여기에서의 호타하는 우리 고대사에 있어서 중요한 하천으로 여기에도 등장한다. 호타하는 나중에 고구려의 수나라 및 당나라와의 전쟁에서 압록수로 기록되는 강이며 이 근방에 우리 고대사와 관련된 많은 사항이 있다. 호타하는 앞에서 확인한 바와 같이 중국사서의 기록상 고조선의 위치인 삼수 중의 하나인 열수로 기록된 바도 있다. 또한 호타하는 중국사서상 바다 해(海)로도 표기되는 강이기도 하며 중국사서 기록상 한수(汗水)로도 기록되는 강이기도 하다.

중국사서 기록상 다양하게 기록되고 있다. 그러므로 중국사서의 기록을 살필 때 어떤 명칭이 어느 한 곳만을 지칭한다는 고정 관념을 탈피하여야 한다. 중국사서의 기록상 반드시 유념해야 할 사항이다. 그러므로 요수가 변함없이 현재의 요하를 지칭한다는 본 필자의 비판 대상인 이 논문의 주장은 분명히 잘못된 것이다.

> 중국사서상 많은 기록의 지명 등 명칭은 일률적인 것이 아니라 시대에 따라 사서에 따라 그 위치를 달리함을 전제로 해독하여야 함이 원칙이다.

고조선과 관련된 패수와 위만조선의 왕검성 그리고 낙랑군이 이 지역에 있었던 것이다. 그리고 여기에 그치지 않고 나중에 고구려가 이곳을 점령하여 수도 즉 평양으로 삼는 한편 수나라와 당나라가 고구려를 침공한 평양이 여기에 있었던 것이다.

현재 주류 강단 사학계에서는 고려 및 조선의 대부분의 유학자들 그리고 일제 식민 사학자들과 마찬가지로 이때의 평양과 나중에 신라-당나라 연합군에게 공격을 받아 멸망당할 때의 평양을 모두 낙랑군을 비정하는 것과 같이 한반도 평양으로 비정하고 있다. 또한 고려 및 조선 일부 유학자와 신채호 선생 같은 일제 강점시대 민족 사학자들은 현재의 요하 지방을 이때의 평양으로 비정한다.

그리고 현재 일부 재야 민족 사학자들은 하북성 진황도시 노룡현 지방을 낙랑군과 이때의 평양으로 비정한다.

하지만 고조선의 평양인 위만조선 왕검성, 낙랑군, 수당전쟁 시 평양, 나당연합군 전쟁 시의 평양은 모두 이곳 현재 북경시 서남쪽인 하북성 보정시 서부 및 동부 그리고 남부 지방인 것이 명백하다. 중국사서상에 연나라의 위치와 그 위치를 알려주는 하천과 지명이 그것을 말해 주고 있다. 그리고 연5군들과 진장성 그리고 낙랑군, 현토군을 알려주는 지명이 그것을 말해 주고 있다.

이것은 본 필자가 주장하는 것이 아니라 중국사서가 말해 주고 있으며 이것을 제대로 해석한 결과에 의한 것이다. 위치 이동한 이후를 기록한 중국사서에 의하여 잘못 해석하면 잘못된 결과가 나온다. 앞으로 제대로 밝혀내는 것이 이 글의 목적이기도 하다.

역수가 바로 첫 번째 요수로 연나라의 위치를 말해 준다는 것은 이미 인용하여 확인한 사서 이외에도 중국의 여러 사서에서 확인할 수 있다.

동한(東漢)의 학자 고유(高誘)는 『회남자』의 「추형훈」(『淮南子』「墬形訓」)에 기록된 요수에 대하여 다음과 같이 주석하였다.

【사료18】『회남자』「추형훈」 고유의 주석

요수는 갈석산에서 발원하여 장성의 요새 북쪽에서 동쪽 방향으로 요동의 서부를 똑바로 흘러 남쪽으로 바다에 들어간다~

【사료19】『염철론』「험고」

연나라는 갈석산에 의해 막히고, 사곡에 의해 끊겼으며, 요수에 의해 둘러싸였다…(중략)…(이것으로) 나라를 굳게 지킬 수 있으니 산천은 나라의 보배이다.

요수로 비정한 역수는 갈석산에서 발원하여 장성 즉 연장성으로 연의 경계이자 나중의 진나라 시기의 장성에서 동쪽 방향으로 당시 요동의 서부를 똑바로 흐른 다음 다시 남쪽으로 바다에 들어가는 것이다. 물론 중국사서 기록상 바다 기록에 주의를 기울여야 한다. 현재 개념의 바다도 있지만 큰 강(하천)이나 호수, 수로 등을 주로 바다로 표시하여 기록하였다. 특히 갈석산이 있는 하북성 호타하의 경우 흔히 바다로 기록하였다. 이것을 잘못 해석하여 현재 의미의 바다로 해석함으로써 우리 고대사에 혼미를 가져오게 되는 사항이기도 하다.

전통적으로 역수는 중국사서상의 요수로 연나라의 당초 위치를 말해 주는 좌표가 되는 것이며 여기에 갈석산도 같은 역할을 한다는 것을 확인할 수 있다. 참고로 한나라 시기 전후 즉 고조선과 고구려가 역사적 활동을 할 시기에는 지금의 해변이 육지로 많이 들어와 있었다. 즉 가야 시기에 한반도 남부 김해 지방은 대부분의 김해시가 바다였다. 고조선과 고구려 관련 동부 지역도 이와 같았다. 즉 현재 바다에서 제법 떨어진 육지인 보정시 서수구 및 안시현 동쪽이 당시에는 바닷가였다는 것을 인식하고 사료를 파악하여야 할 것이다.

위의 【사료18】『회남자』「추형훈」 고유의 주석 기록에서 갈석산에서 발원하는 요수는 하북성 보정시 내원현의 현재 백석산으로 당시 갈석산에서 발원하는 【사료8】『사기』「권69 소진열전 제9」상의 호타하와 안문과 함께 당시 연나라 남쪽에 있다는 역수를 일컫는 것이다. 이는 앞에서 확인한 【사료19】『염철론』「험고」상에 당시 연나라를 둘러싼 요수를 말하는 것이다. 즉 연나라 남쪽 경계에 있는 역수를 요수라고 하였던 것이다.

다음으로 두 번째 요수는 먼저 살펴본 『산해경』의 또 다른 편인 「해내동경」상에

> 【사료20】『산해경』「해내동경」
>
> 요수(潦水)는 위고(衛皐) 동쪽에서 나와(곽박 주석1), 발해 동남쪽에 모였다, 요양(遼陽)으로 들어간다.(곽박 주석2)
>
> (곽박 주석1) 변방 밖 위고산에서 나온다. 현토군 고구려현에 요산이 있는데, 소요수가 나오는 곳이다. 서하 남쪽 대요로 들어간다.
> (곽박 주석2) 요양현은 요동에 속한다.

또한 『수경주』에 따르면,

【사료21】『수경주』「대요수」, 「소요수」

「대요수」

[수경]
대요수(大遼水)는 새외(塞外)의 위백평산(衛白平山)에서 나와 동남쪽으로 새(塞)로 들어와 요동의 양평현 서쪽을 지난다.

[주]
또한 말하길 요수(遼水)는 지석산(砥石山)에서 나와 새외(塞外)로부터 동쪽으로 흘러 똑바로 요동의 망평현 서쪽, 즉 왕망(王莽)이 장설(長說)이라 이름 붙인 곳으로 가서, 구부러져 서남쪽으로 흘러, 양평현 옛 성의 서쪽을 지나는데 진나라가 시황제 22년에 연나라를 멸하고 설치한 요동군의 치소가 이곳이다.
한(漢) 고제(高帝) 8년에 기통(紀通)을 봉하여 후국(侯國)이 되게 하였는데 왕망이 창평(昌平)으로 바꾸었으며 옛 평주(平州)가 다스린다.

(대요수는) 또한 남쪽으로 흘러 요대현(遼隊縣) 옛 성의 서쪽을 지나는데 왕망이 순목(順睦)으로 바꾸었다. 공손연(公孫淵)이 장군 필연거(畢衍拒) 사마의(司馬懿)를 요대(遼隊)에 보냈는데 즉 이곳이다.

[수경]
(대요수는) 또한 동남쪽으로 흘러 방현(房縣) 서쪽을 지난다.

[주]
지리지에서 말하기를 방현(房縣)은 옛 요동군(遼東郡)에 속한 현이라고 했다.
요수(遼水)는 오른쪽으로 백랑수(白狼水)와 모인다.
백랑수(水)는 우북평군(右北平郡) 백랑현(白狼縣)에서 나와서, 동남쪽으로 흘러 [우북평 광성현(廣城縣)을 지나고][8], 북쪽으로 흐르다가 서북쪽으로 굽어 흘러 우북평군 광성현(廣成縣) 옛 성의 남쪽을 지난다. 왕망의

165

평로현(平虜縣)인데 세간에서는 광도성(廣都城)이라고 한다.
(백랑수는) 또한 서북쪽으로 흐르다가 석성천수(石城川水)가 백랑수(之)로 들어간다. 석성천수(水)는 서남쪽 석성산(石城山)에서 나오는데 동쪽으로 흘러 우북평군 석성현(石城縣) 옛 성의 남쪽을 지난다. 지리지에서 말하기를 우북평군에는 석성현이 있다고 했다. (석성천수는) 북쪽으로 돌아서 백록산(白鹿山) 서쪽을 지나는데 즉 백랑산(白狼山)이다.
(생략)
백랑수(白狼水)는 또한 동북쪽으로 흘러 창려현(昌黎縣) 옛 성의 서쪽을 지난다. 지리지에서 말하기를 교려현(交黎縣)이며 동부도위(東部都尉)에서 다스리며 왕망이 금로(禽虜)라고 바꾸었다고 했다. 응초(應劭)가 말하기를 지금의 창려(昌黎)라고 하였다. 고평천수(高平川水)가 백랑수(之)로 들어가는데 고평천수(水)는 서쪽 북평천(北平川)을 나와서 동쪽으로 흘러 왜성(倭城) 북쪽을 지나는데, 아마도 왜(倭)의 땅에 사람들이 이곳으로 옮겨왔을 것이다. (고평천수는) 또한 동남쪽으로 흘러 유루성(乳樓城) 북쪽을 지나는데 대개 융(戎)의 향읍(鄕邑)을 지난다. (융이란) 이(夷)의 다른 호칭이다. (고평천수는) 또한 동남쪽으로 흐르다가 (생략)
백랑수(白狼水)는 또한 동북쪽으로 흘러 용산(龍山)을 서쪽을 지난다. 연(燕) 모용황(慕容皝)이 유성(柳城)의 북쪽과 용산(龍山)의 남쪽을 복지(福地)로 하였는데, 양유(陽裕)로 하여금 용성(龍城)을 쌓게 하였으며 용성(柳城)을 용성현(龍城縣)으로 바꾸었다. ~

[수경]
(대요수는) 또한 동쪽으로 흘러 안시현 서남쪽을 지나고 바다로 들어간다.

[주]
십삼주지에서 말하기를 대요수는 새(塞) 밖으로부터 서남쪽으로 흘러 안시에 도달하여 바다로 들어간다고 하였다.

「소요수」
[수경]
또한 현토군 고구려현에 요산이 있는데 소요수가 나오는 곳이다.

[주]
고구려현(縣)은 옛 고구려(高句麗)[2] 호(胡)의 나라이다. 한(漢) 무제(武帝) 원봉(元封) 2년에 우거(右渠)를 평정하고 현토군(玄菟郡)을 이곳에 두었는데 왕망이 하구려라고 하였다. 소요수(水)는 요산(遼山)에서 나와서 서남쪽으로 흘러 요양현(遼陽縣)을 지나며 대량수(大梁水)와 모인다. 대량수(水)는 북쪽 새(塞) 밖에서 출발하여 서남쪽으로 흘러 요양(遼陽)에 이르러 소요수(小遼水)로 들어가는데 옛 지리지에서 말하기를 대량수(大梁水)는 서남쪽으로 흘러 요양(遼陽)에 이르러 요수(遼水)로 들어간다고 하였으며, 군국지(郡國志)에서는 고구려현(縣)은 옛날에 요동(遼東)에 속했는데 후에 현도(玄菟)에 속했다고 하였다. 그 물(其水, 대량수 소요수)은 서남쪽으로 흐르는데 옛날에는 양수(梁水)라 하였다. 소요수(小遼水)는 또한 서남쪽으로 흘러 양평현(襄平縣)을 지나고 담연(淡淵)이 된다. 진(晉) 영가(永嘉) 3년에 물이 말라버렸다. 소요수(小遼水)는 또한 요대현(遼隊縣)을 지나서 대요수(大遼水)로 들어간다. 사마선왕(司馬宣王)이 요동을 평정하였는데 공손연(公孫淵)을 이 물 위에서 목을 베었다.

[수경]
(소요수는) 서남쪽으로 흘러 요대현(遼隊縣)에 이르러 대요수(大遼水)로 들어간다.

이 기록들상의 요수는 【사료18】『한서』「지리지」상에 '요동군'과 '현토군'에 기록되어 있다.

【사료22】『한서』「지리지」 1. 유주(幽州)

⑧ 요동군(遼東郡)

요동군(遼東郡), 진(秦)에서 설치하였고 유주(幽州)에 속한다. 가구수는 5,5972이고 인구수는 27,2539명이다. 현은 18개이다.

1) 양평현(襄平縣), 목사관(牧師官)이 있다. 왕망은 창평(昌平)이라 했다.

4) 망평현(望平縣), 대요수(大遼水)가 새(塞) 밖을 나와서 남쪽으로 안시현(安市縣)에 이르러 바다로 들어가는데 1250리를 흐른다. 왕망은 장설(長說)이라고 했다.[2]
5) 방현(房縣) 6) 후성현(候城縣), 중부도위(中部都尉)가 다스린다.
7) 요대현(遼隊縣), 망(莽)은 순목(順睦)이라 했다.[3]
8) 요양현(遼陽縣), 대량수(大梁水)가 서남쪽으로 요양현(遼陽縣)에 이르러 요수(遼水)로 들어간다. 왕망은 요음(遼陰)이라 했다.
15) 서안평현(西安平縣), 망(莽)은 북안평(北安平)이라고 했다.

[2] 師古曰說讀曰悅. 사고(師古)가 말하기를 說은 열(悅)로 읽는다고 했다.
[3] 師古曰隊音遂. 사고(師古)가 말하기를 隊의 음은 수(遂)라고 했다.

⑨ 현토군(玄菟郡)

현토군(玄菟郡), 무제(武帝) 원봉(元封) 4년에 열었다. 고구려현(高句驪縣)은 왕망이 하구려(下句驪)로 고쳤으며 유주(幽州)에 속한다.[1] 가구 수는 4,5006이고 인구수는 22,1815명이다. 현은 3개이다.

1) 고구려현(高句驪玄), 요산(遼山)에서 요수(遼水)가 나오는데 서남쪽으로 요동군 요대현(遼隊縣)에 이르러 대요수(大遼水)로 들어간다. 또한 남소수(南蘇水)가 있는데 서북쪽으로 새(塞) 밖을 지난다.[2]
3) 서개마현(西蓋馬縣), 마자수(馬訾水)가 서북쪽으로 염난수(鹽難水)로 들어가는데, 서남쪽으로 요동군 서안평현(西安平縣)에 이르러 바다로 들어간다. (이 강은) 2개의 군(郡)을 지나고 1100리를 흐른다. 왕망은 현도정(玄菟亭)이라고 했다.

[1] 應劭曰故真番朝鮮胡國. 응초(應劭)가 말하기를 옛 진번 조선(真番朝鮮) 호(胡)의 나라이다.
[2] 應劭曰故句驪胡. 응초(應劭)가 말하기를 옛 구려(句驪) 호(胡)이다.

또한 다음의 사료들상에도 기록되어 있다.

【사료 23】『삼국지』〈위서〉「동이전」 '고구려전'

또 小水貊(註 086)이 있다. [고]구려는 大水유역에 나라를 세워 거주하였는데, 西安平縣의 북쪽에 남쪽으로 흘러 바다로 흘러드는 작은 강이 있어서, 고구려의 別種이 이 小水유역에 나라를 세웠으므로, 그 이름을 따서 小水貊이라 하였다. 그곳에서는 좋은 활이 생산되니, 이른바 貊궁이 그것이다.

[집해-1] 모본(毛本)에는 貊(맥)이 貃(맥)으로 적혀 있다.

[집해-2] 범엽의 「후한서」에서는 '句驪一名貊耳, 有別種, 依小水爲居, 因名曰小水貊'(구려는 일명 맥貊이라 하는데 별종이 있어 소수에 의지해 거주하였으므로 소수맥이라 부른다.)으로 적었고, 장회(章懷) 注에서 「위씨춘추(魏氏春秋)」를 인용하며 "요동군 서안평현 북쪽에 소수(小水)가 있어 남쪽으로 흘러 바다로 들어가니 구려의 별종이 이로 인해 소수맥(小水貊)이라 이름 했다."하였다. 정겸(丁謙, 청대 학자) 왈, 서안평(西安平)은 마자수(馬訾水)가 바다로 들어가는 곳이니 [마자수는 즉 압록강이다.] 바로 지금의 구련성(九連城) 동북쪽 안평(安平)의 강변 땅이고, 소수가 (서안평)현의 북쪽에서 발원한다 했으니 즉 틀림없이 애양하(靉陽河)일 것이다. 중국에서 고구려로 갈 때 반드시 이곳을 거쳐 가야 하니 이 때문에 진수(陳壽)가 위지 고구려전에서 그 명칭을 첨가하여 실은 것이다. 이 부(部)는 미미하여 좋은 활이 나온다는 것 외에는 기록할 만한 다른 일이 따로 없고 그 아래의 글은 (소수맥이 아니라) 바로 고구려의 기사이다. 범위종(范蔚宗, 범엽)은 진지(陳志, 진수의 삼국지)를 본받아 고구려전을 두면서도 또한 소수맥을 절취(截取)하여 따로 하나의 전(傳)을 두었으니 이는 크게 잘못되었다. 정씨(丁氏, 정겸)가 또한 이르길, 중국이 조선과 더불어 길을 통할 때(중국에서 조선으로 갈 때) 지금 구련성(九連城)으로부터 압록강(鴨綠江)을 건너 의주(義州)로 들어간다. 옛날에는 서안평(西安平)에서 강을 건넜으니 즉 (당나라 때의) 가탐(賈耽)이 말한 박작구(泊汋口)이다. 노필이 양한지(兩漢志, 한서 지리지와 후한서 군국지)를 살펴보건대, 서안평은 요동군(遼東郡)에 속했다. 하작(何焯, 청대 학자) 왈, 탁군의 현(涿縣) 중에 안평(安平)(현)이 있으므로 (이와 구별하기 위해)

서(西) 자를 덧붙인 것이다. 왕선겸(王先謙, 청대 학자) 왈, 손권(孫權)이 사굉(謝宏), 육순(陸恂)을 사자로 보내 사례하며 고구려왕(高句驪王) 궁(宮)을 선우(單于)로 봉하여 (진)순 등이 안평구(安平口)에 도착했으니 즉 이 (서안평)현의 해구(海口)이다. 「당서(唐書)」 지리지에 의거해 볼 때 응당 압록강 북쪽의 바다에 가까운 곳일 것이다. 「신당서」 지리지에 의하면 안동(도호)부(安東府)에서 남쪽으로 7백 리 가면 압록강 북쪽의 박작성(泊汋城)에 이르는데 (박작성은) 예전의 서안평현(西安平縣)이라 하였다.

註 086
小水貊 : 小水를 渾江(佟佳江)으로, 大水를 압록강으로 비정하는 說이 있다. 그런데 渾江의 흐름은 '南流入海'한다는 小水의 그것과 맞지 않는다. 小水는 南으로 흘러 압록강 下流에서 이와 合流하는 그 支流인 長甸河로 비정해 볼 수 있다. 『後漢書』高句驪傳에 대한 李賢의 注에서 인용한 『魏氏春秋』에 小水가 西安平縣의 北에서 南으로 흘러 바다에 들어간다고 하는 기록이 있어 이를 뒷받침해 준다.
小水貊은 『三國史記』에서 전하는 梁貊과 같은 實體로 여겨진다. 梁貊은 고구려에 집단적으로 예속되어 있었다. 그런데 梁貊을 大梁水 즉, 太子河 유역에 거주하는 貊族이라는 뜻으로 볼 경우, 小水는 太子河가 되어야 한다. 그러나 太子河는 西南으로 흘러 遼河에 合流하니, 『三國志』에서 말하는 小水의 흐름과 다르다. 따라서 梁貊 즉, 小水貊은 長甸河 유역과 그에 인접한 太子河 上流 유역에 걸쳐 거주하고 있었다고 보면 합리적일 수 있겠다.
≪參考文獻≫
李丙燾, 『韓國史』(古代篇) 1959.

【사료24】『후한서(後漢書)』「동이열전」'고구려전'

○ 高句驪
句驪는 一名 貊이라 부른다. 別種이 있는데, 小水에 의지하여 사는 까닭에 이를 小水貊(註 073)이라 부른다. 좋은 활이 생산되니 이른바 貊弓이 그것이다.

[집해-1]심흠한은 이르기를 구려에 별종이 있는데 일명 맥이라고 한다.

[위씨춘추에 말하길 요동군 서안평현 북쪽이다. 작은 물이 있어 남쪽으로 흘러 바다로 들어간다. 구려의 다른 종류를 명하여 '소수맥'이라 한다.]

[집해-2]심흠한(청대 학자)은 이르기를 소수는 예전의 소요수로서 지금의 혼하이고, 대요수는 지금의 태자하로서 (이들은) 만나서 요수를 이룬다.

註 073
小水貊 : 李賢의 注에 의하면 『魏氏春秋』를 引用하여 遼東郡 西安平縣의 北쪽에 小水가 있는데, 南쪽으로 흘러 바다로 들어간다고 하였다.
<참조>
『三國志』高句麗傳(註 30)
小水貊
小水를 渾江(佟佳江)으로, 大水를 압록강으로 비정하는 說이 있다. 그런데 渾江의 흐름은 '南流入海'한다는 小水의 그것과 맞지 않는다. 小水는 南으로 흘러 압록강 下流에서 이와 合流하는 그 支流인 長甸河(장전하)로 비정해 볼 수 있다. 『後漢書』高句驪傳에 대한 李賢의 注에서 인용한 『魏氏春秋』에 小水가 西安平縣의 北에서 南으로 흘러 바다로 들어간다고 하는 기록이 있어 이를 뒷받침해 준다.
小水貊은 『三國史記』에서 전하는 梁貊과 같은 實體로 여겨진다. 梁貊은 고구려에 집단적으로 예속되어 있었다. 그런데 梁貊을 大梁水 즉, 太子河 유역에 거주하는 貊族이라는 뜻으로 볼 경우, 小水는 太子河가 되어야 한다. 그러나 太子河는 西南으로 흘러 遼河에 合流하니, 『三國志』에서 말하는 小水의 흐름과 다르다. 따라서 梁貊 즉, 小水貊은 長甸河 유역과 그에 인접한 太子河 上流 유역에 걸쳐 거주하고 있었다고 보면 합리적일 수 있겠다.
≪參考文獻≫
李丙燾,『韓國史』(古代篇) 1959.

【사료25】『통전』「변방」'동이 하 고구려'

又有小水貊. 句麗作國, 依大水而居. (漢遼東郡西安平縣北有小水, 南流入海, 句麗之別種, 依小水作居. 因名之爲小水貊.) 出好弓, 所謂貊弓是也.

또 소수맥이 있다. (고)구려는 大水유역에 나라를 세워 거주하였다. (한나라 요동군 서안평현 북쪽에 소수가 있는데 남쪽으로 흘러 바다로 들어가며, 구려의 별종으로 소수에 의지하여 살기 때문에 소수맥이라 한다.)

【사료26】『신당서(新唐書)』「동이열전 고구려」

高[句]麗는 ~ 물은 大遼와 少遼가 있다. 大遼는 靺鞨의 서남쪽 산에서 흘러나와 남으로 安市城을 거쳐 흐른다. 少遼는 遼山의 서쪽에서 흘러나와 역시 남으로 흐르는데, 梁水가 塞外에서 나와 서쪽으로 흘러 이와 합류한다. 馬訾水가 있어 靺鞨의 白山에서 흘러나오는데, 물빛이 鴨頭와 같아서 鴨淥水로 불린다. 國內城의 서쪽을 거쳐 鹽難水와 합류한 다음, 다시 서남으로 [흘러] 安市[城]에 이르러서 바다로 들어간다. 平壤은 鴨淥江의 동남쪽에 있는데, 큰 배로 사람이 건너다니므로, 이를 해자(天塹)로 여긴다.

본 필자는 계속하여 고대 사료를 중심으로 주류 강단 사학계의 주장과 논리를 비판하고자 한다. 이에 따라 관련된 고대 사료를 필요한 부분은 가급적 최대한 인용 제시하여 논증하고자 한다. 따라서 전체적인 글이 길어질 수도 있다. 이는 필자로서는 불리한 사항이다. 최소한의 지면에 최대한의 자기의 논점을 나타내어야 하는데 그러하지를 못하기 때문이다. 하지만 독자들이 스스로 판단할 수 있는 근거를 제시함과 동시에 본 필자가 근거 없이 개인적인 판단에 의한 것이 아니라 근거 및 증거에 따라 주장함을 보여주기 위한 것이다. 그러면서 여기에 나타난 주류 강단 사학계의 공식 입장 및 주장 그리고 논리를 아울러 살펴보고 비판하고자 한다. 그러면 독자들은 여러 원본 사료와 주류 강단 사학계가 해설한 사항을 보고 본 필자의 주장과 주류 강단 사학계의 주장을 비교하여 어떠한 것이 옳은 주장인지 판단할 수 있도록 하기 위해서이다. 그 사료를 인용하여 제시함에 있어, 위 인용 사료상에 '校勘(교감)'은 하나의 작품이나 문건을 여러 판본과 비교하거나 원고를 비교하여 차이를 규명하는 것이다.(이상은 어학사전) 이를 간단히 정리하여 표현하자면 같은 사료에 대한 어떤 글자나 문구에 대한 다른 판본상의 표기 사항을 나타내 주는 것이다. 이는 국사편찬위원회에서 올린 것이다. 또한 '註(주) 일련번호'는 국사편찬위원회 한국사 데이터베이스상에 올린 각 중국사서 및 우리 사서상에 국사편찬위원회에서 주해 즉 해설을 단 것으로 이는 우리나라 역사 통설을 나타낸 것이다. 이는 당해 역사 사실에 대한 우리나라 공식 견해인 셈이다. 이는 또한 주류 강단 사학계의 논리와 주장을 반영한 것으로 주류 강단 사학계의 전반적인 입장을 알 수 있는 지표이다.

이 글에서 사용하는 단어 중 '주석'이라는 단어는 원사료상에 후대의 중국 학자가 달아놓은 것을 일컫는 것으로 사료상에 있는 사항이다. '주해' 즉 '해설'은 각 사료를 국사편찬위원회에서 한국사 데이터베이스상에 올리면서 사료상의 각 내용 등에 해설을 달은 것이라고 미리 알려두고자 한다.

우선, 이 글에서 진행하고자 하는 중국사서상에 기록된 두 번째 요수에 관한 것이다. 여러 사서 즉 【사료20】『산해경』「해내동경」,【사료21】『수경주』「대요수」,【사료22】『한서』「지리지」,【사료23】『삼국지』〈위서〉「동이전」'고구려전',【사료24】『후한서(後漢書)』「동이열전」'고구려전',【사료25】『통전(通典)』「변방」'동이 하 고구려',【사료26】『신당서(新唐書)』「동이열전 고구려」상에 나타난 사항을 살펴보면 그 위치를 알 수 있다. 하지만 여러 지명, 하천 등이 동시대인 서기 전후만 해도 2천 년이 넘어 현재와 다르기 때문에 이 기록상의 내용을 가지고 다른 사서를 연계하여 살펴보아야만 그 지명 등 내용을 파악할 수 있다.

사서상의 내용을 살펴보면 여기서의 요수는,

1) 대요수와 소요수로 나뉘어 구분되어 있는데 이들은 서로 나중에 합류하여 (소)요수가 요대현에서 대요수로 들어간다.
   - 요대현은 【사료22】『한서』「지리지」상 요양현과 서안평현과 같이 요동군에 속해 있다. 이웃에 있는 것이다. 현재도 안평현과 요양현이 그 이름 그대로 하북성 석가장시 동부이자 형수시 북부인 호타하 하천 동부에 있다. 한편 서안평현은 안평현의 서북쪽으로 기록되어 있으나 결국 같은 지역인 것이다.

2) 이 (대)요수는 요동(군) 양평현 서쪽을 지나가고 요양으로 들어간다는 것이다. 양평현은 요동군의 치소가 있던 곳이고, 이들은 한, 후한 시기의 유주, 진나라 시기의 평주 소속이었다.
   - 양평현은 현재의 호타하 북부인 하북성 석가장시 행당현으로 비정되는 곳으로 이곳은 요동군의 치소이자 나중에 고구려의 수당전쟁 시 요동성이 되는 곳이다. 당시 기록상 요수를 건너 요동성을 공격하였다고 하였다. 그리고 나당연합군에 고구려가 멸망하자 당나라가 고구려 수도 평양성에 처음 설치한 안동도호부를 옮긴 두 번째 위치인 요동군 옛 성인 것이다. 현재도 이 양평현 서쪽으로 (대)요수로 비정되는 자하가 사서의 기록과 같이 흘러 지금도 존재하는 안평현 옆의 요양현(하북성 형수시)으로 들어가고 있다. 또한 사서의 기록대로 (소)요수로 비정되는 고하가 이 양평을 거쳐 흐르고 있다.

양평에 대하여는 연장성의 동쪽 끝으로 이에 대하여는 나중에 상세히 설명하여 규명할 것이다.

이러한 양평을 중국 측과 주류 강단 사학계는 요령성 요양으로 비정하고, ⑺요수와 ⑸요수를 각각 요령성 요하 동쪽의 태자하와 혼하 내지는 압록강과 장전하 등으로 비정하고 있다. 그러나 이는 양평으로 소요수가, 양평의 서쪽으로 대요수가 흐른다는 사서의 기록과 맞지 않는다. 그리고 이곳에는 사서의 기록에 나오는 갈석산이나 진장성도 없다. 이는 이곳 요령성 등 중국 측과 주류 강단 사학계가 비정하는 곳이 원래의 맞는 위치가 아닌 것을 입증하는 것이다.

3) 대요수는 위백평산, 지석산에서 발원한다.
 - 대요수로 비정되는 자하는 하북성 보정시 서남쪽이자 석가장시 서북쪽의 하북성 석가장시 영수현에 위치한 중국의 오악채 (五岳寨) 국가 삼림공원(Wuyuezhai National Forest Park, Lingshou Xian, Shijiazhuang Shi, 중국)에서 발원한다. 이곳이 예전의 위백평산, 지석산이었는지 불명이나 대요수가 흘러 지나가는 위치를 비정하면 이 자하가 틀림없다.

4) 소요수는 현토군 고구려현 요산에서 발원한다.
 - 소요수는 기록상과 맞게 대요수로 비정되는 자하 옆을 같이 흐르면서 요산으로 비정되는 현재 하북성 석가장시 행당현 소재 오어산(Aoyu Mountain, 鳌鱼山)에서 발원한다.

5) 요수는 백랑수와 모인다. 이 백랑수는 주로 우북평군을 흐르고 있다. 즉 백랑현, 광성현, 석성현 등을 흘러서 결국 요서군 창려현, 용성현을 지난다. 이곳은 모용선비족의 도읍인 모용황의 용성인 것이다. 이 용성의 서쪽을 지나는 것이다. 이곳은 분명히

지금의 하북성 석가장시 정정현이다. 이 정정현의 서쪽을 흐르는 강은 현재 호타하밖에 없다.
- 백랑수는 【사료21】 『수경주』 「대요수」, 「소요수」상에 나오는 하천으로 이 사료의 저자인 역도원이 나중에 설명할 패수도 마찬가지이지만 비상식적으로 하천의 흐름을 도저히 파악할 수 없게 기록한 관계로 과거나 현재에도 그 어떠한 하천과는 맞지 않는다. 이러한 관계로 현재 연구자들 사이에 이견이 많다. 하지만 중국사서 『한서』 「지리지」를 비롯한 이후의 사서들이 이 기록을 따라 모든 고대 하천 기록의 위치가 하북성 지금의 호타하 인근임에도 불구하고 하천 흐름 방향을 도저히 하북성은 물론 요령성에도 맞지 않은 방향 즉 서에서 동쪽 방향이 아닌 동에서 서쪽 방향으로 기록한 것은 어느 지점만이나 아니면 어느 위치에 들어서는 방향을 기록한 것이 아니라면 이는 모두 조작된 것이다.

모두 서남 등으로 기록되어 있는 것은 있을 수 없다. 이는 이후 『수경주』를 비롯하여 『신당서』 「동이열전 고구려」, 『통전』 「동이열전 고구려」, 『한원』 「번이부 고려」도 모두 마찬가지이다. 이는 후대에 일률적으로 조작된 것이 확실하다.

그 증거로 『수경주』의 경우 패수의 흐름을 비상식적으로 기록한 것과 더불어 원본인 『수경』에서는 대요수가 동쪽으로 흘러 안시현 서남쪽을 지나고 바다로 들어간다고 기록하여 동쪽으로 흐르는 것으로 기록한 것을 역으로 서남쪽으로 흘러 안시에 도달하여 바다로 들어가는 것으로 기록한 것에 의하여도 알 수 있다. 압록수이자 마자수 그리고 소요수, 대요수 그리고 패수 등의 많은 하천이 서남쪽이나 『수경주』 패수와 같이 서북쪽으로 흐르는 강은 하북성은 물론 요령성 그리고 한반도에는 없는 것이다. 더군다나 이 흐름을 제외하고는 모든 하천과 관련한 지명은 모두 하북성임이 분명한 것에 의하여도 그 조작성이 확실하다. 따라서 이는 있을 수 없는 것이다.

따라서 앞으로 이를 해석함에 있어 그 흐름은 무시하여야 한다. 이 글에서도 이를 따를 것이다. 이러한 하천 흐름의 조작성을 무시하더라도 그 흐름상 이견이 많은 것은 난해한 하천의 흐름 때문이지 하천이 흐르는 곳의 지명 요서군 창려현, 용성현, 용성 등의 위치를 확인하면 백랑수는 압록수이자 마자수인 지금의 호타하로 비정된다. 백랑수인 호타하는 소요수가 만나는 대요수와 나중에 만나는 것이다. 그리고 실제로 현재 호타하는 흐름 방향이 곳곳마다 변화무쌍하여 동북, 이 동북의 반대인 서남 방향 등 여러 방향으로 기록될 수 있다. 그러나 그 발원 위치에 대하여는 【사료21】『수경주』「대요수」, 「소요수」상의 백랑수 발원지인 "백랑수(水)는 우북평군(右北平郡) 백랑현(白狼縣)"과 호타하 발원지인 산서성 흔주시 번치현과는 차이가 있다. 번치현은 결코 연5군의 우북평군 지역이 아니다. 따라서 여기서의 【사료21】『수경주』「대요수」, 「소요수」의 기록상 "백랑수(水)는 우북평군(右北平郡) 백랑현(白狼縣)에서 나와서(水出右北平白狼縣) ~"기록은 발원지를 기록한 것이 아니라 흐름 중의 한 곳을 기록한 것으로 확인된다. 이 백랑수를 중국 측에서는 많은 사항과 마찬가지로 이후 사서 기록과 함께 동쪽으로 왜곡 이동시켜 요령성 조양시를 흐르는 대능하로 비정하고 있다. 많은 이들이 이 왜곡된 비정에 의하여 우리 고대사 활농 지역을 해석함으로써 우리 고대사가 왜곡에 빠져 혼미를 거듭하기도 한 것이다. 하지만 분명히 백랑수는 요수가 오른쪽으로 이 백랑수와 모인다고 하였다. 요수인 지금의 하북성 자하가 오른쪽으로 모이는 하천은 압록수이자 마자수인 지금의 호타하밖에는 없다. 더군다나 용성이 있었던 지금의 하북성 석가장시 정정현 인근을 흐르는 하천은 요수인 자하와 압록수인 호타하밖에는 없는 것이다. 그런데 이 요수와 만나는 강이 바로 호타하인 것이다.

- 모용황은 모용선비족의 왕으로 고구려 고국원왕 시에 쳐들어와 환도성을 점령하자 고국원왕이 도망가므로 고국원왕의 아버지인 미천왕의 묘를 파헤쳐 시신과 함께 고국원왕의 어머니와 왕비를 볼모로 데려간 사실이 있어 고구려에 있어서 그리고 우리 민족 국가에 있어서 뚜렷한 기억을 남겼다. 그러나 이 모용황의 모용씨 선비족의 나라인 전연 및 수도 용성을 중국과 우리나라 주류 강단 사학계는 왜곡하여 요령성 조양시로 비정하고 있다.

하지만 그들의 역사서 및 각종 사료에는 용성과 전연 나라가 사료에 기록된 대로 백랑수 즉 호타하가 있는 하북성 석가장시 인근에 있는 것으로 증거하고 있다. 즉 사료상에 모용황이 수도 용성의 바깥에 대규모 동산인 용등원을 조성하였다고 하였다. 그런데 이 용등원이 하북성 석가장시 정정현에 있는 유명한 사찰인 융흥사 비로전 뒤에 있는 것이다. 그들은 손바닥으로 하늘을 가리고 있다. 이러한 사례가 비일비재하다. 이것에 대하여 이 글과 관련 있는 사항에 대하여는 빠짐없이 밝힐 것이다.

그러나 이러한 사실을 전문가들이라고 자처하면서 자신들을 비판하는 비판가들을 사이비, 유사 사학자들이라고 비난하는 우리 주류 강단 사학계는 이러한 사실을 아는지 모르는지 중국의 역사 왜곡 및 조작에 그대로 호응하여 모용황의 나라 전연과 수도 용성을 요령성 조양시로 비정하고 그 동쪽인 요하 동쪽에 상대국인 고구려를 비정하고 있다.

이에 대하여 주류 강단 사학계는 해명을 해야 할 것이다. 이용성은 고조선의 위치를 알려주는 갈석산과 진장성 위치와 더불어 고구려 위치를 알려주는 지표로 중요하다. 이 용성을 어디로 비정하느냐에 따라 고구려의 위치가 달라진다. 이는 모용선비의 전연, 후연, 북연의 위치는 물론 이와 역사적인 활동을 한 고구려의 위치를 알려주는 것이다. 즉 요령성 조양이냐 아니면 하북성 석가장시 정정현이냐에 따라 달라진다. 그렇기 때문에 중국 측은 기를 쓰고 이것을 요령성 조양으로 조작 비정하고 있다. 그리고 우리 주류 강단 사학계는 이를 그대로 따르고 있다. 물론 이를 비판하는 비주류 강단 사학계나 재야 민족 사학계도 이를 따르고 있다. 이는 반드시 시정되어야 할 역사적 소명이다.

6) 대량수가 서남쪽으로 요양현에 이르러 요수로 들어간다.
 - 서남쪽으로 요양현 즉 지금도 호타하 동쪽에 위치한 안평성 옆에 남아 있는 하북성 형수시 요양현에서 요수로 들어온다는 하천은 현재로서는 하북성 형수시 요양현 북쪽에서 흘러 내려오는 소백하(Xiaobai River, 小白河)로 비정된다.

7) 대수 즉 대요수 유역에서 일명 맥이라는 구려가 나라를 세웠다는 것과 소수 즉 소요수 지역에는 소수맥이라고 불리는 고구려의 별종이 나라를 세웠다고 기록하고 있다.
 - 구려가 대수 유역에 나라를 세우고, 구려 별종인 소수맥이 소수 유역에 나라를 세운 것으로 기록하고 있다.
 먼저 유념하여야 할 사항은 이 기록상의 구려는 고구려가 아니라는 사실이다. 구려는 고구려와는 별개의 족속으로 현토군 지역에 고구려현이 있다는 것 또한 당시 사서 기록자 및 중국사서가 고구려와 착각하여 기록한 것이다. 착각하여 현토군에 고구려현이 있는 것으로 기록한 것이다. 현토군에서 발흥하여 거주한 것은 고구려가 아니라 다른 사서의 기록대로 구려인 것이다. 이러한 기록을 살피지 않고 그대로 따라서 우리 주류 강단 사학계도 구려 앞에 '(고)' 자를 붙여 구려를 고구려로 확정하여 비정하고 있다. 이는 중국사학자 및 사서가 착각하여 현토군에 고구려현이 있는 것으로 하였지만 일제 식민사학이 낙랑군을 한반도 평양에 비정하다 보니 그 옆에 있을 수밖에 없는 현토군도 한반도 북부에 설정하여 놓으면서 현토군에 고구려현이 있다는 기록을 적극 활용한 것이다. 이는 또 다른 대표적인 역사왜곡이다. 주류 강단 사학계의 최대 논리인 '낙랑군 평양설'을 유지하기 위한 파생 역사 조작 논리인 것이다. 물론 낙랑군은 한반도에 없었고 현토군도 한반도 북부에 없었다. 그리고 현토군의 고구려현은 중국 측의 착오에 의한 것이다. 물론 고구려가 나중에 현토군 옆으로 북상하여 와서 현토군이 처음에는 고구려의 동남부에 있다가 나중에 서북부로 이동하는 것이 역사적 사실인 것이지만 고구려가 이곳 현토군에서 나라를 세운 것은 아니다.

고구려는 이곳에 나라를 세워 거주한 것이 아니다. 나중에 설명하겠지만 고구려는 하북성 남쪽 산동성 덕주시 평원현 졸본 땅에 나라를 세운 후 하북성 지역으로 북상하여 영역을 확장하였던 것이다. 더군다나 주류 강단 사학계가 주장하는 한반도 북부 만주 요령성 환인 및 그 이웃의 길림성 집안 지방에 나라를 세워 지금의 요하까지 영역을 확대한 것이 아니라 이곳 산동성에서

나라를 세운 후 하북성으로 북상하여 확대한 후 역으로 동쪽으로 계속 진출하여 지금의 요하까지 그 영역으로 하였던 것이다. 그리고 요하 동쪽 길림 지방은 신라가 차지하고 있었고, 또한 요하 남쪽 지방은 백제가 차지하고 있었다. 이에 대하여는 많은 충분한 증거자료와 함께 앞으로 증명해 나갈 것이다. 따라서 여기 대수 지역 및 소수 지역 즉 하북성 석가장시의 호타하 서북부 및 북부 지방에 나라를 세워 거주한 것은 구려이자 소수 맥인 선비 모용씨 즉 예맥족인 것이다. 그들은 하북성 석가장시 북부 지방에서 발흥하여 거주하다가 마침내 지금의 하북성 석가장시 정정현에 용성을 세워 도읍을 정하여 이곳을 중심으로 활동하면서 그 동쪽에 있던 고구려와 치열한 다툼을 벌였다. 이러한 선비 모용씨 예맥족을 주류 강단 사학계는 선비 모용씨와 예맥족을 별도로 구분한 채 예맥족은 고구려와 관련이 있으므로 고구려를 한반도 북부에 왜곡 비정한 까닭에 예맥족도 예족으로 착각하여 동해안 강릉 지방으로 비정하고 있다. 이는 전적으로 잘못된 일제 식민 사학자의 근거 없는 비학문적 비정에 의한 것이다. 또한 선비 모용씨는 요하 인근으로 비정하고 있다. 그러면서 이들이 나라를 세워 거주하였다는 소수는 압록강의 지류인 동가강으로 비정하고 있다. 선비 모용씨가 도읍으로 삼은 용성은 하북성 석가장시 정정현에 지금도 그 흔적이 뚜렷이 남아 있다.

그런데도 중국 측의 역사왜곡에 따라 용성을 지금의 요령성 조양으로 옮긴 것을 주류 강단 사학계는 그대로 따르고 있다. 왜냐하면 일제 식민사학계의 논리가 우리 민족 계열 고대 국가는 모두 한반도 내지는 인근에 있어야 한다는 논리에 부합되기 때문이다. 이 식민지 논리가 결국 중국 측의 역사왜곡과 맞아떨어지는 것이다. 진실로 우리 강단 사학계는 77년 이전 제대로 된 학문이 형성되지 않은 상태에서 식민사학이라는 학문이 아닌 정치적인 이데올로기에 의하여 비학문적으로 정립한 역사학을 그동안의 학문적 성과를 반영하지 않은 채 77년을 그대로 유지한, 도저히 학문이라고 할 수 없는 역사학을 우리 고대사에 적용하고 있는 것이다. 소요수와 대요수 그리고 이들이 만나는 압록수이자 마자수이자 청하인 호타하가 있는 곳은 하북성 석가장시 인근인 것이다.

8) 각 사료

(1) 【사료20】 『산해경』 「해내동경」에서는 요수가 요양으로 들어간다.

(2) 【사료21】 『수경주』 「대요수」, 【사료22】 『한서』 「지리지」에는 대요수가 안시현, 마자수(압록수)가 서안평현으로 바다로 들어가는 것으로 되어 있으나

(3) 【사료23】 『삼국지』〈위서〉 「동이전」 '고구려전'과 【사료24】 『후한서(後漢書)』 「동이열전」 '고구려' 소수맥에 대한 주석에서는 "위씨춘추에 말하길 '요동군' '서안평현' 북쪽이다. 작은 물이 있어 남쪽으로 흘러 바다로 들어간다. '구려'의 다른 종류를 명하여 '소수맥'이라 한다."에서는 소수가 서안평현으로 바다로 들어가는 것으로 바뀌었고,

(4) 【사료25】 『통전(通典)』 「변방」 '동이 하 고구려'에서는 마자수(압록수)가 안평성으로,

(5) 【사료26】 『신당서(新唐書)』 「동이열전 고구려」에서는 마자수(압록수)가 안시성으로 해서 바다로 들어가는 것으로 바뀌었다. 참고로 중국사서의 지리지상에는 【사료22】 『한서』 「지리지」

상에 안시현과 서안평현만 있다. 그리고 현재에도 그 이름 그대로 하북성 호타하 인접 남부에는 안평현과 요양현이 있다.

－【사료25】『통전(通典)』「변방」'동이 하 고구려'에서는 마자수 즉 압록수가 안평성에 이르러 바다로 들어가는 것으로 하였다. 이에 반하여 이전 사서인 【사료21】『수경주』「대요수」, 【사료22】『한서』「지리지」에서는 마자수(압록수)가 서안평현으로 바다로 들어가는 것으로 되어 있다. 앞서의 【사료23】『삼국지』〈위서〉「동이전」'고구려전'상의 '소수맥'에 대한 기사 주석에서 당나라시대의 학자로 【사료25】『통전(通典)』「변방」'동이 하 고구려'의 편찬자인 두우(735~812)보다 후대인 청대 학자 하작(何焯)이 주석을 붙일 당시에 안평현이 있어 이와 구별하기 위해 '서' 자를 붙였다고 한 것으로 보아 서안평현이 원래는 있었으나 후대에 없어져 원래의 지역에 비정하느라고 당시에 있었던 안평현의 서쪽에 비정한 바와 같이 '두우'의 당나라 시기나 그 이전에는 서안평현이 있어서 그대로 기록하였을 수도 있다. 물론 현을 성으로 바꾸었다. 현재 고조선과 고구려의 활동 무대로 비정되는 하북성 석가장시 인근인 하북성 형수시에 실제로 안평현이 있다. 이러한 기록에 의하면 결국 서안평현은 안평현의 서쪽에 있는 것이고, 또한 망(莽) 즉 왕망(신나라)이 서안평을 북안평이라고 한 것으로 보아 안평현의 북쪽에도 있는 것으로 보아 안평현의 서쪽과 북쪽에 있는 것으로 확인된다. 또한 『위씨춘추』에서 서안평의 북쪽에 소요수가 있어 남쪽으로 흘러 바나로 들어간다고 한 것으로 보아 소요수 즉 고하가 바다 즉 호타하로 흘러 들어오는 곳이 서안평이라고 한 것을 알 수 있다. 하지만 결국 여러 기록으로 보아 서안평현, 안평현, 안시현은 이웃에 있거나 같은 영역으로 한 채 그 이름을 달리한 것으로

확인된다. 사서들은 세 하천의 흐름상 같이 보았던 것이다. 이곳이 바로 지금도 지명이 그대로 남아 있는 하북성 형수시 안평성과 요양성 인근이다. 이곳은 사서 기록과 정확하게 일치하여 압록수(마자수)와 소요수가 합류한 대요수가 만나거나 같이 흐르는 곳이다.

하지만 하북성 용성을 요령성으로 옮긴 것과 마찬가지로 하북성 소요수와 대요수를 청나라 학자 심흠한은 요령성 혼하와 태자하로 옮겨 비정한 것을 우리나라 주류 강단 사학계는 그대로 따르거나 일부 변경시킨 채 같은 요령성이나 한반도 북부에 비정하여 '한반도 고착화'에 이용하고 있다.

9) 【사료21】『수경주』「대요수」, 「소요수」【사료22】『한서』「지리지」상에서 지명 등의 기록은 모두 하북성의 기록임에도 그 하천 흐름이 모두 하북성 하천의 흐름인 동쪽 내지는 동남부와 맞지 않는 것은 『수경주』의 왜곡이거나 후대의 조작이 분명하고, 『한서』「지리지」의 경우 후대의 조작이 분명하다. 이는 하북성의 하천 기록을 모두 요령성의 하천으로 조작하기 위해서이다. 이것은 남북조시대에 쓰인 것으로 추정할 뿐 편찬 과정이나 복원 과정으로 보아 신빙성이 의심되는 사서인【사료21】『수경주』「대요수」, 「소요수」상에서 원사료인 전한시대에 상흠이라는 사람이 지었다는 『수경』에 소위 '주'를 붙인 것인데 불과 주석인데도 원사료인 『수경』의 기록을 부정하거나 하천의 흐름을 정반대로 기록하여 문제가 있다. 이는 후대의 조작이거나 당사자가 원래 하북성에 있는 하천의 기록을 요령성의 하천으로 왜곡 비정한 것이 확실하다.

기록에 의하면 분명히 원사료인『수경』은 대요수가 동쪽으로 흘러 안시현 서남쪽을 지나고 바다로 들어간다고 하여 하천의 흐름을 동쪽으로 하였다. 단지 안시현 지방은 서남쪽으로 흐른다는 것이지 하천 자체가 서남쪽으로 흐르는 것이 아니라고 하였다. 그러나 이를 주석한 『수경주』는 아예 하천의 흐름을 서남쪽으로 한 것이다. 이것은 분명한 왜곡이나 조작인 것이다. 이 기록에서는 그 지명 관련 사실과 하천과 연계된 사실을 확인하면 분명히 지금의 하북성 호타하 인근이다.

그리고 기록상 이 하천 즉 소요수나, 대요수가 바다로 안시현에서 바다로 들어간다고 한 바다는 실제로 바다가 아니라 고대의 중국사서 기록상 지금의 호타하이자 당시의 마자수이자 압록수를 통상적으로 바다로 표현한 것에 의하여 이 바다는 바로 압록수인 호타하인 것이다. 이 대요수, 소요수가 호타하와 합류한 것을 나타낸 것이다. 현재는 이렇게 합류하지 않지만 이는 오랜 세월에 그 흐름이 변하였기 때문이다.

중국사서 『한서』「지리지」와 『수경주』의 하천 흐름 방향은 하북성의 것을 요령성으로 옮기고자 하는 중국 측 후대의 조작으로 원래의 것과 맞지 않는 것이다.

이와 같이 사서 기록상 하천의 흐름이 현재 하천의 흐름 즉 경과 지역이나 흐름이 맞아떨어지는 것이 바로 호타하가 있는 석가장시 및 형수시 안평현, 요양현 지역인 것이다.

> 두 번째 요수(대요수)는 하북성 자하로 지금도 그 이름이
> 남아 있는 하북성 형수시 안평현에서 바다인
> 당시 압록수인 지금의 호타하와 합쳐지는 곳에 있다.
> 이곳이 예맥족(구려 및 소수맥) 즉 선비족이 생겨난 곳이고,
> 이곳 동북쪽에 고조선이 있었고 나중에 고구려가 들어서서
> 여기에서 수당전쟁을 치렀고 안시성이 있었다.
> 이곳에 진장성(요동고새), 갈석산(우갈석)이 있었다.
> 이곳은 나중에 통일신라와 발해의 경계 지역이었다가
> 그 후에는 고려와 거란의 요나라 경계 지방이자
> 여진의 금나라 주체 세력인 숙여진과 생여진이 있었다.

이러한 두 번째 요수는 진장성과 만나는 기록 그리고 첫 번째 요수의 경우 갈석산과 관련이 있어 이 관련성 있는 진장성과 갈석산은 다시 고조선 및 낙랑군의 위치를 정해 주는 좌표로 이 좌표가 알려주는 지역은 바로 석가장시 동북부이자 보정시 서남쪽이다. 이에 대하여는 진장성과 갈석산을 설명하면서 자세히 명확하게 입증할 것이다.

또한 안평현 및 서안평현 인근에 있는 것으로 기록된 안시현은 안시성이 있는 것으로 각종 사서에 기록되어 있다. 이 안시성은 고구려의 수당전쟁 시 전쟁을 치른 곳이기도 하고 나중에 통일신라 및 고려로 이어져 인근에 천리관성이 설치되는가 하면 서희가 소위 강동 6주(8성)를 설치하는 곳으로 우리 민족 국가의 중요한 활동 무대이다.

여기서 잠깐 '통일신라' 용어 사용에 대하여 설명하고자 한다. 본 필자도 소위 삼국시대의 신라가 전체를 통일한 것이 아니고 고구려 즉 제1고려의 뒤를 바로 제2의 고려인 발해가 이었기 때문에 남쪽의 신라, 북쪽의 발해인 '남북국시대'라는 용어에 동의한다. 하지만 통상적인 의미 즉 대중적인 의미로 소위 '통일신라시대'라는 용어를 씀으로써 대중적인 이해를 돕고자 이 용어를 쓰고자 한다. 발해라는 용어

를 쓰는 것도 사실 본 필자는 적극 동조하지 않지만 이해의 폭을 넓히고자 하는 의미로 통상적인 용어를 그대로 쓰고자 하는 것과 그 맥을 같이한다.

그리고 통상적인 표현인 서희의 강동 6주에 대하여 '소위'라는 단어를 붙이는 한편, 6주가 아니라 '6주(8성)'라고 표현한 것은 본 필자가 연구한 바로는 주류 강단 사학계가 호칭을 붙인 서희의 강동6주 표현이 잘못되었다는 결론에 따라 '소위'라는 단어를 붙였다. 그리고 '6주(8성)' 표현 역시 연구 결과 6주가 아니고 8성이라는 판단에 따라 이렇게 호칭한 것임을 미리 밝혀두고자 한다. 이에 대하여는 나중에 관련 사항을 살펴보면서 철저히 입증하여 설명하고자 한다.

중국이 우리 민족 계열 고대 국가의 역사를 왜곡 조작하여 모든 것을 요령성 요양 동쪽으로 비정하는가 하면 한반도로 비정하여 놓으면 우리나라 고려 및 조선에서는 이에 적극 호응하여 아예 한반도로 전부 옮겨 비정하여 스스로 선조들의 활동 무대를 한반도로 축소시켜 놓았던 것이다. 요수와 안시성의 경우에도 요수와 안시성을 요령성 요하 인근으로 옮겨버렸다. 이러한 사실을 우리는 그대로 추종하거나 솔선수범하여 받아들였다.

그러나 그들은 다른 연결고리, 즉 요수의 위치를 알려주는 연관된 다른 사항은 미처 옮기지 못했다. 즉 진장성과 갈석산이다. 그런데 일본 식민 사학자들과 식민 사학자인 이병도는 이를 알아채고 진장성을 황해도 수안까지 설치된 것으로 비정하고자 하였다. 그러자 현재 중국은 이에 힘입어 동북공정에 의하여 진장성을 황해도까지 그려 넣고 있다. 이러한 동북공정에 대처하라고 국민세금으로 운영하고 있는 '동북아역사재단'은 그들이 만든 '동북아역사지도'에 중국의 동북공정 왜곡을 그대로 추종하여 평안도에 낙랑군 등을 그려 넣음으로써 고려 및 조선 선조들의 뒤를 이어 나라 팔아먹은 행위를 하고 있는 것이 우리 역사학계이고 우리 주류 강단 사학계인 것이다.

진장성을 한반도까지 그려 넣는가 아닌가가 중요한 것이 아니라 낙랑군이 한반도에 있다면 마찬가지로 진장성도 여기에 있는 것이 된다. 진장성과 갈석산이 없다면 낙랑군도 없는 것이다. 중국사서 기록상 낙랑군 지역에 진장성과 갈석산이 있는 것으로 되어 있기 때문이다. 그래서 일제 식민 사학자들은 낙랑군을 한반도에 확실히 비정하기 위하여 중국사서 기록에 맞추어 진장성을 이곳에 위치시키려 했던 것이다. 그러나 아직 못 옮긴 것이 있다. 옮기려고 했지만 도저히 중국사서에 맞추어 옮길 수 없었던 것이 바로 갈석산이다.

하지만 중국 측은 아예 산과 그 산이 위치한 지명을 동쪽으로 옮겨 원래의 위치에서 동쪽으로 떨어진 하북성 진황 도시로 옮겨놓았다. 여기에 후대의 장성이 확실히 존재하고 있었기 때문이다. 하지만 이것은 진장성이 아니라 명장성이다. 그러나 여기에는 난하와 그 이웃에 대능하만 있을 뿐 요수 즉 대요수와 소요수 그리고 압록수를 대체할 만한 것이 없다. 하지만 창려현과 노룡현을 이곳에 옮겨놓아 이 명칭의 원래 위치인 하북성 보정시 및 석가장시 인근에서 실제 이루어진 역사를 이곳으로 옮겨놓았다.

하지만 같이 있어야 할 갈석산과 갈석산이 있었다는 창려현과 노룡현 그리고 진장성은 하북성 진황도시에 옮겨놓았으나 역시 같이 있어야 할 양평과 소요수, 대요수 그리고 마자수이자 압록수는 이와 다른 곳인 요령성 요양, 혼하, 태자하, 요하 내지는 한반도 북부 혼강(동가강), 예하, 장전하, 압록강 등으로 옮겨놓음으로써 서로 맞지 않는 자체 모순성을 드러내고 있다. 이는 원래 위치에 맞는 곳을 전부 다 일치되게 다른 곳으로 비정할 수 없는 당연한 결과인 것이다.

이와 같은 방식에 의하여 옮긴 것이 바로 '한반도 고착화'이다. 우리 강단 사학계는 중국 측의 이러한 왜곡과 이를 그대로 받아들이고 소중화 사상에 의하여 한반도로 비정하고 일제 식민사학이 완성한 논리를 그대로 받아들여 모든 우리 고대사 활동사항을 한반도에 구겨 넣은 관계로 모든 것에서 자체 모순성을 드러내고 있다. 이것들뿐만 아니라 본 필자의 연구 결과에 의하면 모든 사서의 기록을 제대로 해석한다면 모든 것이 한반도에는 전혀 맞지 않는다는 것이 확인되었다. 본 필자의 이 글에서는 이러한 사항을 밝혀내어 비판하고 원래의 위치에 비정하고 있는 것이다.

이렇게 두 번째 요수는 우리 고대사에 있어서 중요한 사항이다. 그렇기 때문에 이를 자체 모순되게도 왜곡 조작하여 이동시킴으로써 결국 이후에 이루어진 고려시대의 서희의 소위 강동 6주(8성) 중의 하나인 흥화진을 나중의 중국사서 기록(『무경총요』)에서는 요령성 대능하 인근으로 비정하여 놓았다. 물론 흥화진에 대한 위치 비정도 우리 주류 강단 사학계에서는 이를 다시 옮긴 채 한반도 압록강 남쪽(평북 의주)으로 하고 있다. 이것이 우리 고대사의 현실이다. 하지만 흥화진은 당나라 시기의 박작성이요 한나라 시기 이후 계속하여 사서의 기록대로 옛 안평현으로 지금도 그 이름이 남아 있는 하북성 형수시 안평현인 것이다.

그런데도 주류 강단 사학계는 같은 박작성에 대하여는 흥화진과 달리 흥화진으로 비정하는 한반도 의주 북쪽인 중국 요령성 단동시로 비정하는 모순을 저지르고 있다. 하지만 이곳은 고조선, 고구려, 소위 통일신라, 고려가 있었던 곳이다. 그리고 여기에 발해와 거란의 요나라, 여진의 숙여진과 생여진이 있었다. 도대체 맞지 않는다. 주류 강단 사학계의 비정은 일부에만 맞고 전체적으로는 절대 맞지 않는다. 이는 그 비정이 잘못되었다는 것을 의미한다. 전체적으로 모든 사안에 맞아야 한다. 올바른 원래의 위치에 비정하면 모든 사안이 맞게 된다. 이에 대하여는 본 필자가 중국 정사 기록을 증거로 하여 계속 입증해 나갈 것이다.

　이렇게 우리나라 고대사를 왜곡하는 일련의 중국사서 기록들을 살펴보면 중국사서의 민낯을 볼 수 있다. 즉 고대사를 기록하는 중국사서의 경우 필연적인 서로 연관성이 있는 것 중의 일부만을 왜곡하거나 후대에 이르러 이전시대의 기록을 나름대로 해석하여 역사를 왜곡하고 있다. 따라서 어떤 사실에 대한 기록 중 가급적이면 역사적 사건이 발생한 같은 시대에 가까운 기록을 중시하여야 제대로 된 역사를 확인할 수 있지 후대 기록은 이미 왜곡 조작된 기록으로 이에 의하여 역사를 파악하면 안 된다는 것을 명심하여야 할 것이다.

　대표적인 것이 【사료21】『수경주』「대요수」의 기록으로 이 대요수에 대한 기록은 물론 다른 앞선 기록을 참조하여 기록하였겠지만 그 내용을 보면 【사료20】『산해경』「해내동경」을 참조하여 자기 나름대로 기록한 것으로 보인다. 【사료20】『산해경』「해내동경」상의 "~ 위고(衛皐) 동쪽에서 나와"에서 '고'의 한자 '皐'를 풀어쓰면 '白平'이므로 위고의 동쪽에서 나온 것을 위 백평산의 동쪽에서 나온다고 하였다. 『수경』의 저자인 상흠이 다른 어떤 지식이 있어 한자 '皐'가 원래 '白平'을 나타낸다는 것이 사실이기에 이렇게 했는지, 아니면 한자를 풀어서 해석하여 그리하였는지 확인할 수 없지만 원문이나 다름없는 사서의 기록과는 다른 기록을 한 것이 사실이다.

　사실 【사료20】『산해경』「해내동경」상의 하천은 한자가 틀린 '요수(潦水)'이고 【사료21】『수경주』「대요수」상의 하천은 '大遼水, 遼水'로 서로 다른 강을 나타낸 것일지 모르나 같은 강을 지칭하는 것으로 해석되어 왔다. 그래서 그런지 아니면 잘못하여 다른 강으로 하였는지 모르나 앞 사서의 위고 동쪽 내지는 곽박 주석상에 위고산에서 발원한다는 것을 위백평산 내지는 지석산에서 발원하는 것으로 기록하였다. 물론 같은 곳으로 비정되는 곳으로 흘러 들어가는 것으로 기록하긴 하였다.

또한 나중에 살펴보겠지만 하북성 자하(Cihe River, 磁河)로 비정되는 대요수는 고구려의 수나라 및 당나라와의 전쟁에서 나타난 요수인 것이다. 그리고 백랑수와 압록수로 비정한 호타하는 앞서 살펴본 대로 【사료8】『사기』「소진열전」상에 연나라 위치를 나타낼 때 기록한 '안문'이 있는 산서성 삭주시 대현 동쪽이자, 산서성 대동시 동남쪽이자, 하북성 석가장시 서북부 사이인 산서성 흔주시 번치현에서 발원한다. 그리하여 남과 동으로 흘러 역시 같은 기록대로 유성 즉 용성현, 용성인 지금의 하북성 석가장시 정정현을 지나 (대)요수인 자하와 합류한다. 이 기록에 맞는 하천은 현재의 자하와 호타하일 수밖에 없다. 기록대로 모든 지명을 맞추는 것은 본 필자의 역량상 불가능하기도 하지만 역량 내에서 할 수 있는 것을 한다면 다른 책 한 권도 모자랄 만큼 복잡하고 방대한 분량이 될 것이다. 그러므로 이에 대하여는 중요하고 필요한 것은 반드시 그리고 확실히 차례대로 입증해 나갈 것이다.

『후한서』「군국지」상의 소위 연5군 및 낙랑군 현토군 거리 수치는 왜곡 조작되었다.

요수와 관련된 소위 연5군 내지는 한사군인 요동군과 우북평군 그리고 현토군에 대하여 살펴보면 이들은 이미 인용하여 살펴본 【사료10】『후한서(後漢書)』「군국지」상에

> ⑧ 요동군(遼東郡) 낙양(雒陽)에서 동북쪽으로 3600리 떨어져 있다.
> ⑥ 우북평군(右北平郡) 낙양(雒陽)에서 동북쪽으로 2300리 떨어져 있다.
> ⑨ 현토군(玄菟郡) 낙양(雒陽)에서 동북쪽으로 4000리 떨어져 있다.

라고 기록되어 있다. 그러나 이 기록을 한 당시 후한시대는 한나라 시기 즈음에 차지한 중국 민족의 원래 영역을 제외한 소위 동이족 등의 영역을 완전히 상실한 상태의 시기인 것이다. 더군다나 현재의 석가장시 동북쪽에 위치한 고구려가 이전에 중국 한나라가 우리 민족 계열 국가인 고조선으로부터 빼앗고 차지한 영역을 전부 되찾은 상태에서 기록한 것으로 그 위치 기록은 신빙성이 부족한 것으로 평가되어 왔다. 더군다나 이러한 정확한 거리 표시는 당해 사서가 편찬된 (398~445) 동시대에 기록된 것이 아니라 중국의 소위 '춘추필법'이 극에 달한 당나라 이후에 기록된(960~1126) 것으로 평가함이 지극히 타당한 것으로 밝혀졌다.

『후한서』의 실제 판본은 왜곡이 심하게 이루어진 후대에 이루어졌다.

앞으로 이에 대하여 자세히 설명하겠지만 자기들의 역사적 활동을 넓히려면 상대방인 우리 민족 계열 국가인 고조선과 고구려의 영역을 축소하여야 하는 것이다. 즉 상대방의 영역을 줄여야 자기들의 영역이 넓어지는 당위성이 있게 되는 것이다. 그리하여 고조선의 수도 왕검성 즉 평양성을 고구려의 수도 평양성과 연계시켜 착오 내지는 일률적 판단하에 기록하게 되었다.

당나라 시기 이전에는 하북성에 있었던 고조선과 고구려의 평양을 그대로 기록하였지만 이후에는 요령성 요양 인근으로 옮겨놓았다. 고려 말기 이전까지는 이 왜곡된 역사 비정을 그대로 받아들여 사서의 기록은 그대로 하북성의 것으로 따라 기록하면서도 그 위치 비정은 무리하게 중국의 왜곡을 받아들여 요령성 요양 인근으로 비정하였다. 이것이 『삼국사기』와 『삼국유사』이다. 그러나 『삼국유사』는 그래도 이전의 역사 비정을 중시하였다. 즉 단군조선의 역사가 역사서에 편입하는지 여부를 놓고 두 사서가 달랐듯이 역사관이 달랐다. 『삼국유사』는 『삼국사기』와 달리 이전의 역사관 즉 중국의 왜곡으로 달라진 역사관을 받아들이는 데 소극적이었다. 그런데 이후 중국에서도 그렇고 우리나라에서도 그나마 요령성 요양으로 비정하였던 우리 고대 국가의 역사적 활동을 아예 한반도로 옮겨 비정하게 되었던 것이다.

이것에 결정적으로 기여를 한 것이 '기자 동래설'의 적극적인 영입이었다. 즉 기자가 고조선 수도인 평양에 왔는데 그 평양이 고구려 평양이고, 고구려 평양은 한반도 평양이라는 설정이었다. 하지만 이러한 인식에도 조선 초기까지 고구려의 수도가 한반도 평양이라는 역사적 인식은 이루어지지 않았다는 것이 역사적 기록으로 명백히 입증된다. 이에 대하여는 앞으로 '기자조선의 실체' 설명에서 많은 사료를 인용하여 자세히 입증하도록 할 것이다.

그런데 이보다 앞선 시기인 고려시대에 평양에 기자 사당을 설립하여 숭배한 기록이 있다. 그렇다면 고려시대의 이 평양이 한반도의 지금의 평양이라면 조선시대에 몰랐거나 조선의 영역 안에 없다고 할 리가 없는 것이다. 분명히 이곳은 조선시대 평양인 지금의 한반도 평양이 아닌 것이다. 그런데 고려시대의 지리지나 조선시대의 지리지에 의하면 이 평양이 지금의 한반도 평양인 것으로 기록하고 있다. 그래서 주류 강단 사학계는 고조선시대부터 고구려 그리고 고려시대 및 조선시대에 걸쳐 모든 평양을 한반도 지금의 평양으로 비정하고 있는 것이다.

하지만 당나라 이선에 변찬된 모든 중국사서는 고조선 및 고구려의 평양 관련 기록에 하북성을 기록하고 있는 한편 당나라 이후 편찬 기록들은 하북성 위치 기록을 하면서도 이를 왜곡시켜 요령성으로 옮겨 비정하고 있다. 또한 우리나라 사서의 경우 『삼국사기』상의 고구려 평양성 기록인 「지리지」상의 서경과 대동강 기록은 일제 식민 사학자들과 현재 주류 강단 사학계가 이를 지금의 한반도 평양으로 왜곡시켜 놓았지만 정작 해당 기록은 현재의 요령성 요양으로 기록한 것이다. 물론 이것도 중국의 역사 인식을 수용하여 하북성을 요령성 요양으로 왜곡시켜 옮긴 것이다.

『삼국유사』상 고조선 평양성을 서경으로 기록한 것 역시 고려 당시 서경인 지금의 요령성 요양으로 기록한 것이다.『고려사』경우에도 「지리지」상의 북계 서경 유수관 연혁상의 평양은 세 조선의 옛 도읍이자 단군조선의 평양이자 위만조선의 왕험성 평양이자 고구려 장수왕 평양성으로 패강인 대동강이 있는 서경으로 기록하였다. 이곳은 원나라 동녕부를 설치한 곳으로 지금의 요령성 요양임을 분명히 하였다.

하지만 이는 후대의 왜곡된 기록으로『고려사』세가 원전 기록상의 평양은 산동성 졸본성 (남)평양성을 기록하고 있다. 이와 같이 중국사서 기록은 물론『삼국사기』,『삼국유사』,『고려사』기록은 모두 원본은 하북성 평양성과 산동성 졸본성 (남)평양성을 기록하면서도 정작 요령성 요양으로 비정하고 있어 한반도 평양으로 비정하는 기록은 전혀 없다.

단지 요령성 요양의 서경과 패강과 대동강 그리고 원나라 동녕부를 왜곡 해석하여 한반도 평양으로 비정하고 있을 뿐이다. 이와 같이 모든 기록에는 초기에는 산동성에 있었던 고구려 졸본성인 고구려 남평양과 나중의 고구려 평양성이자 원래 위만조선의 평양성이었던 하북성 평양성 그리고 이곳에서 옮긴 서경인 요령성 요양 등 세 곳이 모두 혼돈되게 '평양'으로 기록되어 있다는 것을 확인할 수 있다. 고려시대조차 지금의 한반도 평양을 평양이라고 한 사실이 없다. 이런 이유로 조선 초기 즉『고려사』가 편찬되는 당시 그리고 그 이후에도 기자 사당이 있는 평양과 고구려 수도 평양을 한반도 내에서 찾지 못한 것이다.

이것이 고려시대까지의 평양이 한반도에 있지 않음을 입증하는 것이다. 실제로 평양은 조선시대 지금의 평양에 '평양부'를 설치하기 전에는 지금의 평양은 이전의 그 어떠한 즉 고조선, 위만조선, 고구려, 고려 서경인 평양이 아니었던 것이다. 그러므로 중국사서와 우리 사서 등 사서 기록상 우리나라 역사상 '평양'은

① 하북성 위만조선 평양성
② 산동성 고구려 졸본성인 나중의 남평양인 평양성
③ 고구려 천도지 하북성 평양성(=①위만조선 평양성)
④ 왜곡시킨 하북성 진황도시 노룡현
⑤ 왜곡시킨 위만조선 평양성 위치인 고려 서경 평양성인 요령성 요양
⑥ 왜곡시킨 위만조선 평양성이자 고구려 및 고려 서경 평양성인 지금의 한반도 평양 등 여섯 가지가 있다.

■ [그림3] 고대사 평양 여섯 가지

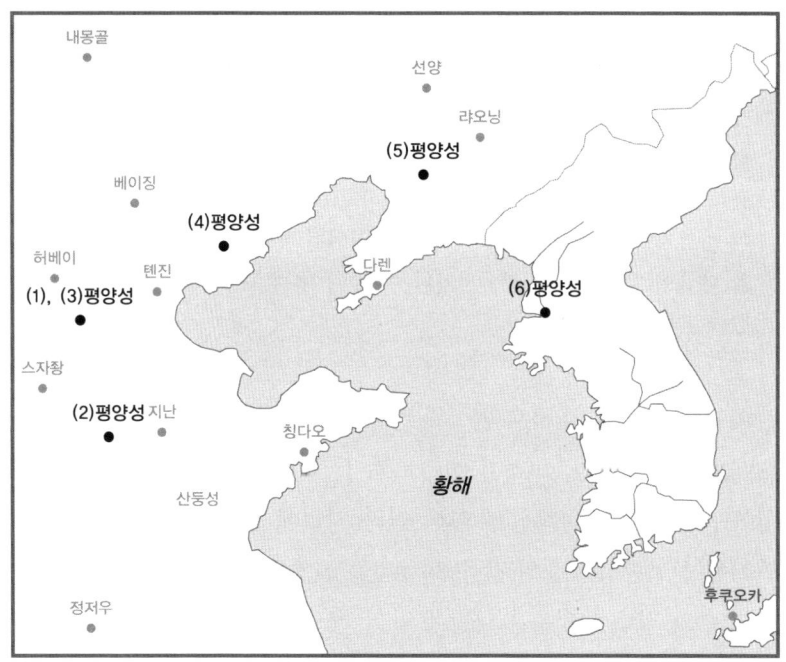

> 사서기록상 우리나라 평양은 여섯 가지가 있다. 그러나
> 한반도 평양은 사서기록상 왜곡되기 이전에는 존재하지 않았다.

여기서는 이를 단적으로 설명하는 기록만 우선 소개하고 다음에 자세히 입증하여 설명하도록 할 것이다.

【사료27】『고려사』「권15 세가 권제15」 인종(仁宗) 4년 12월 1126년 12월 12일(음) 계유(癸酉), 1127년 1월 26일(양)

금에 사신을 보내 선유사 파견에 사례하다.
계유 금(金)에 위위경(衛尉卿) 김자류(金子鏐)와 형부낭중(刑部郎中) 유덕문(柳德文)을 보내 선유사(宣諭使)를 파견한 데에 사례하였다. 표문(表文)에 이르기를, "고백숙(高伯淑)이 와서 은밀히 황제의 뜻을 전하였는데, '보주성(保州城) 지역을 고려(高麗)에 귀속시키고 다시는 수복(收復)하지 않겠다.'라고 하였습니다. 가만히 생각하건대, 고구려[勾麗]의 본토는 저 요산(遼山)을 중심으로 하였고, 평양(平壤)의 옛 터는 압록강(鴨綠江)을 경계로 하였는데, 여러 차례 바뀌어 변하였습니다. 그러다가 우리 선조(祖宗) 때에 북쪽으로 요(遼)가 겸병(兼幷)하고 삼한(三韓)의 영토까지 침범하여 와서, 비록 수호를 강구하기는 하였지만 옛 땅은 돌려받지 못하였습니다. ~ 이 동쪽 바닷가의 작은 땅은 본래 우리나라의 변경 지역이었다가 비록 예전에 거란(契丹)에게 빼앗기기는 하였지만, 이미 선대로부터 은혜를 입었던 데에 이제 다시 특별한 은택을 베풀어 우리나라에 예속시키니 이 일이 어찌 요행으로 이루어진 일이겠습니까? ~

이 기록은 나중에 서희의 소위 강동 6주(8성)와 고려 천리관성을 다루면서 설명하겠지만, 고려가 신라로부터 그대로 물려받은 영역인 당시 압록수인 지금의 하북성 호타하 인근 지역에 고려가 건국되고 난 후 여기에 천리관성과 소위 강동 6주(8성)를 설치한다. 1015년 고려는 이곳 즉 보주와 정주 지역을 요나라에 탈취당하였다. 그런데 여진족이 금나

라(1115~1234) 건국 후인 고려 예종 12년(1117)에 요나라를 공격하여 이 지역을 빼앗아 고려에 돌려준 것에 대한 답례를 하는 기록이다. 고려는 이곳에 다시 추가로 천리관성을 설치하였다.

물론 주류 강단 사학계는 이곳을 지금의 한반도로 비정하고 있지만 이는 역사 조작이 분명하다. 그리고 주류 강단 사학계를 비판하는 비주류 강단 사학계와 재야 민족 사학계는 이 압록강을 현재의 요령성 요하로 비정한 이 보주성 지역과 평양의 옛 터를 지금의 요령성 요양 인근으로 비정하고 있다. 하지만 이 글에서 보주와 거란의 영역과 위치 그리고 요산(오어산)에 대하여 입증하여 설명하겠지만 이곳은 요령성이 아니라 하북성 당시 마자수이자 압록수인 호타하 인근이다.

이 설명에서 보주성과 요산과 압록수는 지금의 하북성 호타하 지방으로 이곳이 바로 동쪽 바닷가의 작은 땅으로 당시 압록수인 지금의 호타하 하류인 천진만 바닷가인 것이다. 그리고 이 기록상의 평양성은 위만조선의 도읍이었던 하북성 평양으로 여기에 고구려가 장수왕 시기에 천도하여 고구려 도읍 평양성이 되는 곳이다. 그런데 이 기록에서 평양이 여러 차례 변하였다고 하였다. 우리 고대사에 있어서 그리고 우리 고대사 기록에 있어서 평양은 여러 곳이었다.

하지만 분명히 고려시대까지 한반도 평양은 중국사서를 비롯한 모든 기록에 전혀 없었다. 『삼국사기』상 한반도로 비정한 「지리지」상의 각 지방 기록과 『삼국유사』상 「남부여, 전백제, 북부여」상의 백제 관련 위치 기록상 한반도 비정으로 특히 심하게 주석을 단 기록과 『고려사』「지리지」상의 이중적인 기록상 한반도 비정 기록이 있을 뿐이다. 이 같은 『삼국사기』나 『삼국유사』상의 일부 기록은 편찬 당시보다는 이후의 재판 과정에서 조작이 의심된다.

특히 『삼국사기』의 경우 1512년(중종7)의 정덕본 재판 때 많은 부분이 조선 주자학 제일주의의 소중화 사대주의에 의한 한반도 고착화에 따라 대부분의 지명이 한반도로 고쳐진 것으로 의심되는 것이다. 또한『고려사』「지리지」상의 이중적인 기록은 편찬 당시인 조선 초의 왜곡된 역사 인식에 의한 기록이 분명하다.『고려사』는 편찬 과정상 주자학 제일주의에 의한 소중화 사대주의로 왜곡이 있을 수밖에 없었다. 하지만『고려사』「지리지」상의 일부 기록을 제외한 고려시대의 모든 기록상의 평양은 한반도가 절대 아닌 것은 분명하다.

명·청대 이후 중국의 학자들과 사가들 그리고 우리나라 고려 및 조선의 사가들은 우리 민족국가인 고조선과 고구려의 역사적 활동을 한반도 내지는 인근으로 한정하게 되었다. 이를 반영하여 중국의 학자와 사가들은 이전의 사서 주석을 이에 맞추어 달게 되었다. 심지어 『후한서』「군국지」같은 이전의 사서 원본에도 손을 대어 조작을 하였던 것으로밖에는 달리 평가할 수 없게 만들었다.

특히 거리 수치를 표기한 사항은 조작 내지는 왜곡 가능성이 높다는 아니 확실하다는 것이다. 특히 가장 오래된 거리 수치를 표기한 당해 기록인『후한서』「군국지」의 경우, 당나라 시기 이전인 398~445년에 편찬된 것으로 되어 있으나 실상은 당나라 시기(618~907)가 지난 북송 시절인 960~1126년에 제대로 갖춰져 판본이 이루어진 것으로 확인되고 있어 당나라 시기의 중국 고유의 역사 왜곡인 '춘추필법'의 영향을 받은 것이다. 그래서 앞선 시기에 편찬된『후한서』「군국지」와『구당서』및『신당서』상의 왜곡 사항인 낙랑군의 위치가 각각 낙양과 장안으로부터의 거리에 있어서 각각의 출발점인 낙양과 장안 사이의 거리가 약 700~800리가 됨에도 같이 5,000리(구당서)와 5,100리(신당서)로 거의 통일해 놓은 것에서 확인되는 것이다. 정확히 한다면『후한서』「군국지」상에 낙랑군이 낙양에서 5,000리라 한다면『구당서』및『신당서』에서의 낙랑군은 장안에서 5,700리~5,800리라고 하여야 올바른데 이를 같은 거리로 하였다는 것은 같은 시기에 같게 만들어놓은 가능성이 많은 것이다.

　중국사서의 경우 이러한 가능성을 열어두고 많은 관련 사서를 비교 검토하여 합리적인 해석을 하여야 한다. 사실『후한서』「군국지」상의 거리 기록은 위의 낙랑군(5,000리), 현토군(4,000리)은 물론이거니와 이외 요동군(3,600리) 등도 실제와는 너무 멀게 기록된 것이라고 할 수 있다. 실제 이들의 위치는 이웃에 몰려 있었던 것으로 거리상 차이가 그리 많이 나지 않는다. 그러므로 이는 조작이 틀림없다. 동쪽으로 멀리멀리 늘려 펼쳐 놓으려는 한편 한반도 인근으로 비정하려는 의도에서이다.

　신채호 선생을 비롯하여『삼국사기』,『삼국유사』편찬자들은 이러한 기록들을 보고 고구려와 고조선의 도읍지를 이곳으로 비정하였다. 우리나라『삼국사기』와『삼국유사』도 마찬가지이지만 많은 중국 사서가 혼돈된 역사 인식, 특히 위치에 있어서 그 이동을 감안하지 않고 원래의 위치에 있던 하천이나 지명을 나중에 옮긴 위치에 비정하는 오류를 범하고 있다.

　『후한서』「군국지」와『구당서』및『신당서』상의 거리 수치가 왜곡 사항으로 확인되는 근거의 이유 중 하나는 도저히 거리 수치에 의해서는 그 사서의 다른 관련 기록을 바르게 해석할 수 없기 때문이다. 즉 그 사서의 내용이 수치 기록과는 맞지 않는 자체 모순적인 사실이 드러난다는 것이다. 또한 그 수치가 지금의 일제 식민사학이 이와 같은 중국과 우리나라 고려 및 조선 유학자들의 역사 왜곡을 근거로 식민사학을 완성한 사항 및 논리와 들어맞는 것에서도 그렇게 판단할 수밖에 없다.

　이같이『후한서』「군국지」상의 소위 연5군 및 현토군과 낙랑군의 거리 수치 및 두『당서』「고구려」전의 고구려, 낙랑군에 대한 거리 수치가 조작되었다는 사실은 중국사서 기록에서 스스로 밝혀지는 것이다. 즉『후한서』「왜」전을 비롯하여『수서』「왜」전까지 중국 여러 사서상에 왜는 대방 및 낙랑군과 12,000리 떨어져 있다고 하였다. 그런데 두 『후한서』 「왜」 전에는 왜가 경사 즉 당나라의 수도인 장안 즉 현재의 서안(시안)시로부터 14,000리 떨어져 있다고 하였다. 그렇다면 서안시로부터 대방 및 낙랑군은 2,000리 떨어진 것이 된다. 물론 방향이 틀리지만 중국사서 기록의 연계성 및 연속성에 의하면 그 수치는 맞는 것이다. 따라서 두 『당서』 「고구려」 전의 고구려, 낙랑군에 대한 거리는 5,000리 내지는 5,100리가 아니라 2,000리인 것이다.

이는 대방, 낙랑군이 요령성이나 한반도가 아닌 하북성에 있었다는 것이다. 따라서 『후한서』 「군국지」상의 소위 연5군 및 현토군과 낙랑군의 거리 수치 및 두 『당서』 「고구려」 전의 고구려, 낙랑군에 대한 거리 수치가 조작되었음이 증명되는 것이다. 그럼에도 불구하고 우리나라 주류 강단 사학계에서는 이를 자신들의 식민사학을 이어받은 논리에 맞는 것으로 하여 자신들의 논리를 합리화하고 있다. 즉 거리 수치는 그대로 받아들여 위치를 비정하면서도 거리 수치 외의 사항에는 눈을 감아버린 채 무시하는 자기 편의적인 행태를 보인다는 것이다.

관련 기록 내용을 조금만 살펴보아도 도저히 그 수치가 맞지 않는다는 것을 알면서도 이를 자신들의 합리화 작업에 이용하고 있다. 이는 학자나 전문가로서는 있을 수 없는 일이다. 그래서 우리나라는 더 이상 고대사 학문에 발전이 없는 것이다. 학자라면 당연히 면밀히 연구하여야 하나 그렇게 하면 자신들의 논리가 깨지기 때문에 하지 않거나 할 수 없는 것이다. 이에 대한 작업을 오히려 재야 민족 사학계나 비주류 강단 사학계에서 하고 있는 이상한 상황이 벌어지고 있는 것이 우리나라 역사학계의 현주소이다. 이와 같은 연구에 의하여 주류 강단 사학계를 비판하면 그 대응은 오로지 무대응이다. 그래도 본인들이 장악한 역사학계에서 바꾸어야만 바뀌는 우리나라 역사학은 바꾸지 않고 그대로일 수 있기 때문이다. 그러면서 어쩌다 대응한다. 학문적으로 비판하는 상대방에 대하여 위대한 국가를 갈망하는 욕망에 사로잡힌 유사, 사이비 학자들의 비학문적 주장으로 치부한다.

그래서 본 필자가 부족하지만 학문적으로 이에 대하여 비판하고자 본 글을 쓰고 있는 것이다. 【사료10】『후한서(後漢書)』「군국지」1. 유주 당해 기록에 의하면 앞의 군 이외에도 상곡군 3,200리, 어양군 2,000리, 요서군 3,300리, 낙랑군 5,000리로 되어 있어 거리 순서대로 나열하면 어양군(2,000리), 우북평군(2,300리), 상곡군(3,200리), 요서군(3,300리), 요동군(3,600리), 현토군(4,000리), 낙랑군(5,000리) 순서이다. 현재 구글 지도 거리 측정 프로그램에 의하여 직선거리로 측정한 결과는 다음과 같다.

■ [도표2] 연5군 및 현토·낙랑군 거리 적용 (『후한서』「군국지」)

구분	해당군	리	1리=0.39km	1리=0.13km	적 용
1	어양군	2,000	780	260	낙양시~석가장시=422km
2	우북평군	2,300	1,170	390	낙양시~북경시=679km
3	상곡군	3,200	1,248	416	북경시~요양시=59km
4	요서군	3,300	1,287	429	요양시~평양시=328km
5	요동군	3,600	1,404	468	낙양시~요양시=1,276km
6	현토군	4,000	1,560	520	낙양시~평양시=1,605km
7	낙랑군	5,000	1,950	650	

이에 의하여 현재 도량형 환산인 1리=0.39km에 의하면 어양군, 우북평군, 상곡군, 요서군 등은 북경시를 넘어 요령성 요양 지방 이전까지, 요동군은 요령성 요양시를 넘는다. 그리고 현토군은 요령성 요양을 넘어 한반도 압록강 이남 지방까지에, 낙랑군은 한반도 평양 이남 지방과 일치한다.

하지만 나중에 설명하겠지만 직선거리가 아닌 실제 도보거리로 환산한다면 직선거리의 1/3 정도 된다고 보아 이를 적용하면 어양군·우북평군·상곡군·요서군 등은 석가장시 인근까지, 요동군은 석가장시를 넘어선 지점까지, 현토군과 낙랑군은 석가장시를 넘어서 북경시 이전까지로 비정된다.

그러나 모든 관련 사서 기록을 보면 연5군은 지금의 석가장시를 중심으로 서북부, 북부, 동북부, 동부 등으로 비정되기 때문에 이 수치는 확실히 오류인 것으로 확인된다. 이것이 잘못된 수치라는 것은 앞에서 언급하였지만 관련 사서 기록 모든 내용이 맞지 않는다는 것 외에 다음의 세 가지 커다란 전제적인 오류가 있음을 확인할 수 있다. 설사 잘못된 수치라 하더라도 주류 강단 사학계가 비정하는 요동군의 압록강 내지는 청천강까지 그리고 낙랑군의 한반도 평양은 절대 아닌 것이다.

중국 고대 사료의 거리 수치는 직선거리가 아니라 도보 가능 거리 개념이다.

그것은 첫 번째 당시 사료 기록에는 거리 수치를 직선거리로 인식하거나 표기하지 않았다는 사실이다. 즉 말이나 수레, 도보 등 걸어갈 수 있는 길 거리로 표시하였다는 사실이다. 현대 지도상 직선거리로 1,000리의 경우 이를 걸어갈 수 있는 길로 마차에 거리 측정기를 달고 목적지를 가면서 그 거리를 측정할 경우 2배인 2,000리도 나올 수 있다는 것이다. 따라서 지금의 현대 지도상 직선거리로 고대사서의 거리 수치를 단순 비교한다는 것은 잘못이자 오류이다. 그런데도 주류 강단 사학계와 이 글의 비판 대상인 글에서는 일률적으로 늘어선 연5군을 지도에 표시하였다.

두 번째는 당시 소위 5군 즉 어양군, 우북평군, 상곡군, 요서군, 요동군은 연나라 소왕 시기의 진개 장군에 의한 동호 내지는 고조선 침입에서 획득한 1,000리 내지는 2,000리 영역에 설치한 것을 전제 조건으로 한다. 본 필자가 나중에 자세히 설명하겠지만 고조선 침입에 의한 1,000리 내지는 2,000리 영역 획득 사실은 허구이다. 단지 조그마한 영역을 획득하였으나 이내 다시 빼앗겼고 진나라 시기에 이 중 일부 지역에 소위 연5군을 설치하였다.

여기서 '소위'라는 단어를 쓴 이유는 본 필자는 연5군이라는 역사적 용어를 인정하지 않는다는 것을 의미한다. 왜냐하면 소위 연5군은 사료상 연나라가 설치하지 않고 진나라가 설치한 것으로 기록되어 있기 때문이다. 하지만 통상적으로 쓰기 때문에 이 단어를 부득이 사용하되 '소위'라는 단어를 붙인 것이다. 앞으로도 이 글에서 소위라는 단어를 붙이는 경우 이와 같다고 보면 된다.

이후 한나라 시기에는 이 영역 인근에 있었던 위만조선을 멸하고 이 자리에 낙랑군과 현토군이 설치된 것이 역사적 사실이다. 이에 대하여는 나중에 자세히 설명이 될 것이다. 따라서 연5군과 낙랑군과 현토군은 원래의 연나라에서 멀지 않은 곳에 위치해 있었고 그곳은 또한 원래 고조선과의 경계로 고조선이 위치해 있었다. 이곳은 원래 낙랑 지역으로 원래 고조선 낙랑 지역에 낙랑군과 현토군을 설치한 것이다. 이것은 중국사서가 입증하는 것이다.

【사료28】『원사』「지리지 요양등처행중서성 동녕로」

동녕로(東寧路). 본래 고구려(高句驪) 평양성(平壤城)으로 또한 장안성(長安城)이라고도 하였다. 한(漢)이 조선(朝鮮)을 멸하고 낙랑(樂浪)·현토군(玄菟郡)을 설치하였는데, 이것이 낙랑지역이었다. 진(晉) 의희(義熙) 연간 후반에 그 왕 고련(高璉)이 처음으로 평양성(平壤城)에 머물렀다[居]. 당(唐)이 고려

> (高麗)를 정벌할 때 평양(平壤)을 공략하여 그 나라가 동쪽으로 옮겨 압록수(鴨綠水)의 동남쪽 1,000여 리 되는 데에 있었는데, 평양의 옛터가 아니었다. 왕건(王建)에 이르러 평양이 서경(西京)이 되었다. 원(元) 지원(至元) 6년(1269)에 이연령(李延齡)·최탄(崔坦)·현원열(玄元烈) 등이 부주현진(府州縣鎭) 60개 성(城)을 가지고 와서 귀부하였다.〈지원〉 8년(1271)에 서경을 고쳐 동녕부(東寧府)라고 하였다.

이러한 사항은 이외에도 많은 사서가 동일하게 증거하고 있다. 이에 대하여는 나중에 상세히 인용하여 설명할 것이다.

> 고조선 낙랑 지역에 설치된 낙랑군과 현토군 그리고 고구려 평양성은 하북성에 있었는데 나중에 요령성 요양으로 옮겨졌음이 사서기록에 의하여 입증된다.

세 번째 연5군에 대한 모든 사서기록과 맞지 않을 뿐만 아니라 특히 연5군을 흐르는 하천의 기록에 의하면, 연5군의 수치대로 일률적으로 동쪽으로 순차적으로 퍼져 있는 것이 아니고 어울려 모여 있는 것으로 확인된다.

> 고대사에 대한 주류 강단 사학계의 학문적 성과는 해방 후 77년이 지난 현재까지 전혀 없는 상황이다.

그런데도 주류 강단 사학계는 이러한 사항을 상세히 검토 연구하지 않은 채【사료10】『후한서(後漢書)』「군국지」1. 유주상의 거리 수치를 자신들의 논리 즉 요동군은 요하 이동 지방까지, 현토군은 한반도 북부 지방에, 낙랑군은 한반도 평양 지방에 위치를 두는 논리에 그대로 적용하고 있다.

또한 수치의 부정확성 가능성에 염두를 두고 먼저 순서인 연나라와 그 경계 및 고조선의 위치를 먼저 연구하여 살피고, 그 다음으로 연나라의 1,000리 내지는 2,000리 영역 획득의 사실 여부를 분석 연구하여야 하는데도 이에 대하여는 연구하지 않고 그대로 맹신하여 따른 채 이를 전제로 한 연구만 있을 뿐이다. 이는 연구도 아니다. 전제가 잘못이면 그 전제를 기반으로 한 연구는 전적으로 잘못인 것이다. 이러한 태도는 고려 및 조선시대 이후 일제 강점기를 거쳐 현재까지 그대로 이어져 내려오고 있다. 이에 대한 비판이 있음에도 이러한 비판은 비학문적인 주장이라고 비난하면서 자기들의 주장을 고수하고 있다.

그래서 국사편찬위원회의 한국사 데이터베이스상의 주석란에 일제 강점기의 일본인 학자와 당시 식민 사학자인 이병도의 주석이 아직도 무수히 달려 있는 것이 이를 증명한다. 이와 관련하여서는 두 가지 오류 사항도 문제이지만 오류 이전에 여러 사서의 비교 분석에 의하면 【사료10】『후한서(後漢書)』「군국지」1. 유주상의 거리 수치는 앞에서 살펴본 대로 중국사서상 「왜」 전에서의 대방, 낙랑군과 왜와의 거리 수치 비교에 의하여 후세의 조작이라는 주장에 확신을 가질 수밖에 없는 오류로 판단하여야 당연한 것이다.

여러 사서를 분석하면 무수히 그리고 얼마든지 오류임을 밝힐 수 있다. 하지만 그럴 필요도 없다. 관련 자료 중 일부 즉 본 필자가 인용하여 소개한 위의 자료와 일부 다른 자료(이것도 본 필자가 순서에 따라 제시할 것이나.)만 가시고노 충분히 오류성을 밝힐 수 있다. 그 오류는 바로 낙랑군 평양설과 주류 강단 사학계의 그동안의 논리 오류와 일맥상통한 것이기도 하다.

> 국사편찬위원회의 고대사 공식 해석은
> 일제 식민 사학자들의 주석으로 가득하다.
> 이를 식민사학 추종이라는 것에 동의하지 않는다면
> 이후 별다른 연구가 없었다는 것은 동의하여야 한다.

이러한 논리의 오류는 먼저, 주류 강단 사학계가 위의 【사료10】 『후한서(後漢書)』「군국지」1. 유주상의 거리 수치를 위의 두 가지 커다란 오류 가능성과 확실성을 전혀 고려하지 않고 수치 그대로 적용한 채 순서와 수치대로 어양군(2,000리), 우북평군(2,300리), 상곡군(3,200리), 요서군(3,300리), 요동군(3,600리), 현토군(4,000리), 낙랑군(5,000리)을 나열하여 결국 요서군은 요하 서쪽에, 요동군은 요하 동쪽부터 압록강까지 심지어는 한반도 청천강까지, 현토군은 한반도 북부에, 낙랑군은 한반도 내 평양에 위치한 것으로 하였다. 너무나도 엄청난 면적의 크기이다. 만약 연나라가 이 땅을 차지하였다면 아마 전국시대 통일은 진나라의 진시황이 아니라 연나라가 했을 것이다.

나중에 살펴보겠지만 연나라는 전국 7웅 가운데 최약소국이었다. 그런데도 주류 강단 사학계는 자기들의 논리를 위하여 약소국이었던 연나라를 강대국으로 애써 강조하고 있다. 이는 세계 역사상 아이러니이다. 물론 자기 역사 활동 상대방을 축소시키는 것도 문제이지만 과대 포장하는 사례는 전혀 없다. 그런데도 우리나라는 우리 민족 고대 국가의 역사 활동 상대방인 연나라와 선비족 국가에 과대 포장이 심하다. 이것은 그로 말미암은 것이 자기들 논리 즉 한반도에 치우쳐 있는 우리 고대 국가 논리에 맞기 때문이다.

그리고 위의 두 가지 오류 중 하나로 연의 진개 고조선 침입 2,000리 설은 허구이거니와 설사 일부 사실이더라도 일부 영역을 확보하였다가 이후에 다시 고조선에 상실한 것이 역사적 사실로 기록으로 입증된다. 광대한 연5군 영역 설정은 그들이 비판하는 자들에게 비난하는 바와 같은 욕망에 의한 공상 과학 소설에서나 가능한 것이다. 이것은 이후 중국 사학자나 학자들이 우리나라 고려 및 조선 유학자들의 소중화 사상 및 기자조선 평양 동래설에 힘입은 '춘추필법'에 의하여 과장 조작한 것이다. 이것은 본 필자가 제시하는 몇 가지 사실만으로 충분히 배척할 수 있으며 이후 본 필자가 다른 사항에서 다루게 될 사항으로 충분히 입증될 수 있을 것이다.

[『후한서』「군국지」연5군 및 한2군의 거리 수치 조작에 대하여]

- 백랑수가 소위 연5군 및 한2군에 대한 주류 강단 사학계의 비정을 부정한다.

우선 위의 【사료21】『수경주』「대요수」, 「소요수」상에 백랑수는 우북평군, 요서군, 요동군 3개 군을 두루 흐르는 것으로 되어 있다. 그렇다면 주류 강단 사학계가 비정하는 대로 우북평군, 요서군, 요동군의 동서로 일렬로 늘어선 넓은 영역에 어떤 하천이 두루 흐를 수 있는지 심히 의심스럽다. 그러한 하천은 없다. 즉 중국 측과 주류 강단 사학계가 비정하는 현재 하북성 진황도시 북부의 우북평군, 현재 조양시 동북부의 요서군, 현재 요하 동쪽의 요동군을 두루 흐르는 하천은 없는 것이다. 이 지역은 워낙 넓기도 하지만 그 위치가 사서기록과 전혀 다르다. 시시기록상의 지명을 모두 왜곡하여 주장하는 관계로 나열해 보았자 논쟁만 가열될 뿐이지만 결정적인 단서는 삼연(전연, 후연, 북연)의 도읍이었던 용성의 서쪽을 지난다는 것이다. 용성에 대해서는 나중에 살펴보겠지만 물론 이도 중국 측은 다른 여러 가지와 함께 지금의 요령성 조양시로 조작하여 이동시켜 놓았지만 지금의 하북성 석가장시 정정현 융흥사(隆興寺) 인근이 분명하다. 이곳의 서쪽을 지나는 하천은 당시에는 어떠한 다른 하천이 있었는지 모르지만 현재의 호타하 즉 당시의 압록수이자 마자수였던 이 하천밖에는 없는 것이 분명하다. 물론 위의 사서기록상에 위나라 조조가 오환 선비 즉 현재의 산서성 흔주시 인근에 있었던 이 세력을 진압하기 위해 왔다가 백랑수가 흐르는 백랑산에 올라 유성을 바라보았다고 하였는데 이 유성이 바로 하북성 석가장시 정정현 용성 인근인 것이다. 이곳의 서쪽을 흐르는 하천은 압록수이자 마자수였던 호타하밖에는 없다.

이곳 인근에서 우북평군과 요서군 그리고 요동군은 가까이 있어 서로 인접해 있지【사료10】『후한서(後漢書)』「군국지」1. 유주상의 거리 수치대로 우북평군(2,300리), 요서군(3,300리), 요동군(3,600리)과 같이 1,000여 리 이상 떨어져 있거나 주류 강단 사학계가 비정하는 대로 동서로 길게 나열해 멀리 떨어져 있지 않은 것이다. 더군다나 요수로 비정하는 현재의 요령성 요하를 가운데 두고 요수와 나중에 합류하는 백랑수가 서로 연결될 수도 없고 그러한 강은 존재하지 않는다. 본 필자가 백랑수로 비정하여 기록상과 일치하는 호타하 즉 열수로써 나중의 압록수는 본 필자가 앞에서 열수로 비정하면서 설명한 대로 현재 이 강은 중국 안문이 있는 산서성 삭주시 대현 동쪽이자, 산서성 대동시 동남쪽이자, 하북성 석가장시 서북부 사이인 산서성 흔주시 번치현에서 발원한다.

그 후 연나라 남쪽으로 사서에 기록되어 있는 산서성 흔주시 대현의 안문 남부를 지나 요서군으로 비정되는 현재 하북성 석가장시 정정현에 위치한 요서군 창려현과 용성현의 용성 서쪽을 지나 요동군 지역이었던 지금의 안평현 서쪽으로 당시의 서안평현에 도달한 후 창주시 헌현 서부에서 부양하(fuyang river, 滏陽河)를 만나 자아하(Tzu-ya river, 子牙河)가 되어 나중에 역수와 만나 천진만으로 흘러 들어간다. 그리하여 【사료21】『수경주』「대요수」, 「소요수」 등의 백랑수 경로와 일치하는 것이다. 이러한 하천의 흐름을 이 사서에서는 단지 산서성에서의 발원지와 여기서 흐르는 것은 기록을 생략한 채 우북평군으로 비정되는 하북성 석가장시 정정현 서북쪽으로부터 요서군으로 비정되는 하북성 석가장시 정정현 일대와 그 이후 그 동쪽의 요동군 지역에서의 흐름만을 기록한 것이다.

　여기서 유념하여야 할 사항이 있다.

① 고대 하천을 확인함에 있어 중요 사서기록인 【사료21】『수경주』「대요수」, 「소요수」의 혼란성과 신뢰성 문제이다. 이는 나중에 살펴볼 패수 기록에 의해서도 확인되는 사항이다. 사실 이 사서는 이러한 여러 가지 불신적인 사항에 사서기록상 신뢰성을 전통적으로 의심받아 왔다. 하지만 패수에 대한 기록이 주류 강단 사학계가 비정하는 한반도 평양 인근의 대동강과 비슷한 관계로 일제 식민 사학자들과 같은 곳을 비정하는 주류 강단 사학계는 이 사서기록을 유달리 신뢰하고 있다. 문제가 되는 것은 하천의 흐름 기록이다. 나중에 살펴볼 패수의 경우도 어느 곳에도 없는 하천의 흐름인 서북쪽으로 흐르는 것으로 패수의 흐름을 기록해 놓은 바와 같이 분명히 원기록인 『수경』에는 대요수와 소요수가 상식적으로도 맞는 하북성 석가장시 북부를 흐르는 강의 흐름과 같은 동남쪽으로 흐른다고 기록한 것을 왜곡하여 『수경주』에는 서남쪽으로 흐른다고 기록하였다. 이로 말미암아 일제 식민 사학자를 비롯하여 중국 측과 우리나라 주류 강단 사학계는 물론, 이를 비판하는 비주류 강단 사학계와 재야 민족 사학계조차 이러한 조작 사실은 파악하지 않고 그대로 해석하여 요령

성 하천으로 비정하는 등의 혼란을 야기하고 있다. 단지 하천의 흐름에 의한 하천 비정뿐만 아니라 이 하천 흐름과 관련되어 나타나는 많은 지명을 옮기어 왜곡 비정하는 탓에 우리 고대사가 왜곡 비정하게 되고 있다.

마찬가지로 백랑수 역시 용성 등의 여러 하천이 흐르는 위치는 분명히 하북성 석가장시 인근인데도 정작 이곳을 흐르는 하천의 흐름은 이 지방의 하천의 흐름인 동남쪽 방향이 아니라 서남쪽 내지는 서북쪽이다. 이는 나중에 살펴볼 패수의 흐름과 같으며 하북성이나 요령성 그리고 한반도에도 존재할 수 없는 하천 흐름이다. 이는 이 사서 기록을 백랑수, 대요수, 소요수, 패수 등의 모든 기록을 후대에 조작한 것이 틀림없다고 하여야만 합리적인 판단이 될 수 있다.

사서 기록의 후대 조작은 단지 사서 원본에 손을 대는 것이 아니라 판본을 할 때 일부 글자를 달리하는 것으로 할 수 있다. 따라서 판본마다 글자가 달리 나타나는 사례가 많다. 대표적인 것이 논란의 광개토대왕 비문이다. 이 같은 경우는 우리나라 사서인 『삼국사기』 원본 일부 및 특히 「지리지」에서도 확인된다. 본 필자의 이 글에서 나중에 살펴볼 나당연합군에 의한 백제 및 고구려의 멸망 후 신라와 당나라의 싸움 즉 나당전쟁의 위치를 실제 발생 장소인 하북성 내지는 요령성에서 한반도 내로 조작하기 위하여 실제 그 사건이 벌어진 성(城)의 명칭을 이전과는 다른 전혀 생소하지만 같은 성으로 유추 가능하거니와 다른 사서기록에 의하여 입증이 가능한 것으로 확인되는 사항이다.

② 따라서 이 사서기록에 의하여 그 하천 및 그 하천의 위치를 비정함에 있어 흐름을 따라서 비정하다 보면 혼란과 왜곡이 있을

수밖에 없다. 그러므로 그 하천이 흐르는 곳의 위치 즉 백랑수의 경우 우북평군, 백랑현, 광성현, 석정천수, 석성산, 석성현, 백록산, 백랑산, 유성, 창려현, 고평천수, 왜성, 유루성, 자로수, 용성, 용성현 등의 위치를 확인하면 된다. 물론 현재와 명칭이 달라 많은 부분 확인되지 않는다면 확실히 확인되는 것만 확인하면 된다.

③ 물론 이것에 더불어 반드시 거쳐야 할 것이 역사적인 사항이다. 위의 백랑수 경우 공(公)이라고 기록한 조조의 오환선비족 정벌 사항이 어디에서 이루어졌는지, 삼연의 수도인 용성의 경우 삼연의 주요 활동 지역 및 도읍이 어디였는지 확인하여야 한다. 즉 고대 활동 사항에 대한 여러 기록의 비정이다.

④ 그리고 고대의 행정구역과 명칭은 변화가 많았다. 물론 시기가 가까운 경우에는 큰 변화 없이 인근에서 이루어지지만 우북평군은 요서군과 더불어 위치와 소속현이 시대에 따라 변동되었다는 것이다. 그래서 시기에 따라 위치와 소속현이 달라지는 것이다. 물론 중국의 경우 우리 고대사와 관련된 수많은 지역이 하북성에서 동쪽 하북성이나 더 멀리 요령성으로 조작되어 이동 변화된 사항이 많으므로 이에 대한 유의가 필요하며 앞으로도 중국 사서 등의 해석에 대한 유념이 필요하다. 따라서 백랑수에 대한 사서기록에 의하면 결론적으로 우북평군, 요서군 요동군은 【사료10】『후한서(後漢書)』 「군국지」 1. 유주상의 수치 기록이나 주류 강단 사학계가 낙랑군 평양설에 맞추기 위하여 설정한 위치 비정은 중국의 사료 내용과 전혀 맞지 않는다는 것이다. 따라서 주류 강단 사학계가 비정하는 한반도 북부 만주 지방에 현토군

을 비정하는 것은 완전히 허위 조작이다. 사료 분석 및 이에 의한 비정 결과 이들의 위치 비정은 현재 중국 하북성 석가장시 인근 위치와 일치한다는 것이다. 여기서 중간에 경유하는 여러 역사적인 지명 즉 백록산, 유성, 왜성, 용성 등에 대하여는 앞서 설명한 것도 있고 앞으로 연관 사항이 나올 때 자세히 다루고자 하니 일단 세세한 설명은 생략하도록 하겠다. 물론 요수와 백랑수, 압록수는 이러한 지명과 위치가 일치한다.

- 소요수가 역시 소위 연5군 및 한2군에 대한 주류 강단 사학계의 비정을 부정한다.

또한 【사료21】『수경주』「대요수」, 「소요수」 및 【사료22】『한서』「지리지」 1. 유주상에 기록된 소요수의 경우 현토군 고구려현에서 발원하여 요동군 요양현, 요대현을 지나서 대요수를 들어간다고 되어 있다. 【사료10】『후한서(後漢書)』「군국지」 1. 유주상에는 요양현의 경우 현토군에 속한 것으로 기록하면서 옛날에 요동군에 속하였다라고 기록되어 있다. 이것만 보더라도 현토군과 요동군은 가까이 인접해 있는 한편 소요수로 현재 비정하는 고하(Gaohe River, 鄗河)는 당시 현토군 지역이었던 하북성 석가장시 행당현 오어산(Aoyu Mountain, 鰲魚山)에서 발원하여 흐르다 옛날 요동군 지역에 들어서서 【사료21】『수경주』「대요수」, 「소요수」의 기록대로 말라버려 더 이상 흐르지 아니한다.

따라서 현토군과 요동군은 서로 인접해 있는데다가 현토군이 요동군의 서북쪽에 있는 것으로 확인되는 것이다. 따라서 【사료10】『후한서(後漢書)』「군국지」 1. 유주상의 수치 기록이나 주류 강단 사학계가 설정한 위치 비정인 요동군(3,600리), 현토군(4,000리)은 사료와 맞지 않으며 더군다나 위치도 잘못된 것으로 허위 비정인 것이다. 따라서 여기까지 확인한 것만 해도 우북평군, 요서군, 요동군 그리고 현토군은 서로 인접한 채 일렬로 위치해 있었던 것이 아니라 서로 모여 있었던 것이다. 그것도 낙양에서 가까운 하북성 석가장시 인근이다. 이것은 본 필자의 근거 없는 개인적인 판단이 아니라 사서의 기록을 분석한 결과이다. 이에 대하여는 앞으로 계속 증명해 나갈 것이다.

하천 흐름 기록으로 보아 소위 연5군 배치는 일렬로 늘어선 것이 아니라 모여 있다.

- 사서기록상 소위 한4군의 위치에 있다는 요수, 백랑수, 압록수가 흐르는 곳은 하북성이다.

【사료22】『한서』「지리지」1. 유주상과 【사료10】『후한서(後漢書)』「군국지」1. 유주상에 똑같이 낙랑군 소속으로 기록되어 있는 열구현에 대하여 "곽박(郭璞)이 주석한 산해경(山海經)이 말하기를 열(列)은 강 이름인데 열수(列水)는 요동(遼東)에 있다고 했다."고 하여 낙랑군이 한반도가 아닌 당시의 요동에 있음을 명시하였거니와 【사료22】『한서』「지리지」1. 유주상에 낙랑군 소속 수성현에 대하여 【사료16】『진서』「지리지」, '평주', '유주'상에는 이 수성현에 "진(秦)이 쌓은 장성이 일어난 곳이다."라고 하였는데 이 장성은 나중에 살펴볼 【사료43】『사기』「흉노열전」에서는 "임조(臨洮)에서 요동(遼東)까지 만여 리에 이르렀다."라고 하여 이 수성현이 요동이라는 것을 나타내어 낙랑군이 당시의 요동에 있었지 한반도 평양에 있지 않았다는 것을 증명해 주고 있다.

한반도를 요동이라고 기록하거나 일컬은 사실은 전혀 없다. 그런데 본 필자가 중국사서의 실상 내지는 우리 고대사의 왜곡 현장을 중국사서를 통하여 판단하라고 중국사서에 붙인 긴 주석을 그대로 인용하여 보여주는 것이다. 즉 【사료23】『삼국지』〈위서〉「동이전」'고구려전'의 경우 원사료에 대한 주석을 청대의 학자인 정겸(丁謙), 하작(何焯) 및 왕선겸(王先謙)이 붙이면서 위치 비정을 현재의 압록강 인근으로 왜곡하였다. 하작(何焯)의 경우에는 본 필자가 앞서 지적하였듯이 앞선 원사료인 【사료21】『수경주』「대요수」, 【사료22】『한서』「지리지」1.유주상에서는 대요수가 안시현, 마자수(압록수)가 서안평현으로 바다로 들어가는 것으로 되어 있는데도 불구하고 그가 주석을 붙인 【사료23】『삼국지』〈위서〉「동이전」'고구려전'에는 분명히 소수에 대하여 기록하고 있는데 원사료에는 이에 대한 기록이 없는데도 다른 하천인 마자수(압록수)가 들어가는 서안평현에 대하여 논하고 있다. 그래도 이에 대한 원사료에 충실한 주석을 붙였다.

그러나 【사료24】『후한서(後漢書)』「동이열전」'고구려전'에서는 청대 학자인 심흠한(沈欽韓)이 주석을 붙이면서 소요수와 대요수를 지금의 압록강 북부에 위치한 혼하와 태자하로 비정하였다. 이것이 우리나라 고대사에 대한 중국의 왜곡 현장을 보여주는 것이다. 다음 사서의 기록을 보자. 현재 주류 강단 사학계는 요나라 동경을 요령성 요양으로 비정하고 있다. 하지만 요나라를 기록한 『요사』〈지리지〉는 동경 즉 동경요양부가 요수, 백랑수, 압록수가 흐르는 곳에 있는 용성, 안시현, 서안평현, 안평현, 요양현과 같이 하북성 석가장시 일대에 있음을 기록하고 있다. 그것은 사서기록상 공손씨 활동 지역과 평주 그리고 당나라가 고구려를 멸하고 고구려에 세운 안동도호부, 주필산, 백석산, 요양현이 이를 증명하고 있다.

> 한4군 위치에 있는 소요수, 대요수, 압록수는 지금의 하북성에 있다. 최소한 지금도 그 이름이 남아 있는 하북성 안평현과 요양현이 이를 증명한다.

【사료29】『요사』「지리지」 2. 동경도 1) 동경요양부

동경요양부(東京遼陽府)는 본래 조선(朝鮮)의 땅이었다. 주(周)나라 무왕(武王)이 기자(箕子)를 감옥에서 풀어주자 (기자는) 조선으로 갔고, ~

한나라 말기에 공손탁(公孫度)이 점거하여 아들 공손강(公孫康)을 거쳐 손자 공손연(公孫淵)은 스스로 연왕(燕王)을 자칭하고 소원(紹漢)이라는 연호를 사용하였다. 위(魏)나라가 멸망시켰다. 진(晉)나라가 고려(高麗 : 고구려)를 함락시켰고, 나중에는 모용수(慕容垂)에게 귀속하였다. 아들 보(寶)는 고구려 왕 안(安 : 광개토왕)을 평주목(平州牧)에 임명하여 거주케 하였다. 원위(元魏 : 북위) 태무제(太武帝)가 그들이 거주하는 평양성(平壤城)에 사신을 보냈으니, 요(遼)나라 동경(東京)이 바로 이곳이다. 당(唐)나라 고종(高宗)이 고구려를 평정하고 여기에 안동도호부(安東都護府)를 설치하였지만, 나중에 발해(渤海)의 대씨(大氏)가 차지하였다. 대씨는 처음 읍루(挹婁)의 동모산(東牟山)을 차지하고 있었다. ~ 12대 지나 대이진(大彝震) 때에 참람되게 연호를 고치고, 궁궐을 본떠서 짓고, 5경(京) 15부(府) 62주(州)를 두었으니 요동에서 가장 번성한 나라가 되었다. 홀한주는 바로 옛 평양성으로, 중경현덕부(中京顯德府)라고도 한다.

요하(遼河)는 동북쪽 산 어귀로 나아가 범하(范河)가 되고, 서남쪽으로 흘러 대구(大口)가 되어 바다로 들어간다. 동량하(東梁河)는 동쪽 산에서 서쪽으로 흘러 혼하(渾河)와 합하여 소구(小口)가 되어 요하와 만나 바다로 들어가니, 태자하(太子河)라고 하며 또한 대량수(大梁水)라고도 한다. 혼하는 동량하와 범하 사이에 있다. 사하(沙河)는 동남 산에서 서북쪽으로 흘러 개주(蓋州)를 경유하여 바다로 들어간다. 또 포하(浦河), 청하(淸河), 패수(浿水)가 있다. 패수는 니하(泥河) 또는 한우력(䓫芧濼)이라고도 하는데, 강에 한우초가 많기 때문이다.

> 주필산(駐蹕山)은 당나라 태종(太宗)이 고구려를 정벌할 때 그 정상에서 며칠을 머무르며 돌에 공을 새겼던 곳이다. 속칭은 수산(手山)이다. 산정상의 평평한 돌 위에 손바닥 모양의 무늬가 있어, 여기서 샘이 솟는데, 마르지 않는다. 또 명왕산(明王山), 백석산(白石山)이 있다. 백석산은 횡산(橫山)이라고도 한다. 천현 13년(938)에 남경을 동경(東京)으로 고쳤는데, 부(府)는 요양이라고 하였다. 호구 수는 40,604호이며, 주(州)·부(府)·군(軍)·성(城) 87개를 관할하였다. 9현(縣)을 통합하였다.
>
> i) 요양현(遼陽縣) 본래 발해의 금덕현(金德縣)이다. 한나라 때 패수현(浿水縣)이었는데, 고구려가 구려현(句麗縣)으로 고쳤다. 발해 때는 상락현(常樂縣)이었다. 호구 수는 1,500호이다.

나중에 이에 대하여 자세히 설명하겠지만 주류 강단 사학계는 공손씨 활동 지역을 요동반도로 하고 있다. 이는 너무나 어처구니없는, 도저히 역사라고 할 수 없는 설정이다. 주류 강단 사학계는 공손씨가 낙랑군의 남쪽 황무지에 설치하였다는 대방군을 한반도 황해도에 비정해 두고 있으면서 그 활동 지역은 이와는 떨어진 낙랑군과 현토군이 있는 요동군의 요동반도에 설정해 놓았다. 비정상적인 역사 설정을 해놓은 것이다.

이와 관련하여 실질적인 주류 강단 사학계의 역사 왜곡이 표면화한 사실이 본 필자가 이 글을 쓰고 있는 도중에 발생하였다. 2021년 10월에 실시된 국회 국정감사에서 발생한 것이다. 국회 문화체육관광위원회 국정감사에서 국립중앙박물관 측이 제출한 자료 중 지난 2021년 3월부터 9월까지 국립중앙박물관 중국실 입구에 걸려 많은 우리 국민들이 보았던 중국 역사를 영상으로 표현한 약 6분 분량의 작품인 영상 지도상에 중국 위나라의 영역을 당시 백제가 위치한 충청도까지, 한나라는 한강 이북까지, 명나라는 만주 지역까지 포함해 표기한 것에 '중국의 동북공정 논리와 유사하다'는 비판과 지적을 받은 것이다. 이에 대하여 국립중앙박물관장은 지도 영상을 제작할 때 "'케임브리지 일러스트레이티드 히스토리'와 위키백과 지도를 참고" 했다고 하면서 "제작 담당자의 단순한 실수를 미처 걸러내지 못했다."며 사과하였다.

하지만 "위키백과는 학생 레포트에도 인용으로 쓰지 않는 것"이고, 서구 국가 자료는 중국 중심의 역사를 위주로 하기 때문에 이를 그대로 인용하여 제작한 것은 주체의식 없이 수동적, 관습적으로 외부 자료만 인용해 오던 문제가 결국 불거진 것으로 변명의 여지가 없다는 비판을 받았다. 하지만 박물관장의 담당자의 단순 실수 사과나 그동안의 인용 관습 비판같이 단순한 사실 과오가 아닌 주류 강단 사학계의 역사 왜곡 인식에서 발행하였다는 사실의 심각성을 모두 모

■ [그림4] 일본 교과서 중국 조조 위나라 한반도 점령도(공손씨 대방군)

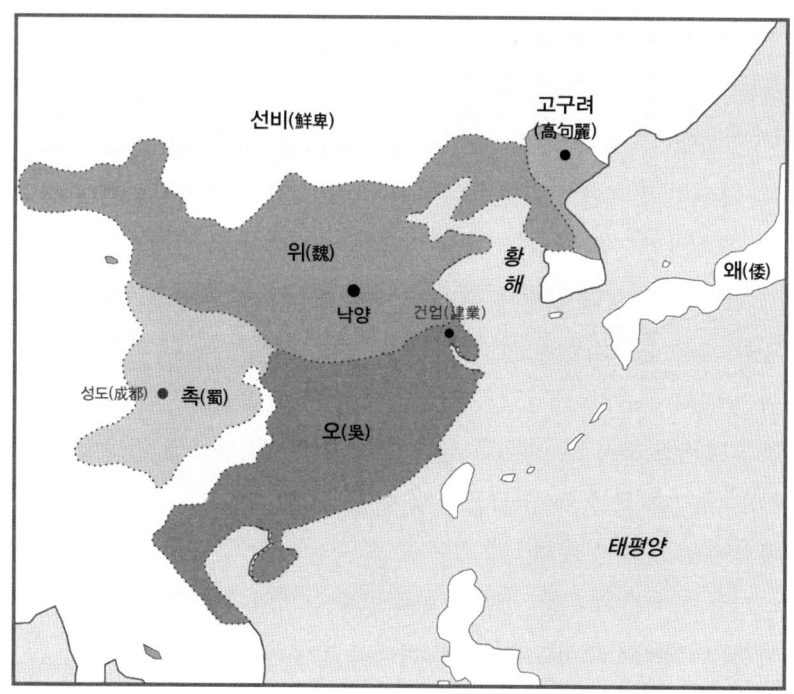

르고 있다. 이것은 일제 식민사학의 제1 교리인 '낙랑군 평양성'을 현재 우리나라 주류 강단 사학계가 그대로 추종하고 있다는 사실에 그 원인이 있다.

여기에서 파생된 연결 고리가 『삼국지』「위서」『동이전』상의 기록대로 낙랑군 남쪽에 대방군이 설치되었다는 것이다. 즉 낙랑군이 한반도 평안도 평양에 설치되었으니 대방군은 평안도의 남쪽인 황해도에 설치된 것이다. 그리고 그 다음의 연결 고리가 대방군을 공손씨인 공손강이 설치하였다는 『삼국지』「위서」『동이전』상의 기록이다. 그리고 그 다음의 연결 고리는 이 공손씨 세력을 위나라 사마의가 공격하여 죽이고 이곳을 평정하였다는 중국사서 기록이다. 그래서 황해도 지방이 위나라 영역이 된 것이다. 결국 원인은 '낙랑군 평양설'인 것이다.

이러한 이유로 공손씨 관련 기록은 수많은 '낙랑군 평양설'을 부정하는 근거 중 유력한 증거의 하나로 재야 민족 사학계에서 제시해 왔던 것이었다. 일제 식민사학이 성립하고 주류 강단 사학계가 추종하는 '낙랑군 평양설'이 있기에 황해도 지방의 위나라 영역설이 가능하고, 그래야만 '낙랑군 평양설'이 가능하기 때문이다. 그래서 본질적으로 현재 주류 강단 사학계 및 주류 강단 사학계가 포진한 국립중앙박물관 측은 실무자만이 아니라 전체가 위나라 황해도 영역설은 그들이 당연히 추종하는 '낙랑군 평양설'로 인하여 당연한 논리가 되었다. 물론 충청도까지 그 범위로 한 것은 중국 측이 배포한 자료에 의한 서구 국가 자료를 이용한 점은 있지만 이러한 당연한 논리에 의하여 사실이 표면화된 것뿐이다.

그렇기 때문에 주류 강단 사학계의 근본적인 논리인 '낙랑군 평양설'을 본질적으로 비판하여야지 이에서 파생한 위나라 황해도 이남설에 의한 단순한 실수로 치부한 사실을 비판하여서는 안 된다. 위나라 황해도 이남설이 나올 수밖에 없는 그들의 잘못된 원론적인 '낙랑군 평양설'의 역사 인식을 본질적으로 비판하여야 하는데 수많은 전문가라고 자처한 사람들을 포함한 대부분의 우리 국민은 모르고 있다. 이것은 단순한 사실이 아니라 우리 국민 역사 인식과 관련된 심각한 사실이다. 과연 한반도가 중국의 식민지였느냐의 여부가 달려 있는 것이다. 오히려 중국이 우리의 땅이었다는 진실과 대비해서 생각해 볼 문제이다.

낙랑군의 남쪽에 대방군을 설치하였다는 공손씨 세력의 공손연을 삼국시대의 위·촉·오나라 중 조조의 위나라가 토벌하여 죽인 곳이 공손씨가 활동하였던 그곳이다. 조조의 위나라가 하남성에서 먼 길을 돌아 현토군과 낙랑군을 통과하여 한반도 황해도 대방군에 출정하여 전투를 벌여 공손씨를 죽였다는 것은 역사상 도저히 있을 수 없는 일이다. 설사 요동반도에 있었다면 대방군 황해도설은 허위 사실이 되는 것이며, 요동반도에서 공손씨가 활동하였다는 역사상 기록과 근거도 전혀 없는 것이다. 그리고 공손씨가 활동하고 사망하였다는 대요수와 소요수로 중국 측이 비정하는 요령성 요하 인근 지방이나, 이병도 등이 주장하여 현재도 따르는 한반도 북부 압록강 인근 지방의 경우에도 도저히 있을 수 없는 역사적 사실이다.

공손씨는 원래 양평 지방 즉 하북성 석가장시 행당현이 고향이자 근거지였다. 이곳은 앞서 인용한 기록인

> **【사료21】**『수경주』「대요수」, 「소요수」
>
> 「대요수」
>
> [수경]
> 대요수(大遼水)는 새외(塞外)의 위백평산(衛白平山)에서 나와 동남쪽으로 새(塞)로 들어와 요동의 양평현 서쪽을 지난다.
>
> [주]
> (대요수는) 또한 남쪽으로 흘러 요대현(遼隊縣) 옛 성의 서쪽을 지나는데 왕망이 순목(順睦)으로 바꾸었다. 공손연(公孫淵)이 장군 필연거(畢衍拒) 사마의(司馬懿)를 요대(遼隊)에 보냈는데 즉 이곳이다.
>
> 「소요수」
>
> [수경]
> 또한 현토군 고구려현에 요산이 있는데 소요수가 나오는 곳이다.
>
> [주]
> ~ 소요수(小遼水)는 또한 서남쪽으로 흘러 양평현(襄平縣)을 지나고 담연(淡淵)이 된다. ~
> 소요수(小遼水)는 또한 요대현(遼隊縣)을 지나서 대요수(大遼水)로 들어간다. 사마선왕(司馬宣王)이 요동을 평정하였는데 공손연(公孫淵)을 이 물 위에서 목을 베었다.

상에 기록된 바와 같이 대요수와 소요수가 있는 곳이다. 이곳은 평주이다. 평주는 앞으로 자세하게 설명하겠지만 진나라 시기에 석가장시 서북부에 있었던 유주를 나누어 설치한 것이다. 이후 평주는 축소 시에는 석가장시 북부, 확장 시에는 이곳에서부터 하북성 정주시까지를 그 영역으로 하였다. 이 지역은 고구려가 차지한 후 인근인 고조선 평양성에 장수왕 시기에 도읍을 정한 그 평양성인 것이다.

> 공손씨 활동 지역이 요동으로 이곳은 대요수와 소요수가 있었던 현토군 지역으로 낙랑 지역으로 고조선 지역이고 나중에 고구려가 도읍한 평양성의 평주 지역이다.
> 평주는 하북성 석가장시 서북부의 유주를 나누어 설치한 것이다.

이 지역에 공손씨의 근거지인 하북성 석가장시 행당현이 있다. 공손씨의 양평성은 나중에 고구려 요동성이 되고 이곳은 고구려를 멸하고 당나라가 처음에 고구려 평양성에 안동도호부를 두었다가 요동군의 옛 성으로 옮겼다는 두 번째 안동도호부가 있던 곳이다. 그래서 『요사』「지리지」상에 안동도호부를 두었다고 하는 것이다. 기록상에 대요수는 요동군 양평현의 서쪽을 지나고, 소요수는 현토군에서 나와 이 양평현을 지나 요동군의 안평현에서 바다인 호타하로 들어가 합류한다.

실제로 하북성 석가장시 북부를 흐르는 자하가 대요수로 비정되는데, 이 자하는 양평현으로 비정되는 하북성 석가장시 행당현의 서쪽을 흐르고, 소요수로 비정되는 하북성 석가장시 북부의 고하는 현토군으로 비정되는 곳인 요산으로 비정되는 현재의 하북성 석가장시 행당현 소재 오어산(Aoyu Mountain, 鳌鱼山)에서 발원하여 양평으로 비정되는 행당현을 거쳐 흐르고 있다.

따라서 이외의 모든 기록과 맞아떨어지는 이곳이 바로 대요수이고 소요수이고 양평현인 것이다. 그런데 이를 전부 동쪽으로 조작하여 옮긴 요령성이나 한반도 북부는 현토군이 사서 기록대로 요동군의 서북부도 아니고, 양평현으로 왜곡 비정한 요령성 요양에는 대요수와 소요수로 중국 측과 주류 강단 사학계가 비정하는 강들이 거쳐 서쪽으로 흐르거나 거쳐 흐르지 않는다. 이곳은 사서기록과 맞지 않는다. 그런데도 이렇게 비정하는 것은 오로지 한반도 고착화를 위하여 이쪽으로 옮기고자 하는 의도에 따라 일부 기록만을 옮긴 잘못된 것이다. 그런데도 이를 파악하지 않거나 못하고 계속 따르는 것이 더 큰 문제인 것이다.

그리고 낙랑군, 현토군, 양평성 등 모든 비정이 잘못되었다고 비판하면서도 정작 잘못된 사실을 세세하게 증명하지 못하는 한편 모든 기록에 맞는 곳을 제대로 비정하지 못하면서 비판하는 것도 문제이다. 따라서 이러한 세세한 잘못된 증거 제시와 올바른 비정을 함께 함으로써 진정한 비판을 하고자 하는 것이 이 글의 목적이다.

또한 주필산 즉 수산은 『삼국사기』, 『구당서』, 『신당서』상에 각각 당나라 태종이 고구려를 공격할 당시 요수를 건너 진을 친 곳인 마수산으로 기록되어 있는가 하면, 이들 각 사서에 당 태종이 안시성 바깥에 있는 산에 머물렀는데 이 산의 명칭을 고쳐 주필산으로 한 기록이 있다. 마수산, 수산, 주필산에 대하여 주류 강단 사학계를 비롯한 모든 역사가들이 정확히 판단을 못 내리고 있어 같은 산으로 비정하는가 하면 각각 다른 해석을 하고 있다.

이에 대하여는 나중에 상세히 설명하겠지만 이를 정확히 비정하면 『흠정만주원류고』 기록대로 주필산은 여러 것이 있는데 이 중 하나가 수산으로 『당서』에서는 마수산, 『요사』에서는 수산이라고 한다. 이것은 당 태종이 고구려를 공격할 당시 요수를 건너 진을 친 곳이고, 다른 하나가 안시성 바깥에 있어서 당태종이 머물던 곳의 이름을 고쳐 주필산으로 한 것이다.

따라서 엄밀히 마수산은 『한서』 「지리지」상의 기록대로 요서군 유성현 서남쪽에 위치한 것으로 지금의 호타하, 즉 당 태종의 고구려 공격 시 당시의 압록수인 호타하를 요수로 기록한 것에 의하여 호타하 인근의 유성현인 하북성 석가장시 정정현에 있었던 산이 바로 마수산인 것이다. 그리고 주필산은 마수산이 있었던 곳의 동쪽에 있었던 하북성 형수시 안평현 북쪽의 안시성 인근 바깥에 있었던 산이다.

따라서 위의 『요사』「지리지」상의 주필산, 수산 기록은 맞기도 하고 틀리기도 한 것이다. 즉 주필산, 수산을 마수산으로 보아 이 동경 요양부와 백석산과 같이 기록한 것은 요서군 유성현 위치로써 맞는 것이나 그 내용 기록인 당 태종이 공을 새겼다는 것은 마수산이 아니라 주필산을 가리키는 것이기에 틀린 것이다. 물론 이는 요수로 당 태종 공격 시 『당서』가 착각하여 기록한 압록수인 호타하가 요서군에서 흘러 대요수와 소요수와 같이 요동군 안평현 인근에서 만나는 것은 맞는 것으로 결국 하북성 석가장시 인근(마수산)과 그 동북쪽(주필산)을 가리키는 것은 맞는 것이다.

그리고 횡산이라고도 불리는 기록상의 백석산 역시 대요수와 소요수가 있는 하북성 석가장시 인근에 있는 것으로 비정된다. 그러나 백석산은 하북성 보정시에 지금도 존재하는 산으로 이전의 갈석산(좌갈석)인 것이다. 따라서 이에 의하면 원래 하북성 석가장시에 존재하였던 갈석산 즉 우갈석이었던 횡산을 백석산으로 하였는데 이것을 갈석산 즉 우갈석은 하북성 석가장시 인근에 있었던 노룡현 및 창려현을 하북성 진황도시로 역사 조작차 옮기면서 같이 이곳으로 옮기는 한편 당시 좌갈석산이었던 지금의 하북성 보정시 래원현에 있었던 갈석산은 하북성 석가장시 인근에 있었던 백석산 명칭을 갖다 붙여 백석산으로 한 채 오늘에 이르게 된 것이다. 따라서 원래의 백석산 즉 횡산은 당시의 우갈석산이었던 것으로 확인할 수 있다.

그런데 횡산은 『삼국사기』에는 단 세 차례 기록되어 있다. 즉 ①고구려 보장왕 4년(645) 낭나라 태종이 고구려를 공격한 결과 현도, 횡산, 개모, 마미, 요동, 백암, 비사, 협곡, 은산, 후황의 10성이 당나라에 함락되었다는 기록 ②고구려 보장왕 18년(659) 당나라(고종)가 고구려를 공격하여 싸운 장소 기록 ③'삼국의 이름만 있고 그 위치가 상세

치 않은 곳'이라는 기록들이 그것이다. 이 횡산에 대하여 주류 강단 사학계는 ①, ② 기록 주석상에,

註 001

횡산(橫山) : 보장왕 18년(659) 고구려의 장군 온사문(溫沙門)이 설인귀(薛仁貴)와 횡산(橫山)에서 전투하였다. 『명일통지(明一統志)』 권25를 보면 현재 랴오닝성[遼寧省] 랴오양시[遼陽市] 동쪽 60리에 화표산(華表山)이 있는데, 일명 횡산이라고 하였다.

註 002

횡산(橫山) : 현재의 위치를 알 수 없다. 645년 당 태종의 원정에서 획득한 10성 중의 하나로 횡산성이 있는데, 이와 동일한 지역으로 추정된다. 10성의 순서를 보면 횡산성은 계모성과 요동성 사이에 위치하였을 것으로 추정된다. 시랴오허[西遼河]의 랴호하허[老哈河] 일대로 보는 견해도 있다. 본서 권37 잡지6 지리4 삼국유명미상지분(三國有名未詳地分)조에도 기재된 것으로 보아 본서의 찬자도 그 위치를 몰랐던 것으로 보인다.

『명일통지』를 근거하여 요양시 인근으로 비정하고 있는 한편 다른 나머지 9성에 대하여는 그 위치를 비정하지 못하거나 안 하고 있다. 물론 이러한 9성에 대하여 『삼국사기』조차도 마미, 은산, 후황 등 3성에 대하여는 "권37 잡지6 지리4 삼국유명미상지분(三國有名未詳地分)"에 기록되어 있어 구체적인 위치를 모르는 것으로 하고 있다. 하지만 본 필자의 확인 결과에 의하면 그 위치와 더불어 횡산(橫山)과 같은 것으로 비정되는 횡악(橫岳)의 경우 「백제 본기」에는 다섯 차례, 「고구려 본기」에는 한 차례 기록되어 있다. 모두 백제 관련 기록이다.

- 백제 다루왕 4년 AD31년 : 횡악(橫岳)아래에서 사냥
- 백제 기루왕 17년 AD93년 : 횡악(橫岳)의 큰 바위 다섯 개가 한꺼번에 떨어졌다.

- 백제 진사왕 7년 AD391년 : 횡악(橫岳) 서쪽에서 사냥하다.
- 백제 아신왕 11년 AD402년 : 왕이 직접 횡악(橫岳)에서 제의를 지내니
- 고구려 문자왕 16년 AD507년 : 말갈과 더불어 백제의 한성(漢城)을 공격하려고 횡악(橫岳) 아래에 나아가 주둔하였는데, 백제가 군사를 내어 역습하여 싸우므로 물러났다.
- 백제 무령왕 7년 AD507년 : 고구려 장수 고로(高老)가 말갈과 함께 한성을 치기 위하여 횡악(橫岳) 아래에 와서 진을 치니 왕이 군사를 출동시켜 그들을 물리쳤다.

횡산이 황악과 같은 것을 전제로 하고 위와 같은 횡산의 하북성 석가장시 백석산으로 비정된 것에 의하고, 백제 한성이 한반도 한강 유역이 아니고 산동성 황하인 한수 아래인 것에 의하면, 이 기록은 우리 고대사를 다시 쓸 새로운 사실이 된다.

즉, 먼저 ①횡산의 주류 강단 사학계의 비정에 의하면 요령성 요양이라면 백제가 이곳에서 활동한 것이 되는데 한성 기록에 의하여 맞지 않는 사항이 된다. ②따라서 횡악이 백석산, 횡산이고 이곳이 본 필자의 여러 사항에 의하여 하북성 석가장시 인근 즉 우갈석이 있는 곳이라면 백제가 초기부터 이곳을 활동 무대로 하였다는 것을 확인시켜 주는 것이다. 즉 나중에 본 필자가 입증할 백제가 마한 지역인 산동성 지역에서 건국되어 근초고왕 시기에 요서 지역에 진출한 것이 아니라 원체부터 이곳에 진출 내지는 활동 영역으로 한 것이 역사적 사실로 드러난다는 것이다. 그렇다면 백제의 요서 진출은 사실이 아니라 원래부터 이곳을 영역으로 하고 있었고 중국사서는 새삼스레 나중의 상황만을 기록한 것이 된다. 즉 고구려가 요동에 진출하자 백제가 요서에 진출하였다고 기록한 것이다. 그렇다면 이 기록 즉 고구려가 요동에 진출한 것도 사실상 나중이 아니라 백제 초기부터 진출하였고, 그러자 이때 백제도 요서에 진출한 것으로 백제의 요서 진출 역시 초기부터 이루어진 것으로 역사가 정립되어야 한다.

이와 같은 횡산 기록에 의하면 원래 사서상의 갈석산은 우갈석은 하북성 석가장시 인근의 백석산이자 횡산이고, 좌갈석산은 당시 갈석산인데 나중에 백석산으로 바꾼 하북성 보정시 래원현에 현재 있는 것이고 현재 하북성 진황도시에 있는 것으로 되어 있는 갈석산은 중국사서상의 갈석산이 아니다. 이것은 (명)장성, 창려현, 노룡현과 함께 중국 측에서 조작한 갈석산이다. 그리고 『한서』「지리지」상 유주 요동군 속현으로 북안평이자 안평현인 서안평현과 같이 있는 위의 기록상 요대현과 함께 있는 것으로 기록되어 있는 요양현은 지금도 주필산(마수산, 수산) 옆에 있던 안시성이 있었던 안평현 옆에 있다.

【사료22】『한서』「지리지」 1. 유주

⑧ 요동군(遼東郡)
1) 양평현(襄平縣), 목사관(牧師官)이 있다. 왕망은 창평(昌平)이라 했다.
4) 망평현(望平縣), 대요수(大遼水)가 새(塞) 밖을 나와서 남쪽으로 중국 안시현(安市縣)에 이르러 바다로 들어가는데 1250리를 흐른다. 왕망은 장설(長說)이라고 했다.
7) 요대현(遼隊縣), 망(莽)은 순목(順睦)이라 했다.
8) 요양현(遼陽縣), 대양수(大梁水)가 서남쪽으로 요양현(遼陽縣)에 이르러 요수(遼水)로 들어간다.
15) 서안평현(西安平縣), 망(莽)은 북안평(北安平)이라고 했다.

요동군 안시현은 하북성 석가장시 동쪽으로 압록수인 호타하가 같이 흐르고 있다. 이는 앞에서 인용하여 살펴본 『요사』「지리지」상의 '동경도' '동경요양부' 기록상의 여러 기록이 입증하고 있다.

이곳 하북성에서 공손씨가 활동하였고, 이곳이 평주이며, 이곳에 고구려가 도읍하여 평양성이라고 하였으며, 이곳에 나중에 당나라가 안동도호부를 설치하였다. 또한 고구려가 당나라와 싸운 마수산 그리고 주필산과 안시성이 있었으며 구려현이 있었던 소요수가 있었던 곳이다. 이곳에 현토군, 낙랑군. 요동군도 있었다.

이곳은 지금도 이름이 서안평현인 안평현이 남아 있는 인근인 하북성 요양현이 있는 곳 인근이 요대현 지역이다. 물론 주류 강단 사학계는 중국 측의 왜곡을 그대로 받아들여 요나라 동경을 지금의 요령성 요양으로 비정한 채 공손씨 활동 지역 역시 요령성 요동반도로 비정하고 있다. 당연히 이곳은 이러한 모든 것을 제대로 절대 수용할 수 없다. 수많은 사항 중 단 한 가지도 수용할 수 없다. 더군다나 이곳은 평주가 절대 아니다.

주류 강단 사학계는 유주는 물론 평주도 요령성까지 확장하여 비정하기도 한다. 심지어 한반도까지로 확대하기도 한다. 왜냐하면 사서 기록상 평주와 유주에서 우리 고대 국가의 활동이 이루어졌기 때문이다. 하지만 이는 학문이 아니라 종교적인 교리로 믿음을 강조하는 수준이다. 그리고 공손씨가 이곳에서 활동하였고 이곳을 위나라 사마의가 원정을 와서 고구려와 합동으로 공손씨 세력을 제거하였다는 것 역시 있을 수 없는 가공의 허구 역사인 것이다. 하지만 설사 맞는다 하더라도 고구려 평양성이 요령성에 있다는 사항에 있어서는 주류 강단 사학계의 한반도 평양의 비정과 맞지 않는다. 모든 것이 맞지 않는다. 스스로의 논리에 모순이 있는 것이다.

이러한 사항은 주류 강단 사학계에서 비정하는 모든 우리 고대사에 해당된다. 이 글이 이것을 밝혀 비판하고 제대로 올바른 곳에 비정하고자 하는 것이다. 계속 지켜볼 일이다.

> 주류 강단 사학계의 모든 비정은 사서 기록과 맞지 않는다. 많은 모든 사서는 물론 특히 『요사』 「지리지」가 우리 고대 국가의 활동 지역이 하북성 석가장시 인근임을 증거하고 있다.

하지만 놀라운 사실이 있다. 위의 『요사』 「지리지」 2. 동경도 1) 동경 요양부 기록상에 "요하(遼河)는 동북쪽 산 어귀로 ~ 패수는 니하(泥河) 또는 한우력(𦲽芋𤃴)이라고도 하는데, 강에 한우초가 많기 때문이다." 이 부분만은 지금의 요령성 요하 인근을 기록하고 있다. 놀라운 사실 이다.

중국과 우리 주류 강단 사학계는 이 부분만을 인용하여 동경요양부 가 요양에 있다고 주장하고 있다. 본 필자도 예전에는 『요사』 「지리지」 동경요양부 기록이 지금의 요령성 요양 인근을 나타내고 있어 본 필 자가 설명한 이 기록상에 나오는 공손씨 활동 지역과 평주 그리고 당 나라가 고구려를 멸하고 고구려에 세운 안동도호부, 주필산, 백석산, 요양현이 전부 요령성 요양에 있는 것으로 인식하였다. 하물며 단재 신채호 선생도 위의 패수 부분을 그대로 인정하여 고조선과 낙랑군의 패수를 요령성 요하 인근에 있는 니하 즉 해성하로 비정하였다.

니하도 나중에 본 필자가 설명하겠지만 우리 고대사에 있어서 중 요한 하천으로 중국 측에서 갈석산 등 여러 것을 옮겨놓은 것처럼 이 강도 하북성에서 요령성으로 아예 옮겨놓았던 것이다. 그리하여 주 류 강단 사학의 식민사학을 비판하는 많은 재야 민족 사학자들도 신 채호 선생과 마찬가지로 이곳을 고조선과 고구려의 평양성으로 비정 하고 있는 형편이다.

이는 중국이 고조선과 낙랑군의 갈석산을 진황도시로 옮겨놓아 지 금의 갈석산으로 비정하는 것과 같이 왜곡을 비판하면서 스스로 또 다른 왜곡을 저지르는 것이 된다. 이것은 하북성의 평양을 요령성 요 양의 평양으로 다시 한반도의 평양으로 옮기는 것과 같은 맥락이다. 주류 강단 사학계가 비정하는 요나라 동경의 요령성 요양은 중국사서 가 명백히 고구려가 당나라와 싸울 당시에 원래의 평양성인 하북성에 서 옮긴 곳으로 이곳을 고려가 서경으로 삼았다고 기록하고 있다.

이에 대하여는 앞의 【사료28】『원사』「지리지 요양등처행중서성 동녕로」상에 명확히 기록되어 있다. 이것을 무시하고 요나라 동경을 요양으로 비정하는 것은 역사학이 아니라 심한 표현으로 사기 조작극인 것이다. 하지만 그 폐해를 생각하면 심한 표현이 아니라 제대로의 합당한 평가이다.

이 기록에서 중요한 것은 압록수를 지금의 호타하로 인식하여야 하는 것이다. 물론 일제 식민사학과 이를 계승한 주류 강단 사학계는 이러한 역사 기록을 무시한 채 일제 식민 사학자들이 전해 준 자기들의 주장만을 주장하여 한반도의 평양이 변함없이 고조선 및 고구려의 평양성이라고 주장하고 있는 학문 아닌 조작을 계속하고 있다.

반면 이를 비판한 채 새로 연구한 결과에 의하여 비주류 강단 사학계인 인하대학교 고조선 연구소와 일부 비주류 강단 사학계 및 재야 민족 사학계에서는 압록수를 지금의 요령성 요하로 고쳐 비정하였다. 그래서 이곳에 고조선 및 고구려의 평양이 있다가 나중에 한반도로 옮겼다고 하는 것이다.

하지만 이는 또 다른 역사 왜곡으로 하북성의 압록수인 호타하 북부의 평양에 있다가 압록수 즉 호타하 동남쪽 1,000여 리인 요령성 요양으로 옮긴 것이다. 『요사』「지리지」상에 기록된 바와 같이 원래의 위치를 나타내는 기록 중에 조작된 기록을 삽입함으로써 역사를 왜곡하는 경우가 중국사서에는 자주 있으며『삼국사기』편찬자들도 이러한 중국사서를 인용하여 기록함으로써 원래의 위치를 기록하다가 엉뚱한 왜곡된 다른 지역으로 기록하는 경우가 많은 것이다.

이에 대하여는 논리적인 근거에 의하여 차후에 상세히 설명할 것이다. 이것이 본 필자가 이 글에서 하고자 하는 사항이기 때문이다. 중국과 우리나라 왜곡의 역사성과 그 현장을 밝히는 것이 그것이다. 한편『요사』「지리지」상에 안시성 옆에 있다는 주필산이 있는 그곳은 같은 사서기록상 안시성에 의하여 그 위치가 역으로 규명될 수 있다. 다음 기록이다.

> 【사료29】『요사』「지리지」
>
> 2. 동경도
>
> 철주 건무군
> 철주(鐵州) 건무군(建武軍)이 설치되었으며 자사를 두었다. 본래 한나라 안시현(安市縣)으로 고구려 때는 안시성(安市城)이었다. 당나라 태종이 공격하였으나 함락하지 못하였다. 설인귀가 흰 옷을 올려놓은 곳이 바로 이곳이다. 발해가 주를 설치하였는데, 옛 현은 위성(位城)·하단(河端)·창산(蒼山)·용진(龍珍) 등 넷이 있었는데 모두 폐지되었다. 호구 수는 1,000이며 동경에서 서남쪽으로 60리 떨어져 있다. 관할 현은 하나이다.

이곳은 나중에 본 필자가 '서희의 강동 6주'를 다루면서 자세히 설명하겠지만 소위 주류 강단 사학계가 우리나라 사서인『고려사』를 무시하고 중국사서에 의하여 소위 서희의 소위 강동 6주(8성)를 설정하면서『고려사』에는 없고 중국사서에만 기록되어 있는 6주 중의 하나인 철주가 이곳에 기록되어 있다. 이 기록에 대하여는 차후에 자세히 설명하도록 하겠다.

지금까지 살펴본 바와 같이 중국의 역사 왜곡은【사료23】『삼국지』〈위서〉「동이전」'고구려전'상의 주석과 같이 청나라 시기의 학자인 왕선겸(王先謙)의 경우는 요동군에 있는 지명이라고 하면서 이를 현재의 압록강 북부에 비정함으로써 요동군이 이곳에 위치하는 것으로 하였다. 그래서 우리 주류 강단 사학계에서는 이것에 힘입어 요동군이 이곳에 위치해 있다고 비정하고 있다. 그런데 이것은 중국의 시각이라고 치부하고 우리만이라도 제대로 고대사를 파악하여야 한다.

그런데 국사편찬위원회의 한국사 데이터베이스상에 주석을 붙인 것을 보자. 이것이 현재 우리나라 공식 통설인 것을 나타낸 것이다. 그런데 대표적인 일제 식민 사학자이면서 1989년도에 세상을 떠난 이병도의 주장을 싣고 있다. 그는 항상 그러하듯이 아무런 근거가 없어 확실하지 않은 것을 비학문적으로 자기 추정에 의한 억지 비정으로 중국 청대 학자들의 자기중심적인 해석을 주체적인 노력 없이 그대로 내지는 이를 이용하여 한반도 인근에 비정하였다. 스스로 불확실한 것을 알면서도 따르고 있는 것이다.

이러한 비학문적이고 비주체적인 오래된 것을 싣는 것도 문제이지만 더욱 문제인 것은 이것을 우리나라 역사 통설을 나타내는 국사편찬위원회의 사이트에 올린다는 것은 그동안 이에 필적할 만한 아니 이를 비판하거나 능가하는 논리나 주장이 나오지 않았거나 연구는 있었으나 실을 만한 논리나 주장이 없었거나 있었어도 국사편찬위원회의 논리나 주류 강단 사학계의 논리에 맞지 않아 싣지 않았다는 사실이다. 이유야 어떻든 이것이 더 문제인 것이 우리나라 사학계의 현실이다.

비전문가가 보더라도 이병도 스스로 인정하여 기술하였듯이 불확실하고 근거 없는 논리, 주장이 아직도 통용되고 또한 이 이외에는 올리지 않는다는 것은 아직도 우리나라 고대사의 수준이 여기에서 벗어나지 못했거나 고의로 여기에 집착하고 있다고 밖에는 할 수 없다. 이러한 사실이 이 항목에서 뿐 아니라 우리나라 전체 고대사 영역에 해당된다는 것이 더 큰 문제이다. 이것에 대하여는 본 필자가 계속 지적하고사 한다. 그것이 이 글의 진정한 목적이기도 하다.

- 중국사서는 후대로 올수록 우리 역사를 동쪽으로 조작하여 이동시킨 채 왜곡하였다.

여기서 살펴볼 또 다른 것은 앞서 살펴본 중국사서의 오류 내지는 왜곡 사항 즉 거리 수치 표시 및 사실 왜곡 그리고 주석에 의한 왜곡이 있지만 더 중요한 사실은 후대로 내려올수록 사실이 변모 왜곡된다는 전형적인 사례를 보여준다는 것이다. 우리 고대사의 활동 영역이 점차 동쪽으로 이동되어 기록되고 있다는 사실이다. 이것이 중국사서의 전형적인 모습이다. 전형적인 모습이란 이러한 현상이 대부분에 나타난다는 것을 의미한다.

> 중국사서는 후대로 내려올수록 '춘추필법'의 전형을 보여준다. 현재 우리나라 전체 사학계는 후대의 왜곡된 비정으로 해당 시기의 역사서를 해석하는 오류를 범하고 있다.

따라서 중국사서를 연구나 확인할 때는 이것을 감안하여 일정한 시기의 기록만 가지고 파악하면 안 되고 변천 과정을 염두에 두고 관련 기록 전체를 살펴보아야 제대로 파악할 수 있다. 이에 대하여는 계속 언급할 것이므로 여기서 언급을 줄이기로 한다. 여기서 살펴볼 것은 더 중요한 사항으로 현재 우리나라 고대 사학계는 이러한 후대의 왜곡 비정된 사항에 의하여 해당 시기의 역사서를 왜곡 비정하는 잘못을 범하고 있다는 사실이다.

물론 이러한 기록은 『삼국사기』「지리지」와 『고려사』「지리지」상의 연혁 및 지명 변천 과정에서 한반도로의 위치 비정에서 그 사례를 살펴볼 수 있다. 이로 말미암아 중국 측의 의도 내지는 후대의 왜곡에 의한 바대로 우리 고대사가 왜곡되어 펼쳐진다는 것이다. 주류 강단

■ [그림5] 중국 및 주류 강단 사학계 왜곡 비정 압록수, 대요수, 소요수, (서)안평현

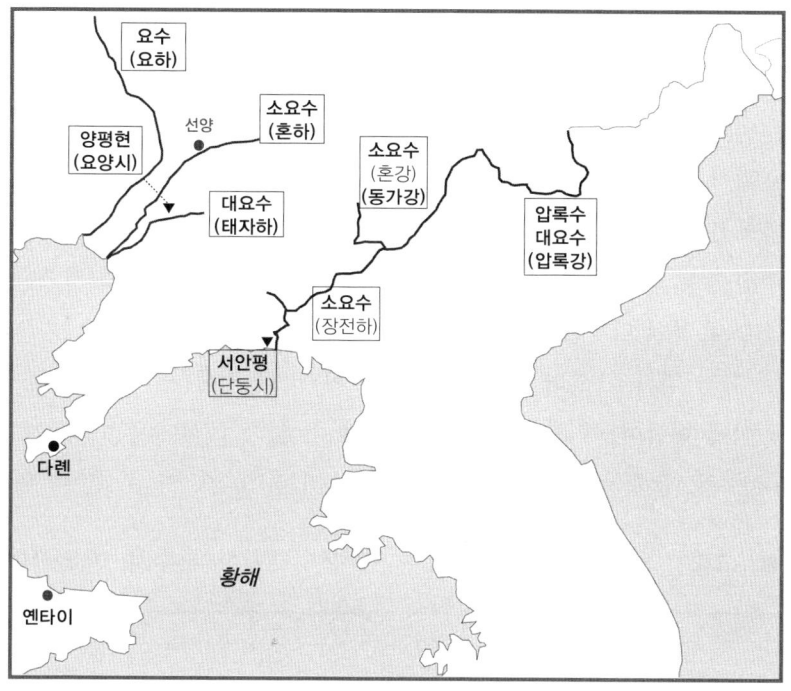

사학계는 당연히 중국 측의 역사 왜곡보다 앞서 왜곡을 솔선하고 있거나 우리 사서를 아무런 연구 없이 왜곡 사항을 그대로 받아들이고 있는 학문이 아닌 학문을 하고 있다.

하지만 이러한 주류 강단 사학계의 왜곡성과 비학문적인 학문을 비판하는 비주류 강단 사학계는 물론 재야 민족 사학계도 중국 측의 후대 역사 왜곡 비정 내지는 우리 사서의 왜곡을 그대로 받아들여 앞선 해낭 시기의 역사를 해석하는 오류를 범하고 있다.

[요수와 관련된 사항(대요수, 소요수, 압록수, 안평현) 왜곡에 대하여]

이에 대하여는 앞으로 지속적으로 살펴보겠지만 여기서 요수와 관련된 사항으로 이러한 대표적인 예를 확인하고 넘어가도록 하겠다. 앞에서 인용하여 살펴본 【사료23】『삼국지』〈위서〉「동이전」'고구려전'상에 의하면 구려는 대수 유역에 나라를 세웠고, 구려의 별종은 소수 유역에 나라를 세웠는데 그 소수는 서안평현의 북쪽에 남쪽으로 흘러 바다로 흘러 들어가는 작은 강이라고 기록하였다.

이에 대하여 이 사서에 대한 후대의 주석 즉 해석에서는 "[집해-2]"와 같이 청대의 학자들이 이 소요수가 흘러 들어가는 서안평 내

■ [그림6] 압록수, 대요수, 소요수, 갈석산, 태백산, 흑수하, (서)안평현

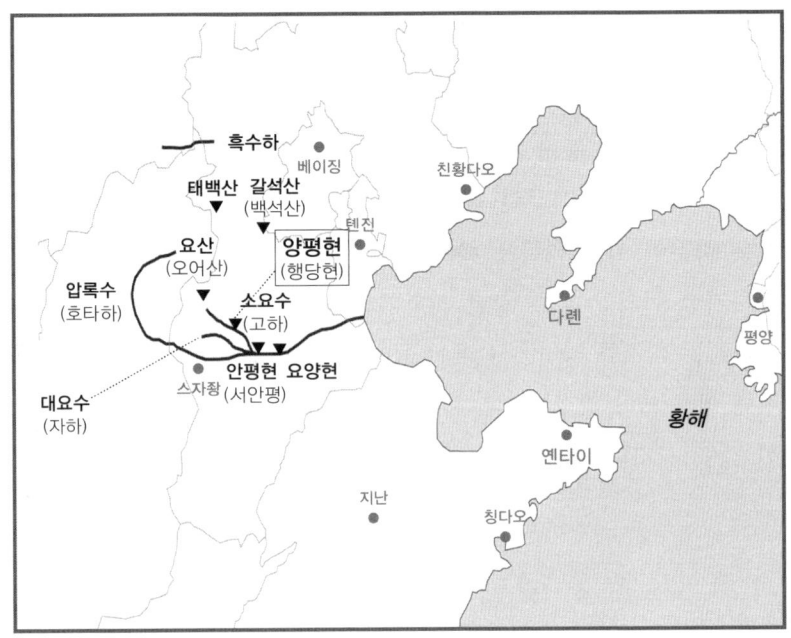

234 우리 고대 국가 위치를 찾다〈제1권〉

지는 안평은 마자수 즉 압록수가 바다로 들어가는 곳이라는【사료2
5】『통전(通典)』「변방」'동이 하 고구려'【사료26】『신당서(新唐書)』「동
이열전 고구려」의 기록을 참조하여 청대의 학자 정겸은 마자수를 지금
의 한반도 압록강으로 비정한 채, 소요수는 북쪽 중국 지역에서 남쪽
압록강 지금의 북한 의주 건너편으로 흘러 들어오는 애양하 즉 현재의
애하(Aihe River, 璦河)로 비정하였다. 또한 안평의 서쪽으로 해석된다고
하는 서안평은 이 압록강을 건너 조선에서 중국으로 건너가는 길목
이므로 이곳은

【사료30】『신당서(新唐書)』「가탐도리기」

1. 영주에서 출발하여 안동도호부로 가는 길

영주(營州) 서북쪽 100리는 송형령(松陘嶺)이라고 하고 그 서쪽은 해(奚)이
며 그 동쪽은 거란(契丹)이 떨어져 있다. 영주(營州)에서 북쪽으로 400리
를 가면 황수(湟水)에 이르고 영주(營州)에서 동쪽으로 180리를 가면 연군
성(燕郡城)에 이른다.

또한 (연군성으로부터 동쪽으로) 여라수착(汝羅守捉)을 지나서 요수(遼水)를 건
너면 옛날 한국(漢)의 양평성(襄平城)이었던 안동도호부(安東都護府)에 이르
기까지 500리이다. (안동도호부에서) 동남쪽으로 평양성(平壤城)까지 800리
이고, (안동도호부에서) 서남쪽으로 도리해구(都里海口)까지 600리이며, (안동
도호부에서) 서쪽으로 옛 중곽현(中郭縣)이었던 건안성(建安城)까지 300리이
며, (안동도호부에서) 남쪽으로 압록강(鴨淥江) 북쪽에 있는 옛 안평현(安平縣)
이었던 박작성(泊汋城)까지 700리이다.

안동도호부(都護府)로부터 동북쪽으로 옛 개모성(蓋牟城)과 신성(新城)을
지나고 또한 발해(渤海)의 장령부(長嶺府)를 지나는 등 1500리를 가면 발
해(渤海)의 왕성(王城)에 이르는데 발해왕성은 홀한해(忽汗海)를 내려다보
고 있다. 발해왕성의 서남쪽 30리는 옛 숙신성(肅愼城)이고 발해왕성(其)
의 북쪽으로 덕리진(德理鎭)을 지나서 남흑수말갈(南黑水靺鞨)까지 1000리
이다.

2. 등주에서 바닷길로 고구려와 발해로 가는 길

등주(登州)에서 동북쪽으로 바닷길로 (발해왕성으로 가는 길이다). 대사도(大謝島)와 구흠도(龜歆島)와 어도(淤島)와 오호도(烏湖島)를 거치는 300리를 바닷길을 가고, 북쪽으로 오호해(烏湖海)를 건너서 마석산(馬石山)의 동쪽에 있는 도리진(都里鎭)에 이르는 데까지 200리이다. 동쪽 해연(海壖, 즉 도리진의 해변이라는 말이다)에 정박[傍]한다. 過 청니포(靑泥浦)와 도화포(桃花浦)와 행화포(杏花浦)와 석인왕(石人汪)과 탁타만(橐駝灣)과 오골강(烏骨江) 등을 지나는 800리의 바닷길을 가고 남쪽의 해연(海壖)에 정박한다.
오목도(烏牧島)와 패강구(貝江口)와 초도(椒島)를 지나면 신라(新羅)의 서북쪽에 있는 장구진(長口鎭)에 도달한다. 또한 진왕석교(秦王石橋)와 마전도(麻田島)와 고사도(古寺島)와 득물도(得物島)를 지나는 1000리를 항해하면 압록강(鴨淥江)의 당은포구(唐恩浦口)에 이른다.
이내 동남쪽으로 육로를 이용하여 700리를 가면 신라(新羅)의 왕성(王城)에 도달한다. 압록강(鴨淥江)의 어귀로부터 배를 타고 100여 리를 가고, 이내 작은 배로 물길을 거슬러 동북쪽으로 30리를 가면 박작구(泊汋口)에 도달하는데 발해(渤海)의 경내이다. 또한 물길을 거슬러 500리를 가면 환도현(丸都縣)의 성(城)에 도달하는데 옛 고구려의 왕도(王都)이다. 또한 동북쪽으로 물길을 거슬러 200리를 가면 신주(神州)에 도달한다. 또한 육로를 이용하여 400리를 가면 현주(顯州)에 도달하는데 천보(天寶) 연간에 (당 현종 742~756) 왕이 도읍한 곳이다. 또한 정북 쪽에서 약간 동쪽으로 600리를 가면 발해(渤海)의 왕성(王城)에 도달한다.

위 기록상의 "압록강(鴨淥江) 북쪽에 있는 옛 안평현(安平縣)이었던 박작성(泊汋城)" 기록을 근거로 하는 동시에 이 기록과 위의 소요수상의 안평현 내지는 박작성을 한반도 의주의 북쪽인 단동시로 왜곡 비정하였다.

그리고 【사료24】『후한서(後漢書)』「동이열전」'고구려전'상의 주석 즉 해석과 같이 청대의 학자 심흠한은 소요수를 지금의 혼하, 대요수는 지금의 태자하, 압록수는 지금의 요수로 비정하였다. 하지만 이 비정에는 여러 가지 심각한 오류와 왜곡이 있다. 먼저 이들은 소요수, 대요수, 압록수가 기록되어 있는 이 시기의 고구려 위치를 전혀 고려하지 않고 이를 그 당시 즉 청나라 시기의 조선이 고구려라는 인식 그리고 당시의 압록강이 고구려 시기의 압록수인 것으로 단정하고 이들 하천을 비정한 것이라는 사실이다.

특히 심흠한의 경우 살펴본 【사료29】『요사』「지리지」2. 요사지리지 동경도 1)동경요양부(東京遼陽府) "요하(遼河)는 동북쪽 산 어귀로 ~ 패수는 니하(泥河) 또는 한우력(䅴芋濼)이라고도 하는데, 강에 한우초가 많기 때문이다." 왜곡된 기록에 의하여 하북성에서 요령성으로 옮긴 기록 및 인식에 의하여 이곳으로 비정한 것이다.

이것이 중국의 전형적인 우리 고대사 왜곡 현장이다. 본 필자가 이들 하천의 위치가 하북성 석가장시 인근임을 증명하는데 고려한 여러 사항 여덟 가지를 전혀 고려하지 않은 것이다. 왜곡하여 비정한 요령성 요하 동쪽에는 여러 중국사서가 명백히 기록하고 있는 양평현, 우북평군 석성현, 모용황의 용성 등이 없으며 더군다나 진장성과 갈석산도 없다.

> 요수와 관련된 사항(대요수, 소요수, 압록수, 안평현)을 모두 요령성 요하 동쪽으로 비정한 것은 같이 있어야 할 진장성, 갈석산, 용성이 없는 등 도저히 있을 수 없는 왜곡 비정이다.

더군다나 소수맥을 양맥으로 보는가 하면 이를 다시 맥족이라고 하여 고구려에 완전히 복속된 족속으로 근거 없이 임의로 해석한 채 이곳 인근으로 비정하였다.

하지만 현토군 고구려현 대요수에서 생겨난 구려족의 별종으로 소요수에서 생겨난 소수맥은 모두 예맥족으로 선비족이다. 이곳은 소위 예맥족인 선비족이 탄생하고 활동한 산서성과 하북성의 경계 지방인 현토군이 있었던 '자몽지야' 지역이다.

이들은 초기에는 고구려에 예속되었지만 이후 독립하여 고구려와 요동군, 현토군을 두고 쟁패를 벌였던 삼연 즉 전연, 후연, 북연과 북위를 세운 족속이다. 이들 역시 중국 측에 의하여 동쪽으로 일부 옮겨져 왜곡되었지만 이들의 발상지이며 활동 지역은 산서성과 하북성으로 고구려 서쪽 지역이다.

삼연의 공통 도읍이었던 용성은 지금의 하북성 석가장시 정정현에 지금도 남아 있다. 물론 중국 측은 이 용성도 지금의 요령성 조양시 인근으로 왜곡 비정하였지만 분명히 용성은 모든 관련 하천 흐름상 그리고 고고학적 유적 위치상 하북성 석가장시 정정현이 맞는다. 이곳이라야 모든 사서의 기록이 맞아떨어지는 것이다. 그런데도 이를 무시하고 요령성 요하 동쪽 지방이자 한반도 북부로 이들 전체를 비정하는 중국 청나라 이후의 학자들과 일제 식민 사학자인 이병도 그리고 아무런 연구 없이 이를 그대로 추종하는 주류 강단 사학계의 학문은 학문이 아닌 것이다.

왜곡을 위하여 실제 지명들을 옮긴 중국 측과 자기 모순적인 왜곡으로 위치 비정을 한 청나라 학자들 그리고 한반도 고착화를 위하여 왜곡 조작을 한 일제 식민 사학자들의 심각하고 어처구니없는 왜곡보다 더 심각하고 어처구니없는 일은 우리 강단 사학계이다. 도저히 납득할 수 없는 왜곡 비정을 근거로 이들 사서의 註 086, 註 073과 같이 일제 식민 사학자인 이병도가 오래전에 비학문적이고도 식민 논리에 의하여 비정한 사항을 지금까지 우리나라 역사의 정설로 삼고 있다는 사실이다.

왜냐하면 이병도의 모든 역사 논리가 그렇지만 도저히 자신도 없고 근거도 없는 비정이라는 것이 그의 논리 아닌 논리에서 드러난다.

즉 근거 없이 비정하다 보니 이러한 사항을 보면 이런데 이것은 맞지 않아 다른 곳에 비정하다 보니 이도 맞지 않는데 그냥 그렇게 비정하는 것이 그의 모든 역사 논리이다.

그런데도 이러한 논리를 해방 후 77년이 지난 이후에도 그대로 따르는 것이 우리 주류 강단 사학계이다. 더군다나 이러한 한심한 비정을 추가 연구 없이 그대로 따른 사항을 해설로 올린다는 자체가 안타까운 우리 사학계의 현실을 그대로 나타내고 있음에 울분을 토하고 싶은 것이다.

처음에는 소수를 혼강(동가강), 대수를 압록강으로 비정하였다가 이 하천의 흐름이 원래 사서의 기록상 흐름과 맞지 않으므로 소수를 장전하로 비정하였다. 그러나 이는 다른 사실 즉 예맥족의 터전과 맞지 않는 것이다. 왜냐하면 이 북쪽은 전통적으로 그들이 비정하는 고구려의 영역이기 때문이다.

그들은 이러한 이유로 고구려의 서쪽에 예맥족이 있다고 비정하여 왔다. 그러므로 다시 고구려의 서쪽에 있어야 하는 소수를 태자하로 비정하여야 한다. 그러나 역시 그 흐름이 맞지 않으므로 차라리 예맥족을 원래 그들이 비정하는 장소에서 조금 동쪽으로 옮겨 비정하는 학문으로서는 있을 수 없는 절충수를 둔 것이다. 이것이 이병도의 학문이고 이를 그대로 이어받은 주류 강단 사학계의 학문이다.

주류 강단 사학계가 추종하는 논리인 이병도 논리는 학문이 아닌 독단적인 개인적 견해 수준이다. 이를 현재까지 그대로 따르는 것은 우리 역사학계의 수준을 그대로 보여주는 것이다.

이러한 예는 수도 없이 많다. 이에 대하여는 이러한 사항이 나올 때마다 언급할 것이다. 이러한 비정은 위의 청나라시대 중국 학자들의 왜곡 비정에 의한 것임이 틀림없다. 하지만 잘못되고 한심한 이들의 왜곡 비정보다 더 잘못되고 한심한 것이 이병도와 식민사학이고 이들을 그대로 추종하는 우리 주류 강단 사학계이다.

이병도의 비정은 청나라시대 학자들의 잘못된 왜곡 비정의 이유와 마찬가지이지만 더 한심한 사항은 분명 원사료에는 소요수와 대요수 그리고 압록수가 있다고 하였는데 이병도는 소수와 대수만을 언급하고 압록수는 언급하지 않는다는 것이다. 그리고 이들은 서안평, 안평, 안시에 있던 안시성을 만주 요령성 안산시 해성시 동남쪽에 있는 영성자산성으로 비정하고 있다. 이곳은 그들이 비정하는 태자하가 흐르는 요양시와는 멀리 서남쪽으로 떨어진 곳이다. 이런 식이다. 도저히 맞지 않는다. 그들의 비정과도 서로 맞지 않는다.

나중에 여러 사항에서 확인할 수 있겠지만 독산성, 아차(단)성, 마수산, 죽령, 우산성, 니하 등과 같이 어느 한곳에 비정을 못 하고 있다. 이는 잘못된 비정을 하다 보니 여러 사서의 기록을 맞출 수 없기 때문이다. 그러면 원래 위치대로 비정하면 한곳에 비정할 수 있다. 그러므로 제대로 한곳에 비정하여야 한다. 하지만 그들은 그럴 수가 없다. 한반도 평양에 낙랑군이 있어야 한다는 논리 아닌 교리가 있기 때문에 이것에 맞추다 보니 모든 것이 엉망이 되었다.

그런데 이러한 주류 강단 사학계만큼이나 심각한 문제가 있다. 이러한 주류 강단 사학계의 비정과 논리를 비판하면서 대안을 제시한다는 비주류 강단 사학계와 재야 민족 사학계도 이에 못지않은 심각한 오류와 왜곡을 범함으로써 그들이 비판하여 바로잡으려 하는 주류 강단 사학계의 식민사학 논리를 바로잡지 못하고 있다는 사실이다. 잘못 잡으니 바로잡히지 않는 것이다. 이미 왜곡된 전제 사항을 받아들이고 이를 바탕으로 다른 사항을 바로잡으려 하니 또 다른 왜곡이 되는 것이다.

중요한 예를 들어보자. 지금 살펴본 기록과 앞의 【사료26】『신당서(新唐書)』「동이열전 고구려」 기록들에 대하여 우리 고대사의 활동 영역을 한반도로 고착시키는 주류 강단 사학계를 비판하는 비주류 강단 사학계와 재야 민족 사학계는 이 사서들 역시 왜곡되었다고 인식하면서도 한편으로는 이 사서의 기록을 주류 강단 사학계의 한반도 비정에 대한 비판 기록으로 인식하는 이중성을 보이고 있다. 물론 주류 강단 사학계는 이 기록을 유리한 부분만 발췌하여 한반도로 비정하는 데 이용하고 있다. 즉 압록강을 지금의 한반도 압록강으로 해석하면서 이와 관련된 사항을 한반도 비정에 맞는 부분만 편취하면서 왜곡하여 이용하고 있다.

그런데 비주류 강단 사학계와 재야 민족 사학계는 이 기록 중 고구려 평양성을 한나라 시기의 낙랑군으로 비정한 것을 역사 왜곡으로 삼아 당나라 시기에 고구려 평양성이 지금의 요양에 있음을 기화로 당나라 시기에 낙랑군과 이것이 세워진 고조선을 이곳에 비정하려고 왜곡하였다고 인식하면서 비판하고 있는 것이다. 따라서 고구려의 수도 평양성은 당연히 한반도가 아닌 요양에 있는 것으로 인식하여 해석하는 자료가 이것이다. 물론 안동도호부도 마찬가지이다. 이러한 인식의 바탕에는 몇 가지 전제 조건 즉 역사 인식이 있다. 이 전제 인식, 조건이 왜곡된 즉 본 필자가 설명하는 후대의 중국 학자들에 의하여 왜곡된 비정이 먹혀 들어간 인식이라는 것이다.

먼저 이 단락에서 본 필자가 설명하고 있는 요수와 압록수에 있어서도 압록수를 주류 강단 사학계가 지금의 압록강으로 비정하는데 반하여 이를 비판하는 측에서는 지금의 요하로 비정하고 있다. 그리고 압록수와 같이 나타나는 대요수, 소요수에 대하여는 제대로 비정을 못 하고 있다. 압록수를 요하로 비정하다 보니 사서의 기록과 맞는 대요수와 소요수를 비정할 수가 없는 것이다.

요수 즉 요하가 대요수와 소요수이므로 당연한 것이다. 그리고 【사료30】『신당서(新唐書)』「가탐도리기」의 해석에 있어서는 난해해서 도저히 이해를 하지 못한다. 잘못 비정하다 보니 주류 강단 사학계와 마찬가지로 제대로 할 수가 없는 것이다. 이 기록상의 '영주'를 중국이 왜곡 비정한 대로 지금의 조양시로 비정한 채 시작하고, '압록수'를 지금의 요하로 내지는 요수를 지금의 요하로 그리고 '바다'를 지금의 발해(Bohai Sea) 바다로 '등주'를 산동성 등주로 비정하는 왜곡된 인식으로 해석함으로써 제대로 해석하지 못하거나 중국 측의 의도대로 요령성으로 이동된 상태의 왜곡이 성공을 거두는 해석과 인식을 하는 것이다.

여기서 '영주'는 원래 중국 고대 역사대로 하북성 지방의 청주를 나누어 설치한 영주이므로 이를 하북성 석가장시 북부 지방으로, '압록수'를 지금의 호타하로, '요수'는 사서 기록대로 압록수인 호타하 북쪽에 있는 하천으로, '바다' 역시 바다가 아닌 호타하로 해석하여야 왜곡에서 제대로 벗어나 해석하게 되는 것이다.

> 중국사서는 왜곡되기 이전의 원래의 인식에 의하여 해석하면 제대로 된 곳을 비정하는 것으로 해석할 수 있다.

우리 고대사가 제대로 보이는 이 두 사서는 우리 고대사를 제대로 기록한 사서가 되는 것이다. 결론적으로 이 두 사서는 우리 역사를 왜곡한 것이 아니라 제대로 기록하였는데 중국 측의 의도대로 성공적으로 왜곡되게 해석하는 것이다. 제대로 해석한다면 두 사서에 의하여 고구려의 위치가 지금의 한반도 북부가 아니라 당시 영주 위치인 지금의 하북성 석가장시 동부이자, 당시 압록수인 지금의 호타하 북부에 있는 당시 요수인 지금의 자하 서쪽이 고구려의 서쪽 변경이 되는 것이다. 그리고 수도 평양성은 한나라 시기의 낙랑군이자 이전의 고조선의 수도 평양성이 있었던 여러 기록상의 평주인 지금의 석가장시 북부인 보정시 일원에 있었다는 사실이 드러나는 것이다.

또한 연나라는 요수인 자하의 서쪽에 있었던 지금의 하북성 석가장시 평산현에 위치하였던 연군성의 서쪽으로부터 서북쪽인 산서성에 있었다. 그리고 요동, 현토 그리고 낙랑 지방을 놓고 고구려와 다투던 모용선비족 즉 나중의 전연과 후연 그리고 북연은 연군성을 중심으로 있었던 것으로 밝혀진다. 또한 한나라 시기의 양평성인 지금의 하북성 석가장시 행당현이 요수인 자하 동쪽에 있음이 확인되고, 이곳에 당나라의 두 번째 안동도호부인 요동군 옛 성이었다는 사실이 확인된다.

더군다나 발해 역시 고구려와 마찬가지로 한반도 북부가 아니라 하북성에 있었다는 사실이 확인된다. 그리고 신라성 즉 신라의 영역이 하북성 남부 즉 산동성 지역에 있음이 확인된다. 또한 발해 무왕 시 당나라를 공격하였다는 등주가 산동성 산둥반도에 있는 것이 아니고 하북성에 있음이 확인된다.

그러나 앞에서 살펴보고 확인한 대로『후한서』「군국지」의 소위 연5군 및 소위 한2군(현토군, 낙랑군)에 대한 거리 수치와 더불어 내용은 그대로이지만『구당서』및『신당서』「고구려전」, 「백제전」의 거리 수치와 더불어 같은 방식 같은 왜곡에 의하여『신당서』「가탐도리기」도 내용은 그대로 기록하여 원래의 내역을 밝혀주지만 거리 수치만은 왜곡되어 있다.

이러한 왜곡은 이에 그치지 않고 같은 내용에 대하여 특히 우리 고대국가 그리고 이들의 위치에 대하여『구당서』및『신당서』에 비하여 비교적 잘 기록하고 있는『통전』의 경우에도 내용은 이상이 없으나 거리 수치만은 모두 다 같이 당시의 '춘추필법'이라는 중국의 시대적

소명에 맞추어 왜곡 조작되었다. 이 글이 이러한 왜곡을 확인하여 그 왜곡을 극복하고 제대로 된 우리 고대사를 복원하는 것이므로 이에 대하여 밝혀보고자 한다.

고구려는 졸본 즉 하북성의 남쪽 지방인 산동성에서 건국되어 북으로 진출한 후 하북성 즉 평주에 위치한 채 이곳에 도읍인 평양성을 두었다. 이는 모든 기록이 입증하는 것이다. 즉 기록에 왜곡을 가한 사서가 이를 입증하고 있는 것이다.『구당서』,『신당서』,『통전』,『신당서』「가탐도리기」가 우선 그것이다. 위의『신당서』「고구려전」과

【사료31】『구당서(舊唐書)』「동이열전 고구려」

高[句]麗는 본래 扶餘의 別種이다. 그 나라는 平壤城에 都邑하였으니, 곧 漢 樂浪郡의 옛 땅이다. 長安에서 동쪽으로 5천1백 리 밖에 있다. 동으로는 바다를 건너 新羅에 이르고, 서북으로는 遼水를 건너 營州에 이른다. 남으로는 바다를 건너 百濟에 이르고, 북으로는 靺鞨에 이른다. 동서로는 3천1백 리이고, 남북으로는 2천 리이다.

【사료32】『통전(通典)』「주군 안동부」

안동대도호부(安東大都護府) 순임금(舜)이 청주(青州)를 분할하여 영주(營州)를 두고 관리를 두었는데 마땅히 요수(遼水)의 동쪽이 맞는 것이다. (已具注序篇) 춘추전국시대에는 연나라에 속하였고 진나라와 전후 한나라의 요동군이며 동쪽으로 낙랑과 통하였다. (낙랑은 본래 조선국(朝鮮國)인데 元封三年(기원전 108년) 조선 사람이 그 왕을 죽이고 항복하였는데 그 땅을 낙랑, 현토군으로 하였다. 이후 또 대방군(帶方郡)을 두었는데 요수의 동쪽이다.) 진(晉)나라도 그리하였는데 평주(平州)를 겸치하였다. (군국(郡國)을 5개로 하고 주(州)의 치소를 이곳으로 하였다. 후한 말에 공손탁(公孫度)은 자칭 평주목(平州牧)이라 했고 아들 공손강(康), 그 아들 공손문헌(文懿) 모두 요동을 점거하였고 동이(東夷) 9종(九種)이 모두 복종하고 따랐다. 조위(魏)때에 동이교위(東夷校尉)를 양평(襄平)에 두었고 분할하여 요동

(遼東), 창려(昌黎), 현도(玄菟), 대방(帶方), 낙랑(樂浪) 5군으로 하여 평주(平州)를 두었다가 후에 과거처럼 유주(幽州)와 합쳤다. 공손문헌이 멸망하고는 호동교위(護東校尉)를 양평에 두었다. 咸寧二年(276년) 창려, 요동, 현도, 대방, 낙랑 5군에 평주를 두었고 모용외(慕容廆)는 영가지란(永嘉之亂 307~312)때에 무리의 추대를 받아서 자사(刺史)가 되었다. 그 손자 모용준(俊)은 도읍을 계(薊)(현)으로 옮겼다. 그 후 모용수(慕容垂)의 아들 모용보(寶)는 또 화룡(和龍)으로 천도하였다.)

[영인본에 없는 내용]
당나라 때에 안동도호부(安東都護府)를 두었고 상원 연간(674-676)에 그 위치를 옮겼다. (지금 요동성에 있다.)

[영인본 추가 내용]
후위(북위(後魏))때에 고구려가 그 땅에 도읍하였고 668년 이세적이 고구려를 평정했다. 1백76성(城)을 취하고 고구려를 분할하여 9도독부, 42주, 1백 현으로 만들고, 평양성(平壤城)에 안동도호부(安東都護府)를 설치하여 그들을 통치하게 하였다. (현지인) 추거(酋渠)를 발탁하여 도독, 자사, 현령으로 삼았다.
675년(上元二年) 요동 옛 성(遼東故城)으로 옮겼다. 677년(儀鳳二年) 또 신성(新城)으로 옮겼다. 698년(聖曆元年) 안동도호부(安東都護府)라고 이름을 바꿨다. 705년(神龍元年) 다시 옛 이름으로 하였다. 714년(開元二年) 평주(平州)로 옮겼다. 743년(天寶二年) 요서고군성(遼西故郡城)으로 옮겼다. 758년(至德) 이후에 폐했다. 관할 기미주(羈縻州)는 14주이다.

『구당서』「고구려전」에 있어서 평양성이 한나라 낙랑군의 옛 땅에 있다고 하였으니 낙랑군이 왜곡상의 한반도 평양이나 요령성 요양 그리고 하북성 진황도시가 아니고 왜곡이 아닌 제대로 해석한다면 현재의 하북성 정주시 인근인 것이다. 그리고 요수도 왜곡된 지금의 요하가 아니고 하북성에 있는 요수인 자하이다. 더군다나 영주는 왜곡된 요령성 조양이 아닌 왜곡되기 이전으로 제대로 해석한다면 즉,

【사료29】『요사』「지리지」

〈서문〉
제(帝) 요(堯)는 천하를 가지런히 하여 9개의 주(州)로 하였다. 순(舜)은 기주(冀)와 청주(靑)의 땅이 커서 유주(幽) 병주(幷) 영주(營)로 나누어 12주(州)로 하였다. 유주(幽州)는 발해(渤)와 갈석(碣)의 사이에 있고, 병주(幷州)는 북쪽으로 대군(代)와 삭방(朔)이 있으며, 영주(營州)는 동쪽으로 요해(遼海)에 미친다.

이 사료를 비롯한 중국의 모든 고대 사료들에 의하면 지금의 산서성에 있는 태행산맥 즉 연나라가 위치해 있었고 동쪽으로 갈석산과 연·진장성이 있어 고조선과 경계를 이루던 태행산맥을 기준으로 산서와 산동으로 나누었던 것이다. 산서에 기주가 있었고 산동에 청주가 있었던 것이다. 이후 기주와 청주가 커져서 그것을 세분하여 기주에는 그 북쪽으로 지금의 태원 지방을 중심으로 병주를 새로 두었고, 다시 동북 지방인 하북성 석가장시 서북쪽에는 유주를 새로 만들어두었다.

즉 기주를 셋으로 나누어 남쪽으로부터 북쪽에 걸쳐 차례대로 기주, 병주, 유주를 두었던 것이다. 그리고 청주는 둘로 나누어 북쪽 즉 석가장시 북쪽『통전』상의 기록대로 요수, 지금의 하북성 자하 동쪽을 영주로 하고 그 남쪽을 청주라 하였다. 이에 의하여 영주를 석가장시 북부로 해석한다면 고구려의 위치는 하북성 석가장시 동북부인 것이다.

이 기록에서도 영주가 동쪽으로 요해(遼海)에 미친다고 하였다. 중국사서 기록상 하북성에 대한 기록상의 요해(遼海)에 있어서 요(遼)는 당연히 요수(遼水)를 그리고 해(海)는 당시에 하북성 기록에서 바다로 기록된 것은 당시의 압록수이자 마자수인 지금의 호타하이다. 따라서 요해(遼海)는 요수와 호타하를 합친 개념으로 요수인 지금의 자하와 호타하가 인근에 있기에 이곳을 요해(遼海)라고 호칭한 것이다. 따라서 이곳은 지금의 하북성 석가장시 북부 즉 호타하 북부 지방을 일컫는다. 물론 요해를 중국 측에서 볼 때 먼 곳의 동쪽이라는 하북성 요동의 바다라고 해석하여 요동의 바다인 지금의 천진만으로 해석될 수도 있다. 이는 큰 차이가 없다. 이들은 모두 요해와 관련된 지역으로 지금의 하북성 지역임을 일컫는 것이다.

이러한 구분에 왜곡을 가한 중국 측과 이를 그대로 수용하는 주류 강단 사학계가 비정하는 요령성 조양시는 당시에는 구분 대상도 아니었다. 이는 전통적으로 변한 사실이 없다. 더군다나 『신당서』「고구려전」상에 고구려와 같이 설명하고 있는 대요와 소요 그리고 압록수인 마자수는 『한서』「지리지」, 『수경』, 『수경주』에 의하여 하북성에 위치함이 입증되는 것이다. 또한 『통전』에 의하여 나중에 평주가 된 영주 지방에 고구려가 도읍하여 평양성을 두었는데 이곳이 바로 이전의 한나라 낙랑군이고 그 이전에는 위만조선의 왕험성, 평양성이었던 것이 입증되는 것이다. 이에 대한 해명을 주류 강단 사학계에 요구하는 바이다. (주류 강단 사학계에 대한 공개 질문4)

> 고구려 평양성은 평주인 하북성에 있었다. 이곳 인근에 요수와 관련된 사항(대요수, 소요수, 압록수, 안평현)과 갈석산, 진장성, 용성이 있었다. 이는 수많은 사서기록이 입증하는 것이다.

그리고 이곳 평양성에 고구려 멸망 후 당나라가 안동도호부를 두었고 나중에 요동 옛 성인 양평성 즉 지금의 하북성 석가장시 행당현으로 그 자리를 옮긴 것이다. 이곳은 당시 요수의 동쪽에 있다. 고구려가 영주 즉 평주의 평양성에 도읍한 이후 수당전쟁을 거쳐 나당전쟁을 치른 후 최후에 지금의 요령성 요양으로 나중에 고려의 서경이 되는 곳으로 옮겼다가 멸망하는 것이 역사의 진실이다. 이러한 사항은 평주의 평양성에 도읍한 것을 입증하는『통전』을 비롯하여 이미 살펴본【사료24】『요사』「지리지」,【사료28】『원사』「지리지」요양등처행중서성 동녕로 등 여러 사서가 이를 입증하고 있으며

【사료33】『통감지리통석』권 10 요동

晉置平州 後魏時 高麗國都其地 唐置安東都護府 『通鑑地理通釋』권 10 遼東

진(晉)이 평주(平州)를 설치하였다. 후위(북위) 시기의 고구려가 그곳(晉 平州)에 도읍하였고 당(唐)이 안동도호부를 설치하였다.

이러한 사실은 송나라 왕응린(1223~1296)이『통감』의 지리에 관한 내용에 주석을 단 기록『통감지리통석』에도 그대로 나타난다. 고구려의 수도 평양성은 당시의 압록수인 호타하가 있는 현재 하북성 보정시에 있는 평양에 장수왕 때 도읍을 정하였다가 나당연합군의 고구려 공격 시 원래의 압록수였던 지금의 하북성 호타하의 동남쪽 1,000리인 지금의 요양으로 잠시 옮긴 것이고 이곳을 왕건의 고려가 서경으로 삼았다는 것이다. 한반도 평양은 이전의 어떠한 평양도 아니라는 사실이 입증되는 것으로 이는 또다시

【사료34】『삼국사기(三國史記)』권 제22 고구려본기 제10 보장왕(寶藏王) 二十七年秋九月

멸망하다 (668년 09월(음))

가을 9월에 이적이 평양을 쳐서 빼앗았다. ~ 계필하력이 먼저 병력을

> 이끌고 평양성 아래 도착하니 이적의 군대가 뒤따랐다. 평양을 포위하기를 한 달이 넘자, 보장왕이 천남산을 보내 수령 98인을 거느리고 백기(白旗)를 가지고 이적에게 나아가 항복하였는데, 이적이 이를 예로써 접대하였다.

사료상에는 최종적으로 고구려가 평양성에 항복하여 멸망한 것으로 되어 있으나 이때 항복한 천남산(연남산)의 묘지에서 발견한 묘지석 비문에

> "당에 속해 원방(遠方)에 봉해져 한성(漢城)을 지키지 않음에 미쳐 맥궁(貊弓)이 입헌(入獻)되고 호시(楛矢)가 왕에게 바쳐졌다."

"한성(漢城)을 지키지 못해 왕의 신물을 가지고 항복하였다."라고 함으로써 『신당서』「고구려전」상에 기록되어 있는 고구려의 삼경 중 한성에서 항복한 사실을 증거하고 있다. 또한 이 기록들 중 『신당서』「가탐도리기」에 의하여 고구려의 다른 도읍인 환도성과 국내성이 하북성에 있음을 증거하고 있다. 이러한 고구려의 왕성이었던 환인성, 국내성에 대하여는 다음에 자세히 설명하도록 할 것이다.

그리고 또 한 가지 언급하고 넘어가야 할 중요한 사항이 있는데 그것은 바로 등주이다. 주류 강단 사학계는 물론이고 비주류 강단 사학계와 재야 민족 사학계도 등주를 지금의 산동반도의 등주로 해석하고 있다. 이는 심각한 잘못된 비정으로 기본적으로 【사료30】『신당서(新唐書)』「가탐도리기」의 기록 등을 잘못 해석하게 만드는 요인이 된다. 이 기록은 하북성에서의 위치 기록이지 산동성 산동반도 기록이 아닌 것이다. 더군다나 등주는 나중에 자세히 설명하겠지만 내주 동래군이다. 내주 동래군은 등주 동래군으로 여기서의 동래는 영주이다. 영주는 앞서 거론한 바와 같이 석가장시 북부인 것이다.

등주 즉 발해 무왕이 당나라를 공격한 등주를 산동성 산동반도 등주로 왜곡 비정하다 보니 역사가 왜곡되어 발해의 위치는 물론 신라의 역사도 왜곡되었다. 많은 후대의 사서가 이 사서의 기록을 인용하면서 왜곡 해석함으로써 이러한 왜곡된 인식이 주입된 역사 인식에 의하여 현재의 비주류 강단 사학계와 재야 민족 사학계가 결국은 중국 측이 의도한 대로 주류 강단 사학계와 마찬가지로 왜곡 해석을 하게 이르렀던 것이다.

여기서 기록한 신라는 당연히 한반도 동부에 있는 신라가 아니라 하북성 남쪽 산동성에 있었던 신라인 것이다. 신라는 한반도 동쪽에서 건국된 것뿐만 아니라 여기서 먼저 건국되어 고구려와 이곳을 두고 다투다가 나당연합군을 통하여 하북성 고구려 지역을 추가 확보한 후 소위 통일신라시대를 거쳐 고려에까지 물려주어 고려가 서희의 소위 강동 6주(8성)와 천리관성을 설치하면서 그 영역으로 유지하게 되는 것이다.

이에 대하여는 사서의 기록에 의하여 본 필자가 차례대로 입증하도록 하겠다. 이와 같이 왜곡되기 전의 원래 의미로 해석한다면 왜곡되어 기록되었다는 이러한 중국 기록 즉 당나라 시기의 역사서인 『후한서』「군국지」, 『구당서』 및 『신당서』의 「고구려전」과 「백제전」, 『신당서』「가탐도리기」 그리고 『통전』들을 제대로 해석하게 됨으로써 이 사서들은 오히려 우리 고대사를 제대로 밝혀주는 기록이 되는 것이다. 하지만 이들의 왜곡도 파악할 수 있는데 이는 그 내용을 제외하고 거리 수치에 대한 것이다. 이들 거리 수치 기록은 내용과는 전혀 동떨어지게 기록되어 있음으로 말미암아 역사 사서의 기록에 함부로 언급할 수 없는 조작이라는 혐의를 씌울 수밖에 없게 만들었다.

앞으로 『구당서』 및 『신당서』 그리고 『삼국사기』의 여러 조작성에 대하여 설명하고 입증하겠지만 분명히 내용과는 다른 수치가 기록되어 있음은 후대의 가필이라는 확증을 가지게 된다. 그것은 일부 살펴 본 다음의 기록이다.

【사료25】『통전(通典)』「변방」'동이 하 고구려'

한나라 요동군 서안평현 북쪽에 소수가 있는데 남쪽으로 흘러 바다로 들어가며, 구려의 별종으로 소수에 의지하여 살기 때문에 소수맥이라 한다.

갈석산은 한나라 낙랑군 수성현에 있다. 장성이 이 산에서 일어났다. 지금 그 증거로 장성이 동쪽으로 요수를 끊고 고구려로 들어간 흔적이 아직도 남아 있다. (『상서』에서 '갈석을 오른쪽으로 끼고 하로 들어간다'는 문구를 살펴보면, 우갈석은 하가 해(바다) 근처에 다다르는 곳으로 지금 북평군 남쪽 20여 리에 있다. 그러므로 고구려에 있는 것은 좌갈석이다.)

또한 평양성(平壤城) 동북쪽에 로양산(魯陽山)이 있고 그 정상에 로성(魯城)이 있다. 서남쪽으로 20리에 위산(葦山)이 있는데 남쪽에 패수(浿水)가 가깝다. 대요수는 말갈국 서남산에서 나와 남으로 흘러 안시현에 이른다. 소요수는 요산에서 나와 서남으로 흘러 대양수와 만난다. 대양수는 나라의 서쪽에 있다. 새 밖에서 나와 서남으로 흘러 소요수로 흘러간다. 마자수는 일명 압록수이다. 물이 동북 말갈의 백산에서 나온다. 물의 색이 기러기 머리색을 닮았기 때문에 속되게 부른 이름이다. 요동에서 5백 리 떨어져 있다. 국내성 남쪽을 지나 서쪽으로 흘러 염난수와 만나 두 물이 합하여 서남으로 흘러 안평성에 이르러 바다에 들어간다. 고구려에서 이 강이 제일 크다. 물결이 이는데 푸르고 맑으며, 나루터마다 큰 배가 서 있다. 그 나라에서 이를 천참(천연요새)으로 여긴다. 강의 너비가 3백 보이고, 평양성 서북 450리에 있다. 요수 동남 480리에 있다. (한나라 낙랑군, 현토군 땅이다. 후한 때부터 위나라 때까지 공손씨가 점거하고 있다가 공손연 때 멸망했다. 서진 영가(307~312) 이후 다시 고구려에 함락되었다. ~(생략))(생략)

이 기록 중에 분명히 압록수가 평양성 서북 450리에 있다고 하였고, 요수 동남 480리에 있다고 하였다. 이 수치대로 한다면 먼저 요수와 압록수가 480리나 떨어져 있다는 것이다. 이는 앞에서 살펴본 대로 모든 사서기록인 『한서』「지리지」를 비롯한 각 지리지, 『수경』, 『수경주』를 비롯하여 기록상에 이웃에 있어 가까이 같이 흐르다가 나중에 합류하는 사항과 완전히 모순되는 것이다. 그리고 압록수가 평양성과 450리 떨어져 있다는 사실은,

---

【사료35】『삼국사기(三國史記)』 권 제20 고구려본기 제8 영양왕(嬰陽王) 二十三年秋七月

을지문덕이 살수에서 수의 군대에 대첩을 거두다 (612년 07월(음))

가을 7월에 살수(薩水)에 이르러 군사가 반쯤 강을 건넜을 때 아군이 뒤에서 후군을 공격하니 우둔위장군 신세웅(辛世雄)이 전사하였다. 이에 여러 군대가 함께 무너져서 걷잡을 수 없게 되어 장수와 사졸들이 달아나 돌아가는데, 하루 낮 하룻밤에 압록수에 도달하였으니 450리를 행군하였다.

전투 기록에 의한 것임을 확인할 수 있다. 450리 수치 기록의 시초인 기록은 수나라의 하북성 평양성 공격이다. 그런데 당시에는 분명히 방향이 표시되지 않았다. 하지만 당시 압록수이자 마자수였던 지금의 하북성 호타하에서 하북성 평양성으로 가자면 당시 요동성을 통하여 갔다면 요동성은 지금의 호타하 북쪽인 하북성 석가장시 행당현에 있으므로 이곳에서는 동북쪽으로 갔던 것이다.

612년 6월 공격 시 살수대첩의 당사자인 우중문은 낙랑도로 공격하였다. 당시 낙랑도는 이전의 낙랑군 지역이므로 낙랑군의 중심 지역이 지금의 하북성 보정시 정주시이다. 이곳에서 동남쪽 평양성은 하북성 고구려 평양성이 아니다. 분명

> 【사료36】『삼국사기(三國史記)』 권 제20 고구려본기 제8 영양왕(嬰陽王) 二十三年夏六月
>
> ~ 드디어 동쪽으로 나아가 살수(薩水)를 건너 평양성에서 30리 떨어진 곳에서 산을 의지하여 진을 쳤다. ~

우중문의 부대가 압록수를 지나 낙랑도를 지나 동으로 살수를 건너 평양성에서 30리 떨어진 곳에 진을 쳤다가 을지문덕 장군에게 살수에서 패한 채 이곳에서 450리를 행군하여 압록수에 도착한 것이다. 따라서 당시 평양성은 분명히 압록수의 동북쪽에 있었지『통전』의 기록과 같이 압록수의 동남쪽에 있지 않았다.

이 기록의 거리 수치 내용 등을 그대로 인용하면서도 방향만 바꾸어 평양성이 압록수의 동남쪽에 있는 것으로 기록한 것이다. 이는 다른 기록에는 없는 요수 동남 480리에 있다. 기록과 함께 현재 주류 강단 사학계의 비정대로 요령성 요하를 요수로 하고, 압록수를 한반도 압록강으로 하고, 평양성을 한반도 평양으로 왜곡하여 기록한 것으로 해석되고 있다.

> **중국 측은 사서기록상에서 압록수와 요수를 왜곡하고자 노력한 사항이 밝혀진다.**

하지만 실제 거리를 측정한 결과에 의하면 현재 환산 단위인 '1km -2.54리'로 하더라도

- 한반도 압록수와 한반도 평양 거리 : 150km, 381리/대비 450리
- 요령성 요하와 한반도 압록수 거리 : 228km, 580리/대비 480리

이다. 한반도 압록수~한반도 평양 거리인 381리는 사서기록상의 거리인 450리와 단위 환산 및 도보 가능 거리를 감안하면 비슷하지만, 요하~압록수 거리 580리는 사서기록상의 거리인 480리와 비교하여 적어야 함에도 많은 한편 차이가 많아 맞지 않는다. 더군다나『통전』과 같은 시기를 기록한 위의『신당서』「가탐도리기」에 의하면 (안동도호부에서) 동남쪽으로 평양성(平壤城)까지 800리이라고 하였다. 물론 이 거리는 압록수와 평양성 간의 거리가 아니고 옛 양평성인 안동도호부와 평양성 간의 거리이다. 하지만 당시 옛 양평성 즉 안동도호부는 지금의 석가장시 행당현이다. 행당현과 압록수 간의 거리는 현재 54km이므로 현재 환산 단위로 하면 137리이다. 800리에서 137리를 감하면 663리이다. 450리하고는 차이가 많다.

따라서『통전』의 450리는 원래 그대로 압록수와 하북성 고구려 평양성 간의 거리를 나타낸 것이고,『신당서』「가탐도리기」의 800리 거리는 압록수와 산동성 고구려 평양성인 졸본성 간의 거리를 나타낸 것이 맞는 것이다.

- 압록수인 하북성 석가장시 정정현의 호타하에서 당시 하북성 고구려 평양성인 보정시 만성구 지역 : 88km, 224리/대비 450리
- 압록수인 하북성 석가장시 호타하에서 당시 산동성 고구려 평양성인 산동성 덕주시 평원현 지역 : 168km, 427리/대비 663리

거리를 측정한 결과, 당시의 거리는 지금과 환산 단위가 다르고 도보 가능 거리이므로 그 대비 비율상 맞는 것으로 확인된다. 따라서 결론적으로『통전』의 기록상 압록수 평양성 서북 450리에 있다. 요수 동남 480리에 있다는 기록 중

(1) 압록수의 평양성 서북 450리 기록은 원래 위치인 압록수가 평

양성의 서남쪽에 있어야 하는 것이므로 그 방향이 잘못되었다. 이는 또한 거리 수치상 방향이 맞는 산동성 고구려 평양성인 졸본성을 가리키는 것이 못 된다. 한편 왜곡에 의하여 한반도 압록강과 한반도 평양성에 맞추기 위한 기록에 의한다면 방향도 맞고 거리 수치도 맞는 것으로 확인된다.

(2) 압록수의 요수 동남 480리 기록은 원래 위치에서는 압록수와 요수가 이웃에 있어 같은 방향으로 흐르다가 합류하는 것이므로 거리 차이가 있다는 것은 잘못이다. 한편 왜곡에 의하여 한반도 압록강과 요령성 요하에 맞추기 위한 기록에 의한다면 방향은 맞으나 거리 수치는 맞지 않는 것으로 확인된다.

따라서 결론적으로 『통전』의 위 기록은 오류인 것으로 결론 내려지는 것이다. 즉 하북성 고구려 평양성에도 맞지 않으며 산동성 고구려 평양성인 졸본성에도 맞지 않고 하북성 압록수와 요수 그리고 왜곡 필요상 압록강과 요하와도 맞지 않다. 『통전』상 평양성 서북 450리에 있다. 요수 동남 480리에 있다. 이 기록은 한반도의 평양과 압록강 그리고 요령성 요하를 기록하려고 왜곡한 기록도 아니다.

단지 450리 기록이 탄생한 수나라가 고구려를 공격할 시 압록수와 고구려 평양성 간의 거리만 그대로 인용한 채 당나라 시기를 기록한 『신당서』「가탐도리기」는 하북성 고구려 평양성이 아닌 산동성 고구려 평양성의 졸본성에 대한 방향만을 그대로 인용하여 기록한 것이다. 이러한 오류는 후대의 사서기록상에도 요수 관련 기록은 없으나 그 방향이 그대로 이어지는 것에서 알 수 있다.

> 【사료37】『무경총요』 1044년 권22 압록수
>
> 압록수, 고구려(高麗國)의 서쪽에 있다. 수원은 백산(白山)이다. 물색이 압두(鴨頭 오리머리)와 같고 요동에서 5백 리 떨어져 있다. 고구려에 있다. 이 하천이 가장 크며 물이 맑고 천참(天塹)이 된다. 강폭은 3백 보이고 평양성 서북 450리에 있다. (압록)수는 동남쪽 20리쯤에서 갈라져서 신라국(新羅國)의 흥화진(興化鎭)에 도달한다. : 황토암 20리 서북에서 (요나라 초기) 동경까지 850리이다. 남쪽 해변까지는 60리이다.

이와는 달리 하북성 고구려 평양성이 아닌 산동성 고구려 평양성의 졸본성에 대한 기록은 방향이나(안동도호부에서 동남쪽) 거리(800리)로 보아 확실한 『신당서』 「가탐도리기」의 기록은 사실과 부합된다. 하지만 옛 양평성인 안동도호부에서 압록강의 북쪽에 있는 옛 안평현이었던 박작성까지 700리라고 하였다.

당시 옛 양평성 즉 안동도호부는 지금의 하북성 석가장시 행당현이다. 그리고 옛 안평현이었던 박작성은 지금의 하북성 형수시 안평현이다. 그런데 행당현과 안평현 사이의 현재 거리는 87㎞이다. 이를 현재 환산 단위로 하면 221리가 된다. 700리와는 차이가 많다.

이렇듯 『신당서』 「가탐도리기」는 여러 사항이 맞는 것도 있으나 거리 수치 등 맞지 않는 사항도 있어 문제가 많으나 확실히 하북성 석가장시 인근의 당시 압록수이자 마자수였던 호타하를 기준으로 이곳 인근에 있었던 영주와 등주를 기점으로 하여 하북성과 산동성으로 가는 경로를 기록한 것은 확실하다.

그럼에도 불구하고 주류 강단 사학계의 왜곡을 비판하면서도 이들이 왜곡해 놓은 인식에 따라 영주를 요령성 조양으로, 등주를 산동성 산둥반도로 비정한 채 해석하면 그들이 왜곡한 대로 해석하는 잘못을 저지르거나 전혀 다른 곳으로 해석하거나 사서기록이 왜곡되었다고 외면하게 됨으로써 일제 식민사학과 주류 강단 사학계가 왜곡 조작하여 놓은 우리 고대사의 실체를 밝히는 사료로 활용하는 기회를 잃어버리는 잘못을 범하게 됨을 명심하여야 할 것이다.

이와 같이 『신당서』 「가탐도리기」의 "옛 양평성인 안동도호부에서 동남쪽으로 평양성까지 800리" 기록은 옛 양평성은 지금 석가장시 행당현이고 여기서 동남쪽 800리가 중국사서가 자주 고구려 평양성으로 인식하여 기록하였던 고구려 첫 도읍지인 졸본성으로 지금의 산동성 덕주시 평원현으로 이는 왜곡된 기록이 아니고 제대로 맞는 기록이다. 지금의 단위 환산 값에 의하면 800리는 314㎞이다. 하지만 당시와 현재의 단위 환산 값이 다르고 더군다나 기록상의 거리 값은 도보 가능 거리 수치이다. 이를 현재의 직선거리로 환산하면 짧은 거리이다.

두 번째 안동도호부가 있었던 요동성이자 양평성이었던 지금의 하북성 석가장시 행당현에서 고구려의 첫 도읍지로 중국사서상에 고구려 평양성으로 자주 기록하고 인식하였던 졸본성이 여기서 동남쪽으로 현재 거리와 환산 단위로 216㎞, 550리 떨어진 산동성 덕주시 평원현이다. 이 기록상의 평양성은 고구려 첫 도읍지로 평양성 내지는 남평양, 하평양으로 불리던 졸본성이다. 이 당시 즉 당나라 시기에 고구려 도읍지는 그 북쪽인 하북성 보정시 만성구 지역에 있었다. 그러나 『신당서』의 「고구려전」 역시

> "國內城의 서쪽을 거쳐 鹽難水와 합류한 다음, 다시 서남으로 [흘러] 安市[城]에 이르러서 바다로 늘어간다. 半壤은 鴨淥江의 동남쪽에 있는데, ~"

평양성을 『통전』의 방향과 『신당서』 「가탐도리기」의 방향과 거리

수치와 같이 산동성 고구려 평양성인 졸본성을 기록하고 있다. 이는 평양성 남쪽에 패수가 있다는 기록 역시 산동성 고구려 평양성인 졸본성을 기록하고 있는 것이다. 하지만 다른 기록은

【사료25】『통전(通典)』「변방」'동이 하 고구려'

"국내성 남쪽을 지나 서쪽으로 흘러 염난수와 만나 두 물이 합하여 서남으로 흘러 안평성에 이르러 바다에 들어간다."

와 같이 하북성 고구려 평양성을 기록하고 있는데 이 기록은,

【사료22】『한서』「지리지」1. 유주

⑨ 현토군(玄菟郡)

현토군(玄菟郡), 무제(武帝) 원봉(元封) 4년에 열었다. 고구려현(高句驪縣)은 왕망이 하구려(下句驪)로 고쳤으며 유주(幽州)에 속한다.[1] 가구 수는 4,5006이고 인구수는 22,1815명이다. 현은 3개이다.

1) 고구려현(高句驪玄), 요산(遼山)에서 요수(遼水)가 나오는데 서남쪽으로 요동군 요대현(遼隊縣)에 이르러 대요수(大遼水)로 들어간다. 또한 남소수(南蘇水)가 있는데 서북쪽으로 새(塞) 밖을 지난다.[2]
2) 상은태현(上殷台縣), 망(莽)은 하은(下殷)이라 했다.[3]
3) 서개마현(西蓋馬縣), 마자수(馬訾水)가 서북쪽으로 염난수(鹽難水)로 들어가는데, 서남쪽으로 요동군 서안평현(西安平縣)에 이르러 바다로 들어간다. (이 강은) 2개의 군(郡)을 지나고 1100리를 흐른다. 왕망은 현도정(玄菟亭)이라고 했다.

이 기록에서 인용한 것인데, 모두 서남쪽으로 흐르는 것으로 되어 있다. 이 기록들은 모두 하북성에서의 하천을 기록한 것이다. 그런데

하북성에서는 서쪽 방향으로 하천이 흐를 수 없다. 모두 요령성에 맞추어 조작해 놓은 것이다. 단 압록수인 호타하는 현재 중국 보정시 서부, 대동시 남부, 삭주시 동부, 석가장시 북부로 네 도시의 가운데 위치인 중국 산서성 흔주시 번치현(繁峙縣)의 태희산(泰戲山) 고산 일대에서 발원하여 서남쪽으로 흘러 안문(關) 남부를 지나 흔주시 북부에서 거의 직남쪽으로 흐르다가 다시 동남쪽으로 흐르다가 다시 북동쪽으로 흐르다가 다시 동남쪽으로 흐르다가 다시 서남쪽으로 흐르다가 다시 직남쪽으로 흐르다가 다시 직동쪽으로 흘러 공손씨의 양평성이자 모용씨의 요동성이었던 석가장시 평산현에 있는 Gangnan Reservoir(崗南水庫) 저수지에 들어갔다가 다시 Huangbizhuang Reservoir(黃壁庄水庫) 저수지에 들어간 다음 계속 동남으로 흘러 석가장시 북부의 모용선비족의 용성이 있었던 정정현을 지나 다시 동북쪽으로 흘러 서안평을 지나 안시현과 안평현의 북쪽으로 흘러간다.

이러한 하천의 흐름은 【사료21】『수경주』「대요수」, 「소요수」상의 백랑수와 맞아떨어진다. 호타하만이 거의 유일하게 서쪽 내지는 서남쪽으로 흐르는 등 그 흐름이 변화무쌍하다. 이렇게 서쪽이나 서남쪽으로 흐르는 하천은 하북성에 없으며 또한 이렇게 변화무쌍하게 흐르는 하천은 요령성에 없다. 단지 이 사서상의 백랑수 기록은 전체 호타하 흐름 중 일부만 기록한 것이다.

그런데 압록수이자 백랑수인 호타하 즉 중국사서상에 연나라의 위치를 알려주는 이 하천은 무시하고, 하북성의 거의 모든 하천이 동쪽으로 흐르는 반면『한서』「지리지」를 비롯한 모든 중국사서의 기록상 요수 즉 소요와 대요, 패수 등 모든 하천이 서쪽 내지는 서남쪽으로 흐르는 것으로 기록되어 있어 모든 후대의 연구자들이 하북성 평주에 있던 고조선과 낙랑군 그리고 고구려 등을 모두 난하 인근의 진황도시나 요령성 요하 인근으로 비정하는 빌미가 되었다.

그러나 모든 종합적인 사항을 고려하면 이러한 흐르는 방향에 대한 기록 등은 원래의 맞는 위치와 부합되지 않는 것으로 후대의 가필 내지는 조작이다. 그리고 압록수인 마자수가 고구려 국내성의 서쪽이나 남쪽을 지난다는 기록을 우리 주류 강단 사학계는 그들이 정해놓은 논리대로 고구려의 수도인 집안시의 남쪽과 서쪽을 지나는 지금의 압록강으로 왜곡하는 단서가 되었다.

하지만 이는 하북성에서 국내성의 서쪽이나 남쪽을 흐르는 압록수 즉 호타하를 기록한 것이다. 나중에 고구려의 수도 천도에 대하여 살펴볼 때 자세히 다루겠지만 고구려 3경의 하나인 고구려의 평양성은 지금의 하북성 보정시 만성구에 비정되며, 3경의 다른 하나인 국내성은 사서기록상 그리고 고구려 역사상 국내(㈜) 내지는 국내 지역과는 다른 것이다. 즉 국내성은 고구려 3경 중 북도에 해당되고 국내주 내지는 국내 지역에는 위나암성 혹은 불이성이 있다. 이러한 것을 모든 중국사서 및 『삼국사기』 및 『삼국유사』가 혼돈하여 같이 취급하고 있다. 국내주에 있었던 위나암성, 불이성은 개마, 옥저, 제1현토 지역이었던 지금의 석가장시 동북쪽부터 그 동남쪽인 심주시 형수시 인근까지 위치해 있었다.

우리 고대사 활동 지역이 한반도가 아니라는 것을 증명하는 증거는 차고 넘친다. 지금 살펴보는 사항만도 주류 강단 사학계가 비정하는 한반도가 아니라 하북성이라는 사실을 증거하는 직접적인 사료가 수없이 많다.

【사료38】『삼국사기(三國史記)』 卷第三十七 雜志 第六 지리(地理)四 백제(百濟) 압록수 이북의 항복한 성

압록수 이북의 항복한 11성. ~ 국내주(國內州) (한편 불내(不耐)라고도 이르고 혹은 위나암성(尉那嵒城)이라고도 이른다.) ~

고구려의 수도 및 이의 천도에 대하여는 다음에 자세히 살펴보고 여기서는 국내주 및 위치에 대하여만 살펴보겠지만 국내주는 국내성과 다른 것인데 중국사서는 이를 혼돈하여 기록하고 있거니와 현재 주류 강단 사학계에서는 국내주이든 국내성이든 장수왕의 평양성을 제외한 모든 평양성 그리고 환도성마저 모두 길림성 집안시로 한정하여 비정하고 있다. 그러나 이는 사실이 아닌 역사 조작으로 우선 국내주는 사료 기록상 불내성 내지는 위나암성이다. 이에 대하여는 사서기록상 불내 등의 사실과 더불어 차후에 자세히 설명하도록 하겠다.

중국사서상의 두 번째 요수는 고조선과 고구려의 활동 무대였고 고구려의 수당전쟁의 무대이기도 했다.

지금까지 살펴본 첫 번째 요수는 연나라의 위치와 관련이 있고 두 번째 요수는 이웃의 낙랑군 지역에 고조선 및 위만조선의 위치였으며, 중국사서상에 고구려로 착각한 구려의 발상지로 기록된 곳이다. 요수를 중심으로 인근에 고조선과 연나라가 있었고 이후에 소위 연5군이 있었으며 나중에 고구려 평양성이 있어 이곳을 침범한 수나라와 당나라와 전쟁을 벌인 곳이다. 또한 두 번째 요수는 나중에 자세히 살펴보겠지만 이 사서에서 확인할 수 있는 것은 갈석산의 유래에 대해서이다.

나중에 고구려 편에서 자세히 살펴보겠지만 우선 고구려의 발상지와 관련하여 살펴보도록 하겠다. 왜냐하면 요수와 관련하여 이미 인용하여 살펴본 【사료20】『산해경』「해내동경」상의 곽박 주석에는 현토군과 고구려현 기사가 나오고, 【사료21】『수경주』「대요수」, 「소요수」상에는 고구려와 관련된 안시현과 현토군 고구려현의 기사가 있으며,【사료22】『한서』「지리지」1. 유주상에는 안시현, 고구려현 기사가 있는 한편 현토군이 옛 진번 조선 오랑캐라고 하였고, 요수 즉 대요수와 관련 있는 것이 구려 오랑캐라고 하였다. 그리고【사료23】『삼국지』〈위서〉「동이전」'고구려전'에는 구려가 대수 유역에 나라를 세웠다고 구체적으로 기재하였으며 소수에는 구려의 별종 즉 소수맥이 나라를 세웠다고 하였다.【사료24】『후한서(後漢書)』「동이열전」'고구려전'에는 구려를 맥이라고 하고 소수맥과 구분하는 등의 기사에 의하여 고구려와 관련이 있는 것으로 하였기 때문이다.

우선 현토군이 고구려와 관련 있는 것은 너무나 당연한 역사적 사실이다. 그래서 주류 강단 사학계는 현토군과 고구려를 같이 엮으려고 노력한다. 하지만 이는 고구려 건국 후 일정 기간이 지난 뒤의 일이다. 고구려 건국 시에는 현토군과 관련이 없다. 이렇게 고구려와 현토군의 관련성은 발상지와도 관련이 있고 역사적 활동 무대와도 관련이 있다.

그런데 앞서 살펴본 바와 같이 현토군을 후대의 중국사서와 주석들 그리고 일제 식민 사학자와 이를 이어받은 주류 강단 사학계가 한반도 북부 지방에 위치 비정을 하면 모든 역사적 사실이 엉켜버려 도대체 맞지 않게 된다. 그것이 잘못되었음을 입증하는 것이 이 글의 목적이기도 하다.

고구려의 발상지에 대하여는 위의【사료22】『한서』「지리지」⑨ 현토군(玄菟郡) 1) 고구려현(高句驪玄) "[1] 應劭曰故真番朝鮮胡國. 응초(應劭)가 말하기를 옛 진번 조선(眞番朝鮮) 호(胡)의 나라이다."라고 하여 현토군 즉 현토군의 고구려현이 원래 진번 조선이라고 하였지만 이는 입증되기를【사료11】『사기』「조선열전」"연국의 전성기 때부터 일찍이 진번과 조선을 침략하여 속하게 하고 아전[吏]을 두고 장새(鄣塞)를 쌓았다.- 응소가 말하기를 현토(玄菟)는 본래 진번국(眞番國)이라고 하였다."라고 하여 원래 고조선의 지역이었던 진번 조선 땅에 설치한 것이 현토군이라는 것을 분명히 나타내었다. 이러한 역사 인식은 그대로 전해져

【사료41】『삼국유사』 卷 第一 제1 기이(紀異第一) 고구려(高句麗)

고구려(高句麗)

고구려는 곧 졸본부여이다. 더러는 말하기를 "지금의 화주(和州) 또는 성주(成州)이다."라고들 하나 모두 잘못이다. 졸본주는 요동지역에 있다. ≪국사(國史)≫「고려본기」에 이른다. 시조 동명성제(東明聖帝)의 성은 고씨요 이름은 주몽(朱蒙)이다. 처음에 북부여왕해부루가 동부여로 자리를 피하고 나서 부루가 죽으매 금와가 왕위를 이었다. ~ 그는 졸본주 (현토군의 지역이다.)까지 와서 드디어 여기에 도읍을 하였다.

【사료42】『양서(梁書)』「동이열전」'고구려'

其國, 漢之玄菟郡也. 在遼東之東, 去遼東千里.

그 나라는 漢代의 玄菟郡 [지역]에 있다. 요동으로부터 천 리쯤 떨어져 있다.

상에 나타나 고구려가 현토군 지역에서 건국하고 그 자리에 있는 것으로 되어 있게 되었다. 즉【사료22】『한서』「지리지」⑨ 현토군(玄菟郡) 1) 고구려현(高句驪玄)에 있던 요수 즉 대요수 인근에는 고구려가 입국하였고, 인근의 소요수에서는 소수맥이라는 구려의 별종의 발상지로 되어 있다. 물론 고구려가 역사적 활동상 현토군과 관련이 있고 끊임없이 현토군과 쟁패를 벌이다 결국 몰아내고 점령하여 그 영역을 확대한 것으로 되어 있다.

이에 대한 역사적 기록은 각종 중국사서와 『삼국사기』 「고구려본기」에서도 무수히 확인되고 있다. 그러나 고구려가 구려라는 별칭으로 불리고 그 구려가 여기서의 요수 즉 대요수 지방을 발상지로 하였다는 것은 잘못 전래된 역사적 사실이다.

나중에 이에 대하여 입증하여 설명하겠지만 고구려는 사료상의 부여 고도로 고국원의 땅인 해모수의 본부여국 내지는 본부여에서 일부 세력이 동쪽 동해안으로 쫓겨 간 해부루의 동부여 내지는 부여국에서 다른 일부 세력이 북쪽으로 옮겨간 북부여로부터 탈출한 주몽이 엄리대수 즉 엄호수인 현재의 산동성 덕주시 평원현 북부에 위치한 마협하(Majia River, 马颊河)를 건너 현재 산동성 덕주 지방의 졸본 지방에 건국한 다음, 원래 현토군을 지금의 안평현 서북쪽이자 인접 낙랑군의 서북부로 쫓아낸 다음 이곳까지 점령한 후 그 북부로 영역을 확대하여 결국은 서북쪽의 낙랑군과 서남쪽의 현토군을 점령해 나가는 것이 고구려의 역사적 활동 내역이다.

고구려를 한반도 북부로 비정한 다음 동부여를 두만강 인근의 훈춘시로 비정하는 것은 사서 기록상에 동쪽 바닷가로 가서 동부여를 세웠다는 기록을 그대로 따른 왜곡 내지는 착오 비정인 것이다.

동부여의 원래 위치는 당시 부여 고도이자 고국원의 땅이었던 석가장시 동쪽 인근에서 옮긴 채 그 동쪽인 하북성 창주시 인근에 위치하였다. 『삼국사기』 「고구려본기」와 『삼국유사』 「제1기이 고구려」 기록에서는 고구려 주몽이 동부여를 탈출한 것으로 기록하고 있지만, 『삼국사기』 「지리4 고구려」상에는 주몽이 북부여로부터 탈출하여 동남쪽으로 나아간 것으로 기록되어 있고, 『광개토대왕 비문』상에는 주몽이 추모왕으로 바뀐 채 탈출지는 구체적으로 나오지 않고 출신을 북부여라고 하였다. 한편 구려를 고구려현으로 한 것과 고구려와 구려를 동일시하는 중국사서의 기록은 왜곡된 것이다. 그 왜곡은 고의가 아니라 착오에 의한 잘못인 것이다.

　구려는 고구려와 같이 고조선에 속하던 나라로 같이 부여국의 제후국이었으며 고구려에 부용하던 나라였다. 고구려는 이보다 강하고 더욱 큰 별개의 나라였다. 중국사서들이 한번 착각하여 기록하니 이후의 사서들이 이를 계속 기록하여 결국 같은 것으로 인식하게 된 것이다. 구려는 나중에 모용선비족이 되는 족속의 원류인 예맥족이다.

> 고구려는 하북성 현토군 고구려현 지역에서 건국하지 않았다.
> 중국사서가 고구려와 구려를 혼돈하여 왜곡하였다.

　고구려가 대수에서 발생한 것이 아니라 구려가 발생한 것이다. 물론 【사료22】『한서』「지리지」⑨ 현토군(玄菟郡) 1) 고구려현(高句驪玄) 항목에 요수 즉 대요수에 대하여 응소가 옛 구려 오랑캐라고 한 것에 기인한 것으로 보인다. 이것도 후대의 가필에 의한 것이다. 이후의 사서들은 이를 근거로 구려를 고구려와 동일시한 것이다. 또한 소요수 즉 소수에서 기원한 것이 구려의 별종인 소수맥이라는 것이다.

　구려와 구려의 별종인 소수맥이 다름 아닌 사서상의 예맥이며 선비족으로 나중에 고구려와 많은 역사적 활동을 하는 모용씨 선비족의 발상지와 역사적 활동지가 고구려 인근에 있는 이곳이다.

> 모용씨 선비족 즉 전연과 후연국의 발상지가 소요수 지역이다.
> 이곳에서 고구려와 현토군과 요동군을 두고 쟁패를 벌였다.
> 따라서 고구려도 이곳 하북성에 있었다는 것이 입증된다.

　따라서 이곳을 두고 모용씨 선비족과 고구려가 쟁패를 벌이다가 결국은 모용씨 선비족의 마지막 왕조인 후연을 고구려 광개토대왕이 멸망시키고 이곳에 고구려의 부용국인 북연을 세우게 된다. 모용씨의 발상지이며 역사적 활동 근거지가 용성이라는 것은 명백한 역사적 사실이며, 용성은 현재 하북성 석가장시 정정현 지방으로 비정되는 곳에 위치해 있었다. 따라서 용성과 인접하여 쟁패를 벌이던 고구려도 당연히 여기에 비정되는 것이지 머나먼 요하 동쪽 한반도 북부 만주에 있었던 것이 아니다.

하지만 주류 강단 사학계에서는 용성도 지금의 요령성 조양시로 비정하고 있다. 당연하다. 용성을 이곳에 비정하지 않고는 현토군을 그들이 의도한 대로 한반도 북부로 비정할 수 없기 때문이다. 이것은 용성과 현토군 그리고 고구려가 서로 인접하여 연관성이 있기 때문이다. 그런데 삼연의 도읍이었던 용성을 요령성 조양시에 왜곡차 비정한 관계로 고구려의 영역이 그들의 왜곡된 비정에 의하더라도 상호 모순되게도 중국사서 기록상 이곳에 미친다는 고구려 영역이 축소되었다. 즉

【사료31】『구당서(舊唐書)』「동이열전 고구려」

高[句]麗는 본래 扶餘의 別種이다. 그 나라는 平壤城에 都邑하였으니, 곧 漢 樂浪郡의 옛 땅이다. 長安에서 동쪽으로 5천1백 리 밖에 있다. 동으로는 바다를 건너 新羅에 이르고, 서북으로는 遼水를 건너 營州에 이른다. 남으로는 바다를 건너 百濟에 이르고, 북으로는 靺鞨에 이른다. 동서로는 3천1백 리이고, 남북으로는 2천 리이다.

분명히 고구려 영역이 요수 건너 영주에 이른다고 하였다. 그러나 우리나라 주류 강단 사학계는 영주를 요령성 요양으로 한 채 선비족 국가인 삼연의 수도인 용성으로 비정한 관계로 선비족 국가와 다투었다는 고구려를 이보다 동쪽인 요수 즉 요하 동쪽으로 비정하고 있

는 것이다. 이는 사서기록을 위배한 것이다. 따라서 용성에 대한 비정도 고구려 영역에 대한 비정도 잘못되었다. 하지만 영주는 청주를 나누어 하북성 석가장시 북부에 설치된 곳이다. 그리고 당시의 요수는 지금의 요하가 아니라 하북성에서 압록수와 소요수와 합쳐지는 자하인 것이다. 그리고 용성은 사서기록상

【사료251】『진서(晉書)』卷十四 志 第四 地理上 惠帝卽位, 改扶風國爲秦國

연나라를 멸망시키고 난 후 유주를 나누어 평주를 설치하고 용성을 지켰다.

【사료21】『수경주』「대요수」, 「소요수」

백랑수(白狼水)는 또한 동북쪽으로 흘러 용산(龍山)을 서쪽을 지난다. 연(燕) 모용황(慕容皝)이 유성(柳城)의 북쪽과 용산(龍山)의 남쪽을 복지(福地)로 하였는데, 양유(陽裕)로 하여금 용성(龍城)을 쌓게 하였으며 용성(柳城)을 용성현(龍城縣)으로 바꾸었다.

【사료58】『수서』「지리지」

1. 기주(冀州)
⑥ 요서군(遼西郡)
요서군(遼西郡). 옛날에 영주(營州)를 설치하였는데 개황(開皇) 초에 총관부(總管府)를 두었고, 대업(大業) 초에 폐하였다. 다스리는 현은 1개이고 가구 수는 751이다.

1) 유성현(柳城縣). 북위(北魏)에서 영주(營州)를 화룡성(和龍城)에 설치하여 건덕군(建德郡) 기양군(冀陽郡) 창려군(昌黎郡) 요동군(遼東郡) 낙랑군(樂浪郡) 영구군(營丘郡) 등을 다스렸고 용성현(龍城縣) 대흥현(大興縣) 영락현(永樂縣) 대방현(帶方縣) 정황현(定荒縣) 석성현(石城縣) 광도현(廣都縣) 양무현(陽武縣) 양평현(襄平縣) 신창현(新昌縣) 평강현(平剛縣) 유성현(柳城縣) 부평현

> (富平縣) 등을 다스렸다. 북제(北齊)는 오직 건덕군(建德郡)과 기양군(冀陽郡)을 남겨놓고 영락현(永樂縣) 대방현(帶方縣) 용성현(龍城縣) 대흥현(大興縣) 등을 다스렸는데 그 나머지는 모두 폐하였다. 개황(開皇) 원년에 오직 건덕군의 용성현만을 남겨놓고 그 나머지는 모두 폐하였고 또한 군도 폐하였으며 현을 용성현으로 바꾸었다가 18년에 유성현으로 고쳤다. 대업 초에 요서군을 설치하였다. 대방산(帶方山)과 독려산(禿黎山)과 계명산(雞鳴山)과 송산(松山)이 있다. 유수(渝水)와 백랑수(白狼水)가 있다.

평주에 있는 것으로 이전에는 갈석산이 있었던 요서군 유성현 위치에 있었다. 이곳은 하북성 석가장시 정정현이다. 유성은 백제가 진출한 당나라 시기의 유성 북평 지역으로 요서 지역이다. 이곳은 요나라 시기에는 금주, 영원, 광녕 일대였다. 물론 주류 강단 사학계는 유성과 북평을 동쪽으로 왜곡 이동시켜 지금의 북경과 조양시 인근으로 비정하고 있지만 원래 위치는 진장성과 갈석산이 있었던 요서군 지역이다.

이곳에 위치하여야 할 고구려 영역이 기록되어 있는 【사료31】『구당서(舊唐書)』「동이열전 고구려」상의 영주 및 요수를 왜곡차 요령성으로 이동시킨 채 영주마저 선비족에게 내어준 관계로 고구려 영역만 그들의 논리 안에서 만이라도 사서의 기록에 위배되게도 줄어드는 자기모순이 발생한 것이다.

마찬가지로 이 근처에 있었던 고구려가 태어난 곳으로 중국사서가 착각한 현토군이 하북성에 위치한 요서군과 요동군 인근에 있다는 것은 앞에서 소요수와 백랑수의 흐름을 비롯하여 여러 가지 역사적 기록에 의하여 확인하였다. 그리고 요동군은 다시 열구현 및 열수에 의하여 낙랑군 인근에 있음을 확인하였는데 이는 【사료198】『한서』「열전」〈엄주오구주부서엄종왕종왕가전〉 '가연지편' "동쪽의 갈석산을 지나면 현도와 낙랑군이 나온다." 기록에서도 현토군 옆에 그것도 중국 측에서 요동 쪽으로 가는 방향으로 현토군 다음에 낙랑군이 있는 것으로 되어 있다. 그리고 현토군 전에 있던 갈석산은 앞에서 살펴보았듯이 고조선과 관련이 있다. 그리고 연나라의 위치와도 관련이 있다.

그런데 연나라의 위치는 남쪽 경계가 지금도 지명이 그대로 남아 있는 것만 하더라도 안문 그리고 호타하와 관련이 있다. 안문은 현재 산서성 흔주시 대현에 안문관(Yanmenguan, 雁門关)으로 남아 있고, 호타하인 백랑수는 산서성 흔주시 번치현에서 발원하여 이전의 우북평군, 요서군, 요동군 3개 군을 두루 흐르는 것으로 되어 있다. 그리고 앞서 거론한

> 【사료43】『사기』「흉노열전」
>
> "임조(臨洮)에서 요동(遼東)까지 만여 리에 이르렀다."

라고 한 장성이 【사료16】『진서』「지리지」, '평주', '유주'상에는 낙랑군 수성현에 "진(秦)이 쌓은 장성이 일어난 곳이다."라고 하여 장성의 동쪽 끝이 요동이고 또한 수성현이라고 하여 수성현이 요동이라는 것을 나타냄으로써 낙랑군이 당시의 요동에 있었지 한반도 평양에 있지 않았다는 것을 증명해 주고 있는 한편

> 【사료44】『사기』「몽염열전」
>
> 『사기정의』: 요동군은 요수의 동쪽에 있다. 진시황이 쌓은 장성이 동쪽으로 요수에 닿고, 서남쪽으로 바다에 이르렀다.

라고 하여 장성이 요동군과 요수와 관련이 있고 또한 낙랑군과 관련이 있으므로 위만조선의 영역에 낙랑군을 설치하였으므로 고조선 위치와 관련이 있다. 그러므로 고조선과 고구려는 이곳에 위치해 있었

던 것이다.

> 용성, 요수, 진장성, 갈석산, 현토군, 요동군, 요서군, 낙랑군 위치 등 모든 것이 고조선 및 고구려가 이곳에 위치하였음을 입증하고 있다.

지금까지 살펴본 바와 같이 고구려는 종주국인 고조선의 터전이 되는 영역을 위만조선이 한나라에 상실한 이후 선조이면서 고구려의 시조인 추모왕 이래로 고구려의 국가 이념인 '다물'이 『삼국사기』「고구려본기」 '제1 동명성왕' 편에 명백히 기록되어 있다.

> 【사료45】『삼국사기(三國史記)』 권 제13 고구려본기 제1 시조 동명성왕(東明聖王) 2년
>
> 비류국이 고구려에 항복하다 (기원전 36년 06월)
>
> 2년(서기전 36) 여름 6월에 송양이 나라를 들어 항복해오니 그 땅을 다물도(多勿都)로 삼고 송양을 봉하여 임금을 삼았다. 고구려 말에 옛 땅을 회복하는 것을 다물이라 한 까닭에 그렇게 지칭한 것이다.

즉 고조선의 옛 땅을 회복한다는 정신에 의하여 고조선의 번국으로 국가 이념으로 지속적으로 추진해 온 이래로 태조왕, 미천왕을 거쳐 광개토대왕 대에 이르러 이를 전부 회복하였다. 그리고 위만조선의 도읍인 왕험성 즉 평양에 도읍인 평양을 옮기게 되는데 이러한 사실을 중국사서가 기록하고 있으며 이를 확인할 수 있다.

> 【사료46】『송서(宋書)』 夷蠻列傳 高句驪
>
> 東夷 高句驪國은 현재 漢代의 遼東郡을 지배하고 있다.

【사료42】『양서(梁書)』 東夷列傳 高句驪

[高]句驪王 安을 平州牧으로 삼고, 遼東·帶方의 2國王에 봉하였다. 安은 처음으로 長史·司馬·參軍의 관직을 설치하였고, 후에는 遼東郡을 경략하였다.

【사료91】『북사(北史)』 卷九十四 列傳第八十二 高麗(高句麗)

또 遼東[城]·玄菟[城] 등 수십城이 있는데, 모두 官司를 설치하여 통치하였다. ~

【사료25】『통전(通典)』「변방」'동이 하 고구려'

다시 요동, 현토 등 수십 성을 차지했다. 관리를 두어 서로 연락이 되도록 하여 관리하였다. (그 땅은 후한 때에 사방 2천 리(약 785㎞)였다. 위나라 때 남북이 점점 좁아져서 겨우 1천여 리(약 400㎞)였으며, 수나라 때 점점 커져서 동서가 6천 리(약 2400㎞)가 되었다.)

【사료29】『요사』「지리지」

동경요양부(東京遼陽府)는 본래 조선(朝鮮)의 땅이었다. 주(周)나라 무왕(武王)이 기자(箕子)를 감옥에서 풀어주자 (기자는) 조선으로 갔고, ~ 아들 보(寶)는 고구려 왕 안(安 : 광개토왕)을 평주목(平州牧)에 임명하여 거주케 하였다.

【사료28】『원사』「지리지」요양등처행중서성 동녕로

요양등처행중서성 동녕로
동녕로(東寧路). 본래 고구려(高句驪) 평양성(平壤城)으로 또한 장안성(長安城)이라고도 하였다. 한(漢)이 조선(朝鮮)을 멸하고 낙랑(樂浪)·현토군(玄菟郡)을 설치하였는데, 이것이 낙랑지역이었다. 진(晉) 의희(義熙) 연간 후반에

> 그 왕 고련(高璉)이 처음으로 평양성(平壤城)에 머물렀다[居]. 당(唐)이 고려(高麗)를 정벌할 때 평양(平壤)을 공략하여 그 나라가 동쪽으로 옮겨 압록수(鴨綠水)의 동남쪽 1,000여 리 되는 데에 있었는데, 평양의 옛터가 아니었다. 왕건(王建)에 이르러 평양이 서경(西京)이 되었다. ~

> 【사료32】『통전(通典)』「주군 안동부」
>
> [영인본 추가 내용]
> 후위(북위(後魏)) 때에 고구려가 그 땅에 도읍하였고, ~
> 고구려 영역의 최대 영토는 장수왕 시기가 아니라 그 전후로부터 계속되었다.

이 기록은 많은 기록 중 일부분이다. 이에 대하여는 지속적으로 자료를 제시하고 거론하도록 한다. 그렇게 회복한 이후 이곳에 도읍을 옮겨 다스리다가 수나라에 이어 당나라 시기까지 존재하다가 사서의 기록대로 나당연합군과의 전쟁 시기에 나중에 고려의 서경이 되는 지금의 요령성 요양으로 수도를 일시 옮겼다가 나라가 멸망하는 것이다.

그럼에도 이 글에서 살펴보는 바와 같이 요수의 변동에 따른 지금 요하로의 세 번째 요수의 변동과 함께 고구려의 영역과 경계가 중국 사서상에서 축소 왜곡되고 원래의 자리에서 왜곡 이동되어 오늘에 이르고 있다. 이 사서 외에도 해당 시기에 가까이 기록된 중국사서는 고조선과 고구려의 중심지가 지금의 하북성 북경시 서남쪽인 보정시 및 석가장시 인근에 위치함을 증거하고 있고 나중에 기록된 중국사서와 중국 학계에서는 요수(하)의 왜곡적인 위치 이동에 따른 위치 비정에 따라 적어도 지금의 요령성 요하 지방을 고구려의 중심지와 영역으로 기록하였다.

하지만 우리나라 주류 강단 사학계에서는 고조선과 고구려의 중심지와 영역을 한반도로 끌어들여 놓음으로써 중국조차도 국가적이나 대외적으로는 한반도의 북부까지도 중국 한나라 영역 등 중국의 영역으로 그려 넣는 빌미를 제공하는 상황이 지금의 우리 동북아 역사 및 우리 한국 고대사의 현주소이다.

그리고 이제는 위만조선의 왕험성을 요하 지방으로 비정하는 시도가 있지만 그래도 낙랑군은 한반도 평양으로 비정하고 있다. 분명히 한나라가 왕험성을 점령하고 세운 것이 낙랑군인데 왕험성과 낙랑군의 위치를 서로 1,000리나 떨어진 곳으로 비정하려고 시도하고 있는 것이 우리나라 주류 강단 사학계이다.

하지만 이와 같은 중국과 한국의 위치 왜곡 비정과는 다르게 당시 모든 중국사서의 기록은 고조선과 고구려의 중심지가 지금의 하북성 북경시 서남쪽인 보정시 및 석가장시 인근 지방이라는 것을 말해 주고 있다. 지금 이 글에서 살펴보는 것이 이것이다.

낙랑군과 현토군이 있었던 평주는 지금의 하북성이다.

앞서 살펴본 바와 같이 【사료16】『진서』「지리지」 '평주', '유주'상에 한사군의 낙랑군, 현토군과 창려군, 요동군, 대방군 등 5개 군이 속한 평주에 대하여, "평주는 생각건대 우공의 기주 지역이며, 주나라의 유주이며, 한나라의 우북평군에 속했다."라고 기록하였다. 우선 이 기록상의 한사군의 낙랑군, 현토군과 창려군, 요동군, 대방군 등 5개 군이 속한 평주의 위치가 우공의 기주 지역이라고 하였다.

그러면 이 지역은 어디인가. 우공은 『서경』「하서」의 '우공' 편을 말한다. 즉 중국 최초의 국가인 하나라의 '우'가 홍수를 다스린 사항을 기록한 것으로 당시 중국 9주의 지리와 산물에 관해 기록한 지리서이다. 그 내용은 【사료17】『사기』권2「하본기」제2에 인용하여 소개 하였다. 이번에는 '기주(冀州)'에 대하여 다음과 같이 주석하였다.

【사료48】『서경』〈하서〉「우공」제11장

◨ 제11장(第十一章)
夾右碣石하여 入于河하나니라

오른쪽으로 갈석(碣石)을 끼고서 하(河)로 들어간다.

『갈석(碣石)은〈지지(地志)〉에 "북평군(北平郡) 여성현(驪城縣) 서남쪽 하구(河口)의 땅에 있다." 하였으니, 지금의 평주(平州)의 남쪽이다. 기주(冀州)는 북방(北方)에서 공부(貢賦)를 수송해 올 때에, 북해로부터 하(河)로 들어와서 남향(南向)하여 서쪽으로 돌 때 갈석(碣石)이 오른쪽으로 도는 사이에 있으므로 "오른쪽으로 낀다."고 한 것이다.』

『정씨(程氏)가 말하였다. "기주(冀州)는 제도(帝都)가 되어 동(東)·서(西)·남(南) 삼면(三面)이 하(河)와 접해 있으니, 다른 주(州)의 공부(貢賦)는 모두 하(河)에 도달함을 이른다고 하였다. 그러므로 이 세 방위는 또한 굳이 쓸 것이 없고, 북쪽 경계는 한(漢)나라의 요동군(遼東郡)·요서군(遼西郡)·우북평(右北平)·어양(漁陽)·상곡(上谷)지역이니, 그 물에 요하(遼河)·유수(濡水)·호타하(滹沱河)·역수(易水)와 같은 것은 다 중간지역이 높아서 하(河)와 통하지 못한다. 그러므로 반드시 북해(北海)로부터 온 뒤에야 하(河)에 도달할 수 있는 것이다."』

『또 살펴보건대, 역도원(酈道元)이 말하기를 "여성(驪城)의 바닷가에 돌이 용도(甬道)와 같은 것이 수십 리가 있으며, 산마루에 큰 돌이 있는데 기둥의 모양과 같으니, 위소(韋昭)가 이것을 갈석(碣石)이라 하였다. 이 산이 옛날에는 하구(河口)의 바닷가에 있었기 때문에 공물(貢物)을 들여오는 하(河)의 길을 기록한 것인데, 세월이 이미 오래되어 물에 침몰되어서 바닷물 속에 잠겼으니, 이미 강안(江岸)과 거리가 5백여 리나 된다." 하였다. 《전국책(戰國策)》에 "갈석(碣石)이 상산군(常山郡) 구문현(九門縣)에 있다."고 한 것은 이름이 우연히 같은 것인 듯하며, 정씨(鄭氏)는 "구문현(九門縣)에는 이 산(山)이 없다." 하였다.』

이 사료의 주석상의 정씨는 3세기경 훈고학을 완성한 것으로 알려지는 정현(鄭玄)(127~200)을 일컫는다. 그러므로 평주 지역은 원래 우공의 기주 지역 일부분이다. 기주 지역은 황하 흐름을 경계로 그 윗부분에 위치하고 있으면서 우리 고대사와 관련 있는 연5군과 원래 연나라와 고조선의 경계에 해당하는 요하 즉 요수와 래수 즉 탁수인 거마하 그리고 호타하와 역수를 북쪽 경계로 하는 지역이다. 그 위치는 산서성 동남부 지역과 하북성 서남부 지역이다.

그리고 유주는 원래 기주를 나누어 서쪽의 병주와 동쪽의 유주 그리고 남쪽의 기주로 한 것에서 기인한 것이다. 기주는 지금의 산서성 남부 지방으로 지금의 태원 이남 지방을 지칭한다. 당시 주나라는 앞선 은나라와 함께 수도인 호경(현재 시안시 부근 : BC1046~771-서주)과 낙읍(현재 뤄양시 : BC771~256년-동주)(이후 춘추시대 : BC771~403, 전국시대 : BC475~221)에서 멀리 벗어나지 못한 소위 '천하지중' 지역을 경계로 1,000여 리 안을 그 영역으로 하고 있어 현재의 산서성 내지는 하북성 일부 지역에 한한 것으로 위의 기록에 나오는 지금의 하북성 석가장시 호타하 인근까지였던 것이다. 현재의 북경 지방에도 못 미치는 곳까지를 영역으로 하고 있었다.

즉 전국시대의 연나라 위치와 연나라와 고조선의 경계이자 진장성이 연결된 낙랑군의 갈석산 그리고 대요수 및 소요수가 있는 곳까지가 한계였던 것이다. 그리고 기록대로 평주는 진나라 시기에 석가장시 서북부 지방의 유주를 나누어 설치한 것으로 남쪽은 한나라 시기의 우북평군에 속했던 지역인데 이 지역을 포함함으로써 요동, 창려, 현토, 대방, 낙랑 5개 군이 이에 속하였고 나중에 이곳에 영주가 설치된다.

【사료22】『한서』「지리지」⑥ 우북평군(右北平郡)

13) 여성현(驪成縣), 대게석산(大揭石山)이 여성현의 서남쪽에 있다. 왕망은 게석(揭石)으로 고쳤다.

한나라 시기의 우북평군에 속했던 여성현은 지금의 하북성 석가장시 정정현으로 비정되는데 이는 나중에 요서군 비여현으로 기록상 역시 갈석산이 있는 곳으로 갈석산은 중국사서상의 우갈석산이다. 이에 대하여는 나중에 갈석산에 대하여 설명할 때 자세히 하도록 하겠다. 따라서 평주의 기록과 관련된 기주, 유주, 우북평 관련 기록만 보더라도 이곳은 하북성 북경에도 못 미치는 산서성 일부와 하북성 서부 지역에 해당된다. 따라서 여기에 속한 낙랑군, 현토군 등은 이곳에 위치해 있던 것이다.

따라서 기주, 유주, 평주, 우북평, 낙랑, 현토는 도저히 현재의 난하 유역이나 대능하 유역이나 요동반도 및 요하 동쪽인 지금의 요동이 절대 될 수 없다. 그럼에도 불구하고 주류 강단 사학계에서는 당대의 기록 및 시작점인 이들의 위치 및 연나라의 위치 그리고 이의 지표가 되는 갈석산의 위치에 대한 기록 등을 무시하고 '춘추필법'에 의하여 중국사서가 기록한 후대의 기록을 근거로 고조선을 대능하 지역에서 출발한 것으로 하고 고구려는 이보다 뒤늦은 시기에 뒤처진 한반도 북부에서 시작하는 것으로 하고 있다.

그렇다면 과연 중국 전설상의 나라인 하나라 시절 및 그 이후인 주나라 시절부터 멀리 요하를 건너 한반도까지 중국의 영역이었는지 그리고 그 근거가 무엇인지 그리고 요동군을 요하 동쪽 한반도 압록강 북쪽까지 그려 넣고 한반도 평양에 낙랑군을 비정한 근거가 무엇인지 가르쳐 달라고 주류 강단 사학계에 학문적으로 질문하여 그 답을 요청하고자 한다.(주류 강단 사학계에 대한 공개 질문5)

지금까지 살펴본 사료들에 의하면 당시 두 번째 요하인 요수 즉 대요수와 소요수가 합류하는 하천은 한나라 우북평군, 요서군, 요동군을 흐르던 것으로 이들이 위치하였던 곳은 현재의 중국 하북성 지역임은 이론의 여지가 없다. 또한 두 번째 요수는 최초의 기록인 【사료

20】『산해경』「해내동경」상에 동남쪽으로 흘러 바다로 들어가는 것으로 되어 있으므로 서남쪽으로 바다로 들어가는 현재의 요하 즉 세 번째 요수(하)와는 위치가 전혀 다르거니와 하천 자체가 다른 것이다.

첫 번째 요수는 연나라 및 고조선의 위치와 관련이 있고, 두 번째 요수는 한사군과 고구려와 관련이 있다.

첫 번째 요수(하)는 당초 연나라가 연5군을 설치하기 이전에 연나라와 요동에 있던 고조선 사이에 있었던 요하이다. 이를 기록한 당시 중국사서들은 앞서 거론한 【사료4】『관자』「제80 경중갑 13,20,22」편의 요동, 【사료8】『사기』「권69 소진열전 제9」상의 요동, 【사료9】『염철론』「권6 벌공」편상의 '요동'과 관련된 '요수'의 '요하'이다.

이 요수는 【사료8】『사기』「권69 소진열전 제9」, 【사료18】『회남자』「추형훈」고유의 주석, 【사료19】『염철론』「험고」상에 기록된 연나라의 위치와 관련되어 갈석산과 같이 나타난 요수이다. 또한 【사료50】『회남자』「인간훈」상의 진장성과 관련된 첫 번째 요수인 역수이다. 그리고 두 번째 요수(하)는 앞서 살펴본 【사료20】『산해경』「해내동경」, 【사료21】『수경주』「대요수」, 「소요수」, 【사료22】『한서』「지리지」, 【사료23】『삼국지』〈위서〉「동이전」'고구려전', 【사료24】『후한서(後漢書)』「동이열전」'고구려전', 【사료25】『통전(通典)』「변방」'동이 하 고구려', 【사료26】『신당서(新唐書)』「동이열전 고구려」상에 기록된 바와 같이 현토군과 낙랑군을 비롯한 소위 한사군 위치와 고구려와 관련되어 나타나고 있다. 하지만 그 위치를 따라가다 보면 첫 번째 요수가 연나라 및 고조선의 위치를 알려주고 이를 알려주는 지표인 갈석산과 진장성과 관련 있듯이 두 번째 요수 역시 갈석산과 진장성과 연결된다.

【사료43】『사기』「흉노열전」

그 후 연(燕)나라에 현장(賢將, 현명한 장수) 진개(秦開)란 이가 있어 호(胡)에 볼모로 갔는데 호(胡)가 그를 매우 신임했다. (연나라로) 되돌아와 동호(東胡)를 습격해 격파하니 동호(東胡)가 천여 리를 물러났다. 형가(荊軻)와 함께 진왕(秦王)을 암살하려 했던 진무양(秦舞陽)이란 이가 진개(秦開)의 손자다. 연(燕)나라 또한 장성(長城)을 쌓아 조양(造陽)에서부터 [8] 양평(襄平)에 이르렀고 [9] 상곡(上谷), 어양(漁陽), 우북평(右北平), 요서(遼西), 요동군(遼東郡)을 설치해 호(胡)를 막았다. 당시 관대(冠帶, 의관속대)하던 전국시대 일곱 나라 중 세 나라가 흉노와 접경했다. [10] 그 후 조(趙)나라 장수 이목(李牧)이 있을 때에는 흉노가 감히 조나라의 변경을 침입하지 못했다.

[8] [집해] 위소(韋昭)는 "(조양造陽은) 지명이고 상곡(上谷)에 있었다." 했다.
　　[정의] 살펴보건대, 상곡군(上谷郡)은 지금의 규주(嬀州)다.
[9] [색은] 위소(韋昭)는 "(양평襄平은) 지금 요동(遼東)(군郡)의 치소"라 했다.
[10] [색은] 살펴보건대, 세 나라는 연(燕), 조(趙), 진(秦)이다.

　연나라 전성 시 진개 장군이 고조선을 침략하여 고조선을 몰아내고 2,000여 리의 영역을 확보한 후 소위 연5군 즉 상곡군, 어양군, 우북평군, 요서군, 요동군을 설치하고 연장성을 쌓았다는 신빙성 없는 기사 즉 소위 '고조선 이동설'을 주류 강단 사학계는 자신들이 신봉하는 식민지 사관 논리에 이용하였다. 즉 고조선은 지금의 대능하 지방에 있다가 이 사건으로 쫓기어 지금의 요하 즉 세 번째 요수 동쪽으로 이동한 채 이후 중심지를 한반도 평양으로 옮기었다는 것이다.

　하지만 이 시기를 기록한 모든 중국사서 원본에는 이때 쌓은 연장성의 조양과 양평 그리고 이와 관련된 연5군이 앞에서 살펴본 대로 평주 즉 우공의 기주, 주나라의 유주, 한나라의 우북평군이 지금의 산서성과 하북성 지방을 가리키는 것으로 되어 있다. 이곳까지 연나라가 고조선 땅을 추가로 차지한 것이다. 이곳이 그들의 한계였고,

고조선은 원래의 위치에서 그리 멀리 옮긴 것이 아니다. 이는 사서기록에서 확인된다.

【사료44】『사기』「몽염열전」

진나라가 천하를 통일한 후 몽염장군으로 하여금 30만의 무리를 거느리고, 북쪽으로 융적을 쫓아내고 하남 땅을 거두었다. 장성을 쌓았는데, 지형을 따라 험한 새를 활용하고 마름질하면서, 임조에서 일어나 요동에 이르기까지 길이가 만 여리에 이어졌다.

『사기정의』: 요동군은 요수의 동쪽에 있다. 진시황이 쌓은 장성이 동쪽으로 요수에 닿고, 서남쪽으로 바다에 이르렀다.

【사료49】『회남자』「인간훈」
진시황이 『녹도서』를 보니 거기에 전하기를 '진나라를 망하게 할 자는 호胡이다'라고 하였다. 이로 인하여 50만 명의 병졸을 일으켜, 몽염과 양옹자 장군으로 하여금 성을 쌓게 하였다. 서쪽으로는 유사에 이르고, 북쪽으로는 요수와 만나며, 동쪽은 조선과 연결되었다."

【사료18】『회남자』「추형훈」고유의 주석

요수는 갈석산에서 나온다. 요새의 북쪽으로부터 동으로 흘러 똑바로 요동의 서남에 이르러 바다로 들어간다.

【사료50】『회남자』「시칙훈」

동빙의 끝은 갈석산으로부터 조선을 지나 대인지국을 통과하여, 동쪽으로 해가 뜨는 부목의 땅에 이른다.

이렇게 고조선 땅의 일부를 빼앗고 다시 내어준 연나라를 정복하여 전국시대를 통일한 진나라 시기에는 연나라 영역을 점령한 후 연나라가 연소왕 진개 시기에 고조선의 영역을 차지한 후 갈석산(좌갈석)에 쌓은 연장성에도 장성을 쌓고(요동외요), 이와는 별도로 연나라가 남쪽으로 도읍을 옮긴 후 이 지역 인근인 갈석산(우갈석) 위치에 고조선과의 경계에 장성을 쌓아(요동고새) 두 개의 장성을 이어 만리장성을 구축하였으나, 이후 고조선의 세력에 밀리어 사실상 연나라가 이전에 점령한 이곳을 내어준 후 이를 '요동외요' 지역으로 한 채 명목상 자기 영역으로 하였다. 사실상 이곳을 지키기 힘들어 고조선에 내어준 후 물러난 것이다.

> 하북성에서 진장성도 요수도 두 개인 관계로 중국사서가 혼돈을 일으켰고 그동안 이와 관련한 우리 고대사 해석이 혼돈을 일으켰던 것이다. 이제는 확실히 정립하여 우리 고대사 활동 무대를 바르게 정립시켜야 할 것이다.

진장성에 대하여는 나중에 자세히 설명하겠지만 위치를 서쪽의 임조에서 동쪽은 요동이라고 하였다. 임조는 현재의 감숙성 난주로 비정된다. 그리고 여기서의 요동은 두 개의 요수 중 첫 번째 요수인 하북성 보정시 역현 서남부 용문수고(Longmen Reservoir, 龙门水库)에서 발원하는 남역수인 폭하(puhe River, 瀑河)가 지나가는 연장성과 이 위에 쌓은 진장성(요동외요) 지역과 두 번째 요수인 하북성 석가장시 자하(Cihe River, 磁河)가 지나가는 곳에 쌓은 연장성과 이 위에 쌓은 진장성(요동고새) 지역 등 두 개다. 즉 이곳 모두 요동인 것이다.

이렇게 구체적으로 위치를 기록하지 않고 요동이라고 한 것이 빌미가 되어 일제 식민사학과 이를 추종하는 주류 강단 사학계 그리고 이들의 논리에 힘입은 중국 측은 요동군을 한반도 압록강까지 비정하여 놓은 채 진장성을 일제 강점기 일본 학자 이나바 이와기치[稻葉岩

홈 1876~1940]와 이를 추종한 식민 사학자 이병도는 심지어 황해도 수안까지 비정하였던 것이다.

그리고 진장성과 함께 있다고 여러 사서에 기록된 갈석산을 황해 인근에서 찾으려고 하였으나 실패하였다. 이렇게 실패한 왜곡 조작된 진장성의 위치 비정 지역인 황해도를 아직도 주류 강단 사학계는 묵시적으로 인정하고 있고 이를 빌미로 중국 측은 동북공정 차원에서 이곳을 진나라 만리장성의 동쪽 끝인 요동 지역으로 설정하여 놓고 진나라와 한나라의 영역으로 설정한 채 작성한 지도를 세계에 배포하여 이를 기정사실화하고 있는 실정이다.

그러나 이를 묵시적으로 인정하는 우리나라 사학계에서는 이를 비판하는 재야 민족 사학계의 항의에도 불구하고 이렇다 할 대책이나 반응을 보이지 않고 있어 일제 식민학자들이 왜곡 조작하여 만든 진장성의 황해도설을 추종하고 있음을 확인시켜 주고 있다.

한편 주류 강단 사학계와 재야 민족 사학계의 중간에서 객관적인 위치를 자처하는 일부 인사들은 주류 강단 사학계가 진장성의 황해도설을 인정하거나 표출한 바 없다고 하면서 재야 민족 사학계의 이러한 비판을 오히려 비판하고 있다.

하지만 중국 측의 진장성 한반도 황해도 획정에 대하여 제대로 대응이나 조치를 취하지 않음은 물론 이러한 논리를 비판하거나 대응하는 논문 한 편 안 내놓는 태도는 적극적으로 옹호하지 않지만 이를 수용하는 것으로 보는 것이 합당한 것으로 당연히 비판받아야 하는 것임을 알아야 할 것이다.

그리고 설사 그렇지 않더라도 현재 주류 강단 사학계의 요동군 비정은 젊은 역사학자 모임을 비롯하여 한반도 압록강까지로 획정하고, 낙랑군을 평양으로 비정하는 것은 진장성이 한반도까지 있었다는 것을 인정하는 것임을 모르는 역사 무지의 소치인 것이다. 모든 역사적 사실은 단편적인 사항이 아니다. 여러 가지가 엮여 있다.

진장성은 요수, 요동군, 갈석산 그리고 나중에 낙랑군과 연결되어 있어 모든 것이 제대로 비정되어야 맞는 설정이 되는 것이다. 어느 한 가지가 또 다른 한 가지만으로 연결되는 것이 아니다. 그래서 일제 식민 사학자들은 우리 고대사를 조작하면서 이러한 여러 가지 사항을 인식한 채 모두 조작하려 애를 쓴 것이다. 즉 진장성, 요동군, 갈석산을 모두 찾아 비정하려 했으나 원래의 위치가 아니므로 제대로 전부 비정하지 못한 채 그대로 억지로 비정한 것이 바로 일제 식민사학 논리인 것이다. 그런데도 현재 우리 주류 강단 사학계는 이보다도 더 역사 지식수준이 떨어진 채 이러한 어설프고 억지논리인 일제 식민사학 논리를 해방 후 77년이 지난 현재까지도 그대로 추종하고 있는 것이다.

그래서 요동군의 지표가 되는 중국사서 기록상의 요수(하)가 언제나 변함없이 지금의 요하를 지칭한다고 하고 있으며, 요동군을 변함없이 한반도 압록강까지 그려 넣고 있는 것이다. 물론 이러한 설정은 그들의 제1 교리인 '낙랑군 평양설' 때문이다. 낙랑군이 한반도 평안도 평양 지방에 있으니 사서기록상 낙랑군과 접해 있던 요동군을 이곳 인근에 위치해 놓아야 하니 압록강까지 그려 넣고 있는 것이다. 그러나 수많은 관련 기록이 있고 이미 앞에서 [요수(하)에 대하여]에서 요수 관련 사항을 확인하면서 소요수 및 대요수가 발원하는 곳 그리고 이들이 흐르는 지역을 확인하여 이곳이 당시 압록수인 지금의 호타하 북쪽에서 호타하와 같은 방향으로 평행하게 흐르다가 안평현(서안평현, 안시현)에서 만나 바다로 들어가는 곳은 바로 하북성임을 확인하였다. 이것을 바탕으로 위의 기록에서 확인되는 것은,

① 진장성이 이른 동쪽 끝인 당시 요동군은 요수 동쪽에 있고, 장성

은 동쪽으로 요수에 닿고 서남쪽으로 바다에 이른다고 하였다.
② 북쪽으로 요수와 만나고 동쪽은 조선과 연결되었다고 하였다.
③ 요수는 갈석산에서 나와 요새의 북쪽으로부터 동으로 흘러 똑바로 요동의 서남에 이르러 바다로 들어간다고 하였다.
④ 동방의 끝은 갈석산을 지나 조선이 있다고 하였다.

따라서 위의 기록에 의하여 파악되는 것은,
- 진장성의 동쪽 끝인 요동군은 요수 동쪽에 있다.
- 진장성은 북쪽으로는 요수와 만나며 또한 동쪽으로 요수에 닿는다.
- 요수는 갈석산에서 나온다.
- 조선은 갈석산을 지나면 있다.
- 요수는 요동의 서남쪽에서 바다로 들어가고,

따라서 당연히 요동군은 요수의 동쪽에 있으므로 요수인 하북성 평산현의 자하 동쪽에 요동군이 있었던 것이다. 이곳 동쪽에 진장성의 끝으로 비정되는 하북성 보정시 곡양현 석성촌이 있는 것이다. 따라서 진장성(요동고새)이 동쪽으로 요수(두 번째 요수)와 만나는 것이다. 그리고 서남쪽으로 바다로 들어간다는 것은 진장성의 서쪽 끝인 임조 즉 지금의 감숙성 난주로 비정되는 것에 바다로 표현되는 큰 하천이나 호수가 있음을 기록한 것이다.

그런데 북쪽으로 요수와 만난다는 것은 두 개의 진장성 중 '요동외요'에서 요수 중 첫 번째 요수인 역수를 만나는 것을 기록한 것이다. 그리고 요수가 갈석산에서 나온다는 것도 두 개의 진장성 중 '요동외요'와 만나는 요수 중 첫 번째 요수인 역수가 발원하는 두 개의 갈석산 중 좌갈석을 기록하고 있는 것이다. 좌갈석은 지금의 하북성 보정시 래원현에 있는 당시 갈석산인 백석산이다. 갈석산 바로 동쪽에 조선이 있었다는 것이다. 이는 갈석산이 고조선을 찾는 지표로 진장성

중의 하나인 '요동외요'와 요수 중 첫 번째 요수인 역수 그리고 갈석산인 백석산 동쪽의 하북성 보정시 만성구 일원에 고조선이 위치해 있음이 입증되는 것이다.

그리고 요수가 요동의 서남쪽에서 바다로 들어간다는 것은 요수 중 두 번째 요수인 하북성 자하가 모두 통상적으로 바다로 기록되는 호타하로 들어가는 것을 바다로 들어간다고 기록한 것이다. 실제로 요수인 자하는 호타하로 들어가 결국 안시현, 서안평현, 안평현에서 진짜 바다로 들어간다. 이 기록은 결국 요동으로 불리는 지역의 서남쪽에 요수인 자하가 바다로 표현되는 호타하로 들어가는 곳이 있다는 것을 나타내어 요동이 이곳에 있음을 알려주는 것이다. 그러나 이러한 요수 즉 대요수의 기록과 달리 소요수에 대한 다음 기록을 들어,

【사료10】『후한서(後漢書)』「군국지」 1. 유주

⑧ 요동군(遼東郡)

낙양(雒陽)에서 동북쪽으로 3600리 떨어져 있다.

8) 서안평현(西安平縣).[2]

[2] 魏氏春秋曰…縣北有小水, 南流入海. 句驪別種, 因名之小水貊. 위씨춘추(魏氏春秋)에서 말하기를 '서안평현 북쪽에 소수(小水)가 있는데 남쪽으로 흘러 바다로 들어간다. 구려(句驪) 별종(別種)이 (있는데), 그것의 이름(즉 소수 小水)으로 인하여 소수맥(小水貊)이라' 한다.

【사료24】『후한서(後漢書)』「동이열전」'고구려전'

○ 句驪(註 072)一名貊耳(校勘 052), 有別種, 【集解-1】沈欽韓曰, 案文, 當云句驪有別種, 一名貊耳.) 依小水爲(校勘 053)居, 因(校勘 054)名曰小水貊(註 073). 出

好弓, 所謂「貊弓」是也. (魏) 氏(校勘 055) (春秋曰:「遼東郡 西安平縣北, 有小水南流入海, 句驪別種因名之小水貊.」【集解-2】沈欽韓曰, 小水, 古小遼水, 今渾河, 大遼水, 今太子河, 會爲遼水.)

句驪(註 072)는 一名 貊이라 부른다. 別種이 있는데, 小水에 의지하여 사는 까닭에 이를 小水貊(註 073)이라 부른다. 좋은 활이 생산되니 이른바 貊弓이 그것이다.

[집해-1]심흠한은 이르기를 구려에 별종이 있는데 일명 맥이라고 한다.

[위씨춘추에 말하길 요동군 서안평현 북쪽이다. 작은 물이 있어 남쪽으로 흘러 바다로 들어간다. 구려의 다른 종류를 명하여 '소수맥'이라 한다.]

[집해-2]심흠한(청대 학자)은 이르기를 소수는 예전의 소요수로서 지금의 혼하이고, 대요수는 지금의 태자하로서 (이들은) 만나서 요수를 이룬다.

註 072
句驪 : 『後漢書』에는 '句驪'가 별항으로 취급되어 있으나 이는 착오이며, 내용상으로 高句驪傳에 연결되는 것으로 보아야 한다. 高句驪는 『漢書』에도 '句驪'라 略記되어 있고, 『尙書』의 孔安國의 注에도 '駒麗'라 기술되어 있다.
≪參考文獻≫
鄭早苗,「『漢書』・『後漢書』・『三國志』の高句麗と句麗の名稱について」『朝鮮學報』89輯, 1978.

註 073
小水貊 : 李賢의 注에 의하면 『魏氏春秋』를 引用하여 遼東郡 西安平縣의 北쪽에 小水가 있는데, 南쪽으로 흘러 바다로 들어간다고 하였다.
<참조>
『三國志』高句麗傳 註 30)

> 小水貊
> 小水를 渾江(佟佳江)으로, 大水를 압록강으로 비정하는 說이 있다. 그런데 渾江의 흐름은 '南流入海'한다는 小水의 그것과 맞지 않는다. 小水는 南으로 흘러 압록강 下流에서 이와 合流하는 그 支流인 長甸河(장전하)로 비정해 볼 수 있다. 『後漢書』 高句驪傳에 대한 李賢의 注에서 인용한 『魏氏春秋』에 小水가 西安平縣의 北에서 南으로 흘러 바다에 들어간다고 하는 기록이 있어 이를 뒷받침해 준다.
> 小水貊은 『三國史記』에서 전하는 梁貊과 같은 實體로 여겨진다. 梁貊은 고구려에 집단적으로 예속되어 있었다. 그런데 梁貊을 大梁水 즉, 太子河 유역에 거주하는 貊族이라는 뜻으로 볼 경우, 小水는 太子河가 되어야 한다. 그러나 太子河는 西南으로 흘러 遼河에 合流하니, 『三國志』에서 말하는 小水의 흐름과 다르다. 따라서 梁貊 즉, 小水貊은 長甸河 유역과 그에 인접한 太子河 上流 유역에 걸쳐 거주하고 있었다고 보면 합리적일 수 있겠다.
> ≪參考文獻≫
> 李丙燾, 『韓國史』 (古代篇) 1959.

청대의 학자와 이를 이어받아 식민사학 논리에 이용한 일제 식민 사학자는 이를 왜곡하여 요령성 요하 동쪽에 비정함으로써 결국 요동군이 이곳으로 비정하는 빌미로 삼았다. 하지만 소요수는 대요수 및 압록수와 같이 있었다. 그곳은 바로 하북성 호타하 인근인 것이다. 소요수는 하북성 당시 압록수이자 마자수인 호타하와 대요수인 자하의 북쪽에 있었던 고하로 지금의 하북성 석가장시 행당현의 오어산(Aoyu Mountain, 鰲魚山)으로 비정되는 요산이자 여러 사서 기록상의 오대산인 이곳에서 발원하여 세 강이 같이 동쪽으로 흐르다가 남쪽으로 흘러 바다로 표현되는 호타하로 흘러 들어가는 것이다.

그런데 식민 사학자 이병도는 남쪽으로 흐른다는 기록 한 가지만으로 아예 이 강 전체가 처음부터 남쪽으로 흐르는 것으로 잘못 파악하거나 아니면 한반도 인근에 왜곡 비정하려는 의도에서 이를 남쪽으로 흐르는 강을 찾아 비정하였다. 그리고 바다로 들어간다는 기록을 진짜 바다로 들어가는 것으로 잘못 파악한 채 청대 학자들이 요령성 하천에 비정하는 것을 이용하여 그대로 받아들이지 않고 남쪽으로 흘러 바다로 들어가는 강을 한반도 인근에서 찾아 한반도 압록강 지류인 장전하를 찾아 이를 소요수로 비정하였다. 그리고 이것을 현재 주류 강단 사학계는 그대로 추종하고 있다. 이는 상당히 자기 편집적인 비학문적인 비정이다. 왜곡하기 위해 비정상적인 비정을 하는 것은 이병도의 가장 두드러진 통상적인 행태인데 이를 그대로 추종하는 현재의 주류 강단 사학계의 학문적 수준도 가히 같은 수준이다. 한마디로 이러한 청대 학자들이나 식민 사학자들의 대요수, 소요수, 압록수 비정은 여러 사서에 기록되어 있는 관련된 사항인 갈석산, 진장성 등이 빠진 도저히 있을 수 없는 비정인 것이다. 이에 대하여는 관련 사항이 있을 때마다 반복하여 언급할 것이다.

두 번째 요수는 진장성과 갈석산과 관련이 있다.

진장성은 다른 곳이 아닌 두 번째 요수와 관련이 있고, 요수는 갈석산과 관련이 있어 연나라가 고조선의 일정 영역을 차지한 후 도읍을 남쪽으로 옮기고 설치한 것으로 확인된다.

【사료11】『사기』「조선열전」'고조선'상에

조선의 왕이었던 위만은 옛 연국(燕國) 사람이다. 연국의 전성기 때부터 일찍이 진번과 조선을 침략하여 속하게 하고 아전[吏]을 두고 장새(鄣塞)를 쌓았다. 진국(秦國)이 연국을 멸하고 요동 밖 요(徼)에 소속시켰다. 한국(漢國)이 일어나고 그곳이 지키기 어려우므로 요동의 옛 새(塞)를 수리하고 패수(浿水)를 경계로 하여 연국에 소속시켰다.

다시 진나라를 이어 한나라가 이곳 영역을 차지하였으나 진나라가 '요동외요'로 두고 명목상으로만 지배하였을 뿐 실질적으로는 상실한 것이다. 연나라가 고조선의 일정 지역을 차지한 후 설치하였다는 연5 군과 연장성 지역을 이번에는 아예 포기하고 연나라 다른 장성 그리고 여기에 쌓은 진장성을 '요동고새'라 하여 이곳을 수리하고, 패수를 경계로 고조선과 대치하게 된 것이었다. 따라서 연나라, 진나라, 한나라들과 우리 민족국가인 고조선의 경계는 변함없다. 이를 입증하는 것이 연장성과 진장성이고 이것은 요수와 즉 두 번째 요수(하) 그리고 갈석산인 것이다. 진장성과 갈석산은 앞에서도 언급하였지만 고조선의 위치와 낙랑군의 위치를 알려주는 지표인데 또한 요수와도 관련이 있다. 진장성과 갈석산에 대하여 다음에 자세히 살펴볼 것이다.

그렇기 때문에 재야 민족 사학계와 비주류 강단 사학계에서는 갈석산과 진장성의 위치를 찾아 소위 한사군의 위치를 제대로 비정하고 제대로 된 고대사를 복원하자고 주류 강단 사학계에 요구하고 있는 것이다. 하지만 주류 강단 사학계는 지엽적인 문제를 제기하면서 회피하고 있는 실정이다. 하지만 갈석산과 고조선 그리고 진장성과의 관계에 대한 중국 사료는 풍부하게 있으며 확고한 것을 입증해 준다. 이를 밝히는 것이 또한 본 필자의 의무이자 사명이다. 그래서 이를 실행하고 있는 것이다.

요수(하)의 위치는 첫 번째는 연나라의 당초 위치를 그리고 두 번째 요수(하)는 갈석산 그리고 진장성의 위치와 같이 나타나므로 이에 대하여 살펴보고 위치를 입증하도록 하겠다. 따라서 연나라는 물론 이후의 진나라 그리고 한나라와 고조선과의 경계는 잠시 변동이 있었으나 원래의 연나라와 고조선과의 경계 자리로 돌아간 채 위만조선과 한나라와의 소위 한사군(한2군)이 생기는 조한전쟁에 돌입하게 되는 것이다. 이후에도 이곳에 소위 한사군(한2군)이 설치되고 바로 옆

인근한 곳에 고구려가 옮겨와 이곳을 두고 중국 민족국가와 이곳에 위치한 소요수에서 발흥한 모용씨 선비족 국가인 전연과 후연과 밀고 밀리는 싸움을 벌이게 된다.

이후 후연을 멸망시키고 소위 고구려의 위성국가이자 부용국인 북연을 만든 채 이곳을 완전 점령한 후 소위 수나라, 당나라와의 전쟁을 벌이게 된다. 이후 수나라, 당나라와 싸움을 이곳에서 격퇴하였으나 내분과 신라와 연합한 당나라에 패한 후 이곳에서 부흥운동을 벌이는 한편, 일부 잔여 세력이 요령성 요양으로 중심부를 옮긴 후 멸망하게 되는 것이 고구려의 역사이다.

> **【사료17】『사기』 권2 「하본기」 제2**
>
> 우는 기주(冀州)에서 치수사업을 시작했다. 기주에서 먼저 호구(壺口)를 잘 다스리고 다시 양(梁)과 기(岐) 지역을 잘 다스렸다. 다시 태원(太原) 시작하여 악양까지 이르렀다. 또 담회(覃懷)에서 공적을 이루고 형장(衡漳)에 이르렀다. 이곳 기주의 토질은 희고 부드러워서 세금 등급은 1등급이었으나 흉년에는 2등급도 되었으며 전답은 5등급이었다. 상수(常水)와 위수(衛水)가 물길대로 흐르고 대륙택(大陸澤)도 잘 다스려졌다. 조이(鳥夷)들은 가죽옷 입었으며, 오른쪽으로 있는 갈석(碣石)을 끼고[1] 바다로 들어간다.[2]
>
> [1]집해 공안국이 이르기를 : 갈석이 바닷가의 산이라 했다.
>
> [2]집해 서광이 이르기를 : 바다를 강이라고 하기도 한다. 색은 : 『지리지』는 말하기를 '갈석산은 북평군 여성현 서남쪽에 있다.'고 하였다. 『태강지리지』는 말하기를 '낙랑군 수성현에 갈석산이 있다. 장성이 일어났다.'고 하였다. 또 『수경』은 말하기를 '요서 임유현 남쪽 물속에 있다.'고 하였다. 아마도 갈석산은 두 개인 듯하다. 여기에서는 '갈석을 오른쪽으로 끼고 '하'로 들어간다.'는 구절의 갈석은 당연히 북평군의 갈석이다.

진나라 이후 한나라 시기에는 연나라가 고조선을 침범한 후 남쪽으로 도읍을 옮기고 이곳에 설치한 연장성 자리에 진나라가 쌓은 진장성 자리 【사료11】『사기』「조선열전」 '고조선'상의 '요동고새'를 수리하고 패수를 우리 민족 계열인 고조선과 국경선을 삼았다는 것이다.

하지만 이것은 후대 학자들이 정해 놓은 것이지 당시의 실질적인 한나라와 고조선과의 경계는 패수보다 서남쪽에 있었던 '요동고새'인 것이다. 중국 측 입장에서 쓴 중국사료상으로도 패수는 경계 구역 일종의 완충지대인 공지에 있었던 것이다. 그러나 이는 중국 측 입장에서 바라본 것이고 실질적으로는 우리 고조선 영역이었던 것이다. 이것은 중국 특유 아니 자기 입장에서 바라보고 쓴 것일 뿐이다.

그런데도 주류 강단 사학계는 잘못된 실증사학을 식민사학으로부터 배움으로써 사료에 나온 그대로 해석하여야 한다는 입장에서 이를 그대로 받아들인다. 그러면 고구려가 위성국가로 세운 북연에 조공하였다는 중국사서의 기록을 그대로 인용하여 편찬한 『삼국사기』의 유달리 수많은 기록도 그대로 받아들이는 것이 그들의 실증사학인지 그들에게 묻고자 한다.

물론 주류 강단 사학계는 북연도 고구려와 쟁패를 벌여 고구려 우위에 있던 강력한 국가라고 설정해 놓고 있다. 이것이 우리 주류 강단 사학계이고 이것이 그들이 표명하고 있는 실증사학이고 이렇게 탄생한 것으로 어린 학생부터 온 국민에 이르기까지 가르치고 있는 것이 우리 역사인 것이다. 이러한 것을 학문적으로 비판하는 재야 민족 사학계는 물론 같은 강단에 있는 비주류 강단 사학계에게는 공히 유사, 사이비 학자들이라고 학문적 비판 아닌 비학문적 비난으로 몰아세우는 것이 우리 주류 역사계이자 통설인 것이다.

이것을 보다 못해 할 수 없이 또다시 어려운 글을 쓰게 된 것이 본 필자의 집필 이유이다. 차디찬 감옥에서 사료도 없이 북경 도서관에서 본 중국 사료를 머릿속에 모두 외운 것으로 우리 고대사를 제대로 밝히고자 한 신채호 선생을 떠올리며 순국 애국 독립 운동가보다는 못한 채 따뜻한 곳에서 수많은 사료를 옆에 두고도 제대로 파악하지 못하는 아둔함과 서투른 글을 쓰는 머리와 가슴과 손을 탓하며 애써 쓰고 있는 것이다. 과연 신채호 선생이 지금의 우리 역사를 보면 어떤 심정일까. 일제 강점기와 똑같다고 할까 아니면 더 못하다고 한탄할까.

두 번째 요수, 진장성, 갈석산만 제대로 찾으면 한국 고대사가 해결된다.(주류 강단 사학계의 식민사학에서 벗어날 수 있다.)

현재의 산해관에서 시작되는 만리장성은 명나라 시기에 쌓은 것으로, 진나라의 진장성과는 전혀 다른 것이다. 이것은 본 필자의 견해가 아니라 중국사서에 기록되어 있는 내용이다. 현재 중국은 명나라 시기의 만리장성을 진나라 시기의 만리장성으로 주장하고 있으나 이는 대외용이고, 실제 학문적으로는 부정되고 있다. 진나라 시기의 '요동외요' 즉 진장성과 한나라 시기의 '요동고새' 즉 이전의 연·진장성과 패수는 중국 한족 계열의 국가와 우리 민족 계열 국가인 고조선과의 경계 및 고조선의 강역과 위치와 위만조선 그리고 한사군의 위치를 규정하는 데 중요한 사항이다. 이 장성은 또한 갈석산과 요수와 관련이 있어 같은 지역에 존재한다.

그리고 일제 식민사학과 이를 이어받은 주류 강단 사학계로 인하여 논란이 된 낙랑군의 위치와도 관련이 있다. 관련이 있고 같은 지방에 있다고 중국사서에 기록되어 있다. 그런데도 이를 주류 강단 사학계는 무시한다. 도대체 주류 강단 사학계가 비정한 낙랑군의 위치가 있는 한반도 평양 지방에 요수와 진나라의 장성과 갈석산이 실제로 있다는 것인가. 사실 중국은 학문적으로는 적어도 당나라 이후의 중국사서에 지금의 요하 이동 지방에 고조선이 있었고 여기에 한사군 낙랑군이 설치되었다고 기록되어 있기 때문에 고조선의 영역 및 낙랑군 위치를 요하 지방으로 정해 놓고 있다. 물론 이러한 논리는 고구려 수도가 평양인 것을 고조선의 수도인 평양과 연결하여 고구려의 수도였던 요하의 요양 지방을 고조선의 수도인 평양으로 하여 여기에 고조선의 위치를 정해 놓은 잘못이 있다.

분명히 당나라 이전의 중국사서들은 고조선의 위치와 낙랑군의 위치를 지금의 하북성 즉 당시 요동이요 나중의 개념으로 요서 지방에 있었다고 기록하고 있는데 현재 중국 당국과 학계에서는 이에 대하여 고의로 외면하고 있다. 반면 우리나라 주류 강단 사학계는 중국의 이전 사료상의 하북성 기록도, 나중의 요하 이동 기록도 둘 다 외면하고 있다. 또한 연나라의 동쪽 강역으로 삼는 요동군을 압록강 북부까지 그려 넣는 것은 중국과 우리나라가 똑같다. 그리고 고구려에 막혀 영역이 하북성 서남부 요수 지방에 그친 모용선비족의 나라인 전연과 후연 그리고 고구려의 위성국인 북연의 영역을 이보다 훨씬 동쪽에 위치한 요하 서쪽 즉 지금 개념의 요서 지방까지 그려 넣고, 고구려는 요하 동쪽까지만 그려 넣고 있다.

중국의 '춘추필법'에 의하여 쓰인 『구당서』 및 『신당서』마저도 고구려의 영역을 "서북으로는 遼水를 건너 營州에 이른다."(『구당서』 열전 동이 고구려전), "서북으로는 遼水를 건너 營州와 접하고,"(『신당서』 열전 동이 고구려)라고 기록되어 있다. 요수 즉 지금의 요하 동쪽에 한정한 것이 아니라 요수를 넘어 영주에 이르렀다고 하는 것이다. 이 기록은 최악의 왜곡 필법으로 쓰인 기록으로 고구려의 영역은 이곳을 물론 포함하였지만 사실은 이곳도 아니다. 고구려의 최소한의 영역 그것도 왜곡하여 기록한 것이다.

더군다나 여기서의 영주도 옮겨진 이후의 영주인 지금의 요령성 조양 지방이다. 원래의 영주는 하북성 지방의 커다란 지방 행정구역이었다. 이것을 요령성으로 옮겨 이곳이 원래의 영주로 치부해 버린 것이다. 이것도 주류 강단 사학계는 원래의 영주를 분석하여 판단하지 않고 나중에 옮겨서 비정한 채 원래의 영주로 비정한 것만 따라서 원래의 영주도 이 영주 즉 지금의 조양 지방이라고 한정 지워놓은 것이다. 요동을 지금의 요하 동쪽 지방이라고 한정하고 요수를 지금의 요하라고 한정하여 고대의 요동과 요수를 모두 나중의 요동과 요수로 비정하는 방식이다. 분명 중국사서의 기록상 요동과 요수는 지금의 요동과 요수 즉 요하가 아님을 증거하고 있는데도 절대 바꾸려 들지 않는다. 왜냐하면 자기들이 주장한 아니 신봉하는 교리인 식민사관인 '낙랑군 평양설'이 훼손되기 때문이다. '춘추필법'에 의하여 왜곡되게 쓰인 중국사서의 기록대로라도 고구려의 영역이 요수 동쪽에 한정한 것이 아닌데도 우리나라 주류 강단 사학계는 악착같이 요서 즉 요하 서쪽 지방을 공격한 사실이 있지만 최대한의 영토는 요하 동쪽까지만이라고 한다. 어느 나라 사학계인지 도저히 있을 수 없는, 세계 역사상 유례가 없는 아이러니인 것이 우리 주류 강단 사학계이다.

> 춘추필법에 의하여 왜곡하여 쓴 중국사서도 고구려의 영역을 요하 서쪽까지로 하고 있으나 우리나라 주류 강단 사학계는 요하 이동으로 한정하고 있다.

그래서 이를 비판하여 다룬 것도 아니고 사서기록에 없는 것이 아니라 중국사서에 기록되어 있는 것을 제대로 연구하여 판단한 다음, 이를 반영하여 제대로 된 역사를 세우자고 주장하는 재야 민족 사학계를 영토 확장과 우리 고대국가가 위대했다는 갈망에 사로잡혀 역사를 비학문적으로 주장하는 유사, 사이비 사학자들이라고 비난하고 있는 것이다.

그렇다면 비록 '춘추필법'에 의하여 쓰인 역사서이지만 중국사서에 기록된 대로만이라도 우리 역사를 추슬렀으면 하는 바람이다. 증거 사료가 없는데 고조선과 고구려가 위대한 국가라는 허황과 욕망을 가지지 않는다. 그들에게 이렇게라도 하라면 하지도 않을 것이지만 만약 한다고 하더라도 제대로 된 우리 역사가 정립되지 않을 것이다. 그들이 중국사서를 근거로 역사를 정립하였다는 참고 사서는 당나라 이후 및 명·청대 이후에 원사료에 대한 주석 및 원사료를 다시 해석하여 편찬한 사서들일 것이다. 이것이 우리 주류 강단 사학계이다. 그래서 재야 민족 사학계는 이러한 점을 알고 다른 것은 필요 없고 갈석산과 요수 그리고 만리장성에 대한 위치 비정만을 제대로 하자고 하는 것이다. 하지만 이에 대하여는 지엽적인 것만 트집 잡아 회피하고 있다. 이것이 현재 주류 강단 사학계의 현실이다.

그러므로 갈석산과 요수 그리고 만리장성에 대한 위치를 규명하면 현재 일제 식민사학을 그대로 이어받은 주류 강단사학이 주장하는 한사군 낙랑군 한반도 평양설의 허구가 입증되는 것이다. 우리나라 주류 강단 사학계는 일본 식민사학을 그대로 이어받아 한사군 낙랑군 한반도 평양설을 주창하고 있는데 그 논리의 시작점이자 근본은,

1) 연나라 진개의 고조선 침범으로 고조선이 2,000리나 3,000리를 물러난 것으로 시작하고 있다. 그리고 이 사건 이후

2) 여기서의 비판 대상인 젊은 역사학자 모임의 일원이 그려 놓은 것처럼 연5군과 그중 가장 동쪽에 있던 요동군이 한반도 압록강까지 설치되고,

3) 이에 밀린 고조선은 요동군의 동쪽인 한반도 평양에 있다가 여기에 위만이 망명해 와 위만조선이 있다가 한나라에 멸망당하여 한사군 낙랑군이 설치된다는 것이다. 그러나 '한사군 낙랑군 한

반도 평양설' 논리가 성립되려면

(1) 원래 연나라와 고조선은 어디에 위치해 있었으며,

(2) 연나라 진개의 고조선 침입 사실은 사실인지,

(3) 사실이면 물러난 지역이 과연 2,000리나 3,000리가 맞는 것인지,

(4) 그리고 여기에 설치되었다는 연5군 그리고 요동군의 위치는 어디인지,

(5) 연5군과 요동군의 위치를 규명하기 위한 교차 검증 차원에서 이후 진나라 시기의 고조선과 경계인 '요동외요'와 진장성의 위치는 어디인지,

(6) 이후 한나라와 경계인 '요동고새'와 패수 및 위만조선의 위치는 어디인지,

(7) 한나라가 침범하여 설치한 한사군의 낙랑군 설치 지점은 과연 한반도 평양 지방이 맞는지 고대사서 확인과 검토 그리고 비판이 이루어진 다음에 결론을 내려야 할 것이다.

하지만 그동안 주류 강단 사학계는 이러한 절차를 거치지 아니 하였다. 아니 당연히 거쳤다. 그들만의 방식과 논리와 그들만이 선택한 중국 사료만을 가지고 말이다.

반면에 고조선과 연나라의 초기 기록은 전혀 살피거나 확인하거나 연구하지 않고 중국의 '춘추필법'에 의하여 심하게 왜곡되어 쓰인 당나라 이후의 사서만을 편집적으로 사용하였다. 그리고 이를 바탕으로 사대 모화사상에 의한 소중화 사상으로 고조선을 한반도로 끌어들인 고려 중기 이후 및 조선시대 사서와 식민주의라는 정치적 사상적 목적에 의하여 편집되고 이후 일제 강점기 일본인 학자와 우리나라 어용학자들에 의하여 완성된 식민주의 사관에 의한 일제 사학자들의 완성된 논리만을 바탕으로 주장을 펴고 있는 것이다.

그래서 이를 비판하는 재야 사학자들을 오히려 몰아붙이면서 자기들 논리는 일제 식민주의 사관에 의한 것이 아니라 고려 및 조선시대에도 완성된 것이므로 식민사관 추종이 아니라고 한다. 또한 원래 고조선의 위치와 한사군의 낙랑군 위치가 평양 지방이 아니라는 것이 중국사서의 기록에 의하여 밝혀지자 이를 회피하고자 하는 방편으로 '고조선 이동설', '낙랑군 교치설', '고조선인 낙랑군 자치설'들을 내놓으면서 역시 식민사학을 극복하였다고 자랑스럽게 설파한다.

그래도 여전히 '낙랑군 평양설'은 지독하게 고집한 채 말이다. 또한 이와 같은 맥락이나마 이전에는 전혀 하지 않아 재야 사학자들의 비판에 직면하자 이 글에서 비판하는 바와 같이 이제야 연나라와 고조선의 초기 기록인『관자』,『산해경』,『전국책』,『사기』,『염철론』 등을 연구하여 분석하는 것으로 하고 있다. 하지만 이 글에서 비판하는 바와 같이 자기 편집적이고 취사선택하는 방식의 분석으로 오히려 원래 중국사서의 기록을 왜곡시키고 있다.

올바르게 제대로 모든 사료를 다 내놓고 분석하고 연구하고 비판하고자 한다면 당연히 초기 연나라와 고조선의 위치 그리고 연의 진개의 침범과 고조선 영역 이동 2,000리나 3,000리 등을 연구하자면 지금까지 살펴본 연장성, 진장성 그리고 여기에 위치한 갈석산과 요수 그리고 패수에 대한 연구가 이루어지면 그동안 논란과 비판의 대상이었던 '한사군 낙랑군 한반도 평양설'은 당연히 해결될 것이다.

하지만 이러한 당연한 논리와 요구에도 우리 주류 강단 사학계는 전혀 움직이지 않고 있다. 이러한 요구에 전문가로서 철저히 연구하여 재야 사학계의 주장은 틀렸으며 연구 결과 주류 강단 사학계가 주창하는 한사군 낙랑군 한반도 평양설이 맞는다고 학문적으로 설득함으로써 다시는 그러한 비학문적인 주장을 하지 못하게 하면 될 것을 그들은 하지 않고 있다. 아니 못 하고 있다. 해보면 본 필자 같은 아마추어도 할 수 있는 결론이 나오기 때문이다. 재차 주류 강단 사학계에 문의한다.
1) 갈석산이 한반도 평양 인근에 있는가?
2) 요수가 한반도 평양 인근에 있는가?
3) 연장성과 진장성이 한반도나 평양에 있는가?
4) '요동고새'와 인근에 있던 경계인 패수는 한반도 평양 인근에 있는가?

패수에 대하여는 중국계 국가와 고조선의 경계가 되는 강으로 알려져 중요한 사항으로 차후에 자세히 살펴볼 것이다. 여기서의 연장성(조양~양평)과 연5군 그리고 진장성 그리고 여기에 위치한 갈석산과 고조선의 위치에 대하여는 나중에 살펴보고 이 글의 순서 및 절차상 요수에 대하여 계속 살펴보도록 하겠다.

중국사서 기록상 세 번째 요수가 지금의 요하이다.

세 번째 요수 즉 요하는 원나라 성종 재위 4년(1345)에 고구려의 강이라는 이름의 구려하(句麗河) 내지는 압록강(鴨淥江)(현재 북한과 중국의 경계에 있는 압록강(鴨綠江)과는 다른 강으로 '록' 자가 다르다.)이라고 불렸던 강을 요나라의 도성을 흘러 내려가는 강이라는 이유로 요하라고 명명했던 것이다. 이 요하가 바로 현재의 요하인 것이다. 구려하와 압록강에 대하여도 순서에 따라 설명될 것이다. 이와 관련된 기록이 놀랍게도『삼국유사』에 기록되어 있다. 나중에 자세히 설명할 기회가 있겠지만 고조선의 수도가 지금의 한반도 평양이라고 하는 통설과 다르게 그리고 고구려의 도읍이 한반도 평양이라는『삼국사기』상의 기록과도 다르게 지금의 요수 근처인 요양으로 보고 있다. 물론『삼국사기』상에서도 고구려의 첫 도읍지인 홀본(졸본)성에 대하여 현재 주류 강단 사학계가 주장하는 한반도 북부 압록강 인근의 국내성 인근 환인의 오녀산성과 달리 요하 서쪽이라고 기록하여 놓았다. 왜냐하면 요서 지방으로 기록한 중국사서를 그대로 인용하여 저술하였기 때문이다. 중국사서에 그렇게 기록되어 있다는 것이다.

중국 측이 주장하는 지금의 요하 근처 요양 근처의 고구려 수도인 평양에 대해서도 나중에 설명할 기회가 있겠지만 고구려 장수왕의 천도지라는 설이 있고 아니라는 주장도 있다. 아니라는 주장에는 장수왕 천도지인 평양에 대하여 지금의 하북성 진황도시 노룡현 지방이라는 설과 지금의 하북성 보정시라는 설도 있다.

물론 주류 강단 사학계는 고려 중기 이후 조선을 거쳐 일제 식민사학에서 완성한 한반도 평양설을 추종하고 있다.

그리고 중국사서는 앞선 시기의 경우 하북성 보정시를 비정하는 기록이 있는가 하면 당나라 이후 중국사서는 세 번째 요수인 지금의 요하 동쪽인 요양을 비정하고 있다.

하북성 진황도시 노룡현을 비정하는 대표적인 역사가는 이덕일 한가람 역사문화연구소장 등 재야 민족사학 역사가들이다.

그리고 하북성 보정시로 비정하는 역사가는 본 필자를 비롯한 재야 민족사학 역사가들이다.

이렇게 의견이 분분한 이유는 그 중요성과도 관련이 있고 중국사서의 기록과 그 기록의 해석여부에 따라 달라지기 때문이다. 그 중요성은 고구려의 강역과 중심지 그리고 주요 활동 무대가 어디인가로 달라지기 때문이고, 가장 중요한 것은 식민사학의 왜곡성 아니 조작성을 탈피하는 문제이기 때문이고, 또한 중국 역사서의 본 모습을 볼 수 있는 사항이고 이는 이를 바르게 해석하는 방법이 무엇인가를 알려주는 지표도 될 수 있기 때문이다.

그렇다면 과연 어느 주장이 옳은 것인가? 물론 본 필자가 지금까지

이 글에서 강조하였지만 당초 이 당시를 기록한 중국사서들은 바로 앞에서 설명한 '평주'의 위치 비정을 당연히 본 필자와 같이 주장하는 하북성 석가장시 동북부와 보정시 서남부 사이로 기록하고 있다. 하지만 후대로 올수록 당초 기록에 주를 달거나 그 위치를 실제로 아예 옮긴 채 당시의 사건을 옮긴 후의 위치와 명칭에 기록하고 있다. 이것이 현재 하북성 진황도시 노룡현과 지금의 요하 동쪽 요양에 비정하게 되는 연유인 것이다.

그리고 주류 강단 사학계가 주장하는 한반도 평양은 일고의 가치도 없는 것으로 중국사서상의 하북성 내지는 요하 이동 요양에 비정하고 있는 중국의 사서를 그대로 인용하여 저술하면서도 '기자 동래설'에 의하여 한반도 평양이 고조선의 평양이고 여기에 기자가 왔고 여기에서 위만조선이 한나라에 멸망당해 낙랑군이 설치되었다는 것이다. 그리고 나중에 고구려 장수왕이 고구려 도읍을 옮긴 것이라는 고려 및 조선시대 역사관에 의하여 멋대로 임의대로 한반도 평양을 고조선의 도읍과 고구려 장수왕의 도읍으로 비정한 것을 일제 식민사학에 의하여 정해진 것을 해방 후 77년이 지난 후까지 그대로 따른다는 것이 진실이다.

> 장수왕 평양 천도 위치만 제대로 확인해도 한국 고대사가 달라진다.
> 절대로 한반도 평양은 아니고 하북성 평주 지역 보정시이다.
> 여기서 수당전쟁을 치렀다.
> 나당연합군과 전쟁 시 지금의 요양으로 옮긴 것이 전부이다.
> 한반도 평양은 고구려 수도였던 사실이 없다.

이것을 입증하는 것이 이 글의 목적이므로 이에 대하여 입증해 나가도록 하겠다. 하지만 분명히 고구려 장수왕의 평양 천도는 평주 지역인 지금의 하북성 보정시이며 여기에 천도한 다음 수나라 및 당나라와 전쟁을 하였고 나중에 나당연합군과 싸운 곳도 이곳이다. 한반도 평양은 평양으로 불린 사실도 고조선 이래 고구려시대 아니 고려시대까지 전혀 없었다. 고구려의 수도 평양성은 사서의 기록대로 나당연합군과 싸울 때 지금의 요령성 요양시로 옮겼다가 고구려가 멸망한 후 고려시대에 이곳을 평양부라 하여 서경으로 삼은 것이 전부이다. 조선시대에 이곳을 평양이라 하면서 고조선의 수도이자 고구려의 수도로 왜곡 비정하였던 것이다. 이는 사서의 기록에 의한 것으로 고구려가 산동성에서 건국되어 하북성에서 활동한 사실과 일치하는 것이다.

【사료25】『통전(通典)』「변방」'동이 하 고구려'

(생략) 그 후 모용보는 고구려왕 안을 평주목으로 삼아 요동 대방 2국왕으로 하였다. 안(광개토왕)은 당초에 長史 · 司馬 · 參軍官의 관직을 설치하였고 후에 요동군을 경략하였다. 손(아들) 고연(장수왕)에 이르러 동진 안제 의희 연중에 장사 고익을 보내 자백마를 바치매, 연을 영주제군사, 고려왕, 낙랑군공으로 삼았다.
동진 이후로 그 왕이 평양성에 살았다. (즉 한 낙랑군 왕험성이다. 모용황이 와서 침공하자 후에 국내성으로 옮겼는데, 다시 이 성으로 옮겼다.) 장안성이라 한다. 그 성은 산의 굴곡을 따라 있으며 남으로 패수에 임해 있고, 요동의 남쪽 천여 리에 있다. 성내에는 오로지 곡식창고가 있고, 각종 기계 및 병장기를 저장해 두는데 적이 침범해 오면, 그 성안에 들어가서 방어한다. 왕은 따로 그 성의 측면에 집(왕궁)이 있다. 그 나라의 또 다른 성으로는 국내성과 한성이 있는데 또 다른 수도이다. 다시 요동, 현토 등 수십 성을 차지했다. 관리를 두어 서로 연락이 되도록 하여 관리하였다. (그 땅은 후한 때에 사방 2천 리(약 785km)였다. 위나라 때 남북이 점점 좁아져서 겨우 1천여 리(약 400km)였으며, 수나라 때 점점 커져서 동서가 6천 리(약 2400km)가 되었다.)(생략)
~ (한나라 낙랑군, 현토군 땅이다. 후한 때부터 위나라 때까지 공손씨

가 점거하고 있다가 공손연 때 멸망했다. 서진 영가(307~312) 이후 다시 고구려에 함락되었다.~)

【사료29】『요사』「지리지」

2. 동경도 1) 동경요양부(東京遼陽府)

아들 보(寶)는 고구려왕 안(安 : 광개토왕)을 평주목(平州牧)에 임명하여 거주케 하였다.

【사료28】『원사』「지리지 요양등처행중서성 동녕로」

~ 진(晉) 의희(義熙) 연간 후반에 그 왕 고련(高璉)이 처음으로 평양성(平壤城)에 머물렀다[居]. 당(唐)이 고려(高麗)를 정벌할 때 평양(平壤)을 공략하여 그 나라가 동쪽으로 옮겨 압록수(鴨綠水)의 동남쪽 1,000여 리 되는 데에 있었는데, 평양의 옛터가 아니었다. 왕건(王建)에 이르러 평양이 서경(西京)이 되었다. ~

【사료46】『송서(宋書)』 夷蠻列傳 高句驪

東夷 高句驪國은 현재 漢代의 遼東郡을 지배하고 있다.

【사료42】『양서(梁書)』「동이열전」'고구려'

[高]句驪王 安을 平州牧으로 삼고, 遼東・帶方의 2國王에 봉하였다. 安은 처음으로 長史・司馬・參軍의 관직을 설치하였고, 후에는 遼東郡을 경략하였다.

【사료91】『북사(北史)』卷九十四 列傳第八十二 高麗(高句麗)
또 遼東[城]・玄菟[城] 등 수십城이 있는데, 모두 官司를 설치하여 통치하였다. 新羅와는 늘 서로 침탈하여 전쟁이 끊이지 아니하였다.

위의 사서들을 종합하여 살펴보면, 고구려는 이미 언급하였듯이 진나라 이후 하북성에 설치된 평주 지역인 한나라 시기의 요동군, 현토군, 낙랑군 지역을 광개토대왕 시기에 완전 점령한 채 장수왕 시기에 평양성으로 천도하여 거주한 것이 확인된다.

이후 수나라 시기에는 동서가 6,000리 약 2,400km(1,202km 석가장시~길림시) 내지는 1/3로 줄여서 800km(854km : 석가장시~요양시)로 서쪽 요동군이 있었던 하북성 석가장시에서 동쪽으로 최대한 길림성까지, 최소한 요령성 요양시까지 동서로는 차지한 것으로 보인다. 나중에 본 필자가 설명하겠지만 길림은 신라가 그 영역으로 하여 차지한 것으로 사서에 기록되어 있기 때문이다.

물론 주류 강단 사학계는 고구려의 최대 영역을 방향을 반대로 하여 동쪽 한반도 북부 만주로부터 서쪽 지금의 요하 이동 즉 그들이 비정하는 요동 지방으로 한정하고 있다. 하지만 이는 그들이 선호하면서 편의적으로 취사선택하는 앞에서 살펴본 『구당서』「동이열전 고구려」상의 요수 건너 영주까지라는 기록과 배치되고, 다음 사서의 기록에도 위배된다.

【사료26】『신당서(新唐書)』「동이열전 고구려」

高[句]麗는 본래 扶餘의 別種이다. 국토는 동으로는 바다를 건너 新羅에 이르고, 남으로는 역시 바다를 건너 百濟에 이른다. 서북으로는 遼水를 건너 營州와 접하고, 북은 靺鞨과 접한다.
그 나라의 임금이 살고 있는 곳은 平壤城으로 長安城이라고도 부르는데, 漢代의 樂浪郡으로 長安에서 5천 리 밖에 있다. 山의 굴곡을 따라 外城을 쌓았으며, 남쪽은 浿水와 연해 있다. 王은 그 좌측에 宮闕을 지어 놓았다. 또 國內城과 漢城이 있는데 別都라 부른다.
물은 大遼와 少遼가 있다. 大遼는 靺鞨의 서남쪽 산에서 흘러나와 남으로 安市城을 거쳐 흐른다. 少遼는 遼山의 서쪽에서 흘러나와 역시 남으로

> 흐르는데, 梁水가 塞外에서 나와 서쪽으로 흘러 이와 합류한다. 馬訾水가 있어 靺鞨의 白山에서 흘러나오는데, 물빛이 鴨頭와 같아서 鴨淥水로 불린다. 國內城의 서쪽을 거쳐 鹽難水와 합류한 다음, 다시 서남으로 [흘러] 安市[城]에 이르러서 바다로 들어간다. 平壤은 鴨淥江의 동남쪽에 있는데, 큰 배로 사람이 건너다니므로, 이를 해자(天塹)로 여긴다.

즉 그들이 요수를 하북성의 요수라고 하지 않고 지금의 요하로 비정하더라도 분명히 요수 넘어 영주까지라고 하는 것과 배치된다. 그들은 영주를 지금의 요령성 조양시로 비정하고 있다. 이렇게 비정하더라도 지금의 고구려 최대 영역 비정하고는 맞지 않는다.

앞서 설명하였지만 영주가 지금의 하북성 석가장시 북부를 가리키는 것은 중국 역사의 상식에 속하는 것이다. 물론 왜곡에 의한 비정은 지금의 영주로 비정하지만 이는 엄연히 잘못된 왜곡이다. 사회주의 국가인 관계로 대외적, 국자 차원에서 영주는 지금의 조양시로 비정한다. 하지만 중국 학자들도 개인적 양심으로는 이를 부인한다. 물론 우리나라 주류 강단 사학계와 마찬가지로 후대의 왜곡을 인정하는 학자들은 이를 인정하고 있다.

하지만 이는 사실이 아니다. 그리고 앞에서 이미 설명하였고 앞으로도 설명하겠지만 이들 사서에서 기록한 평양에 대한 설명이나 공손씨 관련 자료는 이곳이 하북성임을 명백히 증명하고 있는 것이다.

특히 이 기록들에서 특이한 사항을 본 필자는 중요시한다. 즉『북사』가『삼국사기』와는 조금 다르게 고구려와 다투는 상대를 백제가 아닌 신라로 기록하고 있다는 것이다. 위에서 잠깐 언급하였지만 고구려는 신라와 만주 길림 지방에서 국경을 마주하기도 하였지만 두 나라 건국 시부터 하북성 및 산동성에서도 그 영역을 마주하였고, 고구려가 신라가 형성한 나당연합군과 싸우는 계기가 되기도 하는 것이 산동성 남옥저 죽령 지방이라는 것이 사서기록에 의하여 확인되는 것으로 이에 대하여는 본 필자가 중점을 두고 설명할 것이다.

『북사』는 당나라 시기 이연수가 659년에 439~589년 사이의 북조 시대 역사를 기록한 것이다. 이러한 역사 인식 특히 『당서』와 『통전』 등 당나라 시기의 역사서는 우리나라 고려시대에 전해져 『삼국사기』 와 『삼국유사』의 기록상의 인식에 절대적인 영향을 주었다. 분명히 당나라 시기의 『당서』와 『통전』은 주류 강단 사학계나 이를 비판하는 비주류 강단 사학계 그리고 재야 민족 사학계의 인식과는 달리 하북성의 고구려를 기록하고 있다. 『삼국사기』와 『삼국유사』도 이를 따르고 있다. 하지만 당시 고려의 역사 인식 즉 당나라 이후 중국의 '춘추필법'의 극성으로 역사 왜곡 작업 및 인식에 의한 앞에서 언급한 『요사 지리지』 조작 내용 삽입 등에 의해 고조선 및 고구려 평양성의 요령성 요양시로의 위치 왜곡 변경 작업 및 인식에 영향을 받은 것으로 확인되는 것이다.

【사료41】『삼국유사』 卷 第一 제1 기이(紀異第一) 고구려(高句麗)

고구려(高句麗)

고구려는 곧 졸본부여이다. 더러는 말하기를 "지금의 화주(和州) 또는 성주(成州)이다."라고들 하나 모두 잘못이다. 졸본주는 요동지역에 있다. 《국사(國史)》 「고려본기」에 이른다. 시조 동명성제(東明聖帝)의 성은 고씨요 이름은 주몽(朱蒙)이다. 처음에 북부여왕 해부루가 동부여로 자리를 피하고 나서 부루가 죽으매 금와가 왕위를 이었다. ~ 그는 졸본주(현토군의 지역이다.)까지 와서 드디어 여기에 도읍을 하였다.

【사료51】『삼국사기(三國史記)』 「잡지 지리」 '고구려' '고구려 초기 도읍 홀승골성과 졸본'

고기(古記)에서 이르기를 "주몽(朱蒙)이 부여(扶餘)로부터 난을 피해 도망하여 졸본(卒本)에 이르렀다."라 하였으니, 곧 흘승골성(紇升骨城)과 졸본(卒本)은 같은 한 곳이다. 《한서지(漢書志)》에서 이르기를 "요동군(遼東郡)은 낙양(洛陽)에서 3천6백 리 떨어져 있으며, 속한 현으로서 무려(無慮)가 있다."고 했다. 곧 《주례(周禮)》에서 보이는 북진(北鎭)의 의무려산(醫巫閭山)이며, 대요(大遼) 때에 그 아래에 의주(醫州)를 설치하였다. [또 한서지에] "현토군(玄菟郡)은 낙양(洛陽)에서 동북으로 4천 리 떨어져 있고, 속한 현이 셋이며, 고구려가 그중 하나이다."라 하였으니, 곧 이른바 주몽이 도읍한 곳이라고 말하는 흘승골성(紇升骨城)과 졸본(卒本)은 아마도 한(漢)의 현토군(玄菟郡)의 경계이고, 대요국(大遼國) 동경(東京)의 서쪽이며, 《한지(漢志)》에 이른바 현도(玄菟)의 속현 고구려(高句麗)가 이것일 것이다. 옛날 대요(大遼)가 멸망하지 않았을 때에 요(遼)의 황제가 연경(燕京)에 있었으니, 곧 우리의 조빙하는 사신들이 동경(東京)을 지나 요수(遼水)를 건너 하루 이틀에 의주(醫州)에 이르러, 연계(燕薊)로 향하였음으로 고로 그렇다는 것을 알 수 있다.

【사료52】『삼국사기(三國史記)』「잡지 지리」 '고구려' '평양성과 장안성'

국내(國內)로 도읍하여 425년이 지나 장수왕(長壽王) 15년(427년)에 평양(平壤)으로 도읍을 옮겼다. 156년이 지나 평원왕(平原王) 28년(586년)에 장안성(長安城)으로 도읍을 옮겼으며, 83년이 지나 보장왕(寶臧王) 27년(668년)에 멸망하였다. (옛 사람들의 기록에 시조 주몽왕(朱蒙王)으로부터 보장왕(寶臧王)에 이르기까지의 역년(歷年)은 틀림이 없고 상세한 것이 이와 같다. 그러나 혹은 이르기를 "고국원왕(故國原王) 13년(343년)에 (왕이) 평양 동황성(東黃城)으로 이거하였는데, 성은 지금[고려] 서경(西京)의 동쪽 목멱산(木覓山) 가운데 있다."라 하니, 옳고 틀림을 알 수 없다.) 평양성(平壤城)은 지금[고려]의 서경(西京)과 같으며, 그리고 패수(浿水)는 곧 대동강(大同江)이다. 어찌 이를 알 수 있는가? 《당서(唐書)》에서 이르기를 "평양성(平壤城)은 한(漢)의 낙랑군(樂浪郡)으로 산굽이를 따라 외성을 둘렀고, 남으로 패수(浿水)가 근처에 있다."라 하였으며, 또한 《지(志)》에서 이르기를 "등주(登州)에서 동북으로 바닷길을 가서, 남으로 해안에 연하여, 패강(浿江) 입구의 초도(椒島)를 지나면, 신라의 서북에 닿을 수 있다."라 하

> 였다. 또한 수양제(隋煬帝)의 동방 정벌 조서에서 이르기를 "창해(滄海) 방면 군대는 선박이 천 리에 달하는데, 높직한 돛은 번개같이 나아가고, 커다란 군함은 구름처럼 날아 패강(浿江)을 횡단하여 멀리 평양(平壤)에 이르렀다."라 하였으니, 이렇게 말하는 것으로써 지금[고려]의 대동강(大同江)이 패수(浿水)인 것은 명백하며, 곧 서경(西京)이 평양(平壤)이었던 것 또한 가히 알 수 있다. 《당서(唐書)》에서 이르기를 "평양성(平壤城)은 또 장안(長安)이라고 불렀다."라 하였고, 그리고 고기(古記)에서 이르기를 "평양(平壤)으로부터 장안(長安)으로 옮겼다."라 하였으니, 곧 두 성이 동일한 것인지 아닌지, 서로 멀리 떨어져 있었는지 가까웠는지에 대해서는 곧 알 수가 없다.

위의 『삼국사기』 내용에 대하여는 앞에서 살펴보았고, 『삼국유사』의 기록을 살펴보면 당시의 인식이 졸본이 화주 또는 성주 지방에 있다고 하지만 『삼국유사』 편찬자들의 인식에 따르면 이는 아니고 요동, 현토군 지역이라고 언급하는 것에 의하며 『삼국유사』 편찬 당시의 역사 인식 및 『삼국유사』 편찬자들의 역사 인식을 알 수 있다. 또한 이것으로 현재 역사 인식의 차이도 확인할 수 있다. 고려시대 화주와 성주에 대하여 확인하고자 『고려사』를 확인해 본 바,

> 【사료53】『고려사』 지 권제12 지리3 「동계」
>
> 화주
> 화주(和州)는 본래 고구려의 땅으로, 혹은 장령진(長嶺鎭)이라 불렀고, 혹은 당문(唐文)이라 불렀고, 【당(唐)은 당(堂)으로도 쓴다.】 혹은 박평군(博平郡)이라고도 불렀는데, 고려 초에 화주(和州)라고 하였다. 성종 14년 (995)에 화주 안변도호부(安邊都護府)라 고쳤다. 현종 9년(1018)에 화주방어사(和州防禦使)로 강등시키고 본영(本營)으로 삼았다. 고종 때에 몽고(蒙古)에 편입되어 쌍성총관부(雙城摠管府)가 되었다. 화주가 이로 인해 등주(登州)에 합병되었지만 여전히 방어사로 불렀다. 뒤에 통주(通州)에 합병되었다. 충렬왕 때에 복구되었다. 공민왕 5년(1356)에 군사를 보내어 수

복하고 화주목(和州牧)으로 하였다. 〈공민왕〉 18년(1369)에 화령부(和寧府)로 승격시키고 토관(土官)을 두었다. 횡강(橫江)이 있다.

화주는 나중에 몽골의 원나라가 쌍성총관부를 설치하였다가 공민왕이 수복한 지역이다. 현재 주류 강단 사학계는 일제 식민사학을 그대로 이어받아 동해안인 함경도 화주 즉 함경도 함흥시 남쪽 인근인 영흥에 비정한다. 하지만 여러 사서기록에 의하면 이는 허위 조작된 사실이고 이곳은 만주 요령성 화주 즉 지금의 요령성 철령시로 밝혀졌다. 이를 증빙하는 자료는 무궁무진하다.

【사료54】『고려사』 지 권제12 지리3 「북계」

성주
성주(成州)는 본래 비류왕(沸流王) 송양(松讓)의 고도(故都)로, 태조 14년(931)에 강덕진(剛德鎭)을 두었다. 현종 9년(1018)에 지금 이름으로 고치고 방어사(防禦使)로 삼았다가, 뒤에 지군사(知郡事)로 하였다. 별호(別號)는 송양(松讓)【성종[成廟] 때 정하였다.】이다. 온천이 있다.

또한 성주에 대하여 확인한 바에 따르면 위의 화주가 동계인 반면 이곳은 북계로 본 필자가 증거 사료에 의거하여 비정한 하북성 호타하 인근인 것으로『고려사』에 기록되어 있다. 비류왕 송양의 고도는 고구려에서 고국원으로 불리는 곳으로 고구려 수도 중 환도성이 있는 곳이다. 이곳은 현재 호타하 북부 하북성 형수시 안평현 북쪽으로 비정된다. 이곳은

【사료55】『삼국사기(三國史記)』 卷第三十七 雜志 第六 지리(地理)四 백제(百濟)

압록수 이북의 항복하지 않은 성

> 압록수 이북의 항복하지 않은 11성. ~ 안시성(安市城)은 옛날 안촌홀(安寸忽)(혹은 환도성(丸都城)이라고도 이른다.)이다.

이 기록만의 비정이 아니라 수당전쟁 시의 기록 등 여러 기록을 종합한 결과에 의하여도 이곳은 안시성으로도 비정된다. 따라서

> 【사료56】『삼국유사』「흥법」'순도조려'
>
> 살펴보면, 고구려 때의 도읍은 안시성(安市城), 일명 안정홀(安丁忽)로서 요수(遼水)의 북쪽에 위치해 있었고, 요수는 일명 압록(鴨淥)으로 지금은 안민강(安民江)이라고 한다. 송경(松京)의 흥국사의 이름이 어찌 [이곳에] 있을 수 있겠는가?

이 기록상의 요수를 압록수(강)에 대한 새로운 주장 즉 압록강이 지금의 압록강이 아니라 요하가 압록강이라는 주장을 한 인하대학교 고조선 연구소를 비롯한 비주류 강단 사학계와 재야 민족 사학계는 지금의 요하로 보고 이것을 중국 사료상의 압록수로 비정하고 있으나 이는 본 필자가 언급한 바와 같이 중국의 왜곡 작업에 의한 왜곡 비정이다. 『삼국유사』가 이 기록에서 말하는 요수와 압록강은 현재의 요령성 요하가 아니고 하북성 호타하인 것이다.

따라서 위의 안시성과 환도성 역시 각종 사료상의 안평현, 서안평현, 안시현에 있었던 호타하 북부이다. 이곳이 바로 송양의 비류국이 있었던 각종 사서에 기록된 고구려의 고국원 땅인 것이다. 그러므로 『삼국유사』의 편찬자들은 당시 고려에 고구려가 화주 즉 지금의 요령성 요하 인근에서 개국하여 이곳이 졸본이라는 인식도 있었고, 또한 당시 고려의 영역이었던 하북성 호타하 인근 즉 소위 서희의 강동 6주 및 천리관성이 설치된 이 지역 인근인 서안평, 안평, 안시현이 성주였는데 이곳 비류왕 송왕의 고도, 고국원, 안시성, 환도성이 고구

려 개국지인 졸본이라는 인식이 있었음을 알려주고 있다.

이러한 인식의 바탕에는 지금의 역사 인식의 차이와 마찬가지로 이미 중국의 왜곡된 역사 인식에 영향을 받아 졸본을 화주 지금의 요령성으로 비정하는가 하면 고국원, 환도성을 졸본으로 인식하여 성주 즉 현재 호타하 북부 하북성 형수시 안평현 북쪽으로 인식하기도 한 것을 알려주는 것이다. 하지만 『삼국유사』의 편찬자들은 앞에서 필자가 설명한 대로 중국 사가들과 사서에서 고구려가 현토군 지역에서 개국한 것으로 착각하여 『한서지리지』상에 현토군에 고구려현을 둘 정도로 인식하고 있었던 것을 그대로 영향을 받아 이곳 현토군 지역 즉 당시 요동 지방에서 개국한 것으로 인식하고 있었던 것이다. 하지만 이러한 인식은 잘못된 것으로 이 역시 당시 고려시대 역사 인식이 중국의 왜곡에 영향을 받은 것처럼 이를 부정, 비판하면서도 스스로 영향을 받은 것임을 알 수 있다.

이러한 인식은 똑같이 【사료51】『삼국사기(三國史記)』「잡지 지리」'고구려' '고구려 초기 도읍 홀승골성과 졸본'상에서 확인된다. 이 사서에서도 "홀승골성(紇升骨城)과 졸본(卒本)은 아마도 한(漢)의 현토군(玄菟郡)의 경계"라고 기록함으로써 『삼국유사』와 같은 역사 인식을 보여주고 있는 것이다. 즉 고구려가 개국한 졸본을 현토군 지역으로 인식하고 있는 것이다. 하지만 『삼국사기』는 분명히 현토군이 아니라 현토군 경계라고 하여 『삼국유사』와는 달리하였다. 경계 지역은 그 지역과 다른 것이다. 이는 중국사서의 기록을 그대로 전달함에 따라 이루어진 것이다.

즉 고구려의 첫 도읍지 졸본은 하북성 현토군 지역이 아니라 현토군 경계 지역으로 그보다 남쪽인 산동성 덕주시 평원현 지방에 있었던 졸본 지방에서 건국하여 북쪽의 현토군 인근 지역으로 진출한 것이다. 하지만 고구려가 현토군 지역에서 건국되었다는 잘못된 인식은 지금까지 전해져 물론 주류 강단 사학계는 일제 식민사학에 의하여 그대로 전수된 것이지만 고구려가 현토군 지역에서 개국한 것으로 인식하고 있어 고구려 옆에 현토군을 비정하고 있는 것이다.

하지만 역사 기록상 고구려가 현토군 인근에 있어 이곳을 공략하다가 마침내 확보하는 것은 고구려가 하북성 이남 지방 산동성 덕주시 졸본 지방에서 건국한 후 이곳 현토군 인근으로 영역을 확장하여 국내 위나암성과 환도성으로 천도하는 시점인 것이다. 그리하여 현토군 옆에서 역사적 활동을 한 것에 의하여 고구려가 현토군 내지는 그 옆에서 건국한 것으로 인식하여 이곳을 건국지인 졸본으로 본 것이기도 하고 고구려와 다른 구려가 이곳 현토군 고구려현에서 생겨난 것을 고구려로 착각하여 기록한 것이다.

그렇다면 고조선의 위치가 낙랑군의 위치와 연결되듯이 고구려의 건국지 및 위치가 현토군과 연결되어 상호 그 위치가 비정되면 서로 연결되어 같이 비정되는 것이다. 이러한 『삼국사기』 및 『삼국유사』의 고구려 비정은 건국지가 현토군이라는 사실만을 제외한다면 압록수, 요수가 있는 하북성에서의 기록은 제대로 된 기록이다. 단지 현재 이를 해석함에 있어 잘못되고 왜곡된 역사 인식에 의하여 이를 지금의 요하 내지는 지금의 압록강으로 해석하는 것이 문제이다. 이는 이미 앞에서 설명하였듯이 『당서』「고구려전」 기록과 『신당서』「가탐도리기」도 마찬가지이다. 이는 분명히 하북성 호타하 압록수 기록을 전제로 기록한 것인데 이를 각자의 왜곡된 인식에 따라 해석하고 있는 것과 같은 맥락이다.

> 중국사서와 『삼국사기』 및 『삼국유사』의 고구려 비정 기록은 하북성임에도 왜곡된 당시의 역사 인식상 요령성 요양으로 비정하였다. 이러한 비정에 대하여 주류 강단 사학계는 왜곡되기 이전의 비정에 의하여 하북성으로 비정하여야 함에도 오히려 왜곡된 것을 한층 더 왜곡시켜 이를 한반도로 조작 비정하고 있다.

이런데도 불구하고 즉 모든 사서가 우리 고대사의 역사 무대를 한반도와 인근으로 기록하고 있지 않음이 명백한데도 주류 강단 사학계는 고구려를 현재 압록강 북부 지방으로 현토군도 이곳 인근으로 비정하고 있다. 이러한 비정의 근거로 그들은 중국사서 기록상 압록수의 위치를 현재의 압록수로 비정하는 것이다. 하지만 이는 그들의 전통적인 취사선택에 의한 비학문적 방법에 의한 것이다. 분명히 원래 중국사서에는 압록수와 요수를 별도로 보아 기록하였으나 【사료56】『삼국유사』「흥법」'순도조려'상에서는 중국사서나 『삼국사기』에서 수당전쟁 시의 기록에서 압록수와 요수를 혼돈하여 기록한 바와 같이 동일한 것으로 보고 있는 것과 같이 요수가 곧 압록수라는 인식에 의한다면 현토군의 위치 비정도 그렇고 고구려의 위치 비정도 지금의 압록강 인근으로 볼 수 없는 것임에도 중국사서상의 압록수 기록을 지금의 압록강으로만 보는 편의적인 인식에 역사를 멋대로 재단하고 있는 것이다. 물론 이도 스스로의 판단이 아니라 해방 77년 전 일제 식민사학이 판단한 것을 그대로 따르고 있는 것이다.

현토군과 고구려 개국지 졸본 그리고 장수왕 평양 천도지에 대하여는 앞으로 자세히 살펴보면서 주류 강단 사학계를 비판할 것이다. 한마디로 주류 강단 사학계의 모든 논리는 일고의 가치도 없는 학문도 아닌 교리인 것이다. 이러한 사항은 이 글에서 다루는 모든 사항과 마찬가지로 그들이 사이비, 유사 역사학자라는 본 필자도 관련 사서 기록을 조금만 주의 깊게 살펴보면 알 수 있는 것인데도 전문가이면서 몇 십 년간 역사만을 살펴보는 주류 강단 사학계 교수님들이 모른다는 것은 도저히 이해가 안 된다. 이는 안 하려고 하거나 알면서도 외면하는 것이다. 이러한 사항은 이 글의 모든 사항에 적용된다.

> 첫 번째 요수(역수)가 연나라와 고조선의 위치를 비정해 준다.
> 두 번째 요수(자하)가 진장성과 갈석산이 있어 낙랑군과 고조선의 위치를 알려주고, 고구려의 위치를 알려준다.
> 세 번째 요수(현재 요하)에 당나라 이후 중국사서는 고조선, 기자조선, 낙랑군, 고구려 초기 도읍지, 장수왕 수도 평양을 모두 비정하고 있다.

> 한국 주류 강단 사학계는 이 모든 것을 한반도와 인근으로 비정하고 있다.

여기서 한 가지 살펴보고 넘어갈 일이 있다. 중국사서는 당나라 이전에도 전통적인 '춘추필법'에 의하여 우리 고대사를 자기 편의대로 자기 인식대로 자기가 아는 대로 기록하여 왔다가 당나라 이후 격해진 경쟁관계의 상대방에 대한 기록 방식으로 기록하여 왜곡하다가 특히 명·청대 소중화 사상의 우리 역사 인식에 힘입어 노골적으로 한반도 인근으로 조작하여 왔다.

하지만 소위 중국 전통 민족 이외의 거란족의 요나라, 여진족의 금나라 및 청나라, 몽골족의 원나라 시기에는 중국 중심의 인식에서 중국 변방 민족 중심의 역사 인식으로 바뀐 바에 의하여 사서가 쓰였던 것이다. 그러나 중국 제일주의에 빠져 소중화 사상에 젖어 있던 고려 및 조선시대 유학자들은 사실 이들 사서 즉 『요사』, 『금사』, 『원사』들을 배척해 왔다는 사실이다.

왜냐하면 오랑캐의 나라 역사를 오랑캐가 쓴 것이라고 하여 엄연히 중국 정사 24사에 들어가는 정사임에도 소중화 사대주의 사상에 의하여 배척한 것이다. 그래서 우리 역사가 반도 역사로 되어버린 굴절의 역사가 된 연유이기도 하다. 중국 '춘추필법'에 의한 중국 중심의 사관이 전혀 들어가지 않은 것은 아니지만 다른 중국 역사서보다는 거란족, 만주족, 몽골족 위주의 역사관을 반영한 채 다른 중국 한민족 국가의 한민족에 의하여 쓰인 역사서보다는 주체적인 역사관이 반영된 것이다.

그래서 여기에는 중국 중심에서 벗어난 역사관에 의하여 쓰인 까닭에 우리 민족 국가와의 친연성이 반영되어 있고 우리나라 역사 및 강역이 제대로 기술되어 있다. 그럼에도 불구하고 아니 그렇기 때문에 고려 및 조선시대 유학자들의 유교 제일, 중화 제일 관념에 배치되기 때문에 배척한 것이다. 특히 실용과 개혁정신이 새롭게 형성되었다는 정약용을 비롯한 조선시대 후기 실학자들도 모두 이러한 사상과 인식에 젖어 대부분 이를 배척하였다. 물론 같은 이유에서이다.

정조가 개혁군주라고 하지만 유교의 정통성을 고수하는 한에서의 개혁인 것이다. 마찬가지로 태어나서 어릴 때부터 유교의 풍속과 관념 세계 속에서 유교를 익힌 실학자들의 한계였던 것이다. 그런데도 현재 주류 강단 사학계에서는 이러한 실학자들도 '낙랑군 평양설'을 주장하였다고 하여 정당성을 부여하면서 식민사학이 아니라고 변명하고 있다. 그리고 전부 그렇게 주장하는 것처럼 왜곡하면서 실질적으로 완성한 것은 일제 식민 사학자들이라는 것을 은폐하고 있는 것이다.

실학자들과 고려 및 조선시대 유학자들의 한계성에 대하여는 일체 언급이 없으면서 마치 그것이 제대로 연구된 정당한 역사관인 것으로 치부하고 있는 것이다. 왜냐하면 자기들의 주장을 정당화하려는 목적으로 말이다. 특히 대중적으로 개혁가로 알려진 정약용을 많이 인용하여 이용하고 있다. 하지만 정약용은 정조와 마찬가지로 정통 유교 즉 주자학 내에서의 개혁을 하였던 것이다. 그는 골수 주자학자로 '아방강역고' 같은 우리 고대사 활동 지역을 모두 한반도 내로 비정함에 따라 그가 우리 고대사에 끼친 오류와 잘못은 이루 헤아릴 수가 없다. 모든 우리 고대사 활동 사항을 모두 한반도 내로 한정시킨 것이다.

요동과 요수의 개념과 마찬가지로 현재 주류 강단 사학계는 지금의 압록강을 사서기록상 유일한 압록강으로 인식하여 비정하고 있고 고려 및 조선시대 이후 우리나라와 중국 간의 국경선으로 비정하고 있다. 이러한 이유와 방식으로 지금도 많은 증거 앞에서도 고집하는 것이 '낙랑군 평양설'이다. 얼마 전 비주류 강단 사학계인 인하대학교 '고조선 연구소'에서 '압록강 요하설' 및 '장수왕 천도 평양설의 요양설' 및 이와 관련된 '고려와 조선시대 국경'에 대하여 수 편의 논문을 발표하여 기존의 주류 강단 사학계의 비정을 비판하고 새로운 설정을 요구하였다. 하지만 일제 식민사학을 해방 후 77년 동안 그대로 받아들이면서 일체 다른 연구를 하지 않았던 주류 강단 사학계는 '고조선 평양설'과 마찬가지로 전혀 반론을 제기하지 못하거나 않으면서 교과서는 고치지 않고 있다.

이와 같은 사실은 중국사서에 명확히 기록되어 있고 우리 사서에도 기록되어 있으며 조선시대 학자들도 연구한 사실이 있다. 그런데 이러한 사실을 우리 주류 강단 사학계는 해방 후 77년이 지난 지금까지도 이와 관련된 논문 한 편 발표한 사실이 없고 학계나 사회나 대중들에게 일체 침묵하고 반대로 일제 강점기에 왜곡하여 정리한 사실대로 알리고 교과서에 실어 가르쳐 온 것이다. 그동안 이와 관련해서는 고구려 장수왕의 평양 천도, 고구려시대 수당과의 전쟁 지역, 나당연합군과의 전쟁 지역, 신라의 강역, 고려의 강역, 고려 서경의 위치, 고려 소위 서희의 강동 6주(8성), 강감찬 장군의 귀주대첩, 윤관의 동북 9성, 고려 말의 쌍성총관부, 동녕부, 철령위, 조선 초기 · 중기 · 말기의 서북 국경선, 조선 초기 김종서와 최윤덕의 4군 6진 개척 등 모든 것이 한반도가 아닌 곳에서 이루어진 것이거나 그 위치 및 개념이 모두 바뀌어야 하는 것들이 있다. 이에 대하여 일체 반응을 하지 않는 것이 우리나라 학계이고 이것이 우리 역사계의 현실이다. 그러면서도 계속 후손들에게 일제 식민 사학계가 완성한 왜곡 조작 역사를 가르치고 있다. 이것들에 대해서는 거론할 기회가 있으면 차례대로 거론하여 설명할 것이다.

여기서 잠깐 사마천의 『사기』에 나타나 있는 주석에 대하여 살펴보고 순서에 따르도록 한다. 많은 고대사를 기록한 사서에 이 세 가지 주석이 들어 있고 이것이 중요하기 때문이다. 이 주석대로 설명이 잘돼 있어 원 기록을 풍부하게 하기도 하여 알기 쉽기도 하지만 이것이 모두 중국의 우리나라 역사에 대한 왜곡이 주로 심하게 이루어진 중국 당나라 시기 이후에 기록된 것이라 왜곡의 시작점이라고 해도 될 만한 것이라서 논란의 여지가 있어 주의가 필요함에 따라 그 중요성이 있어 소개하고자 한다. 더군다나 여기서 새삼스럽게 설명하는 직접적인 이유가 있다. 그것은 재야 민족 사학계가 주류 강단 사학계의 낙랑군 평양설의 오류를 비판하면서 제시하는 【사료17】『사기』권2 「하본기」 제2 [2]집해주석 :『태강지리지』는 말하기를 '낙랑군 수성현에 갈석산이 있다. 장성이 일어났다.'고 하였다에 대하여 주류 강단 사학계가 이것은 원문의 기록이 아니라 후대에 붙인 주석에 불과하다면서 폄하하여 무시하기 때문에 본 필자가 설명하는 것이다.

[중국사서 주석(『사기』 삼가주석)에 대하여]

『사기』 주석에는 유명한 주석서가 세 권 있다.
1) 배인(裴駰)이 쓴 「사기집해(史記集解)」
2) 사마정(司馬貞)이 쓴 「사기색은(史記索隱)」
3) 장수절(張守節)이 쓴 「사기정의(史記正義)」

1) 배인(裴駰)은 송(宋, 420~479)나라 사람이다. 이 송(宋)나라는 조광윤(趙匡胤)이 세운 송이 아니라 남북조(南北朝)시대 남조 나라 중 하나였던 송(宋)이다.
2) 사마정(司馬貞)은 당(唐, 618~907)나라 때 유명한 사학자다. 생몰연도(生沒年度)는 불분명하나 당나라 현종(玄宗, 재위 712~756) 때 조산대부(朝散大夫), 국자박사(國子博士), 홍문관학사(弘文館學士) 벼슬을 지냈다.
3) 장수절(張守節)은 사기정의(史記正義)를 썼다는 것 말고는 알려진 것이 없으나 대략 측천무후(則天武后, 624~705) 시기에 활동한 것으로 보인다.

이 세 주석서가 중요한 것은 물론 사기 해석에 있어 상당한 영향력과 이해력과 관련이 있지만 고조선 위치의 왜곡과 관련이 있다. 즉 이 주석서 이전의 중국 사료 즉 고조선 당시 중국 사료에는 그 위치가 현재 중국 하북성에 위치한 사료밖에 없던 것이 이후 왜곡되어 위의 요동 및 요수 즉 요하의 변천과 같이 평양의 변천과 관련하여 이 주석서들에 의하여 고조선의 위치를 이동시킨 것을 고려 및 조선시대 유학자들과 일제 식민 사학자들에 의하여 받아들여져 왜곡시킨 원인이 된 것이다.

그런데 이 같은 왜곡 사항은 주석서 이전의 중국 사료를 검토하면 이러한 경위를 충분히 파악할 수 있는데도 현재 대학 교수들이 주축이 되는 주류 강단 사학계는 이를 그대로 받아들여 유지하고 있는 현실이 문제인 것이다. 더군다나 이 주석의 왜곡성에 대하여는 몰라도 아니 그 왜곡성 때문에 더욱 중국 측과 우리나라 고려 및 조선시대 유학자들이 더욱 반겨 받아들였는지 모르지만 그 중요성에 대하여는 고금을 통하여 익히 잘 알려진 것이다. 그럼에도 종전의 자기들에게 유리한 상황에서의 중시 태도와는 다르게 자기들의 논리를 비판하는 데 이용한다고 이를 새삼스럽게 폄하하여 비난하는 것은 학자의 자세가 아니다.

이와 관련하여서도 나중에 자세히 논하고자 한다.

다시 원래의 글에 대한 비판으로 돌아가서 설명하고자 한다.

요수 즉 요하가 "한(漢) 이후 그 위치가 변동되거나 문헌 기록에도 다른 강 이름으로 표기되지 않았다."고 주장한 바는 두 가지 이유에서 상당히 문제가 된다.

요수 즉 요하가 변하지 않았다는 주장은 일고의 가치가 없는 허위 주장이다.

첫 번째, 한나라 이후에는 변동되거나 문헌 기록에도 다른 이름으로 표기되지 않았다고 주장하려면 그 이전 즉 한나라 이전에는 어떻다는 것인가에 대한 설명을 해야 하는 것이 당연한데도 그렇게 하지 않았다. 이유는 그 이전의 것을 설명하자면 위치가 자신들이 주장하는 바와 다르다는 것이 밝혀지기 때문이다. 즉 자기가 의도한 바와 다르게 드러나기 때문이다. 그러면 관련된 당시의 고조선의 위치가 드러나기 때문이다. 더군다나 설사 한나라 이후 위치가 변동되지 않았다 하더라도 만약 그 이전의 요수 즉 요하가 변했었다면 그 이후에도 변하지 말라는 것은 없는데 그 이전에 변했다는 것인지, 아니라는 것인지 학자라면 설명이 있어야 당연한데도 일체의 설명이 없다. 하지만 지금까지 이 글에서 살펴본 사서를 비롯하여 많은 사서가 요수 즉 요하의 변동을 증거하고 있다. 전문가이고 학자라면 이를 당연히 보았을 텐데 이에 대한 설명이 전혀 없다.

일체 설명을 하지 않으면서 위치가 변동되거나 다른 강으로 표기된 기록이 없다고 한다. 설사 변동되지 않았다 하더라도 본 필자가 제시한 많은 사서상의 요수에 대해서는 설명이 있어야 하는데 일체 없다. 그런 측면에서 본 필자가 제시하는 요수와 관련된 기록인 【사료19】『사기』「몽염열전」, 【사료20】『회남자』「인간훈」, 【사료21】『회남자』「추형훈」 고유의 주석, 【사료22】『회남자』「시칙훈」 등은 제시하지 않는다. 그것은 지금의 요하 지방에 비정하는 요수에는 진장성과 갈석산이 없기 때문이다.

두 번째, 학자로서 살펴보지 않을 리 없지만 설사 살펴보지 않았거나 설사 살펴봤더라도 지금까지 살펴본 여러 중국사서상의 요수를 지금의 요수 즉 요하로 잘못 해석한다 하더라도 【사료56】『삼국유사』「흥법」'순도조려'의 기록에서 드러나듯이, 분명히 현재의 요수 즉 요하를 당시에 압록 내지는 안민강이라고 했다는 것이다. 이 기록에 의한다면 그 이전의 요수 내지는 이후의 요수가 다른 강으로 기록되지 않는다는 것은 이유 없다 할 것이다. 즉 이 압록과 안민강이 지금의 어느 강을 말하는지에 대한 설명을 그만두더라도 요하가 다른 이름으로 불리었다는 것은 알 수 있다. 【사료56】『삼국유사』「흥법」'순도조려'상의 '고구려 도읍 안시성, 안정홀'과 '압록, 안민강'에 대하여는 차후 기회가 있으면 살펴보기로 하고 여기서는 또 다른 방향으로 갈까 싶어 생략하기로 한다.

【사료20】『산해경』「해내동경」

요수(潦水)는 위고(衛皐) 동쪽에서 발원하여 동남(東南)쪽으로 흘러 발해(渤海)로 들어가며 요양(遼陽)으로 들어간다.

(곽박 주석1)
변방 밖 위고산에서 나온다. 현토군 고구려현에 요산이 있는데 소요수가 나오는 곳이다. 서하 남쪽 대요로 들어간다.

(곽박 주석2)
요양현은 요동에 속한다.

【사료21】『수경주』「대요수」,「소요수」

대요수는 새외(塞外)의 위백평산(衛白平山)에서 나와 동남쪽으로 새(塞)로 들어와 요동의 양평현 서쪽을 지난다.

또한 말하길 요수는 지석산(砥石山)에서 나와 새외(塞外)로부터 동쪽으로 흘러 똑바로 요동의 망평현 서쪽, 즉 왕망(王莽)이 장설(長說)이라 이름 붙인 곳으로 가서, 구부러져 서남쪽으로 흘러, 양평현 옛 성의 서쪽을 지나는데 진나라가 시황제 22년에 연나라를 멸하고 설치한 요동군의 치소가 이곳이다.
한(漢) 고제(高帝) 8년에 기통(紀通)을 봉하여 후국(侯國)이 되게 하였는데 왕망이 창평(昌平)으로 바꾸었으며 옛 평주(平州)가 다스린다.

소요수(水)는 요산(遼山)에서 나와서 서남쪽으로 흘러 요양현(遼陽縣)을 지나며 대량수(大梁水)와 모인다.

대량수(水)는 북쪽 새(塞) 밖에서 출발하여 서남쪽으로 흘러 요양(潦陽)에 이르러 소요수(小遼水)로 들어가는데 옛 지리지에서 말하기를 대량수(大梁水)는 서남쪽으로 흘러 요양(遼陽)에 이르러 요수(遼水)로 들어간다고 하였으며, 군국지(郡國志)에서는 고구려현(縣)은 옛날에 요동(遼東)에 속했는데 후에 현도(玄菟)에 속했다고 하였다.

소요수(小遼水)는 또한 서남쪽으로 흘러 양평현(襄平縣)을 지나고 담연(淡淵)이 된다. 진(晉) 영가(永嘉) 3년에 물이 말라버렸다.

【사료22】『한서』「지리지」1. 유주

⑧ 요동군(遼東郡)
1) 양평현(襄平縣), 목사관(牧師官)이 있다. 왕망은 창평(昌平)이라 했다.
8) 요양현(遼陽縣), 대양수(大梁水)가 서남쪽으로 요양현(遼陽縣)에 이르러 요수(遼水)로 들어간다. 왕망은 요음(遼陰)이라 했다.

【사료10】『후한서(後漢書)』「군국지」1. 유주

⑧ 요동군(遼東郡)
1) 양평현(襄平縣)

⑨ 현토군(玄菟郡)
6) 요양현(遼陽縣), 옛날에 요동군에 속했다.

【사료43】『사기』「흉노열전」

그 후 연(燕)나라에 현장(賢將, 현명한 장수) 진개(秦開)란 이가 있어 호(胡)에 볼모로 갔는데 호(胡)가 그를 매우 신임했다. (연나라로) 되돌아와 동호(東胡)를 습격해 격파하니 동호(東胡)가 천여 리를 물러났다. 형가(荊軻)와 함께 진왕(秦王)을 암살하려 했던 진무양(秦舞陽)이란 이가 진개(秦開)의 손자다. 연(燕)나라 또한 장성(長城)을 쌓아 조양(造陽)에서부터 [8] 양평(襄平)에 이르렀고 [9] 상곡(上谷), 어양(漁陽), 우북평(右北平), 요서(遼西), 요동군(遼東郡)을 설치해 호(胡)를 막았다. 당시 관대(冠帶, 의관속대)하던 전국시대 일곱 나라 중 세 나라가 흉노와 접경했다. [10] 그 후 조(趙)나라 장수 이목(李牧)이 있을 때에는 흉노가 감히 조나라의 변경을 침입하지 못했다.
[8] [집해] 위소(韋昭)는 "(조양造陽은) 지명이고 상곡(上谷)에 있었다." 했다.
[정의] 살펴보건대, 상곡군(上谷郡)은 지금의 규주(嬀州)다.
[9] [색은] 위소(韋昭)는 "(양평襄平은) 지금 요동(遼東)(군郡)의 치소"라 했다.
[10] [색은] 살펴보건대, 세 나라는 연(燕), 조(趙), 진(秦)이다.

【사료16】『진서』「지리지」, '평주', '유주'

② 요동군

1) 양평현(襄平縣), 동이교위(東夷校尉)가 있는 곳이다.

【사료57】『후한서(後漢書)』「원소유표열전」

(생략) 양평에 대한 이현(당나라 고종의 아들)의 주(注)
"양평은 현인데 요동군에 속해 있었다. 그 옛 성이 지금의 평주 노룡현 서남에 있다."(생략)

【사료58】『수서』「지리지」

⑥ 요서군(遼西郡)
요서군(遼西郡). 옛날에 영주(營州)를 설치하였는데 개황(開皇) 초에 총관부(總管府)를 두었고, 대업(大業) 초에 폐하였다. 다스리는 현은 1개이고 가구 수는 751이다.

1) 유성현(柳城縣). 북위(北魏)에서 영주(營州)를 화룡성(和龍城)에 설치하여 건덕군(建德郡) 기양군(冀陽郡) 창려군(昌黎郡) 요동군(遼東郡) 낙랑군(樂浪郡) 영구군(營丘郡) 등을 다스렸고 용성현(龍城縣) 대흥현(大興縣) 영락현(永樂縣) 대방현(帶方縣) 정황현(定荒縣) 석성현(石城縣) 광도현(廣都縣) 양무현(陽武縣) 양평현(襄平縣) 신창현(新昌縣) 평강현(平剛縣) 유성현(柳城縣) 부평현(富平縣) 등을 다스렸다. 북제(北齊)는 오직 건덕군(建德郡)과 기양군(冀陽郡)을 남겨 놓고 영락현(永樂縣) 대방현(帶方縣) 용성현(龍城縣) 대흥현(大興縣) 등을 다스렸는데 그 나머지는 모두 폐하였다. 개황(開皇) 원년에 오직 건덕군의 용성현만을 남겨놓고 그 나머지는 모두 폐하였고 또한 군도 폐하였으며 현을 용성현으로 바꾸었다가 18년에 유성현으로 고쳤다. 대업 초에 요서군을 설치하였다. 대방산(帶方山)과 독려산(禿黎山)과 계명산(雞鳴山)과 송산(松山)이 있다. 유수(渝水)와 백랑수(白狼水)가 있다.

321

【사료29】『요사』「지리지」

동경도 1) 동경요양부(東京遼陽府)

한나라 말기에 공손탁(公孫度)이 점거하여 아들 공손강(公孫康)을 거쳐 손자 공손연(公孫淵)은 스스로 연왕(燕王)을 자칭하고 소원(紹漢)이라는 연호를 사용하였다. 위(魏)나라가 멸망시켰다.

I) 요양현(遼陽縣) 본래 발해의 금덕현(金德縣)이다. 한나라 때 패수현(浿水縣)이었는데, 고구려가 구려현(句麗縣)으로 고쳤다. 발해 때는 상락현(常樂縣)이었다. 호구 수는 1,500호이다.

【사료43】『사기』「흉노열전」

"조양(造陽)이 규천군(嬀川郡)의 북쪽이며, 양평(襄平)은 요동에서 다스리는데 지금의 안동부(安東府)이다. 상곡은 지금의 상곡, 범양, 문안, 하한, 규천 등의 군이다. 어양은 지금의 어양, 밀운군이다. 우북평은 지금의 북평군이다. 요서와 요동군은 지금의 안동부(安東府)이다."

주류 강단 사학계가 이처럼 현재의 요하를 한나라 이후 변함없는 요수, 요하 즉 현재의 요하로 고집하고 연장성의 조양과 양평에서 조양을 현재의 장가구시 그리고 여기서의 양평과 요수와 관련된 중국 사료상의 양평을 모두 지금의 요령성 요양시로 비정하고 있다.

이 같은 이유는 현재의 요하 근처의 요양이라고 하여 요하가 예전부터 현재까지 변함이 없다고 주장하여 요하 동쪽이 요동이고 요동 동쪽에 고조선이 위치해 있었다고 주장하고자 하는 데 있다.

하지만 이것은 학문하는 사람으로서 기본적인 잘못이다. 본 필자가 요양과 양평과 관련된 사료를 인용하여 제시한 위 사료 즉, 【사료20】『산해경』「해내동경」의 곽박 주석과 【사료21】『수경주』「대요수」, 「소요수」, 【사료22】『한서』「지리지」 1. 유주, 【사료10】『후한서(後漢書)』 「군국지」 1. 유주의 요수의 요양(현)과 양평(현) 그리고 【사료16】『진서』「지리지」, '평주', '유주', 【사료57】『후한서』「원소유표열전」, 【사료58】『수서』「지리지」, 【사료43】『사기』「흉노열전」, 【사료30】『신당서(新唐書)』「가탐도리기」, 【사료59】『삼국지』「위서」 '공손도, 공손강, 공손공, 공손강의 아들 공손연 열전'

【사료59】『삼국지』「위서」 '공손도, 공손강, 공손공, 공손강의 아들 공손연 열전'

경초(景初) 원년(237년) 위나라에서 유주자사 관구검 등에게 황제의 새서(璽書 : 옥새 찍힌 문서)로 공손연(공손문의, 공손강의 아들)을 불렀지만 공손연은 군사를 일으켜 거꾸로 요대(遼隧)에서 관구검 등과 싸웠다. 관구검 등이 불리해서 돌아오자 공손연은 자립해서 연왕(淵王)이 되어, 백관과 유사를 설치했다……2년(238) 봄 태위 사마선왕(사마의)을 보내 공손연을 정벌하게 했다. 6월에 (위나라) 군이 요동에 이르자 공손연이 장군 비연(卑衍), 양조(楊祚) 등에게 보병과 기병 수만 명을 주어 요대(遼隧)에 주둔시키고, 20리에 참호를 둘렀다. 위나라 사마선왕(司馬宣王 : 사마의)의 군사가 도착하자 비연에게 역습해서 싸우게 했다. 사마선왕은 장군 호준(胡遵) 등을 보내 격파하자 선왕은 영을 내려 포위망을 뚫게 했는데, 동남쪽을 향해서 군사를 이끌면서 동북쪽을 습격해 양평(襄平)까지 쫓아갔다. 비연 등은 양평을 지킬 수 없을까 두려워서 밤에 도주했다. 여러 군이 나아가 수산(首山)에 이르자 공손연은 다시 비연 등을 보내 죽음을 각오하고 싸우게 했지만 다시 습격해서 대파하고, 군사를 진격시켜 성 아래에 벌여놓고, 참호를 포위했다. 때마침 장맛비가 삼십여 일이 내려서 요수의 물이 사납게 늘어나서 선박으로 요수 입구에서부터 빠르게 성 아래에 이를 수 있었다. 비가 개자 토산(土山)을 일으키고 망루를 수리하고 쇠뇌에서 연달아 돌을 성 안에 쏘자 공손연이 군색하고 급해졌다. 식량이 다하자 사람들이 서로 잡아먹어서 죽은 자가 아주 많아서 장군 양조 등이 항복했다. 8월 병인일 밤에 길이가 수십 장인 큰 유성이, 수산 동

> 북에서 양평성 동남쪽으로 떨어졌다. 임오일에 공손연은 무리들이 궤멸하자 그 아들 공손수와 함께 수백 기로써 포위망을 뚫고 동남쪽으로 도주했고 대군이 급하게 추격했다. 마침 유성이 떨어진 곳에서 공손연 부자의 목을 베었다. 성이 파하자 상국(相國) 이후 천여 명의 목을 베었다. 공손연의 머리는 낙양으로 전했는데, 요동, 대방, 낙랑, 현도 등이 다 평정되었다.

상의 양평 등 이외의 모든 사서의 대요수, 소요수, 요수 그리고 요수의 위치와 현재의 요하와의 관계는 물론이거니와 요수(요하)와 관련된 지명인 요양과 양평이 현재의 요양이 아니라는 것은 여러 가지 사서의 기록을 검토하면 밝혀지는 것이다. 그런데도 이들을 무시한 채 거론하지 않고 현재 주류 강단 사학계에서는 많은 사료상의 요수(요하)와 관련된 것으로 나타나는 요동군 소속 요양(현) 및 양평(현)의 위치를 현재의 요하 근처의 요양으로 해석하여 이전의 요수(요하)가 현재의 요하라고 해석하고 있다. 그러나 여러 가지 사서를 종합하여 판단하면 요수(요하)의 위치가 현재의 요하가 아닌 것이 분명하거니와 현재의 요수(요하)가 아닌 이전의 다른 요수(요하)와 관련된 그 요양 및 양평의 위치가 이전의 요동군, 나중의 요서군으로 현재의 하북성 석가장시 북부 지방이라는 것이 명백하다.

우선 위에서 인용한 사서에서 파악할 수 있는 것을 알아보도록 하겠다.

(1) 앞에서 거론한 대로 현재 주류 강단 사학계에서는 조양을 어쩔 수 없이 즉 【사료43】『사기』「흉노열전」상의 『사기』「집해」 주석상에 조양이 상곡에 있었고 그 상곡은 규주라 하였고 중국 학계 통설에서는 이 규주를 지금의 장가구시로 비정하고 있으므로 어쩔 수 없이 이곳으로 비정하였다. 그러나 양평은 이 사료상으로도 요동군에 있었다고 하였고 요동은 그들의 '낙랑군 평양설' 논리에 따라 지금의 요하 동쪽으

로 비정하여야 논리가 유지되므로 지금의 요양으로 비정하는 것이다.

여기에도 주류 강단 사학계의 민낯이 드러나고 있다. 그들의 비정대로라면 연장성이 하북성 장가구시에서 지금의 요령성 요양까지 구축되어 있다는 것이다. 그런데 길이는 자그마치 직선거리로도 700km가 된다. 리 수로는 1,800리 가까이 된다. 당시 도보로 갈 수 있는 길거리로 표시하면 거의 3,000여 리 가까이 되었을 어마어마한 거리이다. 이러한 장성은 유례가 없는 것이다. 그리고 실제 그 유적은 존재하지도 않는다. 그리고 연나라가 당시 지금의 요하까지 영역을 확대하였고, 이 거리에 장성을 쌓을 만큼의 국력을 가졌다면 아마 최약소국으로 분류하지 않았을 것이고 아마 진나라를 대신하여 전국시대를 통일하고도 남았을 것이다. 이는 상식 밖의 논리인 것이다.

> **공손씨 활동 지역인 요동성 양평을 요령성 요양으로 비정하는 것은 연장성으로 보아도 있을 수 없는 비정이다.**

이러한 것은 하나둘이 아니다. 수많은 사항에서 무리가 생기는 것이다. 앞에서 살펴본 현토군과 고구려에 있어서도 마찬가지이다. 따라서 연장성의 양평, 요수의 양평은 절대 요양이 될 수 없고 여기 이 요수는 지금의 요하가 될 수 없다. 나중에 언급하겠지만 연5군의 상곡군은 지금의 산서성 흔주시에 있었고 연장성은 여기로부터 시작된다. 이곳이 연나라가 고조선을 침략하여 일정 영역을 확보한 후 연장성을 쌓은 연장성인 '요동외요'이고, 다른 연장성은 연나라가 마찬가지로 고조선 영역을 차지한 후 남쪽으로 이동한 후 쌓은 장성으로 이후 진나라 시기에 여기에 장성을 쌓았고 나중의 한나라 시기에는 이곳을 '요동고새'로 하여 위만조선과 실질적인 경계로 삼았다. 이에 대하여는 나중에 자세히 설명하도록 하겠다.

(2) 【사료57】『후한서(後漢書)』「원소유표열전」의 양평에 대한 이현(당나라 고종의 아들)의 주석에 의하면 양평의 옛 성이 평주 노룡현 서남에 있다고 하였다. 주류 강단 사학계는 평주를 지금의 요하 동쪽까지 비정하고 있다. 이는 위의 사항과 평주의 위치 비정과 관련하여 조작인 것이다. 특히 노룡현은 중국에서도 통설로 지금도 그 명칭이 있는 하북성 진황도시 노룡현으로 보고 있다. 즉 노룡현이 있는 평주 역시 하북성 진황도시 인근으로 보고 있다. 그런데도 우리나라 주류 강단 사학계의 경우 고조선, 낙랑군, 고구려 등 우리 고대사 위치와 밀접하게 관계있는 평주를 왜곡하여 비정한 한반도와 되도록 가깝게 하기 위해 요하 동쪽까지 조작하여 비정하고 있는 것이다.

물론 중국의 이 평주에 대한 하북성 진황도시 인근 비정 역시 그들의 전통적인 역사 왜곡에 의한 조작인 것이다. 이 평주는 하북성 보정시 서남쪽이자 하북성 석가장시 동북쪽 사이에 있었던 것을 그곳에 있었던 갈석산 즉 연나라와 고조선의 위치를 알려주는 지표인 갈석산과 더불어 하북성 진황도시로 왜곡하여 옮겨놓고 이곳을 평주로 하였던 것이다. 이를 알려주는 대표적인 사서의 기록이 바로 위의 양평에 대한 이현의 주석이다.

요동군 양평 즉 요동군의 치소인 양평성 즉 공손씨 주요 근거지이자 나중에 고구려 요동성이자 나중에 안동도호부가 옮겨진 요동군 옛 성인 양평(현)(성)은 지금의 하북성 석가장시 북부의 행당현이다. 그리고 노룡현은 원래 이곳의 남쪽인 석가장시 정정현에 있었다. 이곳에 소위 우갈석인 갈석산이 있었다. 이곳이 요서군 비여현, 창려현이었다. 따라서 원래의 위치대로 하자면 요동군 양평현 (옛성)은 평주 노룡현의 북쪽에 있어야 한다. 그런데 노룡현과 평주를 갈석산, 창려현과 함께 이들을 모두 당나라 시기에 이미 하북성 진황도시에 옮겨놓고 보니 여기서 서남쪽인 하북성 석가장시 행당현 즉 원래 양평현 위치인 곳에 양평현 옛 성이 있다고 당나라시대 사람인 이현이 주석을 붙인 것이다. 이 주석이야말로 평주, 노룡현, 창려현, 갈석산을 모두 원래의 위치인 하북성 석가장시 인근에서 하북성 진황도시 인근으로 옮긴 사실을 알려주는 중요한 증거가 되는 셈이다.

이에 의하여 현재 비주류 강단 사학계나 재야 민족 사학계에서는 이곳에 있는 하천인 난하와 더불어 아예 명칭조차 옮겨버린 갈석산, 창려현, 노룡현에 의하여 하북성 진황도시 인근을 고조선과 고구려가 있었던 곳으로 비정하고 있는 잘못을 저지르고 있다.

심지어 주류 강단 사학계는 조작된 '고조선 이동설'에 의하여 이곳 동쪽의 대능하 인근에 있었던 고조선이 연나라 진개에 의하여 쫓기어 요하 동쪽으로 옮긴 후 이내 한반도로 들어와 있다가 한나라에 멸망된 후 여기에 낙랑군이 설치되었다는 논리를 형성하게 되는 것이다. 하지만 원래의 요동군 양평현 요동의 옛 성이 있었던 하북성 석가장시 평산현의 양평현에는 사서기록인 【사료21】『수경주』「대요수」, 「소요수」대로 소요수가 이곳을 지나가고 대요수가 이곳의 서쪽을 흘러 지나가고 소요수에서 공손씨의 공손연이 위나라 사마의에게 목을 베어 죽임을 당함으로써 공손씨 세력이 제거된 곳이다.

그런데 중국 측(청나라 학자 심흠한)이 왜곡하여 비정한 소요수 혼하는 양평으로 비정하는 요령성 요양시를 거쳐 흐르지도 않고 대요수로 비정하는 태자하는 양평으로 비정하는 요양의 서쪽이 아니라 동쪽을 흐르고 있어 맞지 않는다.

더군다나 우리나라 주류 강단 사학계가 일제 식민 사학자 이병도의 논리를 그대로 따라 비정하는 소요수인 혼강(동가강)이나 장전하는 양평인 요양성 요양시와 너무나 멀고 대요수로 비정하는 압록강 역시 너무나 멀리 그것도 서쪽이 아닌 동쪽으로 흐르고 있다. 전혀 맞지 않는다. 더군다나 한반도 북부 압록강 인근에서 공손씨가 활동하고 조조의 위나라 사마의가 여기까지 원정을 왔다는 것은 그야말로 공상 과학 소설에서나 가능한 것이다.

더군다나 소요수는 사서의 기록에 의하여 구려의 별종인 소수맥인 예맥족인 나중의 선비족이 탄생하는 곳이다. 그러나 선비족은 왜곡하여 그렇지 원래 소요수인 하북성 고하의 소위 '지몽지야' 지역으로부터 산서성 흔주시, 삭주시 일대에 있었던 족속이다. 이러한 사항은 『후한서』 및 『삼국지』상의 「고구려」전상의 소수 유역에서 탄생한 구려의 별종인 소수맥 사항과 같은 『후한서』 및 『삼국지』상의 「동옥저」전과 「부여전」상의 예맥(선비) 위치 기록과 일치한다.

한반도 북부에서 이들이 탄생하였다는 것은 있을 수 없는 일이다. 그리고 앞에서 살펴본 대로 이현의 주석대로 양평현을 지난다는 소요수와 서쪽을 지난다는 대요수는 갈석산과 진장성이 있다는 노룡현의 서남쪽에 있다고 하였다. 갈석산과 진장성을 왜곡하여 옮긴 곳이나마 하북성 진황도시에 있다고 하더라도 노룡현의 서남쪽은 원래 위치인 하북성 석가장시 지역이나 인근 내지는 진황도시 서남쪽 지역이다.

그런데 주류 강단 사학계가 비정하는 소요수(혼하, 혼하(동가강), 장전하)나 대요수(태자하, 압록강) 그리고 양평현인 요령성 요양시는 모두 하북성 진황도시 동북쪽에 있다. 더군다나 중국 측이 노룡현으로 조작하여 비정하는 하북성 진황도시의 갈석산과 장성에 있어서 갈석산은 바다(하천, 호타하)에 있지도 않고 이곳에 수성진도 없으며 장성은 진장성이 아니라 명나라 장성인 것이다. 하지만 원래 갈석산 즉 좌갈석이 있었던 하북성 보정시에는 수성진이 있고 우갈석이 있었던 하북성 석가장시 정정현에는 호타하라는 바다로 불리던 하천이 있었고 인근에 진장성('요동고새', '요동외요')이 있었다. 그리고 양평현 즉 요동군의 치소이자 요동의 옛 성인 하북성 석가장시 행당현에는 소요수인 고하가 이곳으로 흐르고 있는 한편, 대요수인 자하가 서쪽을 흐르고 이들은 모두 흘러 내려가 서안평(안평현, 안시현)으로 지금도 그 이름이 호타하 동쪽에 남아 있는 하북성 형수시 안평현으로 흘러서 이곳에서 지금의 호타하(당시의 압록수, 마자수)와 사서의 기록대로 합류하는 것이다. 또한 소요수와 대요수와 관련 있다는 요양현은 현재에도 자하와 고하 하류이자 이들이 합류하는 압록수인 호타하 동쪽 하류에 실제로 지금도 그 명칭이 있는 하북성 형수시 안평현 옆에 아직도 이름이 하북성 형수시 요양현 그대로 남아 위치하고 있다.

이와 같이 소요수와 대요수 그리고 양평현(성) 등은 우리 고대사의 위치를 밝혀주는 주요한 지표이다. 그래서 이를 중국 측에서는 이미 오래전부터 동쪽으로 이동시켜 역사를 조작하였고 일제 식민사학을 이어받은 주류 강단 사학계는 이를 밝혀내어 우리 고대사를 원래의 위치에 복원시키지는 못할망정 오히려 한반도 인근으로 더욱 왜곡 조작하여 비정시키고 있는 것이 확연히 드러나고 있다. 이러한 사항은 우리 고대사의 모든 것에 해당되어 있기 때문에 본 필자가 이 글에서 비판하여 이를 입증하고 있는 것이다.

> 옛 요동군 양평(현)은 원래 하북성 석가장시 행당현이다. 그리고 평주 노룡현은 하북성 석가장시 정정현이다. 중국 측은 이곳에서 조작하여 위치 이동시켜 평주 노룡현은 갈석산, 창려현과 함께 하북성 진황도시로 그리고 양평(현)은 요령성 요양으로 옮겨놓았다. 그러나 소요수와 대요수의 흐름과 갈석산 진장성의 사실에 의하면 이는 확인이 명백히 되는 것이다. 그런데도 우리나라 주류 강단 사학계는 이를 밝히기는커녕 일제 식민사학을 그대로 추종하여 더욱 동쪽 한반도 인근으로 왜곡 비정하고 있다.

(3) 영주도 요양과 양평 그리고 요수와 마찬가지로 중국 측 및 우리

나라 주류 강단 사학계가 위치 변경하여 지금의 요하 인근 즉 조양으로 비정하여 역사를 왜곡하는 것 중 하나이다. 원래 영주는 연5군이 설치된 이후 지금의 하북성 지역에 위치한 요동군 즉 하북성 석가장시 동북부의 북부에 위치한 이곳을 한나라 및 후한 시기에는 유주, 진나라시대 평주로 있다가 위나라 시기에 평주를 나누어 영주와 평주로 나누면서 영주에는 요동군이, 평주에는 요서군이 편성되면서 생긴 곳이다. 기록에 의하면 예전의 요동군 나중에 요서군으로 바뀐 곳을 영주라고 하였던 것이다. 따라서 이곳은 예전 즉 두 번째 요수의 동쪽인 요동군 등의 치소였던 것이다. 영주는 【사료58】『수서』「지리지」보다 바로 앞선 시기의 지리서인 【사료60】『위서 지형지』「남영주/영주」

【사료60】『위서 지형지』「남영주/영주」

5. 영주(營州)

③ 요동군

요동군(遼東郡), 진(秦)에서 설치하였고 후에 폐하였다. 정광(正光) 연간에 다시 설치하였다. 고도성(固都城)에서 다스린다.
다스리는 현은 2개이고 가구 수는 131이며 인구수는 855명이다.

1) 양평현(襄平縣), 두 한(漢)과 진(晉)에 속했으며 후에 폐하였다. 정광(正光)에 다시 설치하였다. 청산(青山)이 있다.
2) 신창현(新昌縣), 두 한(漢)과 진(晉)에 속했으며 후에 폐하였다. 정광(正光) 연간에 다시 설치하였다.

상에 기록된 양평현을 관할하는 요동군이 소속된 관할치소로 이전의 낙랑군과 요동군을 관할하는 치소로 만든 것이었다. 따라서 이 위치는 당연히 낙랑군과 요동군의 원래 위치인 지금의 하북성 보정시 서남부이자 석가장시 인근이다. 그럼에도 불구하고 이를 요하 인근 조양시로 비정하는 것은 모든 것을 동쪽으로 이동시키는 역사 왜곡인 것이다.

　이와 같이 고대사와 관련된 중국사서의 기록들만 보더라도 우리 고대사를 제대로 파악할 수 있다. 이와 같은 사료들은 모두 요수를 지금의 하북성에 위치하였던 것으로 기록하고 있고 이것을 나중에 지금의 요하로 옮긴 것을 파악할 수 있는 것이다.

　이러한 요수가 지금의 요하로 바뀌어 부르게 된 것은 요나라가 송나라를 몰아내어 남송으로 있게 하고 예전의 연나라와 고조선 그리고 한사군이 있었던 북경 인근 지방과 만주 지방을 전부 차지한 이후, 이곳에 있던 주민을 지금의 요하 지방으로 이주하게 한 다음 그곳의 명칭을 그대로 가지고 와서 사용하게 됨으로써 같은 명칭이 장소를 이동하게 된 것이다. 여기에 요하를 비롯하여 요동과 요서가 해당된다. 그리고 이전인 당나라 시기에 고구려의 수도가 평양성이라는 점, 그 위치가 요하 인근의 지금의 요양인 점, 고조선의 수도가 평양이라는 점을 연관시켜 고조선과 관련된 모든 지명을 지금의 요하 동쪽으로 비정하는 왜곡에도 원인이 있다. 이와 같이 옮겨진 것이 요양과 양평이며 안동도호부이다.

　(4) 또한 이렇게 바뀜으로써 원래 평주 지역으로 낙랑군 지역에 중국의 '춘추필법'에 의하여 왜곡 비정하였던 기자조선 그리고 광개토대왕의 평주도 이 지역으로 옮겨버리게 된 것이다. 그리고 이 지역 명칭은 지금의 요하와 관계가 있으며 지금의 요동과 요서가 나누어지는 열쇠가 되는 것이다.『성경통지』에는 "요하(遼河)는 구려하라고도 하며, 지금은 거류하라고 한다. ~ 이 하(河)는 바로 요동과 요서가 나누어지는 곳이다 ~"라고 되어 있다. 결국 원래 고구려 영역 내에 있던 구려하가 요나라 시기에 요하로 명칭이 변경되고 그때부터 요동과 요서가 여기서 나누어 불리게 된 것을 알 수 있다.

원래의 요동은 요동의 개념 변화와 같이 중국 측에서 볼 때 자기들의 나라인 동쪽 끝 연나라의 동쪽 오랑캐의 땅을 요동이라 부르고 이곳 끝에 위치한 강을 요수라 부르고 이곳을 경계로 요서와 요동을 나누었다가 이 구분을 따라 연나라가 5군(실지로는 진나라가 설치)을 설치하면서 요서와 요동을 나누었던 것에서 요동과 요서가 나누어지게 되었다.

> **대요수는 하북성 자하**(Cihe River, 磁河), **소요수는 하북성 고하**(Gaohe River, 鄗河), **고하의 발원지 오어산**(Aoyu Mountain, 鰲鱼山)**이 사서기록상 요산**(遼山)**이다.**

당시 요수 중의 대요수는 지금의 하북성 석가장시 북부를 흐르는 자하이고 소요수는 인근을 같은 방향으로 흐르는 고하로 이 고하의 발원지가 오어산이다. 이 오어산이 중국사서 기록상 요산이다. 현재 하북성 석가장시 행당현 북부에 있다. 이 산을 기준으로 자하 즉 요수를 경계로 요서와 요동으로 나누었던 것이다. 이는 본 필자가 비정한 요동의 두 번째 개념인 연5군의 요동군 개념과 일치한다.

이러한 것을 요수가 요나라 이후 지금의 요하로 이동함에 따라 요서와 요동도 요하를 경계로 구분하게 된 것이다. 이것은 본 필자가 구분한 것이 아니라 중국사서가 그렇게 기록하고 있는 것을 제대로 해석했을 뿐이고 일제 식민 사학자들과 이를 이어받은 주류 강단 사학계는 이전의 요수와 이 요수와 관련하여 기록한 모든 중국사서의 기록을 지금의 요하와 요하 이 위치에서 일어난 일로 해석하는 것이 다르다.

주류 강단 사학계에서는 이것이 변동되어 기록된 것으로 파악하지 못하거나 하지 않아 이를 그대로 받아들여 지금의 요령성 요하를 요서와 요동으로 나누는 경계로 보고 요동을 고구려의 영역 경계로 하고 있다. 사서를 살펴보면 이와 같은 사실은 역사를 전문적으로 배우거나 다루는 아마추어인 필자 같은 사람도 파악할 수 있는 것을 역사 전문가로 교수인 학자가 모른다는 것은 도저히 이해가 되지 않는다.

유주, 평주에 속했던 요동군, 요서군에 있던 요양과 양평이 어떻게 요하 지방의 요령성 요양이 될 수 있다는 것인지 주류 강단 사학계의 전문가들은 그들이 비전문가로 사이비, 유사 역사가들이라고 비하하는 필자를 비롯한 재야 사학자들이 납득할 수 있게 설명해 주면 앞으로는 주류 강단 사학계의 역사관을 비판하지 않을 것이고 못할 것이다. 이에 대한 답을 내려주기를 공개적으로 요구하는 바이다. (주류 강단 사학계에 대한 공개 질문6)

그리고 여러 차례에 걸쳐 반복하여 강조한다. 설사 원래의 위치에서 다른 곳으로 옮겨 비정하여도 낙랑군은 한반도 평양이 아니라 왜곡되었어도 지금의 요하 지방이라고 중국사서는 증거하고 있다. 한사군 및 고구려가 활동하던 시기의 유주와 평주에 대해 살펴보았듯이 하북성 서남부 및 산서성에 겨우 미친 지역으로 "평주는 생각건대 우공의 기주 지역이며, 주나라의 유주이며, 한나라의 우북평군에 속했다." 기록과 같이 우공 시절의 기주 지역이며, 주나라 시기의 유주인 것이다. 물론 이들을 왜곡하여 연5군의 우북평군을 요하에서 멀지 않은 곳에 비정하고 평주를 요하 인근에 비정한 요서에 가까운 곳까지 비정하는 것이 주류 강단 사학계이다.

유주 및 평주 그리고 영주에 대하여도 설명하여 왔지만 나중에 자세히 설명할 것이지만 분명한 사실은 이곳은 ①평주, 영주, 유주는 분명히 하북성 보정시 서남부와 석가장시 북부 사이이다. ②시대에 따라서 이들의 위치와 규모가 약간의 변화가 있다. 어떤 시기에는 유명무실하여 위치가 약간 변동되거나 축소되기도 하였다. 이러한 사실을 염두에 두어야 한다. 하지만 ③분명한 사실은 평주는 유주를 나누어 설치되었다가 나중에 유주와 합쳐지는 것으로 위치는 보정시 서남쪽과 석가장시 동북쪽 사이이고, 영주는 석가장시 북부 지방인 것은 변함이 없다. 단지 요서군과 요동군 포함 여부는 시기에 따라 달라진다.

(5) 또한 살펴볼 중요한 사항은 하천의 흐름이다. 분명히 요수가 【사료20】『산해경』「해내동경」에서는 동남쪽으로 흐른다고 기록된 것을 【사료21】『수경주』「대요수」, 「소요수」【사료22】『한서』「지리지」 1. 유주에서는 서남쪽으로 흐른다고 기록하고 있다. 이 하천의 흐름 기록에 대하여는 앞에서 요수에 대한 기록을 살펴보면서 언급하여 확인하였지만 원래의 기록인『산해경』및『수경』의 기록은 동남쪽으로 흐른다는 하천의 흐름을 후대의 기록인『한서 지리지』및『수경주』는 역으로 서남쪽으로 흐른다고 기록하고 있다.

『수경주』와『한서』「지리지」상의 하천 흐름은 후대에 조작되었다.

이로 말미암아 후대의 기록은 모두 뒤의 것을 따름으로써 이와 관련된 위치를 하북성에서 요령성으로 옮겨 기록되고 있다. 이에 따라 이곳에 위치하였던 고조선과 고구려의 위치가 하북성에서 요령성으로 옮겨지는 근거가 되기도 하였다. 하지만 모든 관련 기록은 하북성이면서 하천 흐름만 이 하북성에서는 도저히 있을 수 없이 요령성에 맞춘 것으로 이는 후대의 조작임이 분명하다.

이러한 조작 사실도 모르고 주류 강단 사학계를 비판하는 비주류 강단 사학계와 재야 민족 사학계조차도 하북성의 것을 요령성으로 비정하게 되는 원인이 되었던 것이다. 반드시 이에 대한 재인식이 이루어져야 하고 이러한 재인식이 있어야만 올바른 우리 고대사 정립이 가능해진다. 이와 같은 재인식은 특히 『신당서』「가탐도리기」는

■ [그림7] 공손씨 양평(요동성), 대방군, 대방고지

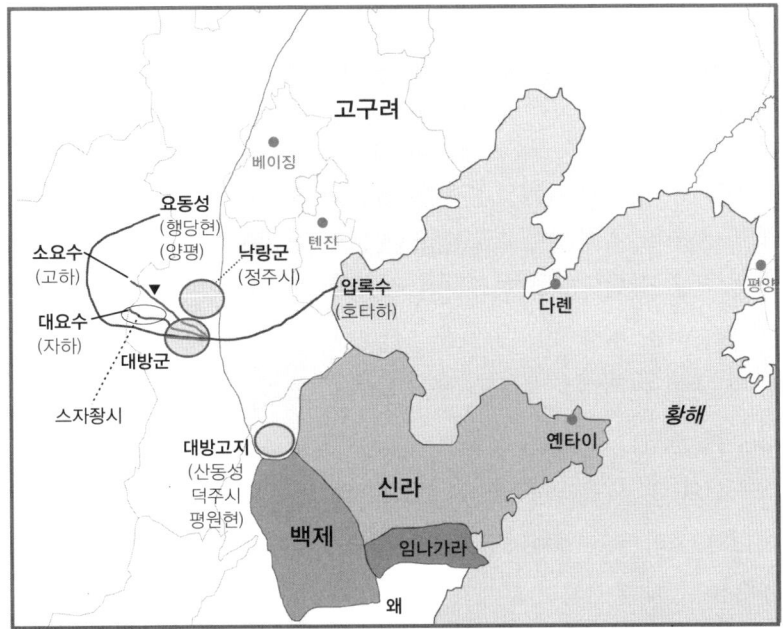

물론 『삼국사기』 「잡지(지리지)」 '고구려 초기 도읍지 흘승골성과 졸본', '국내성', '평양성과 장안성' 기록을 비롯한 모든 중국사서의 우리 고대사 기록 해석에도 절대 필요한 것이다.

[양평에 대하여]

　양평은 중국사서 기록상 먼저 연장성의 동쪽 기점이다. 그리고 공손씨 출신지이면서 활동 지역이고 요동군 치소이다. 그리고 나중에 고구려 요동성이다. 따라서 양평은 연나라와 고조선의 경계 지방으로 고조선의 위치를 알려주는 지표이다. 그리고 공손씨와 관련하여서는 조조의 위나라와 연합하여 공손씨 세력을 제거한 관계 그리고 요동군 치소 또한 고구려 요동성이기 때문에 고구려 위치를 알려주는 지표인 것이다.

　주류 강단 사학계는 양평을 요령성 요양으로 왜곡 비정함으로써 고조선과 고구려를 지금의 요령성 요하 동쪽으로 조작 이동시켰다. 이러한 조작에는 자체적으로도 무리가 따른다. 따라서 관련된 모든 것을 이곳에 옮기자니 문제가 발생하는 것이다. 이 문제를 이 글에서 밝혀보고 이 비정이 잘못된 것을 확인하고 원래의 위치를 찾고자 양평에 대하여 살펴보고자 하는 것이다.

　여러 가지 문제점이 무수히 많지만 우선 큰 사항만 거론하면

① 공손씨가 세웠다는 낙랑군 남쪽의 대방군과의 관계이다. 공손씨의 출신지이면서 활동 지역인 양평은 요령성 요양에 비정하면서 정작 공손씨 활동 지역은 이보다 멀리 떨어진 남쪽의 요동반도로 하고 있는 반면 대방군은 이들보다 멀리 떨어진 채 고구려 및 낙랑군에 가로막힌 한반도 황해도로 비정하고 있다. 도저히 맞지 않는다.

② 공손씨를 제거하고자 위나라가 고구려와 연합하여 정벌하였다. 당시 위나라가 머나먼 하북성, 요령성을 지나야 있는 이 공손씨

를 제거할 필요성과 제거 정벌 과정이 있을 수 없는 역사적 사실이다. 또한 제거 이후 여러 가지 역사적 사실이 도저히 요령성 요하 인근과는 맞지 않는다. 그러나 이를 원래의 위치인 하북성 석가장시 행당현에 비정하면 모든 사서 기록이 맞아떨어진다. 결론적으로 주류 강단 사학계의 요령성 비정은 잘못된 비정으로 역사 조작이다. 이는 우리 고대사를 한반도로 조작 비정한 것과 같다.

③ 또한 양평은 연나라 장성이다. 조양은 조작하여 그렇게 멀리 이동을 못 시켰다. 따라서 조양과 양평에 의하여 설치된 연장성은 있을 수 없는 허구로 드러난다. 더군다나 고고학적 자료도 전혀 없다.

④ 연장성은 진장성과 갈석산과 관련이 있다. 요령성에는 진장성과 갈석산이 없다. 사서 기록과 맞지 않는다.

⑤ 이미 살펴본 바와 같이 사서 기록상의 소요수와 대요수 흐름과 전혀 맞지 않는다.

> **양평을 요령성 요양으로 비정하는 것은 역사적 조작이다.
> 이는 모든 사항에 의하여 입증된다. 이곳은 맞지 않는다.
> 하북성 석가장시 행당현이어야만 모든 것이 맞는다.**

전통적으로 중국에서는 '양'을 강 북쪽의 따뜻한 강변을 일컫는 용어로 사용하여 마을 및 지역 명에 붙였다. 이렇게 하여 두 번째 요수 북쪽 강변 지방이 요양 내지는 양평으로 불리게 되었고 이 명칭을 가진 지방 즉 지역이 연5군의 요동군에 속하여 요동군 요양현, 양평현이 된 것이다. 요양은 후에 요나라가 성립하고 나서 현재의 요령성 요양 지방을 바꾸어 요양이라고 불리게 되었다. 양평과 관련한 사료들에 의하면 요수 그리고 연장성 끝이 양평이라는 것을 알 수 있다.

양평은 【사료22】『한서』「지리지」 1. 유주상에는 유주 소속의 요동군 양평현으로 되어 있고, 【사료10】『후한서(後漢書)』「군국지」 1. 유주상에는 요동군의 양평현으로 되어 있다. 【사료16】『진서』「지리지」 '평주', '유주'상에는 한나라의 우북평군에 속했던 평주 소속의 요동군 양평현으로 되어 있다. 그런데 오늘날 강단 사학계는 살펴본 대로 이전의 요수(요하)와 관련되어 나타나는 요양을 중국사서상 위치를 달리하여 기록한 대로 현재의 요하 지방으로 비정하여 양평의 위치를 현 중국 요령성 요양으로 비정하고 있다.

그러나 이미 인용하여 살펴본 양평 관련 기록이 있는 수많은 중국 사서 【사료21】『수경주』「대요수」, 「소요수」, 【사료22】『한서』「지리지」 1. 유주, 【사료10】『후한서(後漢書)』「군국지」 1. 유주, 【사료43】『사기』「흉노열전」, 【사료16】『진서』「지리지」, '평주', '유주', 【사료57】『후한서(後漢書)』「원소유표열전」은 양평이 하북성에 있음을 알려주고 있다. 그 증거는 이미 【사료16】『진서』「지리지」 '평주', '유주'상 "평주는 생각건대 우공의 기주 지역이며, 주나라의 유주이며, 한나라의 우북평군에 속했다."라고 기록되어 있고 평주는 【사료48】『서경』〈하서〉「우공」 제11장, 【사료17】『사기』권2「하본기」 제2 '기주(冀州)'에 대한 주석 등에 의하여 당연히 우공의 기주 지역은 황하 가까이에 있는 산서성과 하북성 지역이므로 양평도 평주 소속 요동군에 있으므로 그곳에 있어야 한다.

또한 양평은 소요수와 연장성과 관련이 있고 요수와 연장성은 진 장성 및 갈석산과 관련이 있으므로 이들 모두 같은 곳인 하북성에 존재하여야만 한다. 앞에서 살펴보았듯이 연장성의 경우 조양과 양평에 걸쳐 이어지는 것으로 되어 있는데 조양은 현재의 하북성 장가구시로 비정하고 있고 다른 한편인 양평을 요령성 요양으로 비정하는 주류 강단 사학계의 비정은 역사학의 기본에서 벗어나는 왜곡이 아니라 조작이다. 어떻게 연장성이 그렇게 길게 세워질 수 있는가 하는 것이다. 양평의 위치와 관련된 진장성 그리고 갈석산 등에 대하여는 계속 증명해 나가도록 할 것이다. 이렇게 중국사서에 의하여 하북성에 있었던 것으로 증명되는 양평이 지금의 요하 동쪽 요양으로 요수와 함께 위치 변경되어 기록되고 있다. 우리나라 주류 강단 사학계는 일제 식민사학 성립 시기부터 이 같은 후대에 위치 변동되어 기록된 중국사서만을 받아들여 수용하고 있다. 하지만 다른 많은 사서가 이를 부정하는데도 후대의 기록만을 기준으로 삼는 것은 학문이 아니다. 역사 전문가라면 '춘추필법' 및 위치 변경 기록 등의 중국사서의 이러한 사항을 알 수 있는데 여러 사료를 종합하여 판단을 내리지 않고 일부의 기록만을 근거로 삼는 것은 학자의 자세가 아니다. 따라서 이는 고의로 내지는 어쩔 수 없이 그렇게 한다고 밖에는 할 수 없는 것이다. 가장 대표적인 예로 공손씨 기록을 몇 가지만 보자.

【사료21】『수경주』「대요수」, 「소요수」

「대요수」

(대요수는) 또한 남쪽으로 흘러 요대현(遼隊縣) 옛 성의 서쪽을 지나는데 왕망이 순목(順睦)으로 바꾸었다. 공손연(公孫淵)이 장군 필연거(畢衍拒) 사마의(司馬懿)를 요대(遼隊)에 보냈는데 즉 이 곳이다.

「소요수」

소요수(小遼水)는 또한 요대현(遼隊縣)을 지나서 대요수(大遼水)로 들어간다. 사마선왕(司馬宣王)이 요동을 평정하였는데 공손연(公孫淵)을 이 물 위에서 목을 베었다.

【사료16】『진서』「지리지」, '평주', '유주'

평주는 생각건대 우공의 기주지역이며, 주나라의 유주이며, 한나라의 우북평군에 속했다. 후한 말에 공손도가 스스로 평주목을 칭했다. 그의 아들 공손강과 강의 아들 공손연이 모두 제멋대로 요동에 의거하니 동이 9종이 모두 복속하였다.
위나라는 동이교위를 설치하여 양평에 거하였고, 요동·창려·현토·대방·낙랑 등 5개 군을 나누어 평주로 삼았다. 후에 도로 유주에 합하였다. 공손연을 멸한 후에 호동이교위를 두어 양평에 거했다. 함녕 2년(AD 276년) 10월, 창려·요동·현토·대방·낙랑 등 5군국을 나누어 평주를 설치했다. 26현 18,100호이다.

【사료59】『삼국지』「위서」 '공손도, 공손강, 공손공, 공손강의 아들 공손연 열전'

(앞의 인용자료 참조)

【사료120】『삼국사기(三國史記)』 권 제17 고구려본기 제5 동천왕(東川王)

위나라를 도와 공손연을 토벌하다 (238년 (음))

12년(238) 위(魏)의 태부(太傅) 사마선왕(司馬宣王)이 무리를 거느리고 〔와서〕 공손연(公孫淵)을 토벌하니 왕이 주부(主簿)와 대가(大加)를 보내 병사 1,000명을 거느리고 이를 돕게 하였다.

【사료62】『三國史記』 권 제16 고구려본기 제4 신대왕(新大王) 5년

군사를 보내 공손탁의 부산적 토벌을 돕다 (169년 (음))

5년(169)에 왕이 대가(大加)인 우거(優居)와 주부(主簿)인 연인(然人) 등을 보내 병력을 이끌고 현도태수 공손탁(도)(公孫度)을 도와 부산적(富山賊)(註

006)을 토벌하였다.

註 006

부산적(富山賊) : 부산(富山)의 도적떼라는 뜻이다. 「광개토왕릉비」 영락 5년(395)조에도 "왕이 패려(稗麗)가 … 한다 하여 몸소 (군대를) 이끌고 가서 토벌하였는데, 부산(富山)과 부산(負山)을 지나 염수(鹽水) 가에 이르러 세 부락 600~700영(營)을 격파하였다."라고 하여 '부산(富山)'이라는 지명이 나온다. 두 지명이 동일하다면, '부산(富山)'은 고구려에서 거란 지역으로 나아가는 경로에 위치했다고 추정된다. 4세기 후반에 거란은 서요하 상류의 시라무렌하 일대에 거주하였으므로 '부산'은 압록강 중상류와 시라무렌하[西拉木倫河] 사이에 위치했다고 볼 수 있다. 이에 '부산'을 푸순[撫順] 북방으로 비정하기도 한다(徐榮洙, 1988, 「광개토태왕릉비문의 정복기사 재검토 (중)」, 『歷史學報』 119, 101쪽). 고구려가 도성을 출발하여 지린하다링산맥[吉林哈達嶺山脈]과 다헤이산맥[大黑山脈]을 지나 시라무렌하로 나아갔다면 지린하다링산맥으로 비정되며, 요하 본류를 건너 요하 서쪽의 이우뤼산맥[醫巫閭山脈]과 누루얼후산맥[努魯兒虎山脈]을 지나 시라무렌하로 나아갔다면 이우뤼산맥이나 누루얼후산맥으로 비정할 수 있다.

【사료63】 광개토대왕 비문

5년 395년

말씀하기를, 영락 오년 을미년(395)에 왕이 비려가 □사람을 □하지 않자, 몸소 이끌고 가서 정벌하였다. 부산(富山)을 지나, 산을 지고, 염수 위에 이르러, 그 삼부락 육칠백령을 깨뜨려, 소, 말, 양을 수없이 얻었다. 돌아오는 길에 양평도를 지나 동으로, □성, 역성, 북풍에 와서, 왕이 □을 준비 시키고, 경치를 즐기며, 사냥하며, 돌아왔다. 백잔과 신라는 옛날부터 속민으로써 조공을 하여왔는데, 왜가 신묘년(391)이레로, □을 건너 왔기 때문에 백잔을 파하고, ○○○라를 신민으로 삼았다.

이 기록들을 보면 공손씨 집안은 요동군이 속한 평주 지역에서 세력을 펼쳤다는 것이 확실히 파악된다. 별도의 기록상 출신도 요동 양평이다. 물론 평주 지역은 앞에서 입증하였듯이 하북성 지역이다. 그리고 앞에서 평주 요동 양평과 같이 두 번째 요수 즉 소요수 및 대요수와 관련이 깊다. 공손씨 집안은 200년경 공손도-공손강-공손연 3대에 걸쳐 평주 요동군 양평현에서 태어나고 여기를 근거로 세력을 펼침은 물론 인근에 있는 소위 삼국시대 즉 위나라, 촉나라, 오나라 시대의 위나라에 위협 내지는 공략 대상이 되어 결국 위나라 사마의가 이 세력을 소탕하고자 군사를 일으켜 이곳으로 출동하여 결국은 위나라와 고구려의 협공을 받아 공손씨 세력 중심지인 양평 지방에서 전투를 벌인 후, 양평에 있는 소요수에서 공손연의 목을 베게 됨으로써 끝난다. 여기서 여러 가지를 파악할 수 있지만 중요한 몇 가지만 언급하도록 하겠다.

하나는 공손씨가 '요동 군왕'을 칭함으로 위나라의 견제 대상이 되었는데 당시의 요동은 현재 요동이라고 칭하는 지금의 요하 동쪽인 요양 지방이 될 수 없다는 사실이다. 여기서의 요동은 본 필자가 이 글에서 비판하는 논문을 비판하면서 설명하였지만 요동의 첫 번째 개념으로 중국의 동쪽이라는 개념이 강하고 결국 요동군이 설치된 지역이라는 두 번째 요동 개념도 포함된 것이라고 할 수 있겠다. 이 요동은 분명히 (대, 소)요수가 있는 평주의 요동군으로 지금의 하북성이다.

두 번째는 요동군, 양평현이 속한 평주는 조조와 사마의의 위나라와 인접하고 있었다는 사실이다.

세 번째는 당연한 것이지만 대방, 낙랑, 현토가 요동에 있었고 요동군의 치소인 양평현과 이웃에 있었다는 사실이다.

네 번째는 고구려가 이곳 인근에 있어 공손탁 그리고 위나라와 군사행동을 같이했다는 사실이다.

다섯 번째는 이는 광개토대왕 비문상의 대왕의 정벌 루트에 의하여도 입증되는 사항이다. 그런데도 주류 강단 사학계는 일제 강점기 및 해방 이후 지금까지 공손씨 세력을 그야말로 요하 동쪽인 지금의 요동인 요동반도로 비정하고 있다. 이는 도저히 성립할 수 없는 왜곡이 아니라 역사 조작이다.

그러면 당시 위나라는 중국 계통 국가의 전통적인 수도인 장안(시안)과 낙양의 동남쪽에 위치한 허현(許縣 : 지금의 하남성 허창시(許昌市) 동쪽)과 낙양을 중심으로 오나라와 촉나라와 쟁패를 벌이던 와중에 있던 나라로 서북쪽으로는 지금의 산서성과 하북성에 겨우 미치는 영역을 가지고 있던 나라였다.

물론 이러한 나라를 현재 중국 측은 최근에 한나라 시기는 물론 그 이후 시기인 소위 그들의 위, 촉, 오 삼국시대까지 지도상에서 한반도 황해도 이남은 물론 충청도까지 그들의 영역으로 그려 넣고 있다. 얼마 전에 우리나라 국립중앙박물관에서는 이 지도를 그대로 보여줌으로써 2021년 10월 국회 국정감사에서 지적을 받은 사실이 있는데 이는 우리나라 주류 강단 사학계의 역사 인식에서 비롯된 문제이다. 그만큼 우리나라 주류 강단 사학계의 역사 인식은 현실적으로 큰 문제를 불러오고 있는 실정인데도 전혀 고치려고 하지 않음은 물론 더 악화되고 있는 실정이다.

나관중이 쓴 소설인 그야말로 역사적 사실과 거의 부합되지 않은 내용의 대하소설『삼국지연의』에 의하여 약소국인 오나라 및 촉나라와 싸우던 위나라로서는 전국시대의 연나라와 진나라의 경계 지방인 산서성 하북성의 평주 지방은 그야말로 변방이었다. 그래서 하북성 지금의 석가장시 북부의 양평을 중심으로 공손씨가 세력을 떨치자 이곳에 있던 고구려와 힘을 합쳐 이를 격파하였던 것이다. 이곳이 그들의 최변방이었던 것이다. 중국사서 지리지상의 소속현의 규모 변화를 보면 정확한 사실을 잘 알 수 있다.

■ [도표3] 중국사서 지리지상 소속현 규모 변화

구분	지리지	군	가구수	인구수	현
1	한서 지리지	낙랑군	62,812	406,748	25
2	후한서 군국지	낙랑군	61,492	257,050	18
3	진서 지리지	낙랑군	3,700		6
		대방군	190		7
4	위서 지형지	낙랑군	219	1,008	2
		신 낙랑군	49	203	1

낙랑군만 보더라도 『한서 지리지』 및 『후한서 군국지』상의 규모와 『진서 지리지』 및 『위서 지형지』상의 규모와는 크게 차이가 난다는 것이다. 『진서 지리지』는 사마의가 속해 있던 조조의 위나라시대 (220~265)부터 동진의 공제(229~420) 때를 포함한 265~418년 즉 서진과 동진 시기를 기록한 것이며, 『위서 지형지』는 북위시대(386~534)를 기록한 것이다. 이보다 앞선 『후한서』는 동한시대(25~220)를 기록한 것이다. 따라서 사마의가 속해 있던 조조의 위나라시대(220~265)는 삼국 중의 다른 두 나라와 쟁패를 벌이는 등의 관계로 산서성과 하북성 지역에 대한 지배력이 거의 유명무실할 정도로 약화된 시기이다. 사실 명목상으로만 행정권이 있었던 것이다. 그런데도 현재 중국에서는 이 위나라의 영역을 우리나라 주류 강단 사학계가 다음의 중국사서 기록에 의하여 공손씨가 요동군에 세웠다는 대방군을 황해도로 비정하는 바람에 한반도 황해도까지 그 영역으로 그려 넣고 있다.

> 【사료64】『삼국지(三國志)』〈위서〉「동이전」韓
>
> ○ [後漢의] 桓帝·靈帝 末期에는 韓과 濊가 강성하여 [漢의] 郡·縣이 제대로 통제하지 못하니, [郡縣의] 많은 백성들이 韓國으로 유입되었다. 建安 연간(A.D.196~220; 百濟 肖古王 31~仇首王 7)에 公孫康이 屯有縣 이남의 황무지를 분할하여 帶方郡으로 만들고, 公孫模·張敞 등을 파견하여 漢의 遺民을 모아 군대를 일으켜서 韓과 濊를 정벌하자, [韓·濊에 있던] 옛 백성들이 차츰 돌아오고, 이 뒤에 倭와 韓은 드디어 帶方에 복속되었다.

이렇게 비정하는 이유는 낙랑군이 한반도 평양에 있어야만 하는 낙랑군 평양설을 유지하기 위하여 이 사서의 기록에 의하여 낙랑군의 남쪽에 설치하였다는 대방군은 황해도에 있어야만 하는 것이다. 이 한심한 식민사학이 물려준 잘못된 교리 때문에 모든 것이 뒤틀리고 엉망이 되어버렸다. 왜냐하면 이 사실에 맞추어 다른 것도 조작하여야만 하였기 때문이다.

이것은 결국 중국이 고대 시절부터 낙랑군의 한나라뿐만 아니라 그 이전의 진시황의 진나라는 물론 그 이후의 이 같은 위나라는 물론 공손씨까지 한반도를 그 영역으로 한 것으로 만들고 있다. 주류 강단 사학계의 논리는 여러 가지로 심각한 모순이 있다. 우리 강토와 역사는 걸레 조각이 되어버린 채 중국의 영역은 무궁무진하게 펼쳐지게 된 것이다. 그러나 이들 모두의 위치를 원래의 위치인 하북성 및 산동성에 비정하면 낙랑군, 대방군, 대방고지 백제 탄생, 공손씨 요동군 양평(현) 활동, 위나라 정벌 등 모든 사항이 맞는다.

공손씨 관련 기록만으로도 주류 강단 사학계의 논리는 모순이 드러난다.

상식적으로 먼저 공손씨가 낙랑군 남쪽에 설치하였다는 대방군이 낙랑군 때문에 황해도에 있다면 위나라 사마의가 중국의 낙양에서 산서성, 하북성을 거쳐 머나먼 요령성을 넘어 한반도 황해도까지 쳐들어 왔다는 것인데 이는 역사적 기록도 없으며 불가능하다. 그리고 설사 공손씨에 대한 정벌이 요하 지방의 요동반도라고 해도 그 머나먼 지역을 통과하여 정벌할 수 없었으며 이러한 사실이 전혀 역사서에 언급되지 않고 있다. 이것은 또 다른 모순점으로 공손씨 세력의 근거지를 그들이 설정한 요하 인근의 양평이라는 이유 때문에 요동반도로 설정하고 있는 것도 그들이 설정한 대방군의 위치인 황해도와 맞지 않는다.

그들 논리대로 하면 그 가운데에 낙랑군 그리고 현토군이 있기 때문이다. 도대체 맞지를 않는다. 역사상 근거도 없으며 논리상으로나 상식적으로도 맞지 않는다. 위나라와 공손씨가 전투를 벌인 곳이 지금의 요하 지방이거나 한반도라는 중국사서 기록은 일체 없다. 또한 공손씨의 출신지인 양평 또한 요하 인근이나 한반도라는 사료상의 기록 또한 일체 없다. 중국 학자에게 공손씨가 요하 인근이나 한반도 출신이거나 여기서 활동했다는 언급을 한다면 아마 상대도 해주지 않을 것이다. 하지만 국가 차원에서 중국이라면 충분히 그렇게 하고 있는 대로 당사자인 우리나라 학계의 공식 입장에 따라 자신들의 학문적 견해와는 달리 공손씨의 활동 지방을 지금의 요하와 한반도로 비정하는 것을 마다하지 않을 것이고, 중국 차원에서는 그렇게 하고 있는 것이다.

이러한 여러 가지 사실을 보더라도 양평은 지금의 요하 지방이 아니라 하북성 지방의 요수에 있었던 것이다. 여기 인근에 낙랑군, 현토군 그리고 대방군이 있었던 것이다. 그래서 위나라가 요동씨를 정벌하고 나서 과감히 "요동, 대방, 낙랑, 현도 등이 다 평정되었다."고 기록한 것이다. 만약에 대방과 낙랑이 한반도에, 현토가 한반도 북부에, 요동이 요령성 동쪽에 있었다면 머나먼 하북성에서 공손씨를 평정하고 이들이 같이 평정되었다고 할 수 있다는 말인가. 이들이 하북성 인근에 있었기 때문에 다 같이 평정되었다고 한 것이다.

이렇게 본 필자가 언급하면 주류 강단 사학계에서는 반대로 공손씨가 요하 동쪽 및 한반도에 세력을 가지고 있어 이를 위나라가 정벌하였기 때문에 인근에 있던 이들이 같이 평정되었다고 할 것이다. 이것이 우리 고대사의 문제이고 이것이 우리나라 역사의 통설을 형성하고 있는 주류 강단 사학계의 현실인 것이다. 당시 위나라는 허현 즉 지금의 하남성 허창시 및 낙양에 도읍하고 있었다. 그 영역은 산서성과 하북성에 겨우 미치는 상황이었다. 주류 강단 사학계의 비정대로라면 여기에 있던 위나라가 요하 동쪽 및 요동반도에 있던 공손씨 세력에 어떠한 위협과 문제가 있어 그 머나먼 곳을 원정하여 이를 토벌할 필요성이나 토벌이 가능할 수 있었으며, 이 사건 이후에 위나라의 관구검이 머나먼 요하 동쪽의 고구려를 정벌할 필요와 가능성이 있었을까 하는 의문점이 주류 강단 사학계의 비정에 회의를 갖게 하는 것이다. 이 사항은 고구려 모본왕이 주류 강단 사학계의 비정대로 한반도 북부 압록강 위에 위치하고 있으면서 머나먼 하북성과 산서성의 북평, 어양, 상곡, 태원 지방을 삼국시대 초기인 49년에 공격할 가능성과 필요성에 의문을 제기하는 것과 같은 상황이다.

그래서 다시 주류 강단 사학계는 무리를 한다. 우리나라 역사의 피폐해짐은 문제가 되지 않는다. 그들의 논리 수호가 더 중요하다. 위나라의 영역을 한반도 가까이 압록강까지 내지는 황해도까지 그려 넣을 수밖에 없다. 그들의 논리를 지키기 위해서는 이렇게 할 수밖에 없는 것이다. 하지만 고구려도 하북성에, 공손씨도 하북성에 있으면 이러한 역사적 사건과 사실이 아무런 문제가 없다. 하북성에 있던 고구려가 그 이웃의 하북성과 산서성에 있었던 북평, 어양, 상곡, 태원을 공격하는 것은 당연한 것이고, 이곳에 있던 공손씨 정권을 최전방으로 두었던 위나라로서는 당연히 제거 대상이었으며, 공손씨 정권 척결 시 약속하였던 것을 지키지 않아 고구려가 공격함에 따라 이에 대항하여 공손씨 세력 이웃에 있던 고구려를 공격하는 것은 당연하고 이치에 맞는 역사적 진실이다. 이 모든 것을 중국사서가 입증하고 있다. 다른 해석을 할 필요가 없다. 명백한 것이다.

> 양평은 한때 공손씨 세력 범위이자 고구려의 위치를 알려주는 지표이다. 공손씨 세력 제거 이후 이곳은 고구려 영역이 되었다.

이것은 또한 우리나라 사서가 입증하고 있다. 더군다나 고구려가 단독으로 내지는 공손씨와 같이 토벌한 부산적, 이 부산은 공손씨가 있었던 양평 인근에 있었다는 사실 그리고 나중에는 공손씨를 토벌하는 위나라와 군사행동을 같이한다는 것은 이곳에 고구려가 있지 않고는 가능하지 않은 일이다. 그리고 공손탁이 현토태수라고 한다는 것 역시 현토군도 이곳에 있음을 입증하는 것이다. 물론 공손탁이 현토태수라는 기록은 신빙성이 부족하지만 현토군이 인근에 있었음에 요동군 양평현을 중심으로 활동하던 공손씨가 전성시에는 이웃의 현토군 지역까지 일시 장악한 것으로 보인다. 그리하여 결국 위나라와 고구려의 정벌 대상이 되었던 것이다. 더군다나 주류 강단 사학계의 비정대로 광개토대왕 비문상에 광개토대왕이 비려 즉 북부여를 토벌함에 있어 이곳을 공격루트로 삼았다는 것은 고구려가 이곳에 있어 그 북쪽의 북부여를 토벌하였다는 것을 입증한 것이다. 비려는 전통적으로 부여를 가리킨다. 광개토대왕 비문상에 광개토대왕이 공격한 비려는 거란이 아니라 부여 즉 북부여였던 것이다. 따라서 부여 역시 당연히 하북성 고구려 북쪽에 위치하고 있었던 것이다.

　주류 강단 사학계가 비려를 거란으로 비정한 것은 맞지 않는 근거에 의한 것으로 거란을 요령성 조양 북쪽의 시라무렌강으로 비정하고, 고구려를 요령성 요하 동쪽에 비정하는 상호 교차 왜곡 비정에 따라 이에 맞추려고 이곳에 각각 위치한 고구려가 거란을 공격하는 사항에 맞추려고 조작한 것이다. 고구려의 동북쪽에 있다고 주류 강단 사학계가 비정하는 바에 따르면 부여를 정벌하였다고 할 수 없고 대신 거란의 위치로 비정한 바와 맞으므로 거란을 정벌한 것으로 한 것이다. 하지만 이 역시 그들이 만들어놓은 비정에 스스로 옭아매 어쩔 수 없이 또 다른 왜곡을 하게 되는 사례인 것이다. 당시 부여는 한반도 고구려의 동북쪽에 있었던 것이 아니라 하북성 고구려의 서북쪽인 산서성에 있었다.

　광개토대왕은 거란을 정벌한 것이 아니라 북부여를 정벌한 것이다. 광개토대왕은 고구려 서남쪽의 양평을 거쳐 그 북쪽에 있었던 비려 즉 북부여를 정벌한 것이다. 지금도 남아 있는 당시 거란의 북쪽에 있었다는 사서기록상의 황수하(Huangshui River, 黃水河)가 지금도 산서성 삭주시 산음현(朔州市 山阴县)에 그대로 남아 있는 이남인 당시 부여가 있었던 산서성 대동시 서쪽에 있었던 것이다. 이러한 거란과 부여의 위치 비정은 『삼국지』 및 『후한서』의 「부여전」상의 부여는 물론 거란의 원래 소속 족속인 예맥족의 위치와 일치한다. 이와 같이 모든 역사는 몇 가지를 내어 역사를 꾸민다고 다른 많은 것을 가릴 수는 없다. 많은 것들이 제대로 나타내는 것이 올바른 역사이다. 이 많은 것을 가지고 주류 강단 사학계는 많은 것들의 위치는 물론 공손씨 그리고 고구려의 위치에 대하여 제대로 된 답변을 내놓아야 그들의 비정이 올바른 것임을 입증하는 것이므로 이에 대한 해답을 내놓을 것을 강력히 촉구한다.

> 광개토대왕 비문상의 광개토대왕이 정벌하였다는 비려는 거란이 아니라 북부여였다. 이를 거란으로 비정하는 것은 왜곡시킨 북부여와 거란의 위치에 의한 어쩔 수 없는 반복된 왜곡에 의한 것이다.

이와 같이 공손씨 관련 사항들로 많은 역사가 밝혀지고 있다. 여러 가지 사항에 의하여 대방군은 한반도에 있지 않았고, 이에 따라 요동군 양평현에 있었다는 공손씨의 대방군은 한반도에 있지 않았으며 요동반도에도 있지 않았다는 것이 입증된다. 그럼에도 불구하고 주류 강단 사학계는 요동군을 지금의 요하 동쪽 즉 지금의 요동 지방에 비정하여 놓고 그 동쪽인 한반도 서북 지방의 평양에 낙랑군을 비정하고 그 남쪽 황해도에 대방을 비정하여 놓고 있다. 당시의 요동(군)은 지금의 요령성이 아니라 하북성에 있다가 요나라 시기에 개념과 위치를 옮긴 것이다. 이와 관련된 지명인 양평 즉 연장성의 기점으로 기록되어 있는 양평도 요령성이 아니라 하북성인 것이다.

중국 측이 왜곡한 것이지만 현재의 요하 인근의 요양을 고조선의 도읍인 왕험성이라고 하고 이곳을 낙랑군 위치라고 한다. 물론 명·청대의 중국 학자들은 당시의 모든 지명을 현재의 요하 이동 지방과 한반도로 비정하고 있다. 설사 그렇다하더라도 이것을 근거로 우리나라 주류 강단 사학계는 한반도 평양이라고 한다. 중국 측이 대대로 왜곡을 하고, 사대 모화사상에 의한 소중화 사상으로 고려 및 조선시대 유학자들이 왜곡을 하고, 일제 식민주의 역사학자들인 일본 학자와 조선 학자들이 왜곡을 했다 하더라도 해방 후 77년 동안 여러 가지 사서를 연구하고 검토하면 알 수 있는 것을 하지 못하는 아니 안 하는 이유가 무엇인지 설명이 필요하다. 도무지 이해가 안 된다. 결국 카르텔이라고 해야 할 것이다. 그들이 정한 논리 외의 다른 논리를 제시하거나 주장하면 그들의 리그에서 제외되어 매장되기 때문이다. 이에 대하여는 다시 논할 수 있는 기회가 있을 것이다.

양평은 원래 한나라 시기에는 【사료22】『한서』「지리지」 1. 유주상 유주에 소속되어 있던 요동군의 양평현(후에 왕망이 창평현으로 일컬음)으로 있으면서 기록과 같이 목사관이 있는 요동군의 치소였던 것이다. 후한시대에는 【사료10】『후한서(後漢書)』「군국지」 1. 유주상의 유주에 소속된 요동군의 양평현으로 있다가 진(晉)나라 시대 및 위나라 시대에는 【사료16】『진서』「지리지」 '평주', '유주' 및 【사료60】『위서』「지형지, 남영주/영주」상 평주 소속의 요동군 및 영주 소속의 요동군으로 있었다. 이들 기록에 의거하면 후한 시기 이후 진나라 시기까지는 위나라가 여기를 통치하면서 동이교위를 두었다가 요동씨를 정벌하고는 '호동이교위'를 두는 등 이곳이 요동군의 중요거점이었다. 이곳 평주는 고구려가 발상지인 산동성에서 하북성으로 영역을 넓혀 옮긴 이후 모용씨의 선비족 국가인 전연과 후연과 쟁패를 거친 다음 이후 남북조시대에 북조에 속했던 후위 즉 탁발씨 선비족의 북위 시기(386~535)에는 고구려가 완전 점령하여 수도를 옮겨 다스린 곳으로 여기는 원래 위만조선이 도읍을 정했던 곳이다.

> **고구려와 수당전쟁은 각자 자기들의 옛 탄생지 쟁탈 전쟁이었다. 두 개의 천하관이 충돌한 것이 아니다.**

이후 남북조시대를 통일한 수나라 및 당나라 역시 후위 즉 북위 이후의 우문씨 선비족 국가인 북주 출신이었다. 따라서 고구려가 고조선의 후예국으로 평주 및 양평 지방을 소위 '다물 정신' 즉 옛 선조의 땅을 되찾는다는 국가 이념에 의하여 끊임없이 탈환하고자 노력하여 결국 점령하고 있듯이, 소수 즉 소요수 지역에서 탄생한 선비족인 그들은 이곳이 선조의 땅이었기에 이곳을 탈환하고자 남북조 통일의 마지막 남은 이곳을 노렸던 것이다. 그래서 발생한 것이 고구려 수당전쟁인 것이지 그동안 사학계에서 통상적으로 주창해 온 두 개의 천하관 충돌에 의한 것이 아니다. 다음 사서의 기록을 보자.

> 【사료47】『삼국사기(三國史記)』 卷第二十 高句麗本紀 第八 영양왕(嬰陽王) 二十三年春二月
>
> 수의 군대가 고구려 요동성을 포위하다(612년 02월 (음))
>
> (수나라의 수양제의)여러 군대가 승세를 타고 진격하여 요동성을 둘러싸니 성은 곧 한(漢) 양평성(襄平城)이었다. 황제의 행차가 요하에 도착하여 조서를 내려 천하에 사면을 베풀고,

이 사서의 기록은 중국의 '춘추필법'에 의한 위치 이동에 의하여 현재의 주류 강단 사학계가 이를 현재의 요하 지방으로 해석한다면 여기서의 요하와 요동성과 양평은 모두 현재 비정하는 요하 지방으로 해석된다. 물론 『삼국사기』의 이 구절 편집자들은 중국사서의 기록을 그대로 인용하여 편찬하였다. 하지만 분명히 요동성을 한나라의 양평성이라고 하였다. 한나라 시기의 양평성은 이 글에서 누누이 강조하지만 【사료16】『진서』「지리지」'평주', '유주'상 "평주는 생각건대 우공의 기주 지역이며, 주나라의 유주이며, 한나라의 우북평군에 속했다."라고 기록하고 있듯이 평주에 있었던 요동군의 치소인 것이다. 이것을 요하 지방으로 이동시켜 놓고 장수왕의 천도지 평양과 고구려의 수당전쟁 지역을 모두 지금의 요하 지방으로 이동시켜 놓은 것이다. 고구려와 수당전쟁의 위치에 대하여는 관련 사항이 나올 때마다 끊임없이 자세히 다룰 것이다. 모든 사료가 현재의 위치와도 맞아 이곳은 양평(성)의 위치로 비정되고, 평주의 위치로 비정되는 하북성

보정시 서남부 및 석가장시 북부 호타하 북부인 것이다. 앞에서 언급하였듯이 "전통적으로 중국에서는 '양'을 강변 북쪽의 따뜻한 강변을 일컫는 용어로 사용하여 마을 및 지역 명에 붙였다. 이렇게 하여 두 번째 요수 북쪽 강변 지방을 요양 내지는 양평으로 불렀으며 이 명칭을 가진 지방 즉 지역이 연5군의 요동군에 속하여 요동군 요양현, 양평현이 된 것이다. 이 요양이 후에 요나라가 성립하고 나서 현재의 요양 지방을 바꾸어 요양이라고 불리게 된 것이다."와 같이 요동, 요하 그리고 나중에 살펴볼 압록 등과 같이 고대의 지명은 어떠한 한 곳을 가리키는 것이 아니다. 어떤 지명을 가진 어떤 위치에 살던 사람이나 국가가 다른 곳으로 옮기면 원래의 지명을 옮긴 위치에 붙여 사용하거나 그렇지 않더라도 그 역사적 활동을 기록하는 역사서 편찬자가 원래의 지명을 옮긴 곳의 지명에 붙여 현재 나타난 것이 중국 사서이다. 그래서 우리 고대사가 혼미에 빠져버리게 된 것이다. 의도를 가지고 이것을 바라보거나 경직된 사고를 가지고 바라보면 제대로 해석이 안 된다. 우리 주류 강단 사학계는 의도를 가지고 이것을 바라보니 모든 것이 후에 이루어진 것만 보이고 모든 것을 여기에 한정하여 바라보는 것이다. 물론 이것만이 아니다. 이것을 핑계로 제대로 여러 사항을 바라보아야 한다는 것을 알지만 그들만의 리그 때문에 할 수가 없다. 아니 하지 않는 것이다.

  이미 앞에서 살펴보았지만 양평은 연나라가 고조선을 침범하고 쌓은 연장성의 동쪽 기점으로 기록되어 있다. 그런데 연나라가 쌓은 연장성이 하나뿐이 아니라 두 개라는 것이고 연나라의 고조선 침입 사실도 확인이 필요한 사항이다. 연장성이 두 개라는 사실은 연장성에 덧쌓은 것이 진장성이라는 사실에 의하여 진장성이 고조선 위치와 관련 있기에 두 개의 연장성이 중요한 사실이 되는 것이다. 이에 대하여는 앞으로 연장성에 대한 설명에서 자세히 확인되겠지만 고조선의 위치와 관련이 있는 것으로 주류 강단 사학계가 주장하는 '고조선 이동설'과 관련이 있기에 우리 고대사에 있어서 중요한 사항이다. 즉 연장성의 위치는 연나라의 고조선 침입과 이동과 관련 있다. 그래서 연장성의 위치는 결국 주류 강단 사학계가 한반도로 비정하는 '낙랑군 평양설'에 대한 중요한 비판 근거가 되는 것이다. 즉 연나라의 침입에 의한 연장성이 어디 있느냐에 따라서 '낙랑군 평양설'의 허구가 밝혀지는 것이다.

이 연장성이 허베이성에 그대로 있었다면 고조선도 그대로 있었고 여기서 멸망한 고조선의 땅에 설치한 낙랑군 허베이성에 있게 되기 때문이다. 연나라의 위치와 관련한 사서의 기록대로 연나라의 위치는 남쪽의 갈석산과 안문 그리고 호타하를 고조선과의 경계로 하였다. 갈석산은 현재의 허베이성 보정시 래원현 백석산으로, 안문은 그 명칭 그대로 산서성 흔주시 대현, 호타하도 그 이름 그대로 지금의 산서성 흔주시 번치현에서 발원하는데 모두 일직선 위치에 있다. 이곳을 남방선으로 하여 연나라가 있었던 것이다. 이후 소위 연장성이 조양~양평 즉 조양인 현재의 산서성 흔주시 오대현 일대에서 양평인 현재의 하북성 석가장시 평산현까지 쌓은 것에 의하면 이곳 남쪽에 연나라가 진출한 것으로 확인되는 것이다.

이후 연나라가 멸망할 당시에 진나라 진시황을 살해하기 위해 떠나는 형가를 연나라 태자 단이 역수에서 배웅한 것에 의하면, 역수는 제1요수로 비정되는 지금의 하북성 보정시 역현에서 발원하는 역수이다. 이 발원지는 연나라의 남방선인 안문, 호타하, 갈석산(백석산)과 일직선이 되는 것으로 원래의 연나라 위치와 일치한다.

따라서 이에 의하면 원래 남방선 위에 위치하던 연나라가 고조선을 침범하여 남쪽으로 영역을 넓힌 연군성, 연계 지방인 지금의 하북성 석가장시 평산현으로 그 중심지 도읍을 옮긴 후 북쪽인 조양(산서성 흔주시 오대현)~양평(하북성 석가장시 행당현) 간에 연장성을 쌓는 한편, 더 북쪽인 갈석산(백석산)~수성진(하북성 보정시 서수구 수정진) 간에 장성을 쌓은 것인지 아니면 북쪽의 장성은 연나라가 쌓은 것이 아니라 나중에 진나라가 연장성과 관계없이 새로 쌓은 것인지는 확실하지 않다. 하지만 사서기록에 의하면 연나라가 두 장성을 쌓은 것은 사실이고, 원래의 위치에서 조양~양평 간 연장성을 쌓은 연계(연군성) 지방으로 옮겼다가 말기에 다시 원래의 위치로 옮겨간 것으로 확인된다.

그리고 두 연장성에 진장성을 쌓은 것은 사실이다. 결국 나중의 진나라 시기에 북쪽 것은 '요동외요'로 관리하고 남쪽 것은 나중의 한나라 시기에 '요동고새'로 하여 수리하고 패수를 경계로 연국(한나라 제후국)에 소속시킨 후 고조선과 경계를 하였던 것이다. 이것이 중요한 이유는 사서기록상 고조선 위치와 관련이 있는 갈석산과 진장성 두 곳 모두에서 나타나고 여러 중국사서는 이를 혼돈하여 기록하고 있다는 사실이다. 즉 이곳 모두에 요수, 갈석산, 진장성이 같이 나타나고 있다. 즉 북쪽의 갈석산(백석산)은 좌갈석으로 진장성과 요수(제1요수인 역수) 그리고 진장성이, 남쪽의 갈석산은 우갈석으로 진장성과 요수(제2요수인 대요수인 자하) 그리고 진장성이 같이 기록되어 나타나고 있다.

> 연나라가 나중에 두 개의 진장성인 '요동고새'와 '요동외요'를 모두 쌓았는지는 불분명하나 사서기록에 의하면 이들을 쌓은 것은 확인하고 진나라가 두 곳에 모두 진장성을 쌓았다.
> 진나라는 '요동외요'를 두었고, 나중의 한나라는 '요동외요'를 버리고 남쪽의 연장성이자 진장성인 '요동고새'를 수리하고 패수를 경계로 고조선과 마주하고 있었다.
> 두 곳 모두에 요수(제1요수인 역수, 제2요수인 요수), **진장성,**
> **갈석산**(좌갈석, 우갈석)**이 있는 것으로 중국사서는 기록하고 있다.**

진나라 시기에는 '요동외요'라고 하면서 실질적으로는 고조선에 상실당하였으면서도 명목상 자기 영역으로 하였던 것이다. 한나라 시기에는 이곳을 아예 버리고 진나라 공지 즉 상하장이라고 하였다. 이후 이곳에 위만이 망명해 와서 위만조선을 세우고 조한전쟁을 벌인 후 위만조선은 멸망하고 이곳에 낙랑군과 현토군이 생기는 것이다. 연장성이 중요하고 확실히 구분하여야 하는 이유는 고조선의 위치 설정과 관련 있기 때문이다. 그 이유는 당연히 일제 식민사학과 주류 강단 사학계 때문이다.

중국사서의 기록대로 아니 원래의 역사적 사실 그대로 우리 고대 역사를 정립하였으면 이것은 문제도 안 되지만 연나라 및 만리장성 그리고 갈석산, 요수, 낙랑군이 원래 위치했던 중국 하북성에서 한반도로 비정해 버리는 조작을 가해 버린 까닭으로 이를 따지게 된 것이다. 연장성은 진장성과 관련되고 진장성은 갈석산과 요수와 더불어 낙랑군의 위치로 중국사서에 기록되었기 때문이다. 그것도 중국사서는 두 개의 갈석산을 기록하고 요수도 세 개의 요수, 요동도 여러 개로 기록하였기 때문이다. 하지만 이것도 문제가 안 된다. 비록 그렇게 기록되어 있더라도 제대로 해석할 수 있고 그렇게 해석하면 된다. 문제는 중국사서가 아니고 이를 다르게 해석하여 역사를 조작하기 때문에 이의 해석이 문제가 되는 가장 원인적인 이유인 것이다. 나중에 갈석산과 연장성 그리고 진장성에 대하여 살펴보겠지만 이미 갈석산이 두 개이고 진장성이 두 개, 요수도 두 개인 사실을 거론하였다. 누누이 언급하지만 중국사서가 그렇다는 것이다. 그리고 이것은 실제와도 연관된다.

【사료25】『통전(通典)』「변방」'동이 하 고구려'
갈석산은 한나라 낙랑군 수성현에 있다. 장성이 이 산에서 일어났다. 지금 그 증거로 장성이 동쪽으로 요수를 끊고 고구려로 들어간 흔적이 아직도 남아 있다. (『상서』에서 '갈석을 오른쪽으로 끼고 하로 들어간다'는 문구를 살펴보면, 우갈석은 하가 해(바다) 근처에 다다르는 곳으로 지금 북평군 남쪽 20여 리에 있다. 그러므로 고구려에 있는 것은 좌갈석이다.)

【사료65】『통전(通典)』「주군」'평주'

노룡(한나라 비여현이다. 갈석산이 있는데 바다 가에 우뚝 솟아 있어서 그런 이름을 얻었다. 진나라의 태강지지에서는 '진장성이 갈석산으로부터 시작한다. 지금 고려의 옛 경계에 있는 것은 이 갈석이 아니다.'라고 하였다. 한나라 요서군 옛 성은 지금군의 동쪽에 있고 한나라의 영지현 성도 있다. 임여관은 지금은 임유관이라고 하며, 현의 성 동쪽 180리에 있다. 노룡새는 성의 서북 200리에 있다.)

위의 사서에서 살펴볼 수 있는 것은 갈석산이 낙랑군 수성현에 있다는 것이다. 이 산은 진장성과 관련 있다. 그런데 갈석산은 두 가지이다. 이에 대하여는 다른 사서의 기록도 있다. 여기서는 간단히 개념만 설명하려고 이 사서만 인용하고 있다. 갈석(산)은 우갈석과 좌갈석이 있다. 이에 대하여 여러 가지 의견이 있다. 물론 주류 강단 사학계에서는 【사료17】『사기』권2「하본기」제2 집해 서광이 이르기를 : 바다를 강이라고 하기도 한다. 색은 :『지리지』는 말하기를 '갈석산은 북평군 여성현 서남쪽에 있다.'고 하였다. 『태강지리지』는 말하기를 '낙랑군 수성현에 갈석산이 있다. 장성이 일어났다.'고 하였다의 주석인 『태강지리지』의 기록을 문제 삼아 원문의 글이 아니라 후대에 원문에 해석을 힌 주식이라는 점과 『태상지리지』가 현재는 전해지지 않는 신빙성 없는 기록을 문제 삼아 갈석산과 낙랑군과의 관계를 부정하고 있다. 하지만 그것은 핑계에 불과하다. 갈석산과 낙랑군과의 연관성은 『통전』을 비롯하여 다른 원전에도 많이 기록되어 있다. 그리고 수성현에 진장성이 있다는 사실은 앞에서 확인한 바와 같이 『진서』「지리지」 등의 정사 기록에도 기록되어 입증되는 사항이다. 연관시키고 싶지 않으므로 배척하는 것일 뿐이다. 그렇게 되면 자기들의 제1 교리인 '낙랑군 평양설'이 위협받기 때문이다. 물론 제1의 교리에 맞추기 위하여 왜곡한 모든 것이 밝혀지기 때문이다. 그중의 하나가 양평의 요령성 요양 비정이다. 갈석산이 낙랑군 수성현에 있다는 기록을 애써 무시하는 것은 그들의 자체 모순이다. 왜냐하면 그들의 스승이자 선조격인 일제 식민 사학자들이나 그들의 스승 격인 이병도 이 사실을 알고서 갈석산을 인정하고 그들의 논리대로 이를 한반도로 비정하려고 노력한 것과 모순되는 것이다. 이러한 것을 이제는 부인한다. 할 수 없으니 이제는 외면하면서 이를 주장하는 비판자들을 오히려 비난하고 있다. 자기모순이다.

실제로 현재 갈석산을 무시하는 아니 애써 외면하는 주류 강단 사학계 논리의 원조인 일제 식민 사학자들과 이병도는 이를 인정한 채 갈석산을 진장성과 연관시키고 이것을 다시 낙랑군 수성현과 연관시켜 이곳을 한반도 황해도 수안현의 '수'자 한 자 일치한다는 이유로 그리고 '비정하고 싶다'는 이유로 비정한 것을 후배들은 외면하는 것이다. 그리고 이러한 외면을 비판하는 재야 민족 사학계에서는 두 가지 갈석산에 대하여 한 가지만 인정하고 다른 하나는 중국사서가 만들어낸 조작 내지는 착오에 의한 것이라는 의견이 있다. 또한 한 가지 갈석(산)도 그 위치에 대하여 현재 하북성 보정시에 있어 지금의 백석산이라는 의견과 지금의 하북성 진황도시 창려현에 있는 지금의 갈석산이라는 의견도 있고 산서성 다른 곳에 있다는 의견도 있다.

> 연장성도, 진장성도, 갈석산도, 요수도 모두 중국사서 기록상 하북성에서 두 개였다. 이를 제대로 인식하여야만 우리 고대 역사를 제대로 파악할 수 있다.

이에 대하여는 나중에 갈석산에 대하여 자세히 설명하면서 언급하도록 하겠다. 중국사서가 기록하고 있는 두 가지 갈석산에서 우갈석은 본 필자가 설명하는 (요동군) 양평성(현)과 관련한 연나라가 연소왕 진개 시기에 고조선 지역 일부 지역을(남부 지역) 차지하고 도읍을 남쪽으로 옮긴 후 북쪽인 조양~양평 간에 나중에 진장성을 쌓아 한나라 시기에 성을 수리하고 '요동고새'로 하여 고조선과 경계로 하였던 이곳에 있었다. 진나라가 '요동외요'로 둔 채 좌갈석산인 지금의 백석산에서부터 지금의 수성진까지 쌓은 장성에 있다. 여기서 우갈석은 한나라 시기의 여성현으로 나중의 우북평군에 있다는 것이다. 또한 좌갈석은 당시 중국 민족 계열 국가가 장악한 지역과 경계로 있던 고구려 지역에 갈석산과 진장성이 있었기 때문이다. 즉 예전에 갈석산 그리고 진장성과 관련된 낙랑군 수성현 지방이 고구려의 영역으로 넘어가 있었던 것을 기록한 것이다. 이렇게 고대사는 어느 한 가지가 그것으로 끝나는 것이 아니라 서로 연관되어 있어 한 가지를 살펴보면 수많은 것이 연관되어 나타난다. 이렇게 하북성 석가장시 북부에 있던 양평이 위치를 옮겨 지금의 요하 인근의 요양 지방으로 비정되고 있다. 이렇게 우리 고대사와 관련되어 그 위치를 알 수 있는 지명들이 중국사서 기록에 있어서 그 위치가 변하여 기록된 것을 알 수 있다. 이것을 알지 못하고 이러한 인식을 바탕으로 하지 않고 중국사서에 기록된 것을 능력이 안 돼 실수이든, 고의든 어느 한 기록을 그대로 신뢰하면 안 된다. 특히 당나라 이후의 후대 기록에 의하여 기록된 것을 그대로 신뢰하여 그 위치를 비정하면 안 된다. 양평도 위치를 바꾸어 기록한 것을 알 수 있다. 이와 같이 양평의 원래 위치 및 변동 과정을 중국사서 기록상에 나타난 여러 가지와 연계시켜 살펴보았다. 유주와 평주에 대하여는 간략히 설명하였지만 나중에 자세히 설명하겠고 여기서는 자주 설명하여 왔지만 양평이 한때 속하였던 영주의 변천 과정에 대하여 간략히 살펴보고 앞으로도 수시로 이에 대하여 설명하고자 한다.

[영주에 대하여]

영주는 우리 고대사와 밀접한 관계가 있다. 특히 양평이 한때 속하였던 행정구역이다. 또한 【사료30】『신당서(新唐書)』「가탐도리기」1 영주에서 출발하여 안동도호부로 가는 길 기록으로 파악할 수 있는 양평성의 위치, 고구려와 안동도호부 위치 그리고 고구려 평양성(산동성 졸본성)의 위치, 거란의 위치, 압록강 및 안평현(박작현)의 위치, 발해의 위치 등이 영주를 주류 강단 사학계가 왜곡 이동시킨 요령성 조양시로 비정하느냐 아니면 원래의 위치인 하북성 석가장시 북부로 비정하느냐에 따라 달라지기 때문이다. 결론적으로 왜곡시킨 요령성 조양시로 비정하면 모든 기록이 맞지 않게 된다. 제대로 된 비정에 의한 하북성 석가장시 북부로 비정하면 양평성 등 모든 것이 사서기록과 제대로 맞는다. 그리하여 우리 고대사가 제대로 된 위치인 하북성에 비정되는 결과를 가져오는 중요한 지명인 것이다. 더군다나 앞에서 살펴본 대로 『당서(구당서, 신당서)』상에 고구려 위치를 요수를 건너 영주에 이른다고 하였다. 이 사서기록에 의하더라도 영주가 바로 고구려 서쪽 영역 경계가 되는 것이다. 따라서 고구려 서쪽 영역이 주류 강단 사학계의 비정대로라면 요령성 요양이 되는 것이고, 원래의 위치대로라면 하북성 석가장시 북부가 되는 것이다. 하지만 이곳에는 전통적으로 연장성, 진장성, 갈석산, 요수가 있다. 그리고 위나라의 정벌이 이루어졌던 공손씨가 활동하였던 곳이다. 그리고 수당전쟁 시 고구려 요동성이 있던 곳이다. 이곳은 요령성이 절대로 될 수가 없다. 사서기록상 도저히 여러 사항이 맞지 않는다. 그러나 하북성에서는 모든 것이 맞아떨어진다.

살펴본 바와 같이

【사료32】『통전(通典)』「주군」'안동부'

안동대도호부(安東大都護府) 순임금(舜)이 청주(靑州)를 분할하여 영주(營州)를 두고 관리를 두었는데 마땅히 요수(遼水)의 동쪽이 맞는 것이다. (已具注序篇) 춘추전국시대에는 연나라에 속하였고 진나라와 전후 한나라의 요동군이며 동쪽으로 낙랑과 통하였다.

【사료29】『요사』「지리지」

〈서문〉
제(帝) 요(堯)는 천하를 가지런히 하여 9개의 주(州)로 하였다. 순(舜)은 기주(冀)와 청주(靑)의 땅이 커서 유주(幽) 병주(幷) 영주(營)로 나누어 12주(州)로 하였다. 유주(幽州)는 발해(渤)와 갈석(碣)의 사이에 있고, 병주(幷州)는 북쪽으로 대군(代)과 삭방(朔)이 있으며, 영주(營州)는 동쪽으로 요해(遼海)에 미친다.

중국의 모든 고대 사료들에 의하면 지금의 산서성에 있는 태행산맥 즉 연나라가 위치해 있었고 이곳 동쪽으로 갈석산과 연·진장성이 있어 고조선과 경계를 이루던 태행산맥을 기준으로 산서와 산동으로 나누었다. 산서에 기주가 있었고 산동에 청주가 있었다. 이후

기주와 청주가 커져서 그것을 세분하여 기주에는 그 북쪽으로 지금의 태원 지방을 중심으로 병주를 새로 두었고 다시 동북 지방인 하북성 석가장시 서북쪽에는 유주를 새로 만들어두었다. 즉 기주를 셋으로 나누어 남쪽으로부터 북쪽에 걸쳐 차례대로 기주, 병주, 유주를 두었다. 그리고 청주는 둘로 나누어 그 북쪽 즉 석가장시 북쪽 즉 『통전』상의 기록대로 요수 즉 지금의 하북성 자하의 동쪽을 영주로 하고 그 남쪽을 청주라 하였다. 원래 한나라 시기 이후 진나라 시기까지 요동군 및 낙랑군이 소속되어 있던 한나라 시기의 유주, 후한 시기의 유주, 진나라 시기에는 평주에 소속되어 있었던 곳을 위나라 시기에 【사료60】『위서』「지형지, 남영주/영주」상의 영주가 되었다. 이곳은 당연히 【사료16】『진서』「지리지」 '평주', '유주'상에 기록되어 있듯이 한나라 시기의 우북평군으로써 【사료10】『후한서(後漢書)』「군국지」 1. 유주에 의하면 낙양으로부터 2,300리 떨어진 곳으로 기록되어 있어 이를 왜곡하였다고 하여도, 이를 그대로 받아들인다 해도 당연히 현재 중국의 하북성에 위치해 있었다. 그런데 수나라 시기에는 【사료58】『수서』「지리지』상 요서군에 편성되었다가 수나라 양제 대업 초 605년에 폐지되었다.

> 영주의 제대로 된 비정이 우리 고대 국가의 위치를
> 알려주는 또 다른 지표이다.

이상에서 고조선, 연나라 그리고 갈석산, 연·진장성과 관련된 요수(하)를 살펴보기 위하여 양평도 같이 살펴보았다. 이렇게 살펴봄으로써 요수와 관련된 양평 그리고 영주의 원래 위치는 어디이고 또한 그 위치를 중국사서들이 어떻게 바꾸어 기록했는지도 알 수 있었다.

결국 요수(하)는 크게 세 번 위치와 개념이 바뀌었음을 알 수 있고 이와 밀접하게 관련하여 나타나는 것이 갈석산과 연·진장성이라는 것도 알게 되었다. 그리고 지금까지 살펴본 바와 같이 문제의 핵심인 한사군 낙랑군과 관련된 것이 연나라와 고조선의 위치이다. 위치는 산수, 열수, 습수와 관련이 있다. 그리고 요하(수)와 관련이 있다. 요수는 연·진장성과 관련이 있다. 이 장성들은 '요동외요' 및 '요동고새'와 관련이 있고 갈석산과 관련이 있다. 따라서 이들은 모두 서로 연관되어 있으며 얽혀 있다. 그러므로 서로의 연관성을 확실히 살펴보면 제대로 된 고조선의 역사와 한사군 낙랑군에 대한 해답이 있을 것이다.

하지만 해방 후 우리 주류 강단 사학계는 고조선과 관련된 논문이 1,000여 편이 넘지만 이에 대한 연구 없이 모두 왜곡된 이후의 당나라 사서와 이를 더욱 왜곡시킨 고려 조선시대 유학자들 그리고 왜곡을 완성시켜 물려준 일제 식민 사학자들의 연구 결과 및 기록만을 취사선택하여 맞지 않는 것을 억지로 자기 위주대로 결론을 정해 놓고 연구한 결과, 해방 후 77년 이전 수준의 결론을 그대로 고수하고 있다. 이는 세계 역사학상 아이러니요 불가사의한 것이다.

요수에 대한 언급은 그만하고 간단하면서도 명확한 것이 서로 얽혀 어렵게 꼬여 있는 것 같은 고조선과 한사군 낙랑군이라는 우리 고대사의 실타래를 풀어 나가는 작업을 계속해 보자. 고조선과 당시 연나라의 위치를 살펴보는 해답인 연관된 사항인 연장성, 진장성과 이와 관련된 '요동외요' 및 '요동고새'에 대하여 살펴보고 그 다음에 진장성 위치와 관련된 갈석산 그리고 연나라 및 고조선의 위치에 대하여 살펴보기로 한다.

[연·진장성에 대하여]

여기서 이해를 돕기 위하여 참고로 인용 자료와 역사적 사실들을 연대순으로 정리해 보기로 한다.

■ [도표4] 연표

> 1. 산해경 : BC6C ~ 4C
> 2. 산해경 곽박 주석 : AD276 ~ 324
> 3. 중국 연나라 : BC323 ~ 222
> 4. 진개 고조선(단군조선) 침략 : BC311 ~ 270
> 5. 진나라 통일 : BC221
> 6. 한나라 통일 : BC206 ~ 220
> 7. 위만조선 건국 : BC194 ~ 109
> 8. 회남자(유안) : BC123 이전
> 9. 사기(사마천) : BC109 ~ 91
> 10. 염철론(환관) : BC73 ~ 49
> 11. 한서(지리지)(반고) : AD82
> 12 수경(상흠) : AD3C
> 13. 수경주(역도원) : AD515
> 14. 위략(어환) : AD220 ~ 265
> 15. 삼국지(위서 동이전)(진수) : AD233 ~ 297
> 16. 태강지리지 : 서진 무제 태강(太康, AD280~290)
> 17. 후한서(범엽) : AD398 ~ 446(대상시기:AD25~220)
> 18. 위서(지형지) : AD554 ~ 559(대상시기:AD220~550)
> 19. 수서(지리지) : AD581년 ~ 618
> 20. 진서(지리지)(당나라 방현령 등 21명의 학자) : AD646 ~ 648(대상시기:AD200~420)
> 21. 도리기(가탐) : AD730 ~ 805
> 22. 통전(두우) : AD735 ~ 812
> 23. 구당서 : AD945
> 24. 무경총요 : AD1040 ~ 1044

25. 신당서 : AD1060
26. 요사 지리지 : AD1344
27. 조선경국전(정도전) : AD1394
28. 동국사략(권근, 하륜, 이첨 등) : AD1402
29. 해동역사(한치윤, 한진서) : AD1823

연장성을 살펴보기 위해서는 우선 그 성을 축성한 연나라 위치에 대하여 살펴보아야 할 것이다. 자기 나라와 동떨어진 곳에 쌓을 리 없기 때문이다. 더군다나 여기서 살펴볼 것은 그 위치이기 때문이기도 하다. 그러나 연나라의 위치는 역으로 연장성의 위치를 살펴보면 알 수 있다. 또한 연장성은 진장성과도 관련이 있다. 왜냐하면 진장성은 전부는 아니지만 연장성 범위 내에서는 연장성 위에 쌓은 것이기 때문이다.

■ [그림8] 중국 및 주류 강단 사학계 연나라 위치 비정

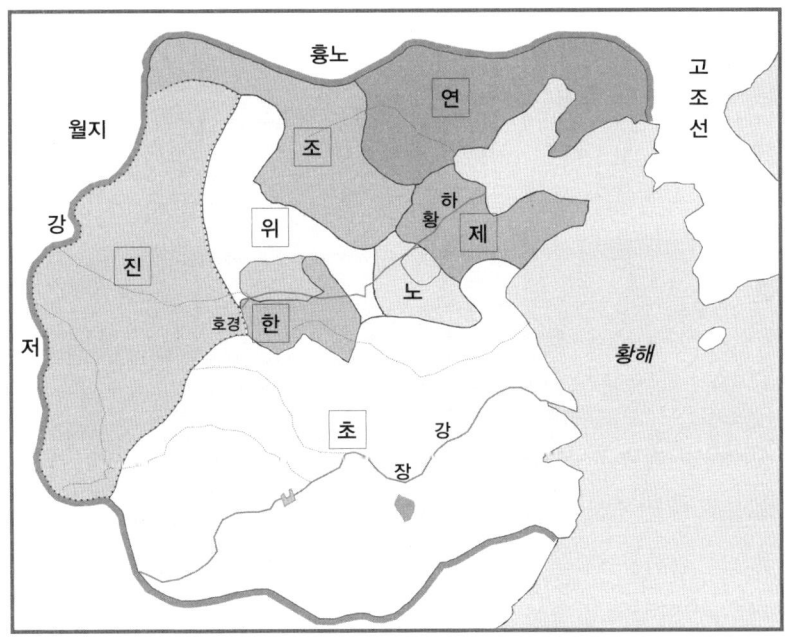

365

[연나라 위치에 대하여]

연나라 위치는,
살펴본 사료【사료19】『염철론』「험고」편에서 기록한 대로,

> 연나라는 갈석산에 의해 막히고, 사곡에 의해 끊겼으며, 요수에 의해 둘러싸였다… 중략… (이것으로) 나라를 굳게 지킬 수 있으니 산천은 나라의 보배이다.

■ [그림9] 연나라와 고조선 위치도

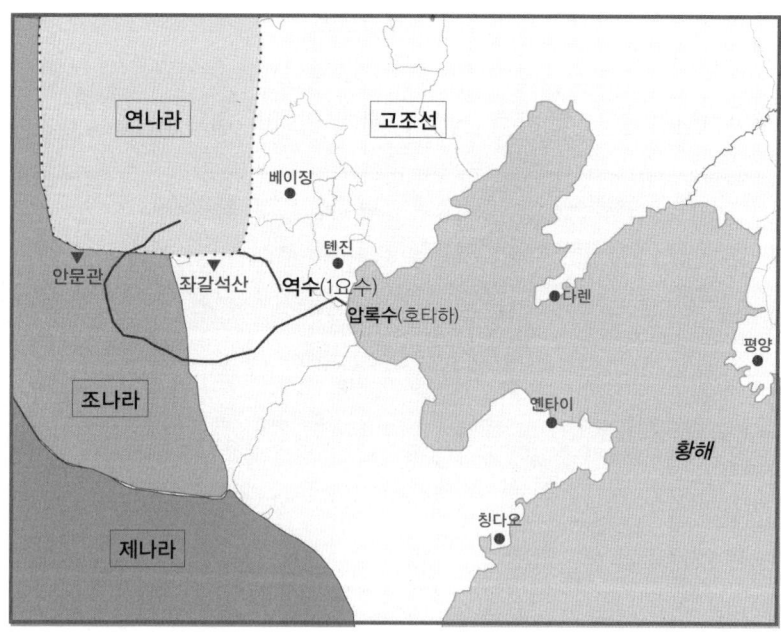

에 의하여 갈석산과 요수와 관련이 있다. 이것은 고조선과 관련 있는 것으로 살펴본 대로 국경을 마주하고 있었다. 여기서의 요수는 당연히 현재 비정하고 있는 요령성 요하가 아니다. 이 요수가 요령성 요

■ [그림10] 일본 교과서 중국 진나라 한반도 점령도(진장성)

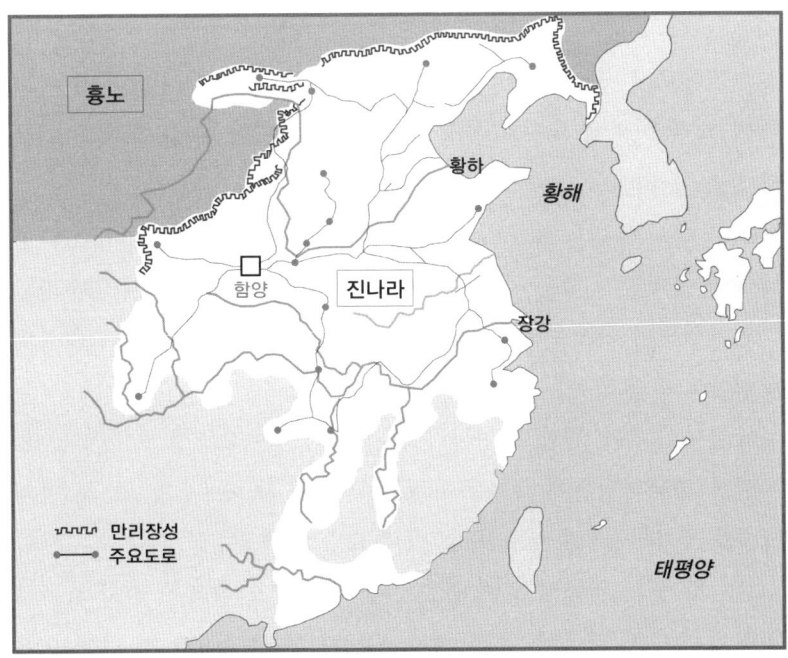

■ [그림11] 일본 교과서 중국 한나라 한반도 점령도(한사군)

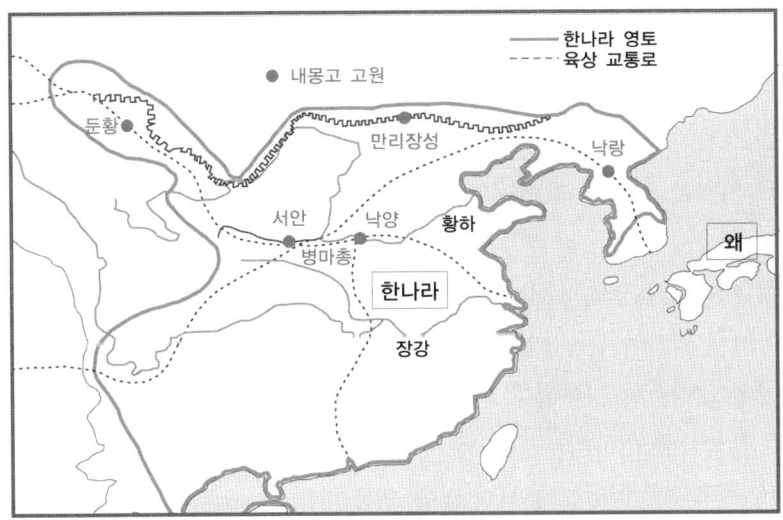

하가 아니라는 사실은 수많은 사서기록에 의하여 입증된다. 또한 당시 연나라의 위치 비정이 이를 입증해 준다.

그럼에도 본 필자가 이 글에서 현재 비판하고 있는 논문에서는 지금의 요하 이외에 요수로 불린 적이 없다고 한다. 이는 도저히 있을 수 없는 논리이다. 남북조시대의 학자 유신은 요수를 일컬어 하북성 남쪽 보정시 역현의 역수라고 하였다. 그리고 당시 연나라의 위치 중 남쪽에 갈석산이 있는 곳의 요수는 앞에서 첫 번째 요수가 역수라고 확인하였듯이 이곳은 연나라가 연소왕 진개 이전의 연나라 위치상의 갈석산으로 보아 이 요수는 역수인 것이다.

중국사서상 첫 번째 요수와 관련된 갈석산은 요령성 요하에 없다. 사실상 중국사서상에 요수는 하북성 지역에 세 개 있다. 즉 첫 번째 요수로 불린 지금의 역수와 두 번째 요수로 대요수인 지금의 자하와 소요수로 불린 지금의 고하가 그것이다. 그리고 갈석산 역시 하북성 지역에 요수와 더불어 두 개 있다. 좌갈석(현재 백석산)과 첫 번째 요수인 역수 위치의 '요동외요' 연·진장성 그리고 우갈석과 두 번째 요수인 자하 위치의 '요동고새' 연·진장성이 그것이다. 따라서 연·진장성 역시 이처럼 두 개가 있다. 그리고 평주, 노룡현, 창려현과 함께 현재의 하북성 진황도시로 왜곡되어 옮겨진 갈석산과 명장성이 있다. 중국 측과 일제 식민사학 그리고 주류 강단 사학계가 우리 고대사 활동 지역을 옮긴 요령성 지역에는 갈석산이 없다. 물론 조작된 연장성과 나중에 명명된 요하만 있을 뿐이다. 갈석산도 없으면서 고구려 옛 성 흔적을 연장성으로 하고, 나중에 명명된 요하를 요수라 하고, 동북공정에 의하여 진장성을 허구로 만주 지방까지 설정하여 연장시킨 것밖에 없다. 이곳은 절대 우리 고대사 활동 무대가 아니다.

갈석산에 대하여는 나중에 자세히 설명하도록 하겠다. 연나라 옆에 갈석산이 있었고 갈석산 옆에 요동 땅과 그 요동 땅에 조선이 있었다. 그리고 이 갈석산은 요수와 진장성이 연관되어 있고 진장성은 연장성 위에 덧쌓은 것이다.

요수에 대하여는 앞에서 연장성 진장성과 관련하여 살펴보았고, 지금의 연·진장성을 확인하면서 연나라의 위치를 확인하고자 한다. 그러면 고조선의 위치가 확인되기 때문이다.

> 연나라 옆에 갈석산이 있었고 그 동쪽에 요동 땅이 있었고 요동 땅에 고조선이 있었다. 결국 연나라 옆에 고조선이 있었기 때문에 연나라 위치는 바로 고조선 위치를 알려주는 지표이다. 연나라의 위치는 연장성에 의하여 확인된다.
> 이 연장성은 후에 진장성이 되고 진장성은 요수와 갈석산에 있었다.

연나라의 위치에 대하여는 앞에서 살펴본 【사료8】『사기』「권69 소진열전 제9」에서와 같이,

> 소진이 연나라 문후에게 말하기를 "연나라의 동쪽에는 조선과 요동이 있고, 북쪽에는 임호와 누번이 있으며, 서쪽에는 운중과 구원이 있다. 남쪽에는 녹타와 역수가 있으며 지방이 2천여 리이다… 남쪽의 갈석(碣石)과 안문(鴈門)의 풍요로움이 있고 북쪽에는 대추와 밤이 많이 나는 이점이 있다. 백성들이 비록 농사를 짓지 아니하여도 대추와 밤이 있어서 풍족하니 이곳이 이른바 천부(天府)이다.
>
> 주(注)(요약), 정북 쪽을 병주라 하고 그곳의 하천을 녹타(褖沱)라고 한다. 색은에서는 녹타를 호타(滹沱)라고 하였으며, 호타는 대군(代郡) 염성(鹵城)현을 출발하여 동남으로 흘러 오대산 북쪽을 지나 동남쪽 정주를 지나 바다로 든다. 역수(易水)는 역현에서 나와 동쪽으로 흘러 유주 귀의현을 지나 동쪽에서 호타하와 합쳐진다.
> 색은 주석 : (전국책) 갈석산은 상산(常山) 구문현(九門縣)에 있다. (한서)지리지에 대갈석산(大碣石山)은 우북평(右北平) 여성현(驪城縣) 서남쪽에 있다.

당연히 연나라 동쪽에 고조선이 있었다는 것이다. 그리고 북쪽에는 임호와 누번, 서쪽에는 운중과 구원이 있었다는 것이다. 남쪽에는 녹타와 역수가 있다고 하였다. 그리고 또다시 남쪽에 갈석과 안문이 있다고 하였다. 그러면 이곳은 어디인가. 여기서 문제가 되는 것은 두 가지이다. 즉 갈석과 녹타인 호타하이다. 왜 문제가 되는가 하면 갈석이 두 가지이므로 이에 맞는 호타하를 지정하여야 하기 때문이다. 즉 두 갈석에 각각 호타하는 적용이 되는 한편 위치가 달라지기 때문이다. 왜냐하면 호타하가 산서성에서 발원하여 하북성으로 흐르기 때문에 산서성 호타하와 연결될 수도 있고 하북성 호타하와 연결될 수도 있기 때문이다. 또한 연나라의 영역 및 도읍이 한 군데가 아니라 이동하였기 때문이다. 위의 기록은 소위 연나라 전성기인 연소왕 시기 이전의 기록으로 옮기기 전 원래의 연나라 위치를 기록한 것이다. 왜냐하면 소진은 연소왕 이전의 사람이다.

그런데 갈석이 호타하와 연결될 단서가 있다. 갈석과 같이 남쪽에 안문이 있다고 하였다. 위의 지명 중 현재까지 지명이 그대로 남아 있는 것은 위 사항 중 '호타하', '역수' 그리고 '안문'이다. 안문은 현재 산서성 삭주시 동쪽의 산서성 흔주시 대현의 안문관(Yanmenguan, 雁門關)이다. 따라서 안문과 같이 남쪽에 있는 것은 산서성 호타하이고 동쪽에 역수가 있고 서남쪽에 갈석산이었던 지금의 백석산이 있다. 갈석산에서 동쪽으로 진장성이 보정시 서수구 수성진 즉 사서기록상의 낙랑군 수성진에 걸쳐 있다. 더군다나 서쪽 안문관으로부터 동쪽으로 호타하와 발원지 그리고 동쪽으로 갈석산(백석산) 그리고 동쪽으로 역수 발원지와 역수가 거의 일직선상에 있다. 이곳이 전부 연나라의 남쪽 경계였다. 또한 연나라 서쪽에 있다는 운중과 구원의 경우 내몽고 자치구 호화호특시(呼和浩特市) 탁극탁현(托克托縣) 고성촌(古城村) 서쪽에 전국시대 운중군의 옛 성터가 보존되어 있다. 또한 구원군은 운중군에서 좀 더 서쪽에 위치한 지역이다. 지금의 내몽고 호화호특시 서쪽에 있는 포두시(包頭市) 일대가 그 지역으로 오납특전기(烏拉特前旗) 부근에 유적이 보존되어 있다.

따라서 이 기록상의 연나라 위치는 분명히 산서성 대동시 인근이다. 한편 연나라 수도는 지금의 하북성 보정시 역현으로 역수 바로 북쪽에 있다. 따라서 이때의 다른 기록상 즉 『사기』「소진열전」상에 BC 334년경 소진이 연나라 연 문후(문공)(BC361~333)에게 "호타하를 건너고 역수를 건넌 지 4~5일도 못 되어 연나라 도성에 이를 수 있을 것이다." 한 것에서도 알 수 있다. 역수 위에 연나라 도성이 있었던 것이다. 한편,

> 【사료66】『사기』「화식열전」
>
> 연나라는 발해와 갈석 사이의 도회지입니다. 남쪽으로 제나라, 조나라 동북변방에는 호(胡)가 있습니다.
> 상곡에서 요동에 이르는 지역은 멀고 인민이 적어 침략을 자주 당합니다. 풍속은 趙, 代와 비슷하고 주민은 독수리처럼 사납지만 사려 깊지 못하고, 물고기, 소금, 대추, 밤이 풍족합니다.
> 북쪽은 오환(烏桓), 부여(夫餘)와 이웃해 있고, 동쪽은 예맥(穢貊), 조선(朝鮮), 진번(眞番)의 이점이 있습니다.

이 기록에는 위의 위치와 달리 연나라가 조금 밑으로 내려와 하북성 위치를 기록하고 있다. 그것은 발해와 갈석 사이라고 하였고, 북쪽에 오환, 부여가 있다는 것으로 보아 산서성 대동시 영구현 인근에 북부여가 있었으므로 남쪽은 하북성인 것이다. 부여와 같이 연나라 북쪽에 있었다는 오환은 중국사서 기록상 명백히 산서성 흔주시 서쪽에 있는 것으로 기록하고 있다. 따라서 동쪽에 있는 부여는 분명히 산서성 흔주시 동쪽에 있는 것이다. 이곳은 하북성 보정시 북쪽인 산서성 대동시 인근이다. 이곳 남쪽인 하북성 보정시에 나중에 산동성

고구려가 진출해 있었던 것이다.

이러한 부여와 고구려를 한반도 북부로 비정하는 것은 역사 조작이다. 위 사서는 연나라 전성기인 연소왕 시기에 진개에 의하여 고조선 영역 일부를 차지한 후 그 남쪽 하북성 호타하가 있는 하북성 석가장시 평산현 즉 나중에 연군성이요, 연계요, 계현이자 탁군으로 불리는 곳 즉 현재의 하북성 석가장시 평산현으로 도읍을 옮긴 후의 연나라 영역을 기록한 것이다. 연나라는 고정되어 있었던 것이 아니라 위치와 영역이 변하였고 도읍도 여러 번 옮기었던 것이다. 한 군데에 고정된 것으로 비정하려고 하고 위치 기록상의 지명을 왜곡된 인식에 의하여 비정하다 보니 제대로 비정하지 못하고 있는 것이다.

중국 측은 우리 민족 고대 역사 활동 무대를 동쪽으로 옮기기 위한 그들의 전통적인 왜곡에 의하여 연나라 수도 연군성, 연계, 계현(역현) 등을 모두 지금의 북경 지방으로 이동시켜 비정한 채 이곳을 연나라의 수도로 하고 있다. 하지만 이는 흔한 중국 측의 우리 역사 이동 역사 왜곡으로 앞으로 살펴볼 것이지만 이곳 인근에 위치한 임유관과 관련하여 당나라 시기의 계현은 『신당서』「지리지」상에 1. 하북도 1)유주범양군 대도독부 소속 계현으로 기록과 같이 광녕현을 쪼개어 설치하였다가 3년 만에 없앤 후 유도현에 속하게 한 곳으로 한나라 시기의 요서군이자 유주요, 영주로 나중에 살펴볼 임유관(궁, 각)(임삭궁)이 있는 인근이다. 즉 임유관은 계현 등이 있었던 평산현의 동남쪽인 정정현에 있다. 계현 등과 임유관이 있었던 평산현과 정정현은 모두 하북성 석가장시 서북부와 북부 지방이다. 이곳은 백제가 요서 지역으로 진출한 곳으로 당나라 시기의 유성과 북평 사이이자, 요나라 시기의 금주, 영원, 광녕 일대이다. 동성왕 시기에 북위와 전쟁을 벌인 후 이곳에 임유각을 설치하였던 것으로 절대 지금의 북경 지방이나 진황도시 지방이 아니다.

연나라는 당초 그 나라 남쪽에 호타하와 안문과 첫 번째 요수로 기록된 역수를 둔 지금의 보정시 역현 이북 지방에 있다가 사서기록과 같이 전성기인 연소왕 시기에 진개 장군이 고조선 지역인 진번 조선 지역을 어느 정도 확보한 채 여기에 두 개의 장성 즉 나중의 '요동고새'와 '요동외요'를 쌓으면서 나중의 계현, 역현 등으로 불리는 하북성 석가장시 평산현에 도읍을 정하여 옮기었다가 연나라가 멸망할 당시에 진나라 진시황을 살해하기 위해 떠나는 형가를 연나라 태자 단이 역수에서 배웅한 것에 의하면 이 역수는 제1요수로 비정되는 지금의 하북성 보정시 역현에서 발원하는 역수인 것이다. 따라서 이러한 사실들에 의하면 연나라는 다시 원래의 위치인 제1요수인 역수 지방인 안문, 호타하, 갈석산(백석산)을 남쪽 경계선으로 하는 지역으로 돌아가 진나라에 멸망당하게 되는 것이다.

고조선은 연나라와 갈석산 즉 두 개의 갈석산 중 좌갈석과 연·진 장성 중 '요동외요'가 있는 하북성 보정시 서부에서 갈석산 내지는 '요동외요'를 경계로 있었던 것이다. 고조선은 이곳에 있었다. 이후 진나라 시기에는 연나라를 BC 226년(계성 함락) 내지는 BC 222년(요동 함락 및 연왕 희 사로잡음)에 멸망시키고 연장성에 진장성을 쌓고 '요동외요'로 하였으나 한나라 시기에는 이곳을 고조선에 빼앗긴 채 '요동고새' 지역으로 물러나 패수를 경계로 고조선 즉 위만조선과 마주하고 있었던 것이다. 이러한 사항과 위치에도 불구하고 한때 연나라 도읍인 계현 즉 지금의 하북성 석가장시 평산현에 위치한 것 등을 중국 측의 왜곡을 그대로 받아들여 이를 북경 지방으로 비정하는 한편, 연나라의 전성기인 연소왕 시기에 진개의 고조선 영역 차지 사항과는 별도로 동호를 공격한 후 1,000여 리를 차지한 사실로 왜곡시킨 채 왜곡된 중국사서의 과도한 설정을 그대로 받아들여 이를 자기들의 논리인 '한반도 낙랑군 평양설'에 이용하여 이때 연나라가 차지한 영역을 북경 지방에서 한반도 북부 지방까지 설정한 것은 있을 수 없는 역사 조작이다.

이에 대하여는 [고조선 이동설의 허구]에서 입증하여 설명하겠지만 연장성의 허무맹랑한 길이 설정과 연5군의 일률적인 과도 설정 등 약소국 연나라의 과도 설정 그리고 허구성에 의하여 있을 수 없는 왜곡인 것이다. 분명한 사실은 역사적으로 연나라는 산서성에서 벗어나지 못하고 일시적으로 산서성과 하북성의 경계지방인 하북성 영역 일부에 진출한 것이 전부이다. 연나라는 역사상 산서성에서 하북성을 넘어 머나먼 요령성까지 차지할 정도로 강력했던 사실이 절대로 없다. 그렇게 강력했다면 연나라가 진나라를 누르고 통일하였을 것이다.

중국사서 기록상 연나라가 최약소 국가였다는 것은 명백한 사실인데도 우리 주류 강단 사학계는 그들의 식민사학 논리를 위하여 이를 과장하여 강대국으로 하고 있는 것은 세계 역사학상 불가사의한 일이다.

> ■ 연나라는 산서성에서 요령성까지 영역을 넓힌 사실이 없다.
> ■ 이에 따른 '고조선 이동설'은 완전 허구이다.
> ■ 이를 근거로 형성시킨 '낙랑군 평양설' 역시 조작이다.

연나라 이후 연나라 지역을 차지한 채 뒤를 이은 진나라와 한나라와의 경계 역시 진개의 침입 이전의 원래 연나라 위치 내지는 이보다 더 서쪽에서 이루어졌다는 것에서 소위 '고조선 이동설'은 허구로 판명 나는 사항이다. 이는 사서기록상 앞에서 확인한 '요동고새' 및 '요동외요' 기록에서 명백히 입증된다. 이에 대하여는 잠시 후에 좀 더 자세히 살펴볼 것이다. 연나라의 위치에 대하여 살펴본 【사료66】『사기』「화식열전」에서 발해와 갈석 사이에 있고, 오환과 부여가 북쪽에 있고, 동쪽으로 예맥, 조선, 진번이 있는 것으로 기록하고 있다.

이 사서에서 기록하고 있는 발해의 위치로 발해와 갈석 사이라는 것은 후에 수나라 양제가 고구려를 공격할 때 명분으로 삼은 '발갈지 간'으로 이곳은 동쪽의 발해와 서쪽의 갈석 사이의 땅을 말하는 것으로 연나라는 이미 언급하였듯이 연나라 전성기인 연소왕 시기에 남쪽으로 진출한 상태를 기록한 것이다. '발갈지간'은 고조선과 고구려 그리고 같은 기록상의 예맥족의 터전인 '자몽지야'가 있었던 곳이다. 연나라 위에 부여가 산서성 대동시 영구현 일대에 있었고, 연나라 동쪽 및 부여의 서쪽과 남쪽에 예맥 즉 선비족의 터전인 '자몽지야'가 남북으로 길게 있었고 그 동쪽에 이전에 고조선이 있었다는 기록이 이를 입증한다.

이 사항은『삼국지』및『후한서』의「부여전」및『진서』의「부여국전」기록에 의하여

【사료67】『후한서(後漢書)』「동이열전(東夷列傳)」부여(夫餘)

○ 夫餘國

夫餘國은 玄菟의 북쪽 千里쯤에 있다. 남쪽은 高句驪와, 동쪽은 挹婁와, 서쪽은 鮮卑와 접해 있고, 북쪽에는 弱水가 있다. 국토의 면적은 방 二千里이며, 본래 濊[族]의 땅이다.

【사료68】『삼국지(三國志)』〈위서〉「동이전」부여(夫餘)

○ 夫餘

夫餘는 長城의 북쪽에 있는데, 玄菟에서 천 리 떨어져 있다. 남쪽은 高句驪와, 동쪽은 挹婁와, 서쪽은 鮮卑와 접해 있고, 북쪽에는 弱水가 있다. [국토의 면적은]방 2천 리가 되며, 戶數는 8만이다.

【사료69】『진서(晉書)』卷九十七「列傳」第六十七 東夷: 夫餘國·

夫餘國은 玄菟의 북쪽 천여 리에 있는데, 남쪽은 鮮卑와 접해 있고, 북

> 쪽에는 弱水가 있다. 국토의 면적은 사방 2천 리이고, 戶數는 8만이다. 城邑과 宮室이 있으며, 토질은 五穀이 자라기에 적당하다.

입증된다. 그리고 이전에 이곳 동쪽에 진번이 있었다. 그리고 중국 사서기록상 오환은 분명히 산서성 흔주시 일원 즉 현재의 대군(山西省 忻州市 忻府區 代郡村)에 있었다는 사실은 위나라 조조와 관련된 기록에 의하여 명백히 입증된다. 이는 부여의 서쪽이다. 오환은 이른바 동호로 나중의 선비족이다. 이들은 부여의 서쪽 내지는 남쪽에 있다는 기록과 일치한다.

이와 같은 사실은 모든 사서가 입증하는 것으로 이를 벗어나면 역사 왜곡이자 조작이다. 모든 것이 상호 교차 검증되기 때문에 어떤 한 가지만을 다른 곳으로 옮겨 비정할 수 없는 것이다. 이와 같은 교차 검증에 의하여 부여는 한반도 북부 고구려 북쪽인 만주 길림성에 있었던 나라가 아니라 여기에 있었다. 그리고 선비족 국가인 전연, 후연, 북연은 이곳에 국한되어 있었지 요령성 인근에 있었던 나라가 아니다. 이에 대하여는 앞으로 상세히 입증하도록 하겠다. 물론 사서의 기록에 의하여 확실히 입증할 것이다.

그리고 이미 살펴본 【사료43】『사기』「흉노열전」에서 당시 춘추전국시대에 연나라와 이웃한 조나라에 대한 다른 기사를 살펴보면,

> **【사료43】『사기』「흉노열전」**
>
> 그로부터 65년 뒤(기원전 706년)에 산융이 연(燕)나라를 넘어와서 제(齊)나라를 침범하여 제나라 희공(釐公)이 제나라 교외에서 산융과 싸웠다. 그로부터 44년 후(기원전 664년)에 산융이 다시 연나라를 침공했다. 연나라는 곧 위급함을 제나라에 알렸다.
> 제나라 환공(桓公)은 북쪽으로 가서 산융을 공격해 그들을 패주시켰다.

복건(服虔) : 산융(山戎)은 모두 지금의 선비족(鮮卑)이다.
호광(胡広) : 선비는 동호(東胡)의 별종이다.
응봉(應奉) : 진시황이 장성을 축성할 때 노역을 피하여 새 밖[塞外]으로 달아난 무리가 선비산(鮮卑山)에 의지하였기에 그렇게 부른다.

그 당시에 진(秦)과 진(晉)나라가 강국이었다. 진(晉)나라 문공은 융적을 하서(河西)의 은수(圁水)와 낙수(洛水) 사이로 내쫓고 그들을 적적(赤翟)과 백적(白翟)으로 나누어 불렀다. 또한 진(秦)나라 목공(穆公)은 유여(由余)를 신하로 받아들여 서융의 여덟 나라를 복속시켰다.
그 나라들은 농(隴) 지방의 서쪽에 있었던 면저(綿諸), 곤융(緄戎), 적(翟), 원(獂) 등이었고,
기산(岐山), 양산(梁山)과 경수(涇水), 칠수(漆水)의 북쪽으로 의거(義渠), 대려(大荔), 오지(烏氏), 구연(朐衍) 등의 융족이었다.
그리고 진(晉) 북쪽에는 임호(林胡), 누번(樓煩) 등의 융족이 있었고, 연나라 북쪽에는 동호(東胡), 산융(山戎) 등의 융족이 살고 있었다.

[11] 여순(如淳) : 임호(林胡)는 담림(儋林)족이다. 이목(李牧)에게 소멸(所滅)되었다.
괄지지(括地志) : 삭주(朔州)는 춘추시대의 북지(北地)이다.
여순(如淳) : 운(雲 운중)은 담림(澹林)족이다. 이목(李牧)에게 소멸(所滅)되었다.
[12] 한서지리지 : 누번(樓煩)은 안문군(鴈門)에 속한 현의 명칭이다.
응소(應劭) : 옛 누번(樓煩), 호(胡)의 땅이다.
괄지지(括地志) : 람주(嵐州)는 누번(樓煩)국의 땅이다. 풍속은 운중(雲)과 통하는데 옛 누번국(樓煩)의 지역이다.
[13] 한서음의(漢書音義) : 오환(烏丸)을 간혹 선비(鮮卑)라고도 한다.
복건(服虔) : 동호(東胡)는 오환의 선조이며 이후에 선비(鮮卑)이다. 흉노의 동쪽에 있기에 동호(東胡)라고 한다.
속한서(續漢書) : 한나라 초기에 흉노의 묵돌(冒頓)이 나라를 멸하니 남은 자들이 오환산(烏桓山)에서 보전하여 그렇게 (오환이라) 부른다.
풍속은 수초(水草)를 따라다니며 일정한 거주지가 없다. 아비의 이름을 성씨(姓)로 한다. 남녀 모두 머리털을 깎는데 가볍고 편하다.

이 기록에서도 분명히 연나라의 동쪽과 북쪽에 산융과 동호가 있다고 하였다. 이것은 앞에서 인용한 기록에서 북쪽의 오환과 부여에서 오환, 동쪽의 예맥과 조선, 진번에서 예맥을 일컫는 것으로 각각 선비족이라고 하였다. 바로 오환과 예맥이 그들인 것이다. 이곳이 바로 '자몽지야'와 그 북쪽의 선비족 근거지이다.

이 기록들에 의하여 나중에 살펴볼 '고조선 이동설'의 허구를 입증하듯이 연나라가 공격한 것은 고조선이 아니라 동호족으로 나중의 선비족인 산융 등인 것이다. 나중의 선비는 동호인 산융에서 나온 소위 동호의 별종인 오환 선비인 것이다. 이것을 중국사서는 나중에 고조선으로 바꾸어 역사를 왜곡한 것을 이 기록이 입증하는 것이다. 고구려를 동쪽으로 옮기는 왜곡을 하기 위하여 이러한 선비 특히 모용선비의 전연, 후연, 북연을 요하 인근까지 설정하는 것은 역사 조작이다.

> 연나라가 고조선을 공격하여 1,000여 리를 물러났다는 사실은 역사 왜곡으로 역사적 진실은 사서의 기록과 같이 당시 동호였던 산융(나중의 오환선비족)족을 공격한 것이다. 이는 사서 록이 명백히 입증하는 사항이다.

그런데 자기 밥그릇도 못 찾아 먹고 이러한 왜곡 비정을 그대로 받아들인 채 고구려를 요령성 요하 동쪽 지방으로 한정시키는 주류 강단 사학계의 역사 전개는 역사 조작이 매국 행위인 것이다. 이는 그들의 비판대로 욕망에 의한 것이 아니라 이와 같은 중국 사료의 근거에 의한 것이다. 이외에도 이를 입증하는 많은 사료가 있지만 앞으로 차근차근 살펴보고 입증하도록 할 것이다.

여기서 잠깐 사마천의 『사기』에 대하여 살펴보기로 한다. 이것을 살펴보는 이유는 연나라의 위치 그리고 이에 의하여 우리가 알려고 하는 고조선의 위치를 알려주고 있기 때문이다. 사마천의『사기』는 1. 본기(역대 왕조 기록) 12권, 2. 표(계보도, 연표) 10편, 3. 서(문화사) 8권, 4. 세가(제후 역사) 30권, 5. 열전(개인의 사적) 70권 등 총 130권으로 이루어진 역사서이다. 이 중에 연나라와 직접 관련된 역사 사료는「연소공세가」이고 간접적으로 관련되어 나타나는 역사 사료는 이웃 나라인「조세가」,「흉노열전」등이고, 관련 사실이 나타나는 역사 사료는「소진열전」,「화식열전」등이다.

연나라 동쪽에는 앞에서 살펴본『관자』,『전국책』,『산해경』,『염철론』「벌공」편과 같이『사기』의「소진열전」,「화식열전」기록에도 조선이 있었으며, 연나라 북쪽과 동쪽, 조나라 북쪽에 동호 내지는 산융 등이 있었고 이들은 선비족인 것이다. 이들이 예맥족인 것이다. 앞으로 자세히 살펴보겠지만 사마천이『사기』의「흉노열전」에서 동호를 침범하여 1,000리를 물러나게 했다는 기사가 모든 사서상의 첫 기록이자 진실한 기록으로 이와 관련한 후대의 다른 사서의 기록은 신빙성이 없다. 역설적으로 사마천의『사기』「흉노열전」이 동호와 연나라와 관련짓는 유일한 것이다.

하지만 역사적 기록상으로는 동호와 전쟁 관계 기사는 연나라가 아닌 조나라가 풍부하다. 그러나 이와 동일한 기사를 사마천이 같은 역사서의 다른 편인『사기』의「조선열전」에서 쓴 관계로 이후 중국 사가들이 중국의 '춘추필법'에 의하여 두 기사를 조작해 내었던 것이다. 마찬가지로 동호와 같이 나중에 고조선과의 전쟁으로 연나라가 차지한 1,000여 리 내지는 2,000여 리 혹은 3,000여 리로 인하여 고조선이 이동하여 현재의 한반도 평양으로 이동하였다는 다른 사료들을 들어 주류 강단 사학계가 주장하는 '고조선 이동설'은 허구이고, 연나라와의 전쟁 그리고 1,000여 리 내지는 3,000여 리 이동하였다는 주류 강단 사학계의 주장은 허위인 것이다.

더군다나 사마천은 『사기』의 「흉노열전」에서 동호 즉 산융 즉 나중의 예맥족인 오환 선비족을 공격하여 1,000리를 빼앗았다고 하였다. 그리고 다른 편인 「조선열전」에서는 진번, 조선(다른 기록인 『사기』「화식열전」에서는 순서를 바꾸어 (예맥), 조선, 진번이라고 기록함)을 침략하여 속하게 하고 아전을 두고 장새를 쌓았다고 기록하였다. 1,000리를 빼앗은 대상은 조선이 아니라 동호 즉 선비족인 것이다. 진번, 조선 땅은 일부 빼앗아 관리와 장새를 쌓았지만 그 다음 기록을 보면 진나라 및 한나라 시기에는 이곳마저 지키기 어려워 물러나 경계로 삼았다고 기록하였다. 따라서 연나라는 북쪽에 있었던 동호인 산융 즉 나중의 선비족 땅을 1,000리 빼앗은 반면 동쪽의 조선 땅은 일부 빼앗았으나 이내 다시 원위치로 물러난 것임을 알 수 있다. 즉 1,000리 땅을 빼앗은 대상은 동쪽의 조선이 아니라 북쪽의 동호인 산융 즉 나중의 선비족인 것이다. 이러한 기록을 나중의 다른 중국사서가 모두 조선으로 왜곡하여 조선은 거듭 1,000리 즉 2,000리를 물러난 것으로 기록한 것이다. 이러한 사실이 확실한데도 주류 강단 사학계는 이것을 그대로 받아들여 고조선이 원래의 위치에서 2,000여 리나 물러난 것으로 역사를 꾸미고 있는 것이다. 이에 대하여는 잠시 후에 상세히 입증할 것이다.

다시 본론으로 들어가서 우리가 파악하려고 하는 연나라의 위치는 당연히 고조선과 관련이 있다. 바로 국경을 마주하고 있고 고조선과 역사적 활동이 있어 고조선의 위치와 역사적 활동을 알 수 있기 때문이다. 이것은 주류 강단 사학계가 주장하는 위치를 검증할 수 있기 때문이기도 하다. 물론 연나라의 위치는 중국사서의 여러 기록에 의하여 정확한 위치가 밝혀졌지만 다른 사실에 의하여 더욱 확실히 입증되고 이 사실들은 또한 고조선의 위치도 입증하는 것이기에 아울러 살펴보고자 한다.

> 연나라와 고조선 위치는 연5군, 연장성, 진장성이 알려준다.
> 연나라는 산서성에 있었고 고조선은 하북성에서 연나라와
> 마주하고 있었다.

연나라의 위치는 살펴본 바에 의하면 당연히 동으로 고조선과 국경선을 마주하고 있으며, 북으로는 동호와, 서북으로는 조나라와 국경을 마주하고 있다. 또한 【사료8】『사기』「권69 소진열전 제9」, 【사료66】「화식열전」에 기록되어 있듯이 갈석산과 관련이 있다. 그리고 이러한 국경과 갈석산의 위치를 알 수 있는 지표가 바로 연5군과 연장성과 그리고 나중의 진장성이다.

앞에서 참고한 【사료8】『사기』「권69 소진열전 제9」을 다시 살펴보면, "연나라의 동쪽에는 조선과 요동이 있고, 남쪽에는 녹타와 역수가 있으며, …남쪽의 갈석(碣石)과 안문(鴈門)의 풍요로움이 있고 북쪽에는 대추와 밤이 많이 나는 이점이 있다." 즉 연나라 위치는 갈석과 관계가 있는 것이다. 연나라의 위치에 대하여는 "2.『전국책(戰國策)』사료 이용과 해석을 비판한다."에서 살펴보았다. 여기서 살펴본 것은 지금도 존재하는 호타하와 안문이다. 여기서 또 하나 실존하는 장소가 있어 살펴보고자 한다. 이 사서 기록의 호타하에 대한 주석에서 호타하가 오대산 북쪽을 지나 동남쪽 정주를 지나 바다로 든다고 하였다. 본 필자는 오대산이 소요수의 발원지인 요산으로 비정되며 이는 지금의 하북성 석가장시 행당현의 오어산(鰲魚山, Aoyu Mountain)이다. 오어산에 대하여는 요수를 설명하면서 언급하였다.

그리고 정주가 호타하의 동남쪽에 있는 것으로 되어 있다. 현재 호타하의 흐름을 보면 오대산인 오어산의 북쪽으로 흘러 지나와서 하북성 정주시를 동남쪽으로 두고 흘러 하북성 석가장시 안평현을 지나 바다로 들어가고 있다. 사서상 호타하 관련으로 기록된 정주가 현

재 하북성 정주시로 존재하는 것이다. 그러면 2,000년도 넘은 시기의 상황을 당시에 기록한 【사료8】『사기』「권69 소진열전 제9」에 적어도 역수, 갈석, 안문, 호타하, 정주 다섯 가지 명칭이 현재도 존재하면 그 지역을 당시의 지역으로 하여야 당연한 것이다.

연나라 위치와 관련된 지명이 아직도 하북성 그 위치에 네 개나 존재한다.

그리고 이외의 평주 등 모든 사서의 기록이 이를 뒷받침해 주고 있다. 연나라는 산서성과 하북성을 경계로 산서성 지역에 있었던 것이다. 즉 연나라는 사서기록상 그 위치와 관련한 지명이 지금도 남아 있는 것에 의하여 확인할 수 있듯이 서남쪽은 안문(관)(Yanmenguan, 雁門关)이 있는 삭주시로부터 그 동쪽으로는 호타하 발원지인 산서성 흔주시 번치현(繁峙县)의 고산수고(Gushan Reservoir, 孤山水库)와 산서성 호타하(Hutuo, 滹沱河) 그리고 그 동쪽으로는 첫 번째 요수로 역수인 하북성 보정시 역현 서남부 용문수고(Longmen Reservoir, 龙门水库)에서 발원하는 남역수인 폭하(puhe River, 瀑河)와 북역수(Beiyishui River, 北易水河)와 그리고 중역수(Zhongyishui River, 中易水河) 지역의 북쪽이었다. 여기에 있다가 이후 전성기 시기인 연나라 소왕, 연개 시기에 동남쪽 및 남쪽으로 확장하여 마자수이자 압록수이자 청하인 하북성 호타하(Hutuo, 滹沱河)에 이르렀던 나라였다. 즉 전성기에 동남쪽 하북성으로 일부 진출하여 한 개 내지는 두 개의 연장성을 쌓았다가 이내 다시 원위치로 후퇴하였던 것이다.

연나라는 산서성 대동시 동남쪽 지역에 있었다.

연나라 동남쪽에 고조선이 있었고 이들의 경계에 연장성, 요수, 갈석산이 있었다. 그리고 다시 남쪽에 또 다른 진장성이 있었고 이곳에 한나라 시기에 소위 한사군(한이군)의 낙랑군과 현토군이 있었던 것이다. 고구려가 이들의 남쪽인 산동성 지역에서 건국된 후 하북성으로 진출한 후 서쪽인 낙랑군과 현토군 그리고 요동군 방향으로 영역을 넓히는 한편 동쪽으로 요령성 및 한반도에 영역을 넓혔던 것이다.

통상적으로 즉 주류 강단 사학계의 왜곡된 비정에 의하면 고구려가 한반도 북부에서 발흥하여 서쪽으로는 요령성 요하까지 그리고 동쪽으로는 길림성으로 영역을 넓혀 발전한 것으로 하고 있지만 사실은 그 반대이다. 이러한 이유는 다른 중요한 사항과 관련이 있다. 즉 백제와 신라가 있어 이렇게 할 수밖에 없었던 것이다. 이것에 대하여는 백제와 신라의 위치와 관련하여 설명할 것이다.

■ [그림12] 요동외요, 좌갈석/요동고새, 우갈석

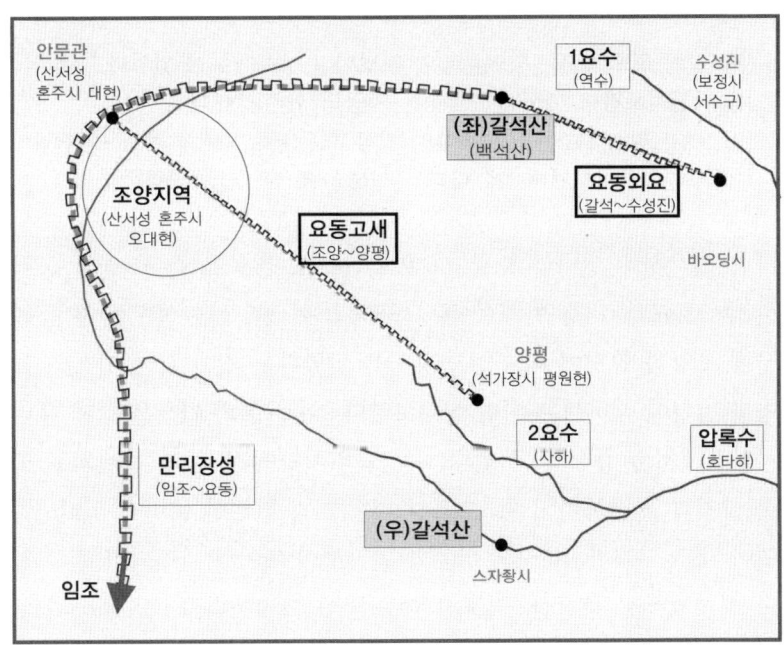

[연장성, 연5군에 대하여]

그럼 순서적으로 연장성과 연5군에 대하여 확인하자면 이는 앞서 살펴본 다음 사서에 기록되어 있다.

> 【사료43】『사기』「흉노열전」
>
> 그 후 연(燕)나라에 현장(賢將, 현명한 장수) 진개(秦開)란 이가 있어 호(胡)에 볼모로 갔는데 호(胡)가 그를 매우 신임했다. (연나라로) 되돌아와 동호(東胡)를 습격해 격파하니 동호(東胡)가 천여 리를 물러났다. 형가(荊軻)와 함께 진왕(秦王)을 암살하려 했던 진무양(秦舞陽)이란 이가 진개(秦開)의 손자다. 연(燕)나라 또한 장성(長城)을 쌓아 조양(造陽)에서부터 [8] 양평(襄平)에 이르렀고 [9] 상곡(上谷), 어양(漁陽), 우북평(右北平), 요서(遼西), 요동군(遼東郡)을 설치해 호(胡)를 막았다. 당시 관대(冠帶, 의관속대)하던 전국시대 일곱 나라 중 세 나라가 흉노와 접경했다. [10] 그 후 조(趙)나라 장수 이목(李牧)이 있을 때에는 흉노가 감히 조나라의 변경을 침입하지 못했다.
>
> [8] [집해] 위소(韋昭)는 "(조양造陽은) 지명이고 상곡(上谷)에 있었다." 했다.
> [정의] 살펴보건대, 상곡군(上谷郡)은 지금의 규주(嬀州)다.
> [9] [색은] 위소(韋昭)는 "(양평襄平은) 지금 요동(遼東)(군郡)의 치소"라 했다.
> [10] [색은] 살펴보건대, 세 나라는 연(燕), 조(趙), 진(秦)이다.

즉 전국시대 연나라 소왕 시기(BC311~279)에 동호 즉 호(胡)를 공격한 후 1,000여 리를 차지한 후 그곳에 소위 연5군을 설치한 후 동쪽 끝에 조양과 양평에 이르는 연장성을 쌓았다는 것이다. 여기서의 조양과 양평에 대하여는 이미 살펴보았다. 이 사실과 기록은 현재 우리 사학계에서 논란이 되고 있다. 즉 그 위치와 범위 등과 관련되고 또한 그것과 관련하여 소위 '고조선 이동설'과 관련한 논란이 있다. 즉 연이 새로 차지한 연5군의 위치와 연장성의 위치와 관련되어 주류 강단 사학계에서 주장한 '고조선 이동설'이 그것이다.

[고조선 이동설의 허구]

'고조선 이동설'에 대하여 비교적 간단히 살펴보기로 한다. 이에 대하여 자세히 살펴보려면 책 1권 분량도 넘는다. 그래서 여기서는 비교적 간단하지만 명확하게 살펴보고 넘어가기로 한다.

'고조선 이동설'은 고조선 중심 세력이 중국 세력에게 밀리어 한반도 평양 지방으로 옮겨졌다는 학설이다. 이는 일제 식민사관에 의하여 '한사군 낙랑군 한반도 평양설'을 주창하던 우리나라 주류 강단 사학계가 해방 이후 여러 사료와 유물 유적의 발견으로 본 필자가 이 글에서 밝히는 바와 같이 본래 고조선의 요동 위치설(고대 요동설 및 이후 요동설 포함)이 신빙성이 있는 것으로 힘을 얻게 되어 한반도 평양설을 계속 유지 못하자 이에 대한 변명과 면피용으로 만든 식민사학의 사생아인 것으로 도저히 묵과할 수 없는 학설 아닌 변명 논리이다.

이러한 주류 강단 사학계의 주장은 터무니없이 비합리적이고 비학문적인 식민사학 옹호론이다. 이에 대하여는 이 글에서 차츰 밝혀낼 것이다. 원래 고조선은 한반도에 있다가 한나라의 침입을 받아 멸망한 후 여기에 한사군이 설치되었다고 하면서 일제 식민 사학자 논리를 그대로 추종하여 주장하였다. 그러나 이후 문헌학적으로는 중국 사료를 비롯한 여러 사료에 의하여 고조선이 한반도에 있지 않고 중국 대륙(당시 요동으로서 현재 중국 동북부인 하북성 지역)에 있는 것으로 입증되고 고고학적으로도 한반도가 아닌 중국 대륙과 만주 지방에서 고소선 고유 지표 유물인 고인돌, 적석총, 빗살무늬 토기, 비파형 동검 등의 중심 발굴 지역이 한반도보다는 다른 지역임이 확인되었다. 그럼으로써 고조선 한반도 중심론이 허구임이 밝혀지자 '낙랑군 평양설'의

존립 자체가 위험해지자 이를 지키려는 또 다른 허구 이론을 내세우게 된 것이다.

그것은 사서기록상 고조선의 위치이자 유물 중점 발굴 지역인 대능하 유역에 있다가 연나라 전성 시 연나라 장수 진개에게 침략당한 후 만주 요하 이동 지방에 옮기었다가 지속적인 중국 세력의 압박에 중심 세력이 한반도 평양 지방으로 옮긴 후 이곳에서 한나라의 침입을 받아 멸망한 후 한사군이 설치되었다는 이론이다.

이는 '고조선 한반도 중심설'과 '낙랑군 평양설'이 여러 사서기록에 의하여 허구임이 밝혀짐으로써 위기에 처하자 이를 변명하기 위해 내놓은 '낙랑군 교치설'과 더불어 식민사학의 변형물인 것이다. 이 이론의 시작으로 근거로 삼는 것이 중국 측 사료 진수의 『삼국지』〈위서〉「오환 선비 동이전」에 나오는 다음의 기사이다.

【사료64】『삼국지(三國志)』〈위서〉「동이전」 韓

조선후 준(準)이 왕을 참칭한 후 연나라 망명인 위만에게 공격당해 왕위를 탈취 당했다. [위략]에 이르기를 주나라가 쇠망하여 연나라가 왕을 자칭하고 동쪽 땅을 경략하려 하자, 옛날 기자(箕子)의 후손인 조선후(朝鮮侯) 또한 왕을 자칭하고는 군사를 일으켜 역으로 연나라를 공격함으로써 주 왕실을 받들려 했다. 대부(大夫) 예(禮)가 이를 간언하자 그만두었다. 예를 보내 서쪽으로 연나라를 설득하자 연나라도 공격하지 않았다. 후에 자손들이 점점 교만하고 사나워지자 연나라는 장수 진개(秦開)를 보내 조선의 서쪽 지방을 공격하여 이천여 리 땅을 탈취하고 만번한(滿番汗)에 이르러 이를 경계로 삼았고 조선은 마침내 쇠약해졌다. 진나라가 천하를 아우르자 몽염(蒙恬)을 보내 요동에 이르는 장성을 쌓게 했다. 그때 조선왕 부(否)가 즉위했는데 진나라의 습격을 두려워해 대략 진나라에 복속했으나 조회(朝會)하는 것은 거부했다. 부가 죽자 그 아들인 준(準)이 즉위했다. (이하 생략)

증거로 삼는 자료를 뒷받침하는 또 다른 자료는 위만조선에서 살펴본 『삼국유사』상에서 소개한 중국의 반고가 지은 『한서』「조선전」의 다음 기사이다.

【사료70】『삼국유사』권 제1 기이(紀異第一) 위만(魏滿·衛滿)조선(朝鮮)

≪전한서(前漢書)≫ 「조선전(朝鮮傳)」에 이른다. "처음에 연(燕)나라 때부터 일찍이 진번(眞番)·조선(朝鮮) (사고(師古)가 말하기를 "전국(戰國)시대에 [연나라가] 이 땅을 처음으로 침략해 얻었다."라고 하였다.)을 빼앗아 거기에 관리를 두고 장(障)새를 쌓게 하였다. 진(秦)나라가 연(燕)나라를 멸망시키자 요동(遼東)의 변방 지역에 속하게 되었다. 한(漢)나라가 일어났지만 멀어서 지키기 어렵다고 하여, 다시 요동의 옛 요새를 수리하고 패수(浿水)에 이르러 경계로 삼아 (사고(師古)가 말하기를 "패수는 낙랑군에 있다."라고 하였다.)연나라에 속하게 하였다. 연나라 임금 노관(盧綰)이 배반하여 흉노(匈奴)에게로 들어가자, 연나라 사람 위만(魏滿)이 망명(亡命)하여 천여 명의 무리를 모아서 동쪽으로 요새를 빠져 달아나 패수를 건너 진나라 빈 땅의 아래위 장(障)새에 와서 살면서 진번·조선의 오랑캐들과 예전의 연나라·제나라의 망명자들을 차츰 복속시키고 임금이 되어 왕검(王儉) (이(李)는 땅 이름이라 하고 신(臣) 찬(瓚)은 말하기를 "왕검성은 낙랑군 패수의 동쪽에 있다."라고 하였다.)에 도읍하고 무력으로써 그 이웃 작은 읍락들을 침범하여 항복시키니 진번·임둔이 모두 와서 복속하여, 사방이 수천 리나 되었다.

『삼국유사』가 인용한 『한서』「조선전」의 원본을 보면 다음과 같다.

【사료71】『한서』「소선선」 '고조선'

조선왕 '만'은 연나라 사람이다. 연나라가 전성할 때로부터 일찍이 '진번', '조선'을(사고가 이르기를 "전국시대에 연나라가 빼앗아 얻은 땅이다.") 침략해서 자기 나라에 붙여 관리를 두고 요새를 쌓았었다. (사고가 이르기를 "장은 스스로 가로막다 이다. 음이 량으로 바뀌었다.") 그 뒤에 진나라가 연을 멸하자 요동 경계 밖을 소속시켰다. 한나라가 일어나자 그곳이 멀어 지키기 어려우니 다시 요동의 옛날 요새를 수축하여 패수에 이르러 경계를 삼아(사고가 이르기를 "패수는 낙랑현에 있다. 음이 보개로 바뀌었다.")연에 속하게 했다.

연왕 '노관'이 반하고 흉노로 들어가자 '만'은 망명해 달아났다. 그는 무리 천여 명을 모아 가지고 머리에 상투를 틀고 오랑캐의 옷을 입고, 동쪽으로 달아나 요새 밖으로 나가 패수를 지나 진나라의 옛 공지인 '상하장'에 살았다. 여기에서 그는 차츰 진번 조선 오랑캐와 옛날 연나라, 제나라에서 망명한 자를 모아서 왕 노릇하고(사고가 이르기를 "연, 제나라 사람이 망명하여 거하는 땅이다. 이에 진번 조선의 오랑캐는 모두 만에 속했다.") 왕검에(이기가 이르기를 "왕검은 땅의 이름이다.") 도읍을 정했다. ~

또한 이미 살펴본 【사료9】『염철론』「벌공」편에도 이 사실이 나타난다.

【사료9】『염철론』「권6 벌공」편

연이 동호를 습격하여 쫓아내고 땅을 1,000리를 넓혔으며, 요동을 건너 조선을 공격하였다.

그런데 이러한 기사의 단초를 제공한 것으로 제일 먼저 기록된 것이 사마천의 【사료11】『사기』「조선열전」'고조선'인데 다음과 같이 기록하였다.

조선의 왕이었던 위만은 옛 연국(燕國) 사람이다. 연국의 전성기 때부터 일찍이 진번과 조선을 침략하여 속하게 하고 아전[吏]을 두고 장새(鄣塞)를 쌓았다. 진국(秦國)이 연국을 멸하고 요동 밖 요(徼)에 소속시켰다. 한국(漢國)이 일어나고 그곳이 지키기 어려우므로 요동의 옛 새(塞)를 수리하고 패수(浿水)를 경계로 하여 연국에 소속시켰다.

여기서 분명히 알아야 할 것이 이것을 살펴보는 목적은 당시 우리 민족 계열 국가인 고조선과 중국 민족 계열 국가 간의 경계를 살펴봄으로써 그 위치를 규명하여 현재 우리나라 주류 강단 사학계가 주장하듯이 고조선 국가가 한반도 평양에 결코 있지 않았고, 당시 요동(이후의 요서)인 현재의 하북성에 있었다는 것을 입증하려는 것이다.

1) 불확실한 기록을 후대의 '춘추필법'에 의하여 과대포장한 채 확실한 것으로 하였다.

이미 살펴보았듯이 사마천은 『사기』 「흉노열전」과 「조선열전」에서 연나라의 공격 대상을 각각 동호와 진번 조선으로 구분하였다. 즉, 「흉노열전」에서는 동호를 물리치고 1,000여 리를 물러나게 한 다음 장성을 쌓고 연5군을 설치하였다고 기록한 반면, 「조선열전」에서는 진번 조선은 공격한 후 얼마를 물러나게 한 것이 없으며 성과 요새를 쌓았다는 것으로 구분하였다. 이를 이어받아 기록한 다음 시기의 사서인 『염철론』 「벌공」 편에서도 이를 구분하여 동호를 공격하여 1,000여 리를 차지하였으며, 이와는 별개로 조선은 단지 공격한 대상으로만 되어 있다. 즉 동호는 1,000여 리라는 점령거리가 나와 있지만 조선은 단순 공격한 대상으로만 나와 있지 점령거리는 안 나와 있다.

그리고 그 다음 서기 전후에 기록된 『한서』 「조선전」에도 진번 조선을 공격하여 요새를 쌓았다고 했지 점령거리 1,000여 리 여부는 기록하지 않았다. 즉 1,000여 리를 물러나게 한 대상은 같이 기록된 다른 공격 대상으로 분명히 구분한 둘 중의 하나인 진번 조선이 아니라 다른 하나인 동호인 것이다.

그러므로 모든 역사적 사건의 진실 파악은 원전 그리고 그때 당시에 가까운 기록이 신빙성이 있는 것이다. 특히 중국의 사서 기록은

■ **[도표5] 고조선 이동설 사서 기록 분석표**

구분	사서	동호	조선	비고
1	사기 흉노열전	1000여 리, 장성, 연5군		
2	사기 조선열전		진번 조선 공격, 장새 쌓음	
3	염철론 벌공편	1000여 리	(요동 건너)조선 공격	
4	한서 조선전		진번 조선 공격, 장새 쌓음	
5	삼국지 위서 동이전		2000여 리, 만번한 경계 삼음	
6	삼국유사		진번 조선 공격, 장새 쌓음	

더욱 그렇다. 나중에 설명하겠지만 중국의 역사 기록은 그들 스스로가 인정하였다. 즉 중국의 유명한 고사변(古史辨) 학파가 인정하였듯이 중국의 역사서 기록은 후대로 올수록 사건의 기록이

- 세세해지면서 없던 것도 덧붙여지거니와,
- 후대의 기록으로 내려올수록 사건의 연혁이 오래된 것으로 기록하고
- 중국의 고대사는 공자의 『춘추』로부터 사마천의 『사기』를 시작으로 유학자들이 주로 조작한 것이 많다는 것이다.

그것은 지금의 동북공정과 마찬가지로 중국의 전통적인 기록 수법인 '춘추필법'인 것이다. 참고로 '고사변 학파'는 1920년대부터 1940년대까지 중국학계를 주도한 학파로 유학자들이 쓴 중국 고대사는 조작된 것이 많다고 주장하면서 중국 역사상 거의 유일하게 중국 중심의 역사학을 비판하고 이에서 벗어나 원래 그대로의 역사를 파악하자는 학파로 실질적으로 중국 역사학계는 물론 동북아 역사학계에

서 존경받는 학파이다. 하지만 이러한 이유로 이후 자기중심적인 역사관이 팽배해진 중국, 일본, 우리나라 역사학계에 외면을 받아온 학파이다. 현재 더 심해진 중국의 자기중심적 확장주의적 전통적인 역사관인 '춘추필법'은 다음과 같다.

> **중국사서는 전부 '춘추필법'에 의하여 쓰였다.**
> **중국사서는 이를 감안하고 해석하여야 한다**

○ 춘추필법(春秋筆法)

첫째 爲邦避隔(위방피격)(자기 나라의 허물 된 것은 쓰지 않는다.), 혹은 위한치휘(爲漢恥諱) : 한나라를 위해서 부끄러운 것을 감춘다.

둘째 我尊他卑(아존타비)(자기는 높이고 남은 낮춘다.), 혹은 존화양이(尊華攘夷) : 중화를 높이고 이민족을 물리친다.

셋째 詳內略外(양내약외)(제 것은 상세히 말하고 남의 일은 줄여서 적는다.)는 자기중심적인 관점으로 역사를 썼다. 혹은 상내략외(詳內略外) : 안쪽 일(중국 이야기)은 자세히 쓰고 바깥 일(중국 외의 이야기)은 간략하게 쓴다.

'고조선 이동설'을 근거로 삼은 중국사서 기록의 확인된 사항은 다음과 같다.

- 사건 발생과 시기적으로 가장 가까운 중국사서들인 『사기』, 『염철론』, 『한서』 모두 연의 공격 대상으로 '동호'와 '진번 조선'을 각각 뚜렷이 구분하였다.
- 『사기』, 『염철론』, 『한서』 모두 점령거리(1,000여 리)와 연5군 설치 대상을 '동호'로 기록하였다.
- 그런데 갑자기 후대의 기록인 『삼국지』에서 『위략』을 인용하여

연의 공격 대상을 '조선'으로 한정하여 바꾼 채, 거리도 2,000리
로 늘려 기록하였다.
- 현재 주류 강단 사학계는 『삼국지』의 기록을 무비판적으로 수
 용하여 정설로 삼아 '낙랑군 평양설'의 전제 조건으로 이용하고
 있다.
- '고조선 이동설'이 무력화되면 '낙랑군 평양설'은 설자리가 없어
 진다.

공격 대상을 구분하여 기록한 채 1,000여 리를 물러나게 한 대상이 동호라고 한 사서의 기록이 기원 전후를 한참 지난 후의 정체불명으로 지독하게 '춘추필법'에 의하여 쓰인 것으로 확인됨과 동시에 원본이 전해지지 않아 사료로 신빙성이 부족한 것으로 평가받는 『위략』을 절대적으로 의존하며 쓰인 것이 『삼국지』〈위서〉「오환 선비 동이전」이다. 이 사서에서 결국 연의 침략 대상을 조선으로 일정하게 변경하여 한정시키고 점령거리를 기록하면서 그 거리를 2,000여 리로 늘려 기록하게 된 것이다.

그리고 이러한 사항은 연장성과 진장성 즉 '요동고새'와 '요동외요'에 의하여도 확인된다. 연나라의 공격 사실을 기록한 중국사서상에 연나라가 장새 즉 장성을 쌓았다고 기록한 사서에는 『사기』「흉노열전」과 「조선열전」 그리고 『한서』「조선전」이 있고 『삼국지』〈위서〉「오환 선비 동이전 한전」은 없다. 이 중에서 『사기』「흉노열전」은 동호를 천여 리 물러나게 한 후 조양과 양평 간에 장성을 쌓고 연5군을 설치하였다고 하였고, 같은 사서 『사기』「조선열전」에는 진번과 조선을 침략하여 장새를 쌓았고 이것이 나중의 '요동고새'와 '요동외요'가 되었다고 하였다. 『한서』「조선전」도 이와 마찬가지이다.

그리고 『염철론』「벌공」 편은 동호 공격과 (진번)조선 공격을 구분하

였다. 그런데 동호 공격 후 쌓았다는 조양~양평 간 장성인 '요동고새' 지역은 위치상 분명히 동호가 아니라 진번 조선 땅으로 나중에 현토군이 되는 옥저 지방인 것이다. 이곳은 전통적으로 고조선 땅이다. 그러므로 이곳은 동호 오랑캐 지역이 아니다. 그리고 이것을 동호로 기록한 『사기』「흉노열전」상에 동호를 공격한 후 설치한 연5군 역시 이 기록과는 달리 연나라가 설치한 것이 아니라 진나라가 설치하였으며, 연5군 지역 역시 동호 지역이 아니라 조양~양평 간 장성인 '요동고새' 지역은 나중에 고조선과 경계가 되는 곳으로 진번 조선 지역인 것이다. 결국 이에 의하면 『사기』「흉노열전」의 기록은 전혀 신빙성이 없는 것이다. 단지 동호를 습격하여 1,000여 리를 물러나게 한 것은 사실이나 다른 사항 즉 조양~양평 간 장성이나 연5군 설치는 진번 조선과 관련 있지 동호와는 관련이 없다.

그러므로 이를 모두 조선으로 나타낸 『삼국지』〈위서〉「오환 선비 동이전」에는 중요한 사항인 장새 쌓은 것과 연5군 설치 내역이 없이 단지 만번한을 경계로 삼았으며 진나라 시기에 장성을 쌓은 것으로 기록하고 있다.

결국 연나라는 고조선 즉 사서기록상 진번 조선을 일시적으로 공격하여 연5군 지역을 확보한 후 이곳에 조양~양평 간 장성 즉 '요동고새'를 쌓고 있다가 진나라 시기에 조금 더 북쪽으로 진출하여 갈석산(백석산)~수성진 간 장성 즉 '요동외요'를 쌓은 후 이 '요동외요'를 실질적으로 포기하고 있다가 결국 한나라 시기에는 아예 포기하고 조양~양평 간 장성 즉 '요동고새'를 수리한 후 이곳을 경계로 북쪽의 패수 즉 지금의 내사하를 경계로 고조선과 마주하고 있었던 것이다.

결국 고조선은 주류 강단 사학계의 비정대로 멀리 대능하 지역에서 요하 지역으로 물러났다가 결국 한반도로 진입한 것이 아니라 연5군 지역만을 상실한 채 '요동고새' 지역은 오히려 되찾은 상태로 이곳 동쪽과 북쪽에 그대로 있었던 것이 연5군과 조양~양평 간 장성 즉 '요동고 새'의 위치에 의하여 입증되는 것이며, 나중에 진나라가 쌓은 갈석산(백석산)~수성진 간 장성 즉 '요동외요'의 위치에 의하여도 확인된다.

> 사서기록에 의하면 1,000리는 동호가 그 대상이고 별도의 조선은 일정한 거리가 없고 일부 지역만 해당된다.
> 이를 왜곡된 '춘추필법' 기록에 의하여 후대의 사서가 그 대상을 조선만으로 한정한 채 거리도 늘려 기록하였다.
> 이것을 주류 강단 사학계는 그대로 그들의 논리에 이용하였다. 그러나 연5군 지역과 '요동고새' '요동외요'의 위치에 의하여 '고조선 이동설'의 허구와 당시 고조선의 위치가 확인된다.

그리고 우리나라 주류 강단 사학계는 이전의 기록과는 비교나 분석을 하지 않고 『삼국지』〈위서〉 「오환 선비 동이전」의 기록만 신봉하여 과거의 요동인 북경 인근 지방도 아닌 지금의 대능하 지방에 있던 고조선이 연의 침략을 받아 2,000여 리를 물러나 지금의 한반도 평양 지방으로 쫓겨난 것으로 우리나라 고대사의 정설로 만들어버린 것이다. 이 논리는 무조건 지켜내야만 하는데 여러 사서기록과 고고학적 자료가 이것을 허락하지 않는 '한반도 평양설' 논리를 지켜내기 위하여 어느 한 잘못된 사서기록을 다른 여러 사서기록과의 교차검증은 무시한 채 성립시킨 전형적인 식민사학 전개 방식에 의한 것이다. 더군다나 어떤 주류 강단 사학자는 동호와 조선을 같은 대상으로 해석하여 각각 한 번씩 두 번 공격받은 것으로 하여 『사기』 「흉노열전」, 『염철론』 「벌공」 편상의 동호 공략 1,000여 리와 『사기』 「조선열전」, 『한서』 「조선전」상의 진번 조선 공략과 『삼국지』〈위서〉 「오환 선비 동이전」의 조선 공략 2,000여 리를 합하여 연의 조선 공략 3,000여 리로 해석하는 사례도 있다. 이는 학문도 아니고 역사학자도 전혀 아닌 것이다.

앞에서 살펴보았지만 당시 사건을 제일 가까운 시기에 기록한『사기』상의 여러 기록 즉「흉노열전」등을 보면 동호를 분명 조선과 다른 세력으로 연나라의 경계 위치인 하북성과 산서성 경계에 위치한 선비족 즉 예맥족의 전신인 산융, 오환 선비족으로 명백히 기록되어 있듯이 이러한 역사 인식을 가졌다는 것을 충분히 알 수 있다. 이를 후대의 사서 혹은 사가들이 왜곡하여 기록하고 인식하고 있는 것이다.

중국의 여러 사서상에 중국 계열 국가의 동쪽 지방을 통상적으로 요동이라고 하였듯이 고조선을 포함한 동쪽의 오랑캐를 통틀어 동호라고 통칭하는 경우도 많았다는 것은 사실이다. 하지만 진개의 침략 사실에서는 아닌 것이다.

한편 이 사건 발생 후 500년이 지난 한참 후인 200년 이후에 원전이 전해 내려오지 않아 근거도 불확실하며 중국의 상투적인 '춘추필법'으로 기록된 것으로 평가되어 비판받는 어환의『위략』을 인용하여 이 사실을 나타내면서 '춘추필법'을『삼국지』〈위서〉「오환 선비 동이전」에서 드디어 완성하였다. 즉 사마천의『사기』「흉노열전」동호 1,000여 리 공략 기록과「조선열전」상의 진번 조선 공략 기록과『염철론』「벌공」편상의 동호 1,000여 리 공략과 별도의 진번 조선 공략 그리고『한서』「조선전」의 진번 조선 공략을 당시 상대 세력이었던 조선으로 한정하여 지목함과 동시에 동호의 1,000여 리 공략과 별도의 공략인 진번 조선 공격을 합침으로써 '조선 침략 2000여 리'로 기록하므로 중국의 전통적인 '춘추필법'을 완성시킨 것이다. 이렇게 성립시킨 사실이 명백한 것을 확실히 파악할 수 있는데도 이를 역사 사실로 해석하여 이것만을 근거로 '고조선 이동설' 논리를 성립시키는 것이 과연 가능한 것인지 해명을 듣고자 본 필자는 묻고자 한다. 즉 고조선 이동설의 근거가 되는 연나라의 고조선 침략 2,000여 리에 대한 합리적인 근거에 대하여 주류 강단 사학계에 공식적으로 답변을 요구한다. 즉 본 필자의 이것이 허위라는 이 글에서 제시한 여러 가지 사실을 상쇄시킬 근거를 제시하길 요구하는 바이다. (주류 강단 사학계에 대한 공개 질문7)

> 연나라는 후손이라는 중국(역사계)을 잘 둔 덕분에 왜소한 나라가 강대한 나라로, 고조선은 한국(역사계)이라는 후손을 잘못 둔 탓에 강대한 나라가 왜소한 나라로 전락해 버렸다.

지금까지의 살펴본 연나라와 고조선의 관계에 있어서 그동안 주류 강단 사학계의 역사 정립 현황은 연나라는 후손이라는 중국(역사계)을 잘 둔 덕분에 왜소한 나라가 강대한 나라로, 고조선은 한국(역사계)이라는 후손을 잘못 둔 탓에 강대한 나라가 왜소한 나라로 전락해 버린 역사적 현장이다.

그러나 이러한 것은 지나간 과거나 현재의 아픔으로 끝나지 않고 역사의 가르침이 늘 그렇듯 국가나 민족 역사 정립에 의한 역사 정신으로 말미암아 진취적인 사고 없이 지낸 결과, 미래에 발전적인 성과가 없어짐은 물론 실질적으로는 앞으로 북한 정권에 이상이 생기는 유사시에 중국이 진출하여 역사적 영유권을 주장하면 북한 땅은 영원히 중국의 영토로 변모하게 된다는 사실이다.

실제로 조선족 등 소수 민족의 독립 방지와 북한의 미래 영유권을 주장하기 위해 '동북공정'을 한다고 중국 고위 관리가 시인한 바 있다.

그리고 미국의 트럼프 대통령은 시진핑 중국 국가주석으로부터 놀라운 말을 들었다고 설명했다. 트럼프는 "정상회담 때 시 주석으로부터 '중국과 한국의 역사에는 수천 년 세월과 많은 전쟁이 얽혀 있고, 한국은 사실상 중국의 일부였다(Korea actually used to be a part of China)'란 말을 들었다."고 월스트리트 저널과 인터뷰(2017년 4월 12일)에서 밝혔다.

이에 대하여 여러 매스컴과 국민들은 중국 국가주석 시진핑과 중국의 역사관에 대하여 강력한 유감과 규탄을 하였다. 그러나 이러한 역사 인식을 우리나라 주류 강단 사학계가 인정하고 제공하였다는 사실을 아는 국민들은 없을 것이다. 시진핑과 중국이 이러한 인식을 가지고 있고 발언을 하는 것은 우리나라 역사학계와 외교 당국이 동의하고 제공한 것이므로 시진핑과 중국을 탓할 것이 아니라 우리나라 역사학계 즉 주류 강단 사학계에 책임을 물어야 할 것이다.

이와 관련하여 중국의 패권 정책을 우려한 미국이 중국의 동아시아 정책과 관련하여 과거 한국을 비롯한 동아시아 역사에 있어 중국 패권주의 역사관의 사실 여부 즉 한반도의 중국 식민지설(한사군) 사실 여부를 확인한 사실이 있다. 즉 이명박 정부 시기인 2012년 중국에서 미국 상원에 「중국과 북한 사이의 국경 변천에 관하여」라는 보고서를 제출했고, 미국에서 이에 대한 한국 정부의 입장을 물어왔을 때 우리나라 외교 당국은 역사 전문가로 주류 강단 사학계의 동북아역사재단에 의뢰하였다. 이후 외교부는 동북아역사재단의 최고위층과 이른바 동북아역사지도 제작 책임자와 함께 워싱턴을 방문하여 '중국 측의 견해가 대부분 사실'이라는 내용의 자료와 지도를 미 의회조사국(CRS)에 전달한 바 있다. 그래서 현재 미국과 중국에는 한국 외교부가 동북아역사재단과 공동으로 전달한 자료가 공식 입장인 것처럼 통용되고 있어 중국의 국가주석이 공식석상에서 미국 대통령에게 이 같은 발언을 한 것이다.

따라서 이러한 책임은 우리나라 주류 강단 사학계, 동북아역사재단과 외교 당국에 있는 것이다. 우리나라 역사계와 외교 당국이 적극적으로 이에 대해 반론을 제시하거나 항의하였다면 국가 간 정상 외교 공식석상에서나 공식적인 의사표명을 하지 못하였을 것이다. 우리나라 주류 강단 사학계의 역사관과 이들이 포진한 채 중국의 동북공정에 대처하라고 국비로 설립하여 운영하는 동북아역사재단은 오히려 중국의 동북공정에 적극 호응하는 역사관이 문제인 것이다. 이에 따라 현재 우리나라 역사가 교과서를 통하여 전개되고 있어 새삼스러운 일이 아닌 것이다. 그러나 이는 전혀 근거 없이 '한반도 식민지론'에 의하여 성립된 일제 식민사학 논리이고 현재 주류 강단 사학계가 이를 그대로 추종하고 있는 것이다.

중국 국가주석 시진핑의 "한국은 사실상 중국의 일부였다."는 발언의 책임은 우리나라 주류 강단 사학계, 동북아역사재단, 외교 당국에 있다.

그동안 중국 당국은 과거 한반도가 중국의 영토였다는 것을 나타낸 지도를 세계 각국에 배포하여 세계 각국 도서관에 보관되어 있으며 세계 각국 사람들이 그렇게 인식하고 있다. 그러면 우리 한국은 이러한 중국의 잘못된 역사 왜곡 활동에 반박하고 비판하고 반대 작업과 활동을 하여야 한다. 그러나 중국 '동북공정' 등에 반박 활동을 하라고 국가 예산으로 설립한 '동북아역사재단'에서는 별도로 국비 몇 십억을 들여 만든 역사지도집에 중국의 주장을 그대로 받아들여 한반도 북부를 중국의 식민지화하였고, 한반도 남부는 백제와 신라·가야 등이 고대 국가로 제대로 성립하지 못한 것으로 그린 반면, 일본열도는 이 시기에 벌써 강력한 통일 국가를 성립한 것으로 그려 넣은 바 있다. 더욱이 독도는 몇 차례의 시정 요구에도 끝내 그리지 않은 채 말이다. 재야 민족 사학계가 중국 당국이나 학자들에게 중국의 이러한 잘못을 지적하면 그들은 "당신들의 나라가 그렇게 하고 있는 것을 우리는 그대로 따르는 것일 뿐이다."라고 우리 주류 강단 사학계에 핑계를 댈 만큼 우리 강단 사학계의 잘못을 떠나 역사적 책임이 있는 것이다.

2) 다른 여러 가지 증거에 의하여도 연나라 진개의 고조선 공략 1,000리 내지는 2,000리 사실은 신빙성이 없다.

(1) 현재 중국과 우리나라 학계에서 강대국으로 비정하는 연나라는 약소국이었다.

춘추시대 연나라의 강역에 대한 기록은 찾아볼 수 없고 『사기』「연소공세가」와 「조선열전」, 「흉노열전」 등에 나오는 연나라의 강역은 전국시대 중기 ~ 말기, 즉 연나라 전성기의 기록이다.

"연나라는 밖으로 만맥(蠻貊·북동쪽 동이족을 멸시한 명칭일 것) 등 여러 종족과 대항하고, 안으로는 제(齊)와 진(晉) 등 강대국의 틈바구니에서 겨우 명맥을 유지하느라 국력이 가장 약했고, 망할 뻔한 적이 한두 번이 아니었다. 하지만 800~900년간 사직을 보존했으며~."라는 사마천의 「연소공세가」 논평은 전국 7웅이지만 국력이 가장 약한 연나라에 대한 연민을 표현한 것이다. 이 『사기』 기록뿐만 아니라 전국시대 초기부터 진시황제의 통일 시기까지 240여 년 동안 전국시대를 전문적으로 다룬 역사책인 『전국책』에 연나라 역사를 기록한 「연책」이 있다. 여기에도 '연나라가 약소국이다'라는 기록이 많다. 진개 기사가 나오는 소왕 시기 잠시 강해졌다가 갑작스런 죽음과 함께 다시 약소국으로 전락, 진시황에게 멸망당하는 나라가 연나라이다. 이러한 약소국임에도 불구하고 비교적 오랫동안 유지할 수 있었던 것은 당시 강력했던 북방민족의 방패막이 역할을 연나라가 하고 있었고, 다른 전국시대의 나라가 이러한 북방민족에 대한 자기 부담을 줄이기 위하여 연나라를 강력히 지원해 주고 있었기 때문이었던 것으로 판단된다. 이러한 다른 나라의 연나라의 지원은 여러 기록에서 입증되는 것이기도 하다. 앞에서 인용하여 살펴본 사서에도 이와 같은 사항이 나타나 있다. 즉,

---

【사료43】『사기』「흉노열전」

그로부터 65년 뒤(기원전 706년)에 산융이 연(燕)나라를 넘어와서 제(齊)나라를 침범하여 제나라 희공(釐公)이 제나라 교외에서 산융과 싸웠다. 그로부터 44년 후(기원전 664년)에 산융이 다시 연나라를 침공했다. 연나라는 곧 위급함을 제나라에 알렸다.
제나라 환공(桓公)은 북쪽으로 가서 산융을 공격해 그들을 패주시켰다.

자기 나라에 침범한 외적을 다른 나라에 구원을 요청하고 다른 나라인 제나라가 대신 물리쳐 줄 정도로 약한 나라가 연나라였던 것이다. 이후에도 연나라는 사서기록상,

---

- BC 378년, 제나라의 공격을 받아 영토의 대부분을 잃고 멸망 직전까지 갔으나 조나라의 도움으로 기사회생하였고,
- BC 315년, 「소진열전」 즈음에 제나라의 공격으로 또다시 위기에 빠졌고,
- BC 312~279년, 소위 연나라 전성기인 연소왕 재위 시기에도 BC 273년까지 산서성 연나라의 서남쪽 지역인 선비족 조상인 대나라 지역인 산서성 흔주시 일대를 동호족이 차지하였다가 조나라가 다시 차지하는가 하면,
  제나라와 조나라가 연합하여 연나라의 중앙을 공격하여 점령한 사실이 있고,
- BC 253년 내지는 BC 248년, 연나라 소왕 시기 이후에는 연나라의 도성까지 조나라가 함락시켜 조나라의 영향력 아래에 놓이다가,
- BC 226~222년, 연나라 태자 단의 진시황 암살 사건으로 진나라 공격을 받아 연나라 도읍인 계성을 함락시키고 태자 단을 살해하고 연왕 희가 망명한 요동을 함락시키고 연왕 희가 사로잡혀 연나라가 멸망한다.

이러한 연나라의 상황을 보면 연나라 전성기인 연소왕 시기에도 주류 강단 사학계의 비정에 의하면 하북성 북부 전체와 요령성 전체를 점령한 채 한반도 북부 지방까지 그 영역으로 하고 있었던 연나라가 제나라와 조나라의 공격을 받는가 하면 이후에는 조나라의 실질적인 종속 상태에 있었다는 사실은 고조선 영역을 2,000여 리가 차지하여 고조선을 요령성 요하 동쪽 그리고 한반도로 옮기게 하였다는 논리는 성립할 수 없는 것이다. 더군다나 고조선 영역 획득 후 설치한 연5군을 사서기록상 연나라가 아닌 진나라가 설치한 것으로 되어 있는가 하면 이 사실이 여러 사서에 모호하게 기록되어 있는 것과 연계시키면 이것은 허위 내지는 일부 사서의 과장된 기록임이 더 신빙성이 있는 것이다.

하지만 사실 여부를 떠나서 사서기록에 의한다면 이 사건 후 아전을 두고 장새를 쌓은 것으로 보아 고조선 일부 지역을 차지하고 연장성을 쌓은 후 이것을 진나라가 계속 차지하였다가 한나라 시기에 다시 고조선이 상실하였던 지역을 되찾고 그 국경선이 연나라 시기 원래의 지역으로 되돌아간 것으로 판단된다. 이와 같이 당시 연나라의 상황과 위상 등에 의하면 이러한 나라가 이웃 나라인 동호와 조선을 침략하여 2,000~3,000리를 차지하고 중국 북경 지방에서 한반도 압록강까지 영역을 차지하였다는 것은 있을 수 없는 일이다.

> 연나라의 당시 상황 등 여러 가지 다른 명백한 역사적 사실에 의하여도 연나라는 약소국으로 조선 2,000여 리 공략은 허구가 분명하다.

그럼에도 불구하고 이러한 내용으로 역사를 그려 넣고 있는 것이 우리 주류 강단 사학계이다. 반면 중국은 학술적으로 연나라의 영역을 북경 지방까지로 보고 있다. 단지 대외적으로나 내부 교육용으로 국가에서 그려 넣은 지도에는 우리나라 주류 강단 사학계의 성원에 힘입어 지금의 요하 서쪽 지방까지, 이후의 한나라의 경우 한반도 평양 지방 내지는 황해도까지 그려 넣고 있는 형편이다.

그리고 약소국이었던 나라를 중흥시켰다는 인물인 진개에 대하여 정작 사마천의 『사기』상에 열전이 없는 것은 진개의 동호 침략 1,000여 리 기사는 신빙성이 없는 것으로 판단된다.

엄청난 영역을 확보한 불세출의 영웅에 대한 열전이 없는 것은 도저히 있을 수 없는 것이다. 더군다나 우리나라 강단 사학계가 왜곡시켜 준 대로 현재 중국 북경 지방에서 한반도 압록강까지 그 넓은 영역을 차지하게 한 불세출의 영웅이었다면 진시황보다 위대한 인물로 추앙받고 있을 것이다. 그리고 동호와 직접적인 관련이 있는 조나라 관계 역사서인 『사기』「조세가」는 물론 연나라의 역사서라고 할 수 있는 「연소공세가」에 이에 대한 관련 기사가 전혀 없는 것은 이 사건이 실제 벌어지지 않았다는 것이다.

이렇게 약소국인 연나라의 위상을 높여줄 제일 대단한 사건을 기록하지 않는다는 것은 있을 수 없는 것이다. 따라서 신빙성이 없는 사건으로 실제 일어나지 않은 역사적 사건인 것이다. 그리고 설사 이 사건이 사실일지라도 1,000여 리 기사는 더욱 신빙성이 없어 단지 얼마간의 영토를 획득한 것으로 1,000여 리는 많이 획득했다는 추상적이고 상징적인 수치인 것으로 파악된다. 그리고 유념해야 할 사항은 당시에는 비교적 먼 거리의 경우 통상 1,000여 리라고 기록하였지 정확히 1,000여 리가 아닌 것이다. 그럼에도 우리나라를 침범한 거리를 늘려 잡아주거나 영역을 인정해 주는 것이 우리나라 주류 강단 사학계이다. 고고학적으로도 앞에서 살펴본 '요동고새' 및 '요동외요'에 있어서 그 차이는 하북성 내에 한정하는 것이다.

그리고 이 결과 설치하였다는 연5군은 실제로는 진나라가 설치하였거니와 지역은 하북성과 산서성에 걸쳐 설치한 것이 그 증거이다. 더군다나 중요한 역사적 사실은 약소국이었던 연나라는 일시적으로 동호 아니 진번 조선을 공략하여 영토 일부를 한동안 점령한 것은 사실일 수 있으나 앞으로 살펴볼 바와 같이 이내 고조선에 다시 내어놓고 물러난 것과 같이 일시 점령은 사실이나 수치 그대로의 1,000여 리는 무리이고 사실이 아닌 것이다.

| 조선에 대한 연나라의 공략은 연장성과 연5군의 위치로 보아도 불과 하북성 내의 일부 지역에 한정한 것이었다.

진개의 동호 내지는 진번 조선에 대한 공략은 고조선의 위치와 강역 그리고 위만조선과 한사군의 위치와 관련하여 수많은 논란이 있어왔고 지금도 진행 중이다. 본인의 견해는 『사기』의 「흉노열전」상의 흉노에 대한 1,000여 리 공략 기사는 분명히 잘못된 허구로 파악한다. 이 같은 견해는 단순히 어림짐작으로 상상한 것이 아니라 많은 사료를 종합적으로 면밀히 검토하고 난 후의 결론이다. 일부 기사 그것도 혼돈되어 기록된 것으로 보아 중국의 전형적인 '춘추필법'에 의한 기사를 후대의 기록들이 점차 침소봉대한 전형적인 중국 역사 기록 방법의 일례인 것이다. 앞으로 살펴보면 신빙성 여부를 판단할 수 있을 것이다.

(2) 같은 기사를 다른 열전에도 쓴 것은 둘 중 한 기사는 허위일 가능성이 높다.

우선 첫 번째로 살펴볼 것은 『사기』의 「흉노열전」상의 동호에 대한 1,000여 리 공략 기사 "동호(東胡)를 습격해 격파하니 동호(東胡)가 천여 리를 물러났다."에는 조선이 아니라 동호를 1,000리 공략하였다는 기사와는 별도로 『사기』의 또 다른 편인 「조선열전」에 진번, 조선에 대한 공격 기사가 있다는 사실이다. "처음 연나라의 전성기로부터 일찍이 진번(과) 조선을 침략하여 복속시키고, 관리를 두어 국경에 성과 요새를 쌓았다." 여기에는 분명히 대상이 동호가 아닌 진번(과) 조선으로 구체적인 숫자도 물론 없다.

앞에서 인용하여 살펴본 【사료66】『사기』「화식열전」, 【사료43】『사기』「흉노열전」과 같이 당시 역사적 활동을 기록한 『사기』상의 동호와 조선은 전혀 다른 대상으로 인식하였던 것을 알 수 있다. 그러므로 동호를 공격하여 1,000여 리 물러나게 하고, 1,000여 리 정도는 아니지만 조선을 공격한 사실도 있어 「흉노열전」과 「조선열전」상에 각각 기록하였을 수도 있다.

그러나 다른 한편으로는 동호와 조선은 똑같이 연나라에 있어 동쪽 오랑캐이므로 같은 대상인데 『사기』「조선열전」상에 쓸 것을 『사기』「흉노열전」에도 중복하여 썼을 가능성도 있다.

좌우지간 한 가지 사건을 별개로 두 개의 열전에 쓴 것으로 파악된다. 이렇게 기록된 두 가지의 것을 후의 기록인 『염철론』「벌공」편에서는 동호 그리고 진번 조선 공략으로 한 다음 한 가지 연속된 사건으로 기록하였던 것을 뒤의 기록인 『한서』「조선전」'고조선'에서는 "연나라가 전성할 때로부터 일찍이 '진번', '조선'을(사고가 이르기를 "전국시대에 연나라가 빼앗아 얻은 땅이다.") 침략해서 자기 나라에 붙여 관리를 두고 요새를 쌓았다."와 같이 동호와 진번 조선을 같이 보거나 이중적인 것으로 파악하여 드디어 제대로 하여 동호 공략 사실을 없애고 진번 조선 공략만을 한정하는 한편, 1,000여 리라는 수치도 동호 공략과 마찬가지로 신빙성이 없는 것으로 보아 진번 조선에 대한 기사에서는 수치도 없앴다.

따라서 본 필자가 연구하여 판단한 결과 『사기』「흉노열전」상의 흉노에 대한 1,000여 리 공략 사실은 허구이고, 『사기』「조선열전」의 진번 조선 공격 기사는 사실이나 1,000여 리는 절대 아니고 일부 고조선 영역을 침범하여 일시 점령하였다가 이내 고조선이 재탈환한 것으로 판단된다.

 한편 우리나라 재야 민족 사학계 일부에서는 동호와 조선을 같이 보고 같은 대상의 공격인 동호와 조선에 대한 공격을 『사기』「흉노열전」과「조선열전」으로 각각 기록하고 이후에 조선으로 한 것이 맞는 한편, 거리는 동호에 대한 공격 기사에서의 1,000리가 맞는 것으로 『위략』과 이를 인용한 『삼국지』의 기록은 필사 과정의 오기이거나 의도적인 오기라고 하고 있다.

 하지만 앞에서도 언급하였지만 중국사서상 통상적으로 동호라는 명칭은 고조선이 주로 대상으로 중국 계열 국가의 동쪽 오랑캐를 통칭하는 것이 상례이기는 하지만 진개의 사건 당시의 『사기』 기록과 이후의 주석들을 살펴보면 확실히 이 기록들상의 동호를 조선과는 다른 별개의 세력인 선비의 전신 산융과 오환(선비)으로 분명히 인식하는 것임을 알 수 있다. 그래서 이 경우는 해당되지 않는 것이다. 그리고 1,000여 리의 경우 분명 다르게 인식한 동호에 대한 기록이지 조선에 대해서는 『위략』과 이 사서를 그대로 인용하여 편찬한 『삼국지』가 유일하다. 분명

【사료9】『염철론』「권6 벌공」 편

연이 동호를 습격하여 쫓아내고 땅을 1,000리를 넓혔으며, 요동을 건너 조선을 공격하였다.

이 기록에서는 공격 대상을 별개로 보고 1,000리는 동호에 해당하는 것으로 분명 한정하였다. 그러나 동호의 1,000리 공격은 이 사실을 처음 기록한 『사기』와 그 사서의 「흉노열전」 외에는 동시대 다른 사서나 기록에는 일체 나오지 않는 것으로 보아 신빙성이 없는 것이 분명하다.

그리고 동호와 고조선을 같은 것으로 보느냐 아니면 다른 것으로 보느냐에 대하여 의견이 우리 역사학계에서 분분하다. 여기에는 여러 가지 복잡한 사정이 있다. 즉 주류 강단 사학계에서는 같은 것으로 보고 『삼국지』의 기록을 적극 수용한다. 왜냐하면 고조선이 이때 옮기어 평양에 도읍한 후 여기에 낙랑군이 세워지는 것으로 하여야 하기 때문이다. 그래서 동호인 고조선에 대하여 다른 사서상의 별개의 기록이나 1,000리 기록은 무시하고 『삼국지』 기록상의 2,000리 기록만을 채택하여 대능하 지역에 있던 고조선이 최종적으로 한반도로 물러나게 한다는 논리를 완성시킨 것이다. 그러면서 다른 별개로 기록한 것들은 각각 1,000리를 더하여 2,000리가 되는 증빙으로 삼았던 것이다.

그러나 이 기사와 관련해서는 분명히 여러 사서기록들이 별개로 각각 기록한 것으로 보아 동호와 조선은 별개의 것이었던 것이 확실하다.

동호와 고조선이 동일한지 여부는 중국사서 기록상 같은 대상으로 기록한 기록도 있고 별개로 기록한 기록도 있다. 따라서 이를 일률적으로 구분할 것이 아니라 사안에 따라 해석하여야 할 것이다.

하지만 분명히 다른 대상으로 기록한 이번 경우를 현재 주류 강단 사학계는 같은 대상으로 무리하여 왜곡 해석함으로써 자기들 논리에 이용하는 사례는 분명히 잘못된 것으로 바로잡아야 할 것이다. 그리고 앞으로는 동호와 조선을 같이 볼 것인가라는 질문이나 화두는 우문(愚問) 즉 어리석은 질문으로 정립시킨 채 사안에 따라 해석을 달리하여야 함을 원칙으로 삼아야 할 것이다. 이와 같이 살펴본 중국사서 『삼국지』 및 『후한서』의 구려와 고구려의 혼돈을 비롯하여 앞으로 살펴볼 이 사서들의 예와 예맥의 혼돈 그리고 각 중국사서들의 그들의 상대방인 우리 민족에 대한 인식상의 혼돈과 부족으로 기록의 오류가 많으므로 이를 감안하고 중국사서를 파악하여야 함을 원칙으로 삼아야 혼돈 없이 제대로 해석함으로써 올바른 우리 고대사를 정립할 수 있다.

(3) 설사 연의 진개 조선 공략이 사실일지라도 이내 고조선이 탈환하였다.

우선 앞에서 살펴본 다음의 기록을 보자.

【사료64】『삼국지(三國志)』〈위서〉「동이전」 韓

[위략]에 이르기를 주나라가 쇠망하여 연나라가 왕을 자칭하고 동쪽 땅을 경략하려 하자, 옛날 기자(箕子)의 후손인 조선후(朝鮮侯) 또한 왕을 자칭하고는 군사를 일으켜 역으로 연나라를 공격함으로써 주 왕실을 받들려 했다. 대부(大夫) 예(禮)가 이를 간언하자 그만두었다. 예를 보내 서쪽으로 연나라를 설득하자 연나라도 공격하지 않았다.
후에 자손들이 점점 교만하고 사나워지자 연나라는 장수 진개(秦開)를 보내 조선의 서쪽 지방을 공격하여 이천여 리 땅을 탈취하고 만번한(滿番汗)에 이르러 이를 경계로 삼았고 조선은 마침내 쇠약해졌다. 진나라가 천하를 아우르자 몽염(蒙恬)을 보내 요동에 이르는 장성을 쌓게 했다. 그때 조선왕 부(否)가 즉위했는데 진나라의 습격을 두려워해 대략 진나라에 복속했으나 조회(朝會)하는 것은 거부했다. 부가 죽자 그 아들인 준(準)이 즉위했다.

이 기록은 원전이 전해 내려오지 않아 근거도 불확실하며 중국의 상투적인 '춘추필법'에 의하여 기록된 것으로 평가하여 비판받는 어환의 『위략』을 인용하여 연나라 시기의 조선 공략과 진나라 시기의 장성 축성 그리고 진나라의 조선 복속을 기록하고 있다. 하지만 진나라 시기에는 복속하였지만 조회에는 나가지 않았다고 기록하였다. 이를 중국의 '춘추필법'을 감안하여 해석하면 서로 공략도 없었고 반대로 침략당함도 없었다는 것으로 해석할 수 있다. 진시황이 고조선을 공략하고 그것도 연나라의 영역보다 더 나아가 영역을 확보하였다는 기록은 그 어디에도 없다.

그리고 다른 사서의 기록을 보자.

> 【사료72】『염철론』「주진」 편
>
> 진이 이미 천하를 병탄한 뒤에, 동쪽으로 패수를 끊어 조선을 병탄하여 멸망시키고, 남쪽으로 육량(백월 세력)을 취하고, 북쪽으로 호와 적을 물리쳤으며, 서쪽으로 강과 저를 약취했습니다. 황제의 이름을 세우고, 사방의 오랑캐에게 조공을 받았습니다.

이 사서의 기록을 보면 진나라가 조선을 침략하여 멸망시켰다고 기술하였다. 하지만 위의 【사료64】『삼국지(三國志)』〈위서〉「동이전」韓 기록과 여러 가지 기록을 살펴보면 진나라 시기에는 진나라의 조선 침략은 없었고 오히려 명확한 기록은 없지만 【사료11】『사기』「조선열전」, '고조선'상의

> 조선의 왕이었던 위만은 옛 연국(燕國) 사람이다. 연국의 전성기 때부터 일찍이 진번과 조선을 침략하여 속하게 하고 아전[吏]을 두고 장새(鄣塞)를 쌓았다. 진국(秦國)이 연국을 멸하고 요동외요(徼)에 소속시켰다. 한국(漢國)이 일어나고 그곳이 지키기 어려우므로 요동고새(塞)를 수리하고 패수(浿水)를 경계로 하여 연국에 소속시켰다.

기록을 보면 초기에는 연나라가 침범하여 차지한 후 연5군을 설치하고 연장성을 축성한 곳을 계속 차지한 다음 연장성을 기초로 진장성을 쌓은 다음에는 오히려 조선 세력에 밀려 연 진개 공략 이전의 연나라의 경계로 돌아가 연나라가 차지하였던 연5군 지역을 '요동외요'에 명목상 소속시킨 채 이곳을 상실한 것으로 판단하게 된다. 연5군 지역 상실 기록은 여러 사서에 나타난다. 그래서 이후 한나라 시기에도 그곳을 지키기 어려워 연나라의 이동 후 경계인 '요동고새'를 수리하고 패수를 경계로 할 수밖에 없었던 것으로 확인된다.

이러한 기록에 의하면 진나라 초기에는 원래의 연나라가 조선을 침범하여 차지한 연5군 지역을 유지하고 연장성 위에 별도로 장성을 축성한 것으로 파악된다. 왜냐하면 【사료10】『후한서(後漢書)』「군국지」 1. 유주상에 연5군인 상곡군, 어양군, 우북평군, 요서군, 요동군을 연나라가 아닌 진나라가 설치한 것으로 기록되어 있기 때문이다.

- 상곡군(上谷郡), 진(秦)에서 설치하였다.
- 어양군(漁陽郡), 진(秦)에서 설치하였다.
- 우북평군(右北平郡), 진(秦)에서 설치하였다.
- 요서군(遼西郡), 진(秦)에서 설치하였다.
- 요동군(遼東郡), 진(秦)에서 설치하였다.

그리고 【사료16】『진서』「지리지」'평주', '유주'상에는 "진(秦)은 연(燕)을 멸하고 어양(漁陽) 상곡(上谷) 우북평(右北平) 요서(遼西) 요동(遼東)을 5개의 군으로 하였다."라고 하여 역시 연나라가 아닌 진나라가 5군을 설치한 것으로 기록하고 있다.

그렇다면 연나라가 이곳을 침범하여 차지한 후 유지를 못한 채 연장성과 연5군도 설치하지 못하다가 진나라가 다시 공략하여 차지한 후 설치한 것으로 해석될 수 있는 여지도 있지만 여러 가지 사료상 원래의 연장성에 진장성을 쌓은 것으로 보아 연나라 이후 진나라 초기에는 이곳을 차지하여 연장성에 덧붙여 진장성을 쌓고 소위 연5군이라는 5군을 설치하여 유지하다가 나중에 상실한 것으로 볼 수 있다.

> 【사료73】『염철론』「비호」편
>
> 대부가 이르기를 "지난 날 사방의 오랑캐가 함께 강해져, 나란히 노략질과 포악을 저질렀습니다. 조선은 요새를 넘어 연의 동쪽을 겁박했고, 동월은 동해를 넘어 절강의 남쪽을 약탈했습니다. 남월이 내침하여 복령을 어지럽혔습니다. (생략)

이 기록은 진한 교체기의 기록으로 확인된다. 여기서의 연은 전국시대의 연나라가 아닌 것이다. 진나라 이후 전한의 초대 황제 한고조가 친구 노관에게 봉한 제후국이다. 하지만 위치는 전국시대의 연나라 및 진나라 시대와 같은 곳이다. 기록상으로는 조선이 요새를 넘어 연의 동쪽을 겁박했다고 하여 단순 겁박한 것으로 기록했지만 뒤의 【사료11】『사기』「조선열전」'고조선'상의 기록처럼 '한나라가 지키기 어렵다'고 한 것으로 보아 한나라는 상실하고 조선은 예전에 잃었던 땅을 다시 차지한 것으로 확인할 수 있다.

결국 한나라의 위만조선에 대한 전쟁 후 한사군이 설치되기 이전에는 고조선과 중국 계열 국가인 연나라는 원래의 고조선과의 경계에서 진개에 의하여 일정 지역을 쟁취하여 이곳에 연장성을 쌓았으나 연5군은 일부 지방에 설치하여 진나라 시대까지 이르렀고, 진나라 시기에는 처음에는 이곳을 유지하여 연장성인 '요동외요'에 진장성을 덧쌓았으나 이내 고조선에 연나라 진개에 의하여 확보한 영역을 상실하여 원래의 연나라와 고조선과의 경계로 물러나자 한나라가 들어서서 이곳을 '요동고새'로 하여 고조선과의 경계로 삼아 결국 연나라 진개 이전의 경계로 돌아간 것이다.

> 연나라가 고조선의 일부 지역을 차지한 후 연장성을 설치하였으나 진나라 시기를 거쳐 한나라 시기에는 완전히 고조선이 원래의 영토를 되찾은 것으로 파악된다. 따라서 연나라의 침범으로 고조선이 이동하여 한반도 평양에 자리 잡은 채 여기서 멸망하였다는 주류 강단 사학계의 비정은 허구이자 조작이다.

그 후 새로 들어선 한나라가 위만조선과의 조한전쟁을 통하여 이곳을 확보한 후 낙랑군과 현토군을 설치한 것으로 해석될 수 있다. 따라서 연 진개의 공략에 따라 고조선이 1,000여 리 내지 3,000여 리를 물러나고 여기에 연5군이 압록강까지 설치된 결과 고조선이 한반도 서북부 평양 지방으로 물러난 채 여기서 한나라에 멸망당해 이곳에 한사군 낙랑군이 설치되었다는 일제 식민주의 및 현재 주류 강단 사학계의 한사군 낙랑군 한반도 평양설은 일고의 가치가 없는 것으로 당장 폐기되어야 마땅하다. 모든 사료가 이를 증명하고 있다. 그리고 그들이 애지중지하는 대표적인 사서 【사료11】『사기』「조선열전」'고조선'상의 기록인 진나라의 '요동외요'와 한나라의 '지키기 어려워'와 '요동고새'가 그것을 대변해 주고 있다. 또한 다음 기록도 이러한 사실을 증명하고 있으며, 여기서 진장성의 실체를 확인할 수 있다.

> 【사료74】『한서』권94 上 「흉노전」
>
> 그 이듬해(B.C 127년, 원삭 2년), 위청이 다시 운중(雲中)을 나가 서쪽으로 진군해 농서(隴西)에 이르러 호(胡)의 누번(樓煩), 백양왕(白羊王)을 하남(河南)에서 공격하고 호(胡)의 수급과 포로 수천 명, 소(牛)와 양(羊) 백여만 마리를 얻었다. 이에 한나라가 마침내 하남(河南) 땅을 차지하여 삭방(朔

方)에 축성하고 예전 진(秦)나라 때 몽염(蒙恬)이 만든 새(塞)를 보수하며 하수에 의거해 방비를 굳건히 했다. 한나라는 또한 상곡(上谷)의 궁벽하고 외떨어진 조양(造陽) 땅을 버려 호(胡)에게 주었다. (漢亦弃上谷之什辟縣造陽地以予胡) [1] 이 해가 원삭(元朔) 2년(B.C 127)이다.

[1] [집해] 什의 음은 斗. 「한서음의」에서 "외떨어지고 궁벽하여 호(胡)와 가까웠다는 말."이라 했다. [색은] 살펴보건대 맹강(孟康, 魏)은 "외떨어지고 궁벽하여 호(胡)와 가까웠다." 했다. 조양(造陽)이 즉 궁벽하고 외떨어진 땅에 있었다는 말이다. [정의] 살펴보건대, 궁벽하고 깊숙이 외떨어져 있어 흉노의 지경에 들어가 있는 것이 조양(造陽) 땅이니 이를 버려 호(胡)에게 준 것이다.

앞에서 살펴보았지만 한나라 때는 진나라 때 몽염이 만든 새를 보수하여 방비를 굳건히 하는 한편, 연나라 시기에 진개의 고조선 침범 후 동쪽 기점의 양평으로부터 서쪽 기점인 조양까지 쌓은 연장성의 조양 땅이 있는 연5군의 상곡군 땅을 궁벽하고 외떨어져서 호에게 주었다는 것이다.

중국은 '춘추필법'에 의한 사서를 기록한다는 것은 상식인데 방비를 굳건히 했다는 것은 많이 침범당하여 많이 시달렸다는 의미이고, 핑계를 대면서 줘버렸다는 것은 빼앗긴 것을 나타낸다. 따라서 연나라 때는 조선 땅을 일부 쟁취하여 연장성과 연5군을 설치하였고 이후 진나라 시기에는 이것을 어느 정도 유지하였으나 진한 교체기에는 이것을 도로 빼앗기고 원래의 연나라 위치로 되돌아가 여기를 방어선으로 구축하고 고조선과 대치한 것으로 파악할 수밖에 없는 것이다.

이것은 근거 없는 주장이 아니라 중국사서가 증거하고 있는 사실이다. 이와 관련하여서는 【사료11】『사기』「조선열전」'고조선'상의 진나라 시기의 '요동외요'와 한나라 시기의 '요동고새' 및 '패수'를 파악하면 이러한 사실이 입증될 것이다. '요동외요'는 말 그대로, 단어 그대로 '요동외요'로 진나라의 영역인 것처럼 기록하였으나 말 그대로 영역 밖을 의미하는 것으로 자신의 통치가 미치지 않는 곳을 말한다. 따라서 이곳을 자기 영역으로 한다는 것은 자기 입장에 의한 것으로 사실은 포기 상태인 것을 말하는 것이고 적극적으로 해석하면 빼앗겨 상실한 것이다. 이는 이후 한나라 시기에 지키기 어려워 물러났다는 기록을 보면 알 수 있다.

'요동고새'는 【사료43】『사기』「흉노열전」 기록상에 잘 나타나 있다. 이 사서에 지금까지 이 글에서 파악한 많은 것이 설명되어 잘 파악할 수 있다. 우선 진시황이 전국시대를 통일한 후 특히 전국시대의 한 제후국으로 고조선과 경계를 한 연나라를 멸망시키고 몽염을 보내어 '하수를 따라 새를 만들었다'는 것에 대한 『태강지기』를 인용한 「사기색은」의 주석에 의하면 그 시작점이 연장성의 시작점인 조양이라는 것이다. 따라서 진나라 시기에 쌓은 '새' 내지는 '장성'은 '연장성'을 보수하여 쌓은 것을 알 수 있다. 그리고 나서 "수선할 수 있는 곳은 수선해서 쓰며 임조(臨洮)에서 요동(遼東)까지 만여 리에 이르렀다."라고 하였다. 이것이 진장성으로 만리장성을 쌓은 것으로 알 수 있다.

따라서 두 개의 성을 쌓아 서로 이어서 실질적인 만리장성을 쌓은 것을 알 수 있다. 여기서 많은 사서 기록상의 혼돈과 이를 두고 많은 혼란이 오는 것을 알 수 있다. 하지만 이를 파악하여야 한다. 왜냐하면 고조선과의 경계에 이 장성이 꼭 나온다. 논란 많은 「사기색은」의 『태강지기』를 인용한 "낙랑군 수성현에 갈석산이 있다. 장성이 일어났다."라고 한 구절로 인하여 고조선과 한사군 낙랑군의 위치 논쟁이 일어나기 때문이다. 이와 같이 장성은 갈석산과 더불어 고조선과 한사군 낙랑군의 위치 규정에 중요한 것이다. 이에 대하여는 순서에 따라 자세히 논하도록 하겠다.

그런데 본 필자는 이 대목에서 이 글을 쓰는 과정에서 강력하게 생기는 의문이 있다. 앞에서 살펴보았듯이 공격 대상도 동호 내지는 진번 조선으로 사서가 엇갈리게 기록되어 있고 침범한 땅도 기록에 없거나 나중에 각 1,000리, 2,000리, 각각을 더하면 3,000리 등 기록상의 신빙성 부족이 드러나 있다. 또한 연나라 침범 후 설치하였다는 연5군 즉 상곡군, 어양군, 우북평, 요서군, 요동군 모두 【사료10】『후한서(後漢書)』「군국지」 1. 유주상에는 연나라가 아닌 진나라가 설치하였다고 기록되어 있다. 그리고 또 다른 사서인 【사료16】『진서』「지리지」 '평주', '유주'상에서는 "진(秦)은 연(燕)을 멸하고 어양(漁陽) 상곡(上谷) 우북평(右北平) 요서(遼西) 요동(遼東)을 5개의 군으로 하였다." 라고 하여 역시 연나라가 아닌 진나라가 5군을 설치한 것으로 기록하고 있다. 또한 연나라가 쌓았다는 연장성 즉 서쪽 조양으로부터 동쪽 양평까지의 장성도 진나라가 몽염을 보내어 '하수를 따라 새를 만들었다.'고 기록되어 있다. 진나라가 쌓은 것이다. 또한 【사료74】『한서』「흉노전」상에도 "진(秦)나라 때 몽염(蒙恬)이 만든 새(塞)를 보수하며 하수에 의거해 방비를 굳건히 했다."라고 하여 한나라는 연나라가 아닌 진나라가 만든 것을 보수했다는 것이다. 물론 이 글을 한나라 입장에서 보면 바로 앞선 내지는 새로 만들거나 보수한 당사자인 진나라를 거론하기 이전의 연나라를 거론하지 않았을 수도 있다고 하지만 진실로 연나라가 아닌 진나라가 쌓은 새를 보수했기에 그렇게 기록한 것이 더 신빙성이 있다는 판단이 든다.

    이와 같이 여러 정황을 볼 때 연나라 진개의 침범을 여러 가지 증거를 들어 신빙성이 없는 것으로 의심하였으나 이러한 추가적인 증거로 허구일 가능성이 더욱 높다고 의심이 들 수밖에 없다. 따라서 진개의 침범으로 고조선이 밀리어 한반도 평양으로 옮긴 것과 대전제인 '한사군 낙랑군 한반도 평양설'은 재고되어야 마땅하다. 아니라면 전문가들이 본인이 이 글에서 제기한 의문점에 증거를 들어 반박하여야 아마추어인 재야 사학자들을 납득하여 다시는 이의를 제기하지 못하게 만들어야 할 것이다. 그것이 전문가로서 책무요 당연한 권리라고 강조한다.

(4) 중국사서상의 기록에 의하더라도 연의 동호 내지는 조선 침략과 연5군, 연장성 설치는 신빙성이 없다.

연의 동호 내지는 조선 침략을 기록한 여러 사서 중 【사료43】『사기』「흉노열전」상에 동호 습격, 연장성 쌓고, 연5군 설치. 【사료11】『사기』「조선열전」'고조선'상에 진번 조선을 침략, 아전[吏]을 두고 장새(鄣塞)를 쌓았다. 【사료71】『한서』「조선전」'고조선'상에 진번 조선 침략, 관리 두고 요새 쌓았다고 하여 연5군 내지는 연장성을 거론하였다. 하지만 똑같이 연의 동호 내지는 조선 침략을 기록한 【사료9】『염철론』「권6 벌공」편에는 이에 대한 기사가 없다.

한편 다른 기록이 있는 사서 【사료64】『삼국지(三國志)』〈위서〉「동이전」韓에는 "조선의 서쪽 지방을 공격하여 이천여 리 땅을 탈취하고 만번한(滿番汗)에 이르러 이를 경계로 삼았고 조선은 마침내 쇠약해졌다. 진나라가 천하를 아우르자 몽염(蒙恬)을 보내 요동에 이르는 장성을 쌓게 했다."라고 하여 연5군, 연장성에 대한 기록이 없이 오히려 진나라가 장성을 쌓은 것으로 하여 연나라가 연5군 설치나 연장성을 설치하지 않고 진나라가 설치한 것으로 기록하고 있다.

처음에는 사실만 간단히 기록한 후 나중에 허위 사실을 덧붙여 자세하게 기록하는 것이 '춘추필법'에 의한 중국사서의 원칙인데 신빙성이 없는 처음의 기록인 【사료43】『사기』「흉노열전」상에만 연장성을 쌓고 연5군을 설치하였다고 구체적으로 명시하였지 같은 사서의 기록으로 이후의 【사료11】『사기』「조선열전」'고조선'상과 【사료71】『한서』

「조선전」 '고조선'상에는 구체적으로 연5군과 연장성에 대한 언급 없이 단순히 관리를 두고 요새를 쌓았다고만 하였고, 【사료64】『삼국지(三國志)』〈위서〉「동이전」 韓에는 관리, 요새 내지는 구체적인 연5군, 연장성에 대한 언급도 없거니와 오히려 장성을 쌓은 것은 연나라가 아닌 진나라인 것으로 기록하고 있다. 또한 연5군인 상곡, 어양, 우북평, 요서, 요동군이 기록되어 있는 관련 사서 지리지인 【사료22】『한서』「지리지」 1. 유주, 【사료10】『후한서(後漢書)』「군국지」 1. 유주, 【사료16】『진서』「지리지」 '평주', '유주'상에는 각각 5군을 【사료64】『삼국지(三國志)』〈위서〉「동이전」 韓과 마찬가지로 각각 진의 설치한 것으로 하였으며 특히 【사료16】『진서』「지리지」 '평주', '유주'상에서는 5군 중 한나라에서는 우북평군에 속했던 평주로 요동군이 속했던 평주와 달리 북평군, 상곡군, 요서군이 속한 유주에 대하여 "진(秦)은 연(燕)을 멸하고 어양(漁陽) 상곡(上谷) 우북평(右北平) 요서(遼西) 요동(遼東)을 5개의 군으로 하였다."라고 하여 역시 연나라가 아닌 진나라가 5군을 설치한 것으로 기록하고 있다.

> 중국사서 기록상 연5군은 연나라가 아닌 진나라가 설치한 것으로 기록하고 있다.

따라서 이와 같은 것을 종합하여 판단할 때 연나라가 동호를 습격하여 1,000여 리를 공략한 것도 신빙성이 없으며, 마찬가지로 연나라가 진번 조선 내지는 조선을 공략하여 연5군을 설치하고 연장성을 설치한 것은 신빙성이 없다고 판단된다.

이와 관련해서 앞에서 살펴본 대로 진한 교체기에 【사료73】『염철론』「비호」편의 기록처럼 다시 빼앗겨버린 것을 알 수 있다. 그리고 【사료9】『사기』「조선열전」상의 기록인 "조선왕 만은 옛날 연나라 사람이다. 처음 연나라의 전성기로부터 일찍이 진번(과) 조선을 침략하여 복속시키고, 관리를 두어 국경에 성과 요새를 쌓았다. 진이 연을 멸한 뒤에는 요동외요에 소속시켰는데, 한이 일어나서는 그곳이 멀어 지키기 어려우므로, 다시 요동의 옛 요새를 수리하고 패수에 이르는 곳을 경계로 하여 연에 복속시켰다."와 【사료71】『한서』「조선전」, '고조선'상의 기록인 "조선왕 '만'은 연나라 사람이다. 연나라가 전성할 때로부터 일찍이 '진번', '조선'을 [사고는 전국시대에 연나라가 빼앗아 얻은 땅이다.] 침략해서 자기 나라에 붙여 관리를 두고 요새를 쌓았었다. 그 뒤에 진나라가 연을 멸하자 요동 경계 밖을 소속시켰다. 한나라가 일어나자 그곳이 멀어 지키기 어려우니 다시 요동의 옛날 요새를 수축하여 패수에 이르러 경계를 삼아"라고 한 것에서 알 수 있듯이 이미 분석한 대로 연이 차지하여 설치하고 쌓았다는 곳을 진나라 시기에는 실질적으로 영역으로 하지 못하고 한나라 시기에는 아예 원래 진개 공격 이전의 연나라 경계 위치한 곳으로 물러나 패수를 경계로 하여 고조선과 경계를 하였다는 것을 알 수 있다.

연나라 진개의 침범을 전제로 한 '고조선 이동설'은 허위이다.

이러한 모든 기록을 종합적으로 판단한 결과에 의하면 연나라의 고조선 침범에 의한 고조선 영역 확보 및 이에 따른 고조선 이동설은 절대적으로 신뢰할 수 없으나 일부는 사실인 것으로 확인된다. 왜냐하면 첫째로, 연나라가 당초 위치인 산서성 흔주 지방에서 어느 시기에 산서성의 동남부이자 하북성의 서남부 지방 즉 소위 연5군 지방인 하북성 석가장시 인근에 그 중심부가 옮겨 진출한 것으로 파악된다. 그리고 두 번째, 진나라 시기의 '요동외요'라고 하는 진장성으로 한 소위 조양과 양평 간의 연장성은 【사료17】『사기』권2 「하본기」 제2 [2]집 해 서광이 이르기를 : 바다를 강이라고 하기도 한다. 색은 :『지리지』 는 말하기를 '갈석산은 북평군 여성현 서남쪽에 있다.'고 하였다.『태 강지리지』는 말하기를 '낙랑군 수성현에 갈석산이 있다. 장성이 일어 났다.'고 하였다의 기록과 같이 이곳에서 좀 더 동북쪽으로 떨어진 하 북성 보정시 서수구 수성진에 위치하고 이곳을 진장성으로 부르고 이 장성이 그 서쪽인 하북성 보정시 래원현에 현재 백석산으로 소재하는 갈석산(좌갈석)으로부터 시작되는 것으로 보아 일단 연나라가 여기까지 진출한 것으로 보인다. 그리고 나중에는 중국계 국가가 우리 민족 계 열 국가 즉 위만조선에 상실한 것이다.

왜냐하면 '요동외요'보다 더 연나라 쪽으로 가까운 이곳보다 서쪽 인 하북성 보정시 만성구가 위만조선의 도읍인 왕험성이자 평양성으 로 비정되기 때문이다. 따라서 처음에는 나중의 위만조선의 도읍 위 치보다 더 동쪽인 하북성 보정시 서수구 수성진에 위치한 '요동외요' 까지 진출하였다가 결국에는 이곳을 상실한 채 이전에 연나라가 고 조선 영역을 차지한 후 남쪽으로 이동하여 쌓은 '요동고새'로 또 다른 진장성이 존재하는 현재도 그 지명이 남아 있는 하북성 보정시 곡양 현의 석성촌과 중국사서 기록상의 갈석(산)(우갈석)이 있었던 하북성 석 가장시 북부 호타하 인근까지 후퇴한 채 이곳을 경계로 【사료11】『사 기』「조선열전」 '고조선'과 【사료39】『한서』「조선전」 '고조선'상의 기록대로 고조선 세력과 마주하고 있었기 때문이다.

따라서 연나라 동호 및 조선 침략 전체 기사는 아니고 석가장시 인 근의 연5군을 연나라가 설치한 것은 아니지만 이곳과 보정시 소위 연 장성의 서수구 수성진까지는 진출하여 연장성을 쌓은 것은 사실인 것으로 보인다. 이와 같이 일단 연나라가 진개 시절에 고조선을 침략 하여 연장성을 쌓고, 연5군을 설치하지는 아니 하였지만 연5군 지역에 진출한 뒤에 진나라가 들어선 후 정식으로 소위 연5군인 요동군, 요서군, 우북평군, 어양군, 상곡군을 설치하는 한편 두 개의 연장성을 다시 보수하거나 새로이 축성하여 이를 이어서 소위 만리장성을 완성한 것으로 파악된다.

그러나 연나라가 고조선으로부터 얻은 영역은 진나라 시기에는 연나라의 장성을 따라 새를 만들고 별도로 장성을 쌓아 소위 별도로 쌓은 장성과 연결하여 소위 만리장성을 만든 후 연나라가 차지했던 영역을 '요동외요'로 명칭하면서 명목상 진나라 영역으로 하였으나 이후 한나라 시기에는 공식적으로 물러나면서 이전에 연나라가 고조선 영역을 차지한 후 남쪽으로 이동한 후 쌓았던 '요동고새'를 수리하고 패수를 경계로 고조선과 대치한 것이다.

다시 말해서 그들의 '춘추필법'으로 완곡하게 자기들의 입장에서 기록하였지만 중국 계통의 나라인 연, 진, 한나라는 우리 민족 계열의 국가인 고조선의 영역을 결국은 차지하지 못하고 원래의 연나라 시기의 국경은 소위 연5군 지역으로 변경된 뒤 이후 진나라 및 한나라가 세워진 이후 위만조선 시대를 맞이하게 되는 것이다.

결국 위만조선이 이곳에 자리 잡게 되고 여기를 나중에 한나라가 차지한 후 한2군을 설치하게 되는 것이다. 그러므로 한2군의 낙랑군은 여기에 위치하는 것이지 머나먼 동쪽 한반도의 서북부 지방인 평양 지방이 아닌 것이다. 그러므로 한2군이 설치되기 전에는 우리 민족 계열의 국가인 고조선과 중국 계열 국가들인 연, 진, 한나라와의 경계는 진나라 시기에 잠시 연5군 밖에 새로 쌓은 연장성 그리고 여기에 새로 쌓은 진장성(요동외요)이 국경선이었다가 이내 원위치로 돌아가 이전에 연나라가 고조선 영역을 차지한 후 남쪽으로 이동하여 쌓았던 연·진장성(요동고새)이 한2군이 설치되기까지 우리 민족 계열의 국가인 고조선과 중국 계열 국가들 간의 국경선이 되는 것이다.

이후에는 한4군이 설치되었지만 이곳을 우리 한민족이 중국 계열 민족 국가에 자리, 영역을 넘겨준 것이 아니라 이내 곧 우리가 차지해 부여를 포함한 열국시대를 거쳐 4국시대(고구려, 백제, 신라, 가야)를 맞이하게 되고, 고구려 시기에는 한2군의 영역을 '다물'(정신)에 의하여 고조선의 고토를 회복하고자 이 지역을 끊임없이 공격함으로써 고구려가 전부 다시 찾은 것이다. 본 필자가 통상적인 한4군 표현을 한2군으로 표현한 것은 본 필자는 한4군 설치를 인정하지 아니하고 한나라가 위만조선을 멸하고 세운 것은 한4군이 아니라 낙랑군과 현토군 뿐이라는 판단에 따라 한2군만 인정하기에 이러한 표현을 썼음을 밝혀두고자 한다.

이에 대하여는 다음에 상세히 입증하여 설명하도록 하겠다.

지금까지 살펴본 바와 같이 연, 진, 한나라 국경지대가 바로 현재 식민사학으로 인하여 발생한 우리나라 고대사의 쟁점이요, 식민사학의 왜곡 현장인 위만의 왕검성, 만번한, 패수, 진장성, 갈석산, 낙랑군이 있는 곳이다.

앞으로 이에 대하여 각각 살펴보면서 식민사학의 왜곡을 비판하도록 하겠다.

| '고조선 이동설'은 식민사관의 변형된 허구의 회피물이다.

(5) 유적, 유물에 의하더라도 식민사관의 '고조선 이동설'은 허구이며 식민사관의 변형물이다.

주류 강단 사학계에서는 현재 비판하고 있는 논문이 주장하는 바와 같이 전통적으로 일제 식민사관은 원래 고조선이 한반도 평양에 위치해 있고 여기에 한사군이 설치된 것으로 하였다. 그런데 해방 후 계속하여 고조선 유적, 유물이 지금의 요동 지방에서 중점적으로 발견되고 중국의 여러 사서들이 당시 요동 지방인 현재의 요서 지방에서 고조선 역사적 활동 내역이 나오자 자기들의 원래 논리인 한4군 평양설을 고집하고자 원래부터 고조선 중심지가 평양이었다는 것을 변경하여 요동이 원래는 다른 지방이라는 것은 인정하지 않고 고조선 중심지가 지금의 요동에서 평양으로 옮겨와 한나라에 멸망당한 후 여기에 한4군(한2군)이 설치되었다는 주장이 바로 '고조선 이동설'이다. 이는 '한사군 낙랑군 평양설'을 유지하기 위한 고육지책으로 지금까지 살펴본 대로 근거 없이 어설프게 성립시킨 식민사관의 변형물이자 회피용 변명용에 불과하다.

그러면 이와 관련하여 역사 전개의 두 가지 기본 사항 중 문헌학적으로는 살펴보았고 이제부터는 다른 하나인 고고학적으로 분석해 보기로 한다.

지금까지 살펴본 바와 같이 문헌학적으로 보면 '고조선 이동설'은 전혀 타당하지 않은 허구와 왜곡의 주장이고 고고학적으로 보더라도 전혀 타당하지 않은 주장이다. 여기서 고고학적 비판을 자세히 전개하면 많은 지면을 할애할 것 같아 간략하게 살펴보고 본 글의 원래 논점으로 돌아가고자 한다.

'고조선(단군조선) 이동설'을 주장하는 데 있어 이 주장을 뒷받침하는 유물 내지는 유적으로 주로 다섯 가지를 들어왔다.

① 청천강을 기준으로 이남으로 밀려난 고조선 세력이 비파형동검을 계승하여 세형동검으로 변한다는 사실과,

② 중국의 적봉 내지는 조양 부근에서 주로 발견됨으로써 사서의 기록대로 연이 조선을 침략하여 2,000여 리를 점령한 곳에서 발견된다는 화폐로 보이는 명도전

③ 중국 요령성과 한반도 북부의 '연화보 세죽리 문화'가 전형적 중

국 전국시대 연나라의 영향을 받아 형성되었으므로 이가 바로 연의 조선 점령과 관련 있고 이로 말미암아 조선이 중국 동부 지방 및 만주 지방에서 한반도의 청천강 이남인 평양 지방으로 이동하였다는 주장의 근거로 삼아왔다.

④ 요령성 대능하 유역에 있었던 고조선이 연의 침범을 받아 2,000여 리를 물러나 지금의 요령성 요하 동쪽 지방으로 물러나 있다가 결국 한반도 평양 지방으로 들어와 여기서 한나라에 멸망당하여 낙랑군이 설치되었다는 주류 강단 사학계의 '고조선 이동설'에 의하여 이곳 요하 동쪽 지방에 설치되었어야 할 연장성의 흔적

⑤ 최근에 주류 강단 사학계의 고고학 전문가에 의하여 토론회에서 발표된 내용으로 대능하 유역에서의 유적 및 유물 발굴 결과에 의하면 이곳에서의 고조선 문화 특성 유적과 유물은 점차 동쪽으로 이동되는 반면 연나라 문화 특성 유적과 유물이 점차 동쪽으로 확산된다는 사실.

이들 다섯 가지는 서로 밀접한 연관성이 있다. 하지만 이전부터 많은 뜻있는 학자들이 이에 대하여 면밀히 검토한 결과, 이러한 사실들은 오히려 연의 조선 침략 및 점령이 허구라는 사실을 입증하는 역증거가 되거나 신빙성이 전혀 없는 것으로 확인되고 있다.

① 비파형동검이 세형동검으로 변한 것은 자연스런 현상이며 특별히 진개의 조선 침략(이 사실도 의문스런 사건이거니와 설사 있었다 하더라도 그 영역은 얼마 되지 않는다.)과 연관시킬 수 없는 것으로 진개의 조선 침략은 허구인 것으로 입증되며 더군다나 당해 유적의 고른 분포 및 이동 중심지인 평양 등지의 뚜렷한 중심지로써의 유물 및 유적이 나타나지 않는 것 등으로 보아 '고조선(단군조선)의 평양 이동설'의 허구를 입증해 주는 유물이 되는 셈이다.

② 그동안 명도전을 연나라 화폐라고 하여 왔으나 연구 결과 분포도

및 연관성 조사 결과 고조선(단군조선)의 화폐라는 것이 밝혀지는 등 이 역시 '고조선(단군조선) 이동설' 즉 연나라 세력의 동방 진출의 증거물이 아니라 진개의 조선 침입 및 점령 사실은 허구라는 증거가 될 뿐이다.

③ 연구 결과 '연화보 세죽리 문화'가 전국시대의 문화 즉 연나라의 문화적 색채라는 그동안의 주장보다는 자연스런 문화의 혼재 내지는 고조선(단군조선)의 색채를 강하게 나타내고 있는 것으로 밝혀져 오히려 고조선(단군조선)의 건재를 입증한다.

즉 연화보 세죽리 문화 자체에도 중국계 문화의 영향을 받은 유물도 있지만 오히려 고조선(단군조선)의 영향을 받은 유물이 더 강하게 나타나고 있는가 하면 더 중요한 것은 당시 한반도에서는 중국 즉 연나라의 영향하에 탄생하였다는 '연화보 세죽리 문화'보다도 더 발달한 철기문화가 존재한 것이 확인됨으로써 중국의 연나라가 조선에 진출하여 발달된 '연화보 세죽리' 철기문화를 전달하여 세형동검을 쇠퇴시켰다라고 하는 도식은 성립하지 않는다는 것이다.

④ 이 고고학적 증거 즉 발굴 결과는 전부 중국 학자들에 의하여 이루어진 것이다. 중국에서 정책적으로 정한 '동북공정' 논리에 반하는 발굴 결과나 논리를 펴는 중국 학자는 없다. 그들은 진정한 진실과 다른 중국 정부의 정책에 맞는 결과만을 내놓는다. 또한 중국이 발굴한 우리 민족국가와 관련된 여러 유적 및 유물에 대하여는 공개를 안 하거나 일방적인 발굴 결과만 내놓는 상황이다. 따라서 중국 측의 일방적인 발굴 결과에 의한 연나라 문화 동쪽으로의 확산 주장에 의하여 고고학적 결과보다 우선순위에 앞선 문헌학적 왜곡 및 오류를 접어두고 '고조선 이동설' 논리를 고고학적으로 주장하는 것은 받아들일 수 없는 것으로 이는 또

다른 우리 고대사 왜곡이자 조작인 것이다.

⑤ 요령성에서 발견된다고 '동북공정' 차원에서 중국 측이 발표한 연진장성의 흔적이라고 하는 것은 고조선 시대의 유적 즉 고조선 시대의 축성의 흔적이나 연나라의 축성의 흔적은 전혀 발견을 못 한 채 고구려, 신라, 고려시대의 축성의 흔적을 제외하고는 초소나 망루의 일부 미미한 흔적을 근거로 제시하고 있다. 하지만 이러한 초소나 망루는 그 시대적 고증이 불명확하고 이러한 초소나 망루 따위가 장성의 흔적은 될 수 없고 더군다나 연장성의 근거는 전혀 될 수 없는 것임은 주류 강단 사학계에서도 인정하는 바이다.

따라서 고고학적으로도 '고조선 이동설'은 성립될 수 없는 억지 주장으로 이 같은 주장을 뒷받침한다는 근거는 억지로 결론에 꿰어 맞춘 억지 논리로 애당초 진개의 조선 침략 사실 자체와 진출 범위 역시 '한사군 낙랑군 평양설'에 맞추어 사실화 내지는 과장한 것으로 진개의 조선 침략이 허구이거나 과장된 사실과 함께 '고조선 이동설'은 폐기되어야 마땅한 것이다. 한편 최근에는 중국에서 일방적으로 발굴하는 유적지 발굴 조사 결과에 따라 연 문화가 고조선 문화를 점령하여 이동시킨다는 것을 근거로 '고조선 이동설'을 옹호하는 주장이 주류 강단 사학계에서 주장되고 있지만 이것은 동북공정에 의한 것으로 재평가되어야 한다. 이에 대하여는 차후에 설명하도록 하겠다.

| 주류 강단 사학계가 위만조선의 왕검성이 한반도 평양이 아니라는 사실을 인정하기 시작했다.

더군다나 나중에 설명할 기회가 있겠지만 '고조선 이동설' 결과로 나

타난 위만조선의 왕검성이 평양이라는 그동안의 주류 강단 사학계의 변함없는 고착된 주장이 같은 주류 강단사학계에서도 지금의 평양이 아니라는 반론이 제기되고 있다. 그러나 지금까지 재야 민족 사학계가 주장하면서 기존 역사학 논리인 "고조선 평양 중심설"을 변경 내지는 폐기하라고 요구해 왔던 것에 대하여 어쩔 수 없이 반응을 보였던지 왕검성이 지금의 평양이 아니고 요하 지방이라는 사실을 수긍하는 반응이 나왔다. 하지만 그러면서도 한사군 낙랑군은 평양이라는 논리를 그대로 고집함으로써 이해하지 못하는 모순을 저지르고 있는 점에서는 아직도 식민사학의 굴레에서 완전히 벗어나지 못하고 있는 형편이다. 고대 역사의 진실이 위만조선의 왕검성을 점령하고 여기에 낙랑군을 비롯한 한4군(한2군)이 설치되었다는 것은 주류 강단 사학계 및 재야 민족 사학계 공히 인정하는 바이다.

그러나 왕검성은 요하 지방이고 한사군은 평양이라는 어정쩡한 논리는 이해할 수가 없다. 위만조선의 왕검성과 낙랑군은 1,000여 리나 별도로 떨어진 곳이 아니다. 이렇게 기존 주류 강단 사학계는 무서운 것이다. '한사군 낙랑군 평양설'을 부정하면 설자리를 잃기 때문에 이는 부정 못 하고 그렇다고 대부분의 중국사서들과 유적, 유물이 평양이 고조선의 중심이자 위만조선의 수도인 왕검성이 아니라고 하는 사실을 부정할 수 없기에 여기까지만 인정하고 있는 것이다.

그러나 연·진시대 이후 한나라 시기의 위만조선과 패수, 왕검성 그리고 한4군(한2군) 등을 확인하려면 같은 지역에 설치한 연5군 및 연장성의 위치 그리고 진장성의 위치를 살펴보면 자연히 파악된다.

> **연5군의 위치는 하북성을 벗어나지 않음을 중국사서가 증거하고 있다. 연장성은 서쪽 조양(산서성 흔주시)에서부터 동쪽 양평(하북성)으로 이어진 것이다.**

[양평에 대하여] 앞에서 살펴보았듯이 연나라가 고조선을 침범하고 쌓은 장성 그리고 이후에 진나라가 여기에 덧쌓아 완성한 진장성은 두 개이다. 연나라의 원래 위치인 남쪽의 갈석산과 안문 그리고 호타하를 고조선과 경계로 하였던 연나라와 진나라는 이곳에 있었던 갈석산(지금의 백석산)과 나중의 낙랑군 수성현에 이르는 장성 즉 '요동외요'를 쌓았다. 그리고 이곳 남쪽인 소위 진번 조선을 침범한 연나라가 사서기록상의 조양~양평 간 연장성을 쌓았고 나중에 진나라가 여기에 덧쌓아 진장성을 완성하였으니 이것이 바로 '요동고새'인 것이다. 이 두 개의 장성에는 요수(제1요수인 역수와 제2요수인 요수)와 갈석산(좌갈석과 우갈석)이 각각 존재하였던 것이다. 그래서 진장성, 갈석산, 요수 기록 전부 각각 연관되어 나오는 것이다.

이들의 두 개의 장성은 각각 먼저 '요동외요'와 좌갈석, 요수(역수) 관련 기록은,

【사료17】『사기』권2「하본기」제2

[2]집해 서광이 이르기를 : 바다를 강이라고 하기도 한다. 색은 : 『지리지』는 말하기를 '갈석산은 북평군 여성현 서남쪽에 있다.'고 하였다. 『태강지리지』는 말하기를 '낙랑군 수성현에 갈석산이 있다. 장성이 일어났다.'고 하였다. 또『수경』은 말하기를 '요서 임유현 남쪽 물속에 있다.'고 하였다. 아마도 갈석산은 두 개인 듯하다. 여기에서는 '갈석을 오른쪽으로 끼고 '하'로 들어간다.'는 구절의 갈석은 당연히 북평군의 갈석이다.

이 기록상에는 두 개의 갈석을 비롯하여 두 개의 장성 중 '요동외요'가 기록되어 있다.

위의 '요동외요' 관련 기록은 아래 기록들에 의하여 입증된다.

【사료16】『진서』「지리지」'평주', '유주'

③ 낙랑군
4) 수성현(遂城縣), 진(秦)이 쌓은 장성이 일어난 곳이다.

【사료25】『통전(通典)』「변방」'동이 하 고구려'

갈석산은 한나라 낙랑군 수성현에 있다. 장성이 이 산에서 일어났다. 지금 그 증거로 장성이 동쪽으로 요수를 끊고 고구려로 들어간 흔적이 아직도 남아 있다. (『상서』에서 '갈석을 오른쪽으로 끼고 하로 들어간다'는 문구를 살펴보면, 우갈석은 하가 해(바다) 근처에 다다르는 곳으로 지금 북평군 남쪽 20여 리에 있다. 그러므로 고구려에 있는 것은 좌갈석이다.)

이들 기록상의 낙랑군 수성현이 바로 좌갈석인 지금의 백석산 그리고 첫 번째 요수인 역수 그리고 지금의 보정시 서수구 수성진(Suichengzhen, 遂城镇)에 있는 '요동외요' 장성을 기록하고 있다.

이와는 달리 우갈석과 두 번째 요수 그리고 조양~양평 간에 쌓았다는 '요동고새'는 위의 기록을 비롯하여

【사료58】『수서』「지리지」

1. 기주(冀州)
④ 북평군(北平郡)

북평군(北平郡), 옛날에 평주에 설치했었다. 다스리는 현은 1개이고 가구 수는 2269이다.

1) 노룡현(盧龍縣). 옛날에는 북평군(北平郡)을 두었었는데 신창현(新昌)과 조선현(朝鮮) 등 2개의 현을 다스렸다. 북제(北齊)에서는 조선현을 없애고

> 신창현으로 편입시켰고 또한 요서군의 해양현을 없애고 비여현(肥如)으
> 로 편입시켰다. 개황(開皇) 6년(수문제 586)에 또한 비여현(肥如)을 없애고
> 신창현(新昌)으로 편입시켰다가 18년(598)에 이름을 노룡현(盧龍)으로 바
> 꾸었다. 대업(大業) 초(수양제 605~618)에 북평군(北平郡)을 설치하였다. 장
> 성(長城)이 있다. 관관(關官)이 있다. 임유궁(臨渝宮)이 있다. 복주산(覆舟山)
> 이 있다. 갈석(碣石)이 있다. 현수(玄水)와 로수(盧水)와 열수(洹水) 윤수(閏
> 水)와 용선수(龍鮮水)와 신량수(臣梁水)가 있다. 바다가 있다.

평주 북평군 노룡현에 장성과 갈석이 있다고 기록하였다. 이곳에는 또한 임유궁이 있다고 하였다.

> 【사료10】『후한서』「군국지」1. 유주
>
> ⑦ 요서군(遼西郡)
> 5) 임유현(臨渝縣).[2]
> 山海經(산해경)에서 말하기를 '碣石山(갈석산)이 있는데 編水(편수, 망수網水,
> 승수繩水)가 나오며, 갈석산 위에는 옥이 많고 갈석산 아래에는 푸른 碧
> (벽)이 많다'고 했다. 수경주에서 말하기를 '(갈석산은) 현(縣) 남쪽에 있다'
> 고 하였다. 郭璞(곽박)은 말하기를 '혹 우북평군 驪城縣(려성현) 해변 산에
> 있다고 한다'고 했다.

임유궁에 대하여는 사서의 기록대로 이전의 요서군 임유현, 석성현, 노룡현에 있는 것으로 확인되었다.

이곳이 바로 현재의 하북성 석가장시 정정현이다. 이곳 바로 북쪽에 장성인 '요동고새'가 축성된 조양~양평의 양평인 하북성 석가장시 행당현이 있다. 사서의 기록대로 소요수인 고하가 이곳을 거쳐 흐르고 대요수인 자하가 이곳의 서쪽을 흘러 지나간다.

【사료65】『통전(通典)』「주군」'평주'

평주(지금은 노룡현에서 다스린다.) 은나라 때의 고죽국이다. 춘추시대의 신융, 비자 두 나라 땅이다.(지금의 노룡현에 옛 고죽성이 있는데, 백제. 숙제의 나라이다.) 전국시대 연나라에 속했는데, 진나라의 우북평과 요서 2군의 지경이었고, 양한(전한, 후한)이 그대로 이었다. 진나라의 요서군에 속했는데 후위 때도 역시 요서군이었다. 수나라 초기에 평주를 두었는데, 양제 초에 주를 폐하고 다시 북평군을 두었다. 대당(당나라)이 그대로 이었다. 3현을 다스린다.
노룡(한나라 비여현이다. 갈석산이 있는데 바닷가에 우뚝 솟아 있어서 그런 이름을 얻었다. 진나라의 태강지지에서는 '진장성이 갈석산으로부터 시작한다. 지금 고려의 옛 경계에 있는 것은 이 갈석이 아니다.'라고 하였다. 한나라 요서군 옛 성은 지금군의 동쪽에 있고 한나라의 영지현 성도 있다. 임여관은 지금은 임유관이라고 하며, 현의 성 동쪽 180리에 있다. 노룡새는 성의 서북 200리에 있다.)

사서가 이를 입증하고 있다.

한편, '요동고새'인 조양~양평 간 장성의 시발점인 조양은

【사료43】『사기』「흉노열전」

[8] [집해] 위소(韋昭)는 "(조양造陽은) 지명이고 상곡(上谷)에 있었다." 했다.
[정의] 살펴보건대, 상곡군(上谷郡)은 지금의 규주(嬀州)다.

에 의하여 그 위치가 연5군의 상곡군에 있는데 당나라 시기에 규주라고 하였다.

【사료75】『통전(通典)』「변방 북적 서략 흉노상」

그 후 연나라에 장수 진개가 동호를 습격해 격파하니 동호가 천여 리를 물러났다. 연나라 또한 장성을 쌓았는데 조양(造陽)에서 양평(襄平)까지다. 조양(造陽)이 현재 규천군(嬀川郡)의 북쪽에 있으며, 양평(襄平)은 요동에서 다스리는데 지금의 안동부(安東府)이다. 현재 상곡은 지금의 상곡, 범양, 문안, 하한, 규천 등의 군이다. 어양은 지금의 어양, 밀운군이다. 우북평은 지금의 북평군이다. 요서와 요동군 오랑캐를 막았다. (요서와 요동군은) 지금의 안동부(安東府)이다."

또한 이 기록에 의하여 상곡군에 속한 규천군의 북쪽이라고 하였다.

【사료76】『신당서(新唐書)』「지리지」
1. 하북도
4) 규주 규천군
① 회융현(懷戎縣)

천보(天寶) 연간에 규천현(嬀川縣)을 쪼개서 설치하였다가 곧 없앴다. 규수(嬀水)가 가운데를 지나간다.
북쪽 90리에 장성이 있는데 개원(開元) 연간에 장설(張說)이 쌓은 것이다. 동남쪽 50리에 거용새(居庸塞)가 있고 동쪽으로 연이어 노룡(盧龍)과 갈석(碣石)이 있고 서쪽으로는 태행산(太行)과 상산(常山)이 잇닿아 있는데 실로 천하의 험한 곳이다. 철문관(鐵門關)이 있다. 서쪽으로 녕무군(寧武軍)이 있다. 또한 북쪽으로 광변군(廣邊軍)이 있는데 옛날 백운성(白雲城)이다.

그리고 사서의 규주 규천군 회융현 설명에 의하여 이곳 동남쪽에 거용새가 있고 그 동쪽으로 노룡과 갈석산이 있음을 확인시켜 준다. 이 사료들 기록상의 노룡은 지금의 하북성 보정시 곡양현 양평진에 있고 그 서남쪽에 요동군의 치소인 양평(성)인 현재 하북성 석가장시 행당현이 있는 것이다. 또한 진장성은 지금의 보정시 곡양현에 아직도 그 이름 잔재가 남아 있는 석성촌(Shichengcun, 石城村)에 있는 것으로 비정되는 것과 일치한다. 이곳에 장성이 있고 그 남쪽 하북성 석가장시 정정현(이전 임유현, 노룡현)에 갈석이 있다고 중국사서는 기록하고 있다. 이것을 우갈석이라고 하는 것이다.

이는 연나라 소왕 시기에 진개에 의하여 고조선의 일부 지방인 진번 조선 지역 즉 나중의 연5군 설치 지역인 지금의 석가장시를 중심으로 하는 지역을 차지한 후 그 경계에 연장성을 쌓았으니 이것이 바로 조양~양평에 걸쳐 쌓은 연장성으로 나중에 '요동고새'인 것이다.

이 장성의 기점인 조양이 있다는 상곡군 그리고 규주 규천군 회융현의 위치는 당연히 상곡군이 위치하였던 이곳은 산서성 흔주시 오대현(山西省 忻州市 五台县) 인근이다. 규주는 바로 이곳 산서성 흔주시인 것이다.

이는 규주 규천군 회융현에 대한 기록상에 있듯이 이곳 동남쪽의 거용새 그리고 그 동쪽으로는 노룡과 갈석이 있고, 그 서쪽으로는 태행산이 있다고 하여 진장성과 갈석이 지금의 태행산맥 동쪽이자 석가장시 북부이자, 호타하 북부에 있음을 기록하고 있는 것이다.

이곳이 바로 앞에서 살펴본 우갈석이 있는 하북성 석가장시 북부 일대인 것이다. 이곳 우갈석의 서북쪽이 바로 조양이 위치하였던 상곡군이 있었던 규주 규천군 회융현인 산서성 흔주시 일대인 것이다.

그런데 이러한 상곡군을 중국 측은 왜곡 이동시켜 지금의 북경시 서북쪽의 장가구시로 비정하고 있다. 이는 원래 상곡군이 있었던 산서성 흔주시 태행산맥의 거용관을 현재 하북성 북경시 창평구 장성 관문으로 옮겨놓은 것과 마찬가지로 또한 원래 상곡군에 있다고 명백히 기록하고 있는 탁록을 현재 북경시 탁록현으로 아예 이름조자 옮겨 비정한 것과 마찬가지이다. 그렇지만 이는 수많은 사서기록을 무시한 전혀 맞지 않는 조작된 것이다. 더군다나 중국 측은 조양~양평 간 연장성 내지는 진장성의 양평을 현재 요령성 요양으로 비정하고 있다. 그렇다면 연나라가 하북성 장가구시에서부터 요령성 요양까지 연장성을 쌓고 여기에 진나라가 덧쌓아 진장성을 완성하였다는 것이 된다. 하지만 ①연나라는 이렇게 긴 장성을 쌓은 사실이 없고 그럴 여력도 없었다. 그리고 ②진장성은 원래 북경시에도 못 미치는 하북성 보정시 서수구 수성진까지만 있었다. 이곳에서 북경 북쪽을 지나 지금의 산해관까지 쌓은 장성은 명나라 장성이다. ③요령성 요양 인근 내지는 그곳까지는 연장성이나 진장성이 전혀 없다. 있다고 하는 주장은 모두 명백히 허위 조작 주장이다. ④여기까지 있다는 이 조작 행위에 의하여 현재 동북공정에 의한 장성이 만주 지방은 물론 한반도까지 이어지고 있다. 하지만 요령성의 모든 장성 흔적은 고구려와 발해 그리고 신라, 고려, 동여진의 성 흔적을 이어 만든 것이다. 즉 이는 동북공정의 이용 사항이 되는 것이다. 이런 사항이 명백한데도 우리나라 주류 강단 사학계는 이를 그대로 추종 내지는 '고조선 이동설'에 적극 활용하여 결국 동북공정을 도와주고 있는 실정이다. 위에서 살펴본 많은 기록들 중 일부 기록만을 살펴보아도 이를 충분히 파악할 수 있는데도 이러한 인식과 주장을 하는 것은 도저히 설명이 안 되는 현상이다.

또한 한 가지 더 유념하여 할 사항은 어느 정도 역사적 지식이 있다는 재야 민족 사학계 역사가들이 다음 기록에 의하여 연장성을 비정하고 있다는 것이다.

【사료57】『후한서(後漢書)』「원소유표열전」

(생략)양평에 대한 이현(당나라 고종의 아들)의 주(注) : "양평은 현인데 요동군에 속해 있었다. 그 옛 성이 지금의 평주 노룡현 서남에 있다."(생략)

하지만 잘못된 역사 인식에 양평을 중국 측과 주류 강단 사학계의 왜곡된 인식대로 지금의 요령성 요양으로 비정하고 해석한다든지, 평주 노룡현을 마찬가지로 왜곡된 비정인 지금의 하북성 진황도시로 비정한 채 해석하면서 중국 측과 주류 강단 사학계의 왜곡을 비판하고 있다. 이는 현재 아예 지명조차 옮겨버린 진황도시의 노룡현 그리고 창려현 그리고 창려현에 있는 갈석산 그리고 이에 따라 옮겨 비정되는 낙랑군에 의한 것으로 이는 잘못된 것이다. 여러 기록과 사실에 의하여 이것이 잘못되었다는 사실이 확인되지만 결정적으로 원래의 노룡현, 창려현, 갈석산(우갈석), 낙랑군이 있었던 곳에는 원래 있다고 기록되어 있는 양평현으로 흐르는 소요수, 대요수가 압록수와 같이 흐르다가 안평현으로 들어가는 사항이 하북성 진황도시에는 없다. 그리고 노룡현, 창려현, 갈석산(우갈석), 양평현, 소요수, 대요우, 압록수, 요서군 및 요동군의 동북쪽에 흐르는 패수가 있어 낙랑군 동쪽에 위만조선 왕험성이 있고 왕험성 서쪽에는 연나라와의 경계인 진장성이 또 다른 갈석산(좌갈석)에서부터 수성진까지 있어야 하는데 진황도시에는 이러한 것들이 전혀 없는 것이 이곳이 요서군, 요동군, 낙랑군이 있었던 곳이 아님을 반증하고 있는 것이다.

▍갈석산과 낙랑군을 지금의 진황도시로 비정하는 것은 잘못이다.

더군다나 중국사서 기록상 노룡현 그리고 비여현은 하북성 석가장시 인근에서 다른 곳으로 옮겨진 사실이 없다. 이렇게 왜곡되어 옮겨진 곳으로 비정함으로써 우리 한민족의 고대 국가인 고조선과 고구려의 활동 무대가 이곳에 있는 것으로 되어버렸다. 이에 대하여는 뒤에 자세히 설명될 것이다. 지금까지 연장성에 대하여 살펴보았으므로 지금부터는 연5군의 위치를 비정하면 다음과 같다.

– "다음 〈제2권〉에서 계속됩니다."

◆다음 〈제2권〉

■ 요동군에 대하여
■ 요서군에 대하여
■ 임유관(현, 궁, 임삭궁)에 대하여
■ 마수산(책)에 대하여
■ 마읍산에 대하여

(1) 고조선

(2) 고구려
■ 중국사서 해석상 유념할 사항에 대하여
 - 신뢰성 부족
 - 왜곡과 혼란에 빠지지 않을 사전 인식 필요, 사서와의 교차검증 필요
 - 사전 인식과 교차검증 결과 우리 민족 활동 지역은 산동성 확인
■ 고구려와 관련된 중요한 사항에 대하여
  ① 고구려 관련 천리와 요동 개념 인식 제고
  ② 고구려와 현토군과의 관련성
  ③ 고구려 발상지 졸본 지역
  ④ 낙랑 개념에 따른 위치 비정
  ⑤ 말갈의 위치에 따른 비정
■ '『삼국사기』 초기 기록 불신론'에 대하여

(3) 백제
■ 백제의 요서 진출에 대하여
■ 양직공도에 대하여
■ 임나에 대하여
■ 백제의 도읍 2성에 대하여

(4) 신라
■ 한반도 신라를 입증하는 경주 고분과 유물에 대하여
■ 탁수, 탁록의 왜곡에 대하여
■ 삼한에 대하여

인용 사료 목록

【사료1】『조선왕조실록』세조실록 7권, 세조 3년 5월 26일 무자 3번째기사 1457년
【사료2】『조선왕조실록』예종실록 7권, 예종 1년 9월 18일 무술 3번째기사 1469년
【사료3】『관자』「제78 규도 13」
【사료4】『관자』「제80 경중갑 13,20,22」
【사료5】『산해경』「제11 해내서경」
【사료6】『산해경』「제12 해내북경」
【사료7】『산해경』「제18 해내경」
【사료8】『사기』「권69 소진열전 제9」
【사료9】『염철론』「권6 벌공」편
【사료10】『후한서(後漢書)』「군국지」 1. 유주
【사료11】『사기』「조선열전」 '고조선'
【사료12】『자치통감(資治通鑑)』「권181 수기오」
【사료13】『무경총요』 10
【사료14】『흠정사고전서』「수도제강 권3」
【사료15】『무경총요』「전집 권22 연경주군 12」
【사료16】『진서』「지리지」 '평주', '유주'
【사료17】『사기』「하본기」
【사료18】『회남자』「추형훈」 고유의 주석
【사료19】『염철론』「험고」
【사료20】『산해경』「해내동경」
【사료21】『수경주』「대요수」, 「소요수」
【사료22】『한서』「지리지」 1. 유주
【사료23】『삼국지(三國志)』〈위서〉「동이전」 '고구려전'
【사료24】『후한서(後漢書)』「동이열전」 '고구려전'
【사료25】『통전(通典)』「변방」 '동이 하 고구려'
【사료26】『신당서(新唐書)』「동이열전 고구려」
【사료27】『고려사』「세가 권제15」 인종(仁宗) 4년 12월 1126년 12월 12일(음) 계유(癸酉)
【사료28】『원사』「지리지」 요양등처행중서성 동녕로
【사료29】『요사』「지리지」
【사료30】『신당서(新唐書)』「가탐도리기」
【사료31】『구당서(舊唐書)』「동이열전 고구려」
【사료32】『통전(通典)』「주군 안동부」
【사료33】『통감지리통석』 권 10 요동
【사료34】『삼국사기(三國史記)』 고구려본기 제10 보장왕(寶藏王) 二十七年秋九月
【사료35】『삼국사기(三國史記)』 고구려본기 제8 영양왕(嬰陽王) 二十三年秋七月

【사료36】『삼국사기(三國史記)』고구려본기 제8 영양왕(嬰陽王) 二十三年夏六月
【사료37】『무경총요』1044년 권22 압록수
【사료38】『삼국사기(三國史記)』잡지 지리4 백제(百濟) 압록수 이북의 항복한 성
【사료39】『삼국지(三國志)』〈위서〉「동이전」東沃沮
【사료40】『삼국지(三國志)』〈위서〉「동이전」濊
【사료41】『삼국유사』卷 第一 제1 기이(紀異第一) 고구려(高句麗)
【사료42】『양서(梁書)』「동이열전」'고구려'
【사료43】『사기』「흉노열전」
【사료44】『사기』「몽염열전」
【사료45】『삼국사기(三國史記)』고구려본기 제1 시조 동명성왕(東明聖王) 2년
【사료46】『송서(宋書)』夷蠻列傳 高句驪
【사료47】『삼국사기(三國史記)』卷 第二十 高句麗本紀 第八 영양왕 二十三年春二月
【사료48】『서경』〈하서〉「우공」제11장
【사료49】『회남자』「인간훈」
【사료50】『회남자』「시칙훈」
【사료51】『삼국사기(三國史記)』「잡지 지리」'고구려''고구려 초기 도읍 홀승골성과 졸본'
【사료52】『삼국사기(三國史記)』「잡지 지리」'고구려''평양성과 장안성'
【사료53】『고려사』지 권 제12 지리3 「동계」
【사료54】『고려사』지 권 제12 지리3 「북계」
【사료55】『삼국사기(三國史記)』雜志 第六 지리四 백제 압록수 이북의 항복하지 않은 성
【사료56】『삼국유사』'흥법'순도조려'
【사료57】『후한서(後漢書)』「원소유표열전」
【사료58】『수서』「지리지」
【사료59】『삼국지(三國志)』〈위서〉'공손도, 공손강, 공손공, 공손강의 아들 공손연 열전'
【사료60】『위서』「지형지, 남영주/영주」
【사료61】『삼국사기(三國史記)』卷第十七 高句麗本紀 第五 동천왕(東川王) 20년 10월
【사료62】『삼국사기(三國史記)』권 제16 고구려본기 제4 신대왕(新大王) 5년
【사료63】『광개토대왕비문』
【사료64】『삼국지(三國志)』〈위서〉「동이전」韓
【사료65】『통전(通典)』「주군」'평주'
【사료66】『사기』「화식열전」
【사료67】『후한서(後漢書)』「동이열전(東夷列傳)」부여(夫餘)
【사료68】『삼국지(三國志)』〈위서〉「동이전」부여(夫餘)
【사료69】『진서(晉書)』卷九十七「列傳」第六十七 東夷: 夫餘國
【사료70】『삼국유사』권 제1 기이(紀異第一) 위만(魏滿·衛滿)조선(朝鮮)
【사료71】『한서』「조선전」'고조선'
【사료72】『염철론』「주진편」
【사료73】『염철론』「비호편」
【사료74】『한서』권94 上「흉노전」
【사료75】『통전(通典)』「변방 북적 서략 흉노상」

【사료76】『신당서(新唐書)』「지리지」
【사료77】『삼국사기(三國史記)』고구려본기 제3 태조대왕(太祖大王) 94년 8월
【사료78】『삼국사기(三國史記)』고구려본기 제8 영양왕(嬰陽王) 九年夏六月
【사료79】『삼국사기(三國史記)』백제본기 제4 동성왕(東城王) 二十二年/夏五月
【사료80】『양서(梁書)』「東夷列傳 百濟」
【사료81】『흠정만주원류고』권9 강역2 신라 9주
【사료82】『삼국사기(三國史記)』卷第二十一 高句麗本紀 第九 보장왕 645년 05월(음)
【사료83】『삼국사기(三國史記)』백제본기 제1 다루왕(多婁王) 3년 10월
【사료84】『흠정만주원류고』권10 강역3 발해국경
【사료85】『삼국사기(三國史記)』권 제37 잡지 제6 지리四 백제'삼국의 이름만 있고 그 위치가 ~
【사료86】『삼국사기(三國史記)』百濟本紀 第四 무령왕(武寧王) 三年秋九月
【사료87】『남제서(南齊書)』「東南夷列傳 高[句]麗」
【사료88】『위서(魏書)』「列傳 高句麗」
【사료89】『주서(周書)』「異域列傳 高句麗」
【사료90】『남사(南史)』「東夷列傳 高句麗」
【사료91】『북사(北史)』「列傳 高句麗」
【사료92】『수서(隋書)』「東夷列傳 高句麗」
【사료93】『원사(元史)』「外夷列傳 高麗」
【사료94】『삼국유사』卷第一 제1 기이(紀異第一) 말갈(靺鞨)과 발해(渤海)
【사료95】『삼국사기(三國史記)』百濟本紀 第一 시조 온조왕(溫祚王) 2년 1월
【사료96】『삼국사기(三國史記)』지리(地理)四 고구려 멸망과 이후 상황
【사료97】『삼국사기(三國史記)』列傳 第六 최치원(崔致遠)
【사료98】『구당서(舊唐書)』「東夷列傳 百濟」
【사료99】『신당서(新唐書)』「東夷列傳 百濟」
【사료100】『삼국사기(三國史記)』新羅本紀 第一 유리(儒理) 이사금(尼師今) 17년 9월
【사료101】『삼국사기(三國史記)』新羅本紀 第一 시조 혁거세(赫居世) 30년
【사료102】『삼국사기(三國史記)』百濟本紀 第一 시조 온조왕(溫祚王) 13년 5월
【사료103】『삼국사기(三國史記)』신라본기 제1 유리(儒理) 이사금(尼師今) 14년
【사료104】『삼국사기(三國史記)』新羅本紀 第一 시조 혁거세(赫居世) 53년
【사료105】『삼국사기(三國史記)』백제본기 제1 시조 온조왕(溫祚王) 43년 10월
【사료106】『삼국사기(三國史記)』新羅本紀 第二 아달라(阿達羅) 5년 3월
【사료107】『삼국사기(三國史記)』百濟本紀 第一 溫祚王 二十七年夏四月
【사료108】『삼국사기(三國史記)』新羅本紀 第一 시조 혁거세(赫居世) 十九年春一月
【사료109】『후한서(後漢書)』「東夷列傳 韓」
【사료110】『후안서(後漢書)』「東夷列傳 濊」
【사료111】『진서(晉書)』「東夷列傳 馬韓」
【사료112】『송서(宋書)』「夷蠻列傳 百濟」
【사료113】『남제서(南齊書)』「東南夷列傳 百濟」
【사료114】『위서(魏書)』「列傳 百濟」
【사료115】『주서(周書)』「異域列傳 百濟」

【사료116】『남사(南史)』「東夷列傳 百濟」
【사료117】『북사(北史)』「列傳 百濟」
【사료118】『수서(隋書)』「東夷列傳 百濟」
【사료119】『삼국사기(三國史記)』百濟本紀 第一 시조 온조왕(溫祚王) 13년 8월
【사료120】『삼국사기(三國史記)』고구려본기 제5 동천왕(東川王) 12년
【사료121】『삼국사기(三國史記)』고구려본기 제5 동천왕(東川王) 16년
【사료122】『삼국사기(三國史記)』고구려본기 제5 동천왕(東川王) 20년
【사료123】『삼국사기(三國史記)』백제본기 제2 사반왕(沙伴王)·고이왕(古尒王)
【사료124】『삼국사기(三國史記)』新羅本紀 第二 아달라(阿達羅) 이사금(尼師今) 5년
【사료125】『수경주』「유수」
【사료126】『구당서(舊唐書)』「지리지」
【사료127】『삼국사기(三國史記)』百濟本紀 第六 의자왕(義慈王) 665년(음)
【사료128】『삼국사기(三國史記)』신라본기 제6 문무왕(文武王) 4년 2월
【사료129】『삼국사기(三國史記)』신라본기 제6 문무왕(文武王) 5년 8월
【사료130】『흠정만주원류고』권5 부족5 말갈
【사료131】『삼국사기(三國史記)』신라본기 제7 문무왕(文武王) 十一年秋七月二十六日
【사료132】『통전(通典)』邊防 一 東夷 上 百濟
【사료133】『자치통감(資治通鑑)』卷一百三十六 齊紀二 世祖武皇帝上之下
【사료134】『자치통감(資治通鑑)』卷九十七 晉紀十九 孝宗穆皇帝上之上
【사료135】『선화봉사고려도경(宣化奉使高麗圖經)』「시봉편」
【사료136】『삼국사기(三國史記)』고구려본기 제6 고국양왕(故國壤王) 二年夏六月
【사료137】『삼국사기(三國史記)』고구려본기 제6 고국양왕(故國壤王) 二年冬十一月
【사료138】『삼국사기(三國史記)』고구려본기 제6 광개토왕(廣開土王) 十四年春一月
【사료139】『삼국사기(三國史記)』백제본기 제4 동성왕(東城王) 二十二年/夏五月
【사료140】『자치통감(資治通鑑)』卷一百三十六 齊紀二 世祖武皇帝上之下
【사료141】『양직공도』「백제국사」
【사료142】『한원(翰苑)』「번이부 백제(蕃夷部 百濟)」
【사료143】『흠정만주원류고』권3 부족3 백제
【사료144】『흠정만주원류고』권9 강역2 백제제성
【사료145】『수경주(水經注)』권11, '역수(易水)'
【사료146】『흠정만주원류고』권4 부족4 신라
【사료147】『삼국사기(三國史記)』卷第三十四 雜志 第三 지리(地理)一 신라(新羅)
【사료148】『흠정만주원류고』권9 강역2 신라
【사료149】『통전(通典)』「변방」'동이 상 신라'
【사료150】『삼국사기(三國史記)』百濟本紀 第一 시조 온조왕(溫祚王) 17년
【사료151】『삼국유사』권 제1 제1 기이(紀異第一) 낙랑국(樂浪國)
【사료152】『삼국사기(三國史記)』백제본기 제3 개로왕(蓋鹵王) 21년 9월
【사료153】『삼국사기(三國史記)』新羅本紀 第七 문무왕(文武王) 672년 01월(음)
【사료154】『흠정만주원류고』권3 부족3 백제
【사료155】『삼국사기(三國史記)』百濟本紀 第六 의자왕(義慈王) 二十年

【사료156】『삼국사기(三國史記)』新羅本紀 第一 시조 혁거세(赫居世) 1년 4월 15일
【사료157】『삼국사기(三國史記)』新羅本紀 第一 시조 혁거세(赫居世) 38년 봄 2월
【사료158】『삼국사기(三國史記)』新羅本紀 第一 시조 혁거세(赫居世) 30년
【사료159】『삼국사기(三國史記)』백제본기 제6 의자왕(義慈王) 논하여 말하다.
【사료160】『삼국유사』卷 第一 제1 기이(紀異第一) 진한(辰韓)
【사료161】『삼국사기(三國史記)』列傳 第一 김유신(金庾信) 상
【사료162】『진서(晉書)』「동이열전(東夷列傳) 辰韓」
【사료163】『양서(梁書)』「東夷列傳 新羅」
【사료164】『남사(南史)』「東夷列傳 新羅」
【사료165】『북사(北史)』「列傳 新羅」
【사료166】『수서(隋書)』「東夷列傳 新羅」
【사료167】『구당서(舊唐書)』「동이열전 신라」
【사료168】『신당서(新唐書)』「동이열전 신라」
【사료169】『후한서(後漢書)』「東夷列傳 東沃沮」
【사료170】『수경주(水經注)』권12 '거마하(巨馬河)'
【사료171】『삼국사기(三國史記)』新羅本紀 第一 시조 혁거세(赫居世) 8년
【사료172】『삼국사기(三國史記)』신라본기 제3 나물(奈勿) 이사금(尼師今) 38년 5월
【사료173】『삼국사기(三國史記)』백제본기 제1 시조 온조왕(溫祚王) 24년 7월
【사료174】『문헌통고』
【사료175】『삼국사기(三國史記)』백제본기 제4 무령왕(武寧王) 二十三年夏五月
【사료176】『고려사』지 권 제10 지리1「지리 서문」
【사료177】『고려사』세가 권제14 예종(睿宗) 12년(1117년) 3월 6일(음)
【사료178】『고려사』세가 권제42 공민왕(恭愍王) 19년 12월 1370년 12월 2일(음)
【사료179】『선화봉사고려도경』권3 성읍(城邑) 영토[封境]
【사료180】『삼국유사』제1 기이(紀異第一) 고조선(古朝鮮) 왕검조선(王儉朝鮮)
【사료181】『삼국유사』제2 기이(紀異第二) 남부여(南扶餘) 전백제(前百濟) 북부여(北扶餘)
【사료182】『삼국유사』卷 第一제1 기이(紀異第一) 태종춘추공(太宗春秋公)
【사료183】『삼국사기(三國史記)』新羅本紀 第七 문무왕(文武王) 十五年春一, 二月
【사료184】『삼국사기(三國史記)』雜志 第三지리(地理)一 신라(新羅) 원 신라
【사료185】『삼국사기(三國史記)』雜志 第三지리(地理)一 신라(新羅) 이전 백제
【사료186】『삼국사기(三國史記)』雜志 第三지리(地理)一 신라(新羅) 이전 고구려
【사료187】『삼국사기(三國史記)』新羅本紀 第八 신문왕(神文王) 五年
【사료188】『삼국사기(三國史記)』新羅本紀 第九 경덕왕(景德王) 十六年冬十二月
【사료189】『삼국사기(三國史記)』잡지 제4 지리(地理)二 신라(新羅)
【사료190】『삼국사기(三國史記)』신라본기 세/ 문무왕(文武王) 十三年秋九月
【사료191】『삼국사기(三國史記)』신라본기 제12 경명왕(景明王) 五年春二月
【사료192】『고려사』세가 권제1 태조(太祖) 4년 2월 921년 2월 15일(음) 임신(壬申)
【사료193】『삼국사기(三國史記)』新羅本紀 第七 문무왕(文武王) 十五年秋九月
【사료194】『고려사』권82 지 권제36 병2(兵 二) 성보 930년 미상(음)
【사료195】『한서』「지리지 연」

【사료196】『삼국사기(三國史記)』高句麗本紀 第二 대무신왕(大武神王) 15년 04월
【사료197】『삼국사기(三國史記)』高句麗本紀 第五 미천왕(美川王)
【사료198】『한서 』「열전」〈엄주오구주부서엄종왕종왕가전〉 '가연지편'
【사료199】『고려사절요』권1 태조신성대왕(太祖神聖大王) 태조(太祖) 18년10월 935년 10월 미상
【사료200】『삼국사기(三國史記)』고구려본기 제2 대무신왕(大武神王) 9년 10월
【사료201】『삼국사기(三國史記)』고구려본기 제3 태조대왕(太祖大王) 4년 7월
【사료202】『삼국사기(三國史記)』고구려본기 제2 모본왕(慕本王) 2년
【사료203】『삼국사기(三國史記)』고구려본기 제1 시조 동명성왕(東明聖王) 10년 11월
【사료204】『삼국사기(三國史記)』고구려본기 제2 대무신왕(大武神王) 13년 7월
【사료205】『삼국사기(三國史記)』新羅本紀 第一 지마(祗摩) 이사금(尼師今) 14년 1월
【사료206】『삼국사기(三國史記)』고구려본기 제5 동천왕(東川王) 19년 10월
【사료207】『삼국사기(三國史記)』신라본기 제2 조분(助賁) 이사금(尼師今) 16년 10월
【사료208】『삼국사기(三國史記)』卷第四十四 列傳 第四 거칠부(居柒夫)
【사료209】『삼국사기(三國史記)』권 제45 열전 제5 온달(溫達)(AD590)
【사료210】『삼국사기(三國史記)』新羅本紀 第五 선덕왕(善德王) 11년
【사료211】『삼국사기(三國史記)』卷第四十一 列傳 第一 김유신(金庾信) 상
【사료212】『삼국사기(三國史記)』卷第四十九 列傳 第九 개소문(蓋蘇文)
【사료213】『삼국사기(三國史記)』신라본기 제5 태종(太宗) 무열왕(武烈王) 2년
【사료214】『삼국사기(三國史記)』신라본기 제12 효공왕(孝恭王) 905년 08월(음)
【사료215】『삼국사기(三國史記)』百濟本紀 第一 시조 온조왕(溫祚王)
【사료216】『삼국지(三國志)』「魏書 30 東夷傳 挹婁」
【사료217】『후한서(後漢書)』「東夷列傳 挹婁」
【사료218】『진서(晉書)』「동이열전(東夷列傳) 숙신(肅愼)」
【사료219】『위서(魏書)』「列傳 勿吉國」
【사료220】『북사(北史)』「列傳 勿吉」
【사료221】『수서(隋書)』「東夷列傳 靺鞨」
【사료222】『구당서(舊唐書)』「北狄列傳 靺鞨」
【사료223】『신당서(新唐書)』「北狄列傳 黑水靺鞨」
【사료224】『구당서(舊唐書)』「北狄列傳 渤海靺鞨」
【사료225】『신당서(新唐書)』「北狄列傳 渤海」
【사료226】『삼국사기(三國史記)』新羅本紀 第一 남해 차차웅 원년 7월
【사료227】『삼국사기(三國史記)』百濟本紀 第一 시조 온조왕 11년 4월
【사료228】『삼국사기(三國史記)』권 제40 잡지 제9 무관(武官)
【사료229】『금사(金史)』「외국열전(外國列傳) 고려(高麗)」
【사료230】『금사(金史)』「卷1 本紀1 世紀」
【사료231】『고려사절요』권8 예종(睿宗) 10년 1월(1115년 1월 미상(음))
【사료232】『고려사』列傳 권 제7 제신(諸臣) 서희 서희가 거란의 소손녕과의 외교 담판~
【사료233】『고려사절요』권2 성종(成宗) 13년 2월 소손녕이~
【사료234】『무경총요』「전집 권 22」요방 북번지리
【사료235】『고려사』세가 권 제14 예종(睿宗)(1105-1122) 12년 3월 1117년 3월 3일(음)

【사료236】『금사(金史)』 권1 본기1 세기(世紀)
【사료237】『금사(金史)』 권1 본기1 세기(世紀)
【사료240】『고려사절요』 권8 예종(睿宗) 10년 1월(1115년 1월 미상(음))
【사료241】『송막기문(松漠記聞)』
【사료242】『동명해사록(東溟海槎錄)』
【사료243】『삼국사기(三國史記)』 권 제37 잡지 제6 지리(地理)四 고구려(高句麗)
【사료244】『삼국사기(三國史記)』 신라본기 제9 선덕왕(宣德王) 四年春一月
【사료245】『삼국사기(三國史記)』 백제본기 제1 시조 온조왕(溫祚王) 13년 7월
【사료246】『고려사』 지 권 제12 지리3(地理 三) 서해도 평주
【사료247】『삼국사기(三國史記)』 신라본기 제2 유례(儒禮) 이사금(尼師今) 9년 6월
【사료248】『삼국사기(三國史記)』 신라본기 제6 문무왕(文武王) 8년 6월 22일
【사료249】『삼국사기(三國史記)』 백제본기 제1 시조 온조왕(溫祚王) 37년 4월
【사료250】『삼국사기(三國史記)』 新羅本紀 第八 성덕왕(聖德王) 三十四年
【사료251】『진서(晉書)』 卷十四 志 第四 地理上 惠帝卽位, 改扶風國爲秦國
【사료252】『고려사』 권별 보기 志 지 권제36 병2(兵 二) 성보 973년 미상
【사료253】『삼국사기(三國史記)』 신라본기 제8 성덕왕(聖德王) 三十二年秋七月
【사료254】『삼국사기(三國史記)』 신라본기 제10 헌덕왕(憲德王) 十八年秋七月
【사료255】『삼국사기(三國史記)』 新羅本紀 第三 나물(奈勿) 이사금(尼師今) 42년 7월
【사료256】『삼국사기(三國史記)』 新羅本紀 第三 눌지(訥祇) 마립간(麻立干) 34년 7월
【사료257】『삼국사기(三國史記)』 新羅本紀 第四 지증(智證) 마립간(麻立干) 13년 6월
【사료258】『삼국사기(三國史記)』 新羅本紀 第五 선덕왕(善德王) 8년 2월
【사료259】『삼국사기(三國史記)』 新羅本紀 第五 태종(太宗) 무열왕(武烈王) 5년 3월
【사료260】『삼국사기(三國史記)』 新羅本紀 第八 성덕왕(聖德王) 二十年秋七月
【사료261】『삼국사기(三國史記)』 新羅本紀 第三 자비(慈悲) 마립간(麻立干) 11년 9월
【사료262】『삼국사기(三國史記)』 新羅本紀 第一 지마(祗摩) 이사금(尼師今) 14년 7월
【사료263】『삼국사기(三國史記)』 新羅本紀 第三 소지(炤知) 마립간(麻立干)
【사료264】『삼국사기(三國史記)』 新羅本紀 第三 소지(炤知) 마립간(麻立干) 3년 3월
【사료265】『삼국사기(三國史記)』 高句麗本紀 第七 문자왕(文咨王) 六年秋八月
【사료266】『삼국사기(三國史記)』 高句麗本紀 第七 안원왕(安原王) 十年秋九月
【사료267】『후한서(後漢書)』「東夷列傳 倭」
【사료268】『삼국지(三國志)』 魏書 三十 烏丸鮮卑東夷傳 第三十 倭
【사료269】『진서(晉書)』 列傳 第六十七 東夷 倭
【사료270】『송서(宋書)』 列傳 第五十七 夷蠻 東夷 倭
【사료271】『남제서(南齊書)』 列傳 第三十九 東夷 倭國
【사료272】『양서(梁書)』 列傳 第四十八 諸夷 倭
【사료273】『북사(北史)』 列傳 第八十二 倭
【사료274】『수서(隋書)』 列傳 第四十六 東夷 倭國
【사료275】『구당서(舊唐書)』 列傳 第一百四十九上 東夷 倭國
【사료276】『신당서(新唐書)』 列傳 第一百四十五 東夷 倭
【사료277】『삼국사기(三國史記)』 百濟本紀 第一 시조 온조왕(溫祚王) 11년 7월

【사료278】『일본서기(日本書紀)』譽田天皇 應神天皇
【사료279】『삼국사기(三國史記)』고구려본기 제3 태조대왕(太祖大王) 59년
【사료280】『삼국사기(三國史記)』고구려본기 제5 동천왕(東川王) 21년 2월
【사료281】『삼국사기(三國史記)』고구려본기 제6 故國原王 343년 07월(음)
【사료282】『삼국사기(三國史記)』고구려본기 제6 광개토왕(廣開土王) 四年秋八月
【사료283】『삼국사기(三國史記)』백제본기 제3 아신왕(阿莘王) 4년 8월
【사료284】『삼국사기(三國史記)』백제본기 제3 아신왕(阿莘王) 4년 11월
【사료285】『삼국사기(三國史記)』백제본기 제1시조 온조왕(溫祚王)
【사료286】『삼국사기(三國史記)』고구려본기 제8 영양왕(嬰陽王) 二十三年夏六月
【사료287】『수서(隋書)』卷六十四 列傳 第二十九 (來護兒)
【사료288】『삼국사기(三國史記)』高句麗本紀 第五 미천왕(美川王) 14년 10월
【사료289】『삼국사기(三國史記)』高句麗本紀 第三 태조대왕(太祖大王) 66년 6월
【사료290】『삼국사기(三國史記)』지리(地理)四 백제(百濟) 압록수 이북의 도망간 성
【사료291】『삼국사기(三國史記)』高句麗本紀 第八 영류왕(榮留王) 十四年
【사료292】『삼국사기(三國史記)』高句麗本紀 第八 영류왕(榮留王) 十四年 春二月
【사료293】『자치통감(資治通鑑)』唐紀九 太宗文 (貞觀五年(631)) 秋, 八月)
【사료294】『삼국유사』흥법제3(興法第三) 보장봉로 보덕이암(寶藏奉老 普德移庵)
【사료295】『삼국사기(三國史記)』高句麗本紀 第八 영류왕(榮留王) 二十五年 春一月
【사료296】『삼국사기(三國史記)』열전 제9 개소문(蓋蘇文) 대대로에 오르지 못하다
【사료297】『삼국사기(三國史記)』고구려본기 제8 영류왕(榮留王) 十二年秋八月
【사료298】『삼국사기(三國史記)』신라본기 제4 진평왕(眞平王) 51년 8월
【사료299】『삼국사기(三國史記)』고구려본기 제8 영류왕(榮留王) 二十一年冬十月
【사료300】『삼국사기(三國史記)』신라본기 제5 선덕왕(善德王) 7년 10월, 11월
【사료301】『삼국사기(三國史記)』신라본기 제5 태종(太宗) 무열왕(武烈王)
【사료302】『삼국사기(三國史記)』高句麗本紀 第十 보장왕(寶藏王) 4년 5월(음)
【사료303】『삼국사기(三國史記)』新羅本紀 第七 문무왕(文武王) 十三年秋九月
【사료304】『구당서(舊唐書)』列傳 第 33. 劉仁軌傳
【사료305】『삼국사기(三國史記)』新羅本紀 第七 문무왕(文武王) 十五年春二月
【사료306】『삼국사기(三國史記)』신라본기 제7 문무왕(文武王) 十五年秋九月
【사료307】『삼국사기(三國史記)』百濟本紀 第一 시조 온조왕(溫祚王) 18년 10월
【사료308】『구당서(舊唐書)』卷三十八 志 第十八 地理 一
【사료309】『고려사』권82 지 권제36 병2(兵 二) 성보
【사료310】『삼국사기(三國史記)』고구려본기 제10 보장왕(寶藏王) 十四年春一月
【사료311】『삼국사기(三國史記)』백제본기 제6 의자왕(義慈王) 十五年秋八月
【사료312】『삼국사기(三國史記)』新羅本紀 第四 진흥왕(眞興王) 12년
【사료313】『삼국사기(三國史記)』高句麗本紀 第七 양원왕(陽原王) 七年
【사료314】『삼국사기(三國史記)』雜志 第六 지리(地理)四 백제(百濟)
【사료315】『삼국유사』기이제2(紀異第二) 남부여(南扶餘) 전백제(前百濟) 북부
【사료316】『일본서기(日本書紀)』권 19 天國排開廣庭天皇 欽明天皇 12년(0551년 (음)
【사료317】『삼국사기(三國史記)』백제본기 제4 성왕(聖王) 31년 가을 7월

【사료318】『삼국사기(三國史記)』신라본기 제4 진흥왕(眞興王) 14년 7월
【사료319】『삼국사기(三國史記)』高句麗本紀 第十 보장왕(寶藏王) 二十七年
【사료320】『삼국사기(三國史記)』열전 제5 온달(溫達)
【사료321】『삼국사기(三國史記)』백제본기 제2 책계왕(責稽王) 원년
【사료322】『삼국사기(三國史記)』新羅本紀 第六 문무왕(文武王) 10년 3월
【사료323】『삼국사기(三國史記)』新羅本紀 第七 문무왕(文武王) 十二年秋八月
【사료324】『삼국사기(三國史記)』高句麗本紀 第十 보장왕(寶藏王) (677년 02월(음))
【사료325】『삼국사기(三國史記)』高句麗本紀 第九 보장왕(寶藏王) 四年
【사료326】『삼국사기(三國史記)』고구려본기 제10 보장왕(寶藏王) 七年秋九月
【사료327】『삼국사기(三國史記)』고구려본기 제10 보장왕(寶藏王) 二十年秋八月
【사료328】『고려사』권127 열전 권제40 반역(叛逆)
【사료329】『자치통감(資治通鑑)』卷四十九 漢紀四十一 孝安皇帝
【사료330】『삼국사기(三國史記)』고구려본기 제1 유리왕(琉璃王) 33년 8월
【사료331】『삼국사기(三國史記)』고구려본기 제3 태조대왕(太祖大王) 3년
【사료332】『삼국사기(三國史記)』고구려본기 제3 태조대왕(太祖大王) 53년 1월
【사료333】『후한서(後漢書)』卷一下 光武帝紀 第一下
【사료334】『위서(魏書)』「거란전」
【사료335】『삼국사기(三國史記)』고구려본기 제7 양원왕(陽原王) 七年秋九月
【사료336】『삼국사기(三國史記)』고구려본기 제8 영양왕(嬰陽王) 十八年
【사료337】『고려사』세가 권제5 덕종(德宗) 2년(1033) 8월(1033년 8월 25일(음) 무오
【사료338】『고려사절요』권4 덕종경강대왕(德宗敬康大王) 덕종(德宗) 2년 8월(1033)
【사료339】『고려사』세가 권제5 덕종(德宗) 3년 3월(1034년 3월 27일(음) 정해(丁亥)
【사료340】『고려사절요』권4 덕종경강대왕(德宗敬康大王) 덕종(德宗) 3년(1034) 3월
【사료341】『고려사』정종10년 11월 1044년 11월 18일(음) 을해(乙亥)
【사료342】『고려사절요』권4 정종용혜대왕(靖宗容惠大王) 정종(靖宗) 10년 11월
【사료343】『고려사절요』권8 예종2(睿宗二) 예종(睿宗) 12년 3월
【사료344】『고려사』권82 지 권제36 병2(兵 二) 성보 1029년 미상(음)
【사료345】『고려사』권137 열전 권제50 우왕(禑王) 14년 2월
【사료346】『요사』二國外記 高麗 開泰 원년(A.D.1012; 高麗 顯...
【사료347】『고려사』세가 권제4 현종(顯宗) 6년 1월
【사료348】『고려사절요』권3 현종원문대왕(顯宗元文大王) 현종(顯宗) 6년 1월
【사료349】『고려사』세가 권제4 현종(顯宗) 6년
【사료350】『고려사절요』권3 현종원문대왕(顯宗元文大王) 현종(顯宗) 6년 미상
【사료351】『삼국사기(三國史記)』卷第十五 高句麗本紀 第三 태조대왕(太祖大王) 46년 3월
【사료352】『고려사』권82 지 권제36 병2(兵 二) 성보
【사료353】『조선왕조실록』태종실록 31권, 태종 16년 3월 25일 정사 4번째기사 1416년
【사료354】『삼국사기(三國史記)』신라본기 제6 문무왕(文武王) 2년 1월 23일
【사료355】『삼국사기(三國史記)』백제본기 제6 의자왕(義慈王)
【사료356】『삼국사기(三國史記)』신라본기 제9 선덕왕(宣德王) 三年春二月
【사료357】『삼국사기(三國史記)』신라본기 제10 헌덕왕(憲德王) 十四年春三月

【사료358】『삼국사기(三國史記)』 신라본기 제5 태종(太宗) 무열왕(武烈王) 7년 6월 18일
【사료359】『삼국사기(三國史記)』 열전 제2 김유신(金庾信) 중(中)
【사료360】『삼국사기(三國史記)』 신라본기 제10 헌덕왕(憲德王) 八年春一月
【사료361】『삼국사기(三國史記)』 열전 제10 궁예(弓裔)
【사료362】『삼국사기(三國史記)』 신라본기 제12 효공왕(孝恭王) 二年秋七月
【사료363】『삼국사기(三國史記)』 열전 제10 궁예(弓裔) 송악군을 도읍으로 삼다
【사료364】『삼국사기(三國史記)』 신라본기 제12 효공왕(孝恭王) 七年
【사료365】『삼국사기(三國史記)』 신라본기 제10 헌덕왕(憲德王) 十一年秋七月
【사료366】『고려사절요』 현종(顯宗) 9년 12월 1018년 12월 10일
【사료367】『한원(翰苑)』「번이부 고려(蕃夷部 高麗)」
【사료368】『삼국사기(三國史記)』 고구려본기 제1 시조 동명성왕(東明聖王) 一年
【사료369】『고려사』 지 권제36 병2성보 의주·화주·철관에 성을 쌓다 1222년 미상(음)
【사료370】『조선왕조실록』 태조실록 1권, 총서 44번째 기사
【사료371】『고려사절요』 권3 현종(顯宗) 5년 10월 미상
【사료372】『고려사절요』 권3 현종(顯宗) 1년 11월 1010년 11월 16일
【사료373】『삼국사기(三國史記)』 권 제16 고구려본기 제4 산상왕(山上王) 21년 8월
【사료374】『사불허북국거상표(謝不許北國居上表)』
【사료375】『오대회요(五代會要)』 五代會要 卷三十 渤海
【사료376】『유취국사』
【사료377】『신오대사(新五代史)』 사이부록(四夷附錄) 발해 [渤海] 貴族의 姓은 大氏이다.
【사료378】『속일본기(續日本記)』 卷32, 寶龜 3年 2月(己卯)
【사료379】『삼국사기(三國史記)』 열전 제10 궁예(弓裔) (0901년 (음))
【사료380】『삼국사기(三國史記)』 신라본기 제12 효공왕(孝恭王) 五年
【사료381】『삼국사기(三國史記)』 열전 제10 궁예(弓裔) 궁예가 죽다.
【사료382】『삼국사기(三國史記)』 열전 제10 궁예(弓裔) 공포정치를 펴다.
【사료383】『삼국유사』 권 제1 왕력(王曆)
【사료384】『고려사』 지 권제12 지리3 「교주도」
【사료385】『고려사』 지 권제12 지리3 「서해도」
【사료386】『삼국사기(三國史記)』 열전 제10 궁예(弓裔) 양길에게
【사료387】『태평어람(太平御覽)』 목록 권 제4 주군부(제160권 주군부6 하남도하)
【사료388】『자치통감(資治通鑑)』 卷二百一十三 唐紀二十九 玄宗
【사료389】『신당서(新唐書)』 卷一百三十六 列傳 第六十一 오승자전(烏承玼(比))
【사료390】『삼국사기(三國史記)』 고구려본기 제9 보장왕(寶藏王) 三年冬十一月
【사료391】『삼국사기(三國史記)』 신라본기 제11 진성왕(眞聖王) 八年冬十月
【사료392】『삼국사기(三國史記)』 신라본기 제12 경애왕(景哀王) 三年夏四月
【사료393】『삼국사기(三國史記)』 권 제50 열전 제10 견훤(甄萱)
【사료394】『삼국사기(三國史記)』 권 제50 열전 제10 견훤(甄萱)
【사료395】『삼국유사』 권 제2 기이(紀異第二) 후백제(後百濟) 견훤(甄萱)
【사료396】『고려사』 세가 권 제1 태조(太祖) 11년 8월 928년 8월 미상(음)
【사료397】『삼국사기(三國史記)』 권 제50 열전 제10 견훤(甄萱)

【사료398】『삼국유사』권 제2 기이(紀異第二) 후백제(後百濟) 견훤(甄萱)
【사료399】『고려사』권2 태조(太祖) 19년 12월(936년 미상(음))
【사료400】『삼국사기(三國史記)』권 제28 백제본기 제6 의자왕(義慈王) 二十年
【사료401】『삼국사기(三國史記)』신라본기 제11 진성왕(眞聖王) 十一年冬十二月四日
【사료402】『송사(宋史)』「外國列傳 定安國」
【사료403】『고려사』권5 세가 권제5 현종(顯宗) 17년 윤5월 1026년 윤5월 19일(음) 갑자(甲子)
【사료404】『고려사』권3 세가 권제3 성종(成宗) 14년 9월 10도를 획정하다 995년 9월 7일(음)
【사료405】『고려사절요』권2 성종(成宗) 14년 7월
【사료406】『고려사』권12 세가 권제12 예종(睿宗) 3년 2월 1108년 2월 27일(음) 무신(戊申)
【사료407】『고려사절요』권7 예종(睿宗) 3년 2월 1108년 2월 미상(음)
【사료408】『고려사절요』권7 예종(睿宗) 3년 3월 1108년 3월 미상(음)
【사료409】『고려사』권82 지 권제36 병2(兵 二) 성보 1108년 미상(음)
【사료410】『고려사』예종 4년 2월 1109년 2월 28일(음) 계묘(癸卯), 1109년 3월 31일(양)
【사료411】『고려사』예종 4년 7월 1109년 7월 3일(음) 병오(丙午), 1109년 8월 1일(양)
【사료412】『조선왕조실록』세종실록84권, 세종21년 3월 6일 갑인 2번째기사 1439년
【사료413】『조선왕조실록』세종실록86권, 세종21년 8월 6일 임오 2번째기사 1439년
【사료414】『조선왕조실록』세종실록155권, 地理志 咸吉道 吉州牧 慶源都護府
【사료415】『고려사』권82 지 권제36 병2(兵 二) 성보 994년 미상(음)
【사료416】『고려사절요』권2 성종(成宗) 13년 미상 994년 미상(음)
【사료417】『고려사』권82 지 권제36 병2(兵 二) 성보 995년 미상(음)
【사료418】『고려사절요』권2 성종(成宗)14년 7월 995년 7월 미상(음)
【사료419】『고려사』권82 지 권제36 병2(兵 二) 성보 995년 미상(음) 영주에 ~성을 쌓다.
【사료420】『고려사』권82 지 권제36 병2(兵 二) 성보 995년 미상(음) 맹주에 ~성을 쌓다.
【사료421】『고려사』권82 지 권제36 병2(兵 二) 성보 996년 미상(음) 선주에 ~성을 쌓다.
【사료422】『고려사절요』권2 성종(成宗) 15년 미상(음)
【사료423】『송사전(宋史筌)』「요열전(遼列傳)」
【사료424】『송사(宋史)』卷487 列傳246 外國3 高麗 宋 眞宗 大中祥符 2年 1009년 미상(음)
【사료425】『속 자치통감』卷第三十 宋紀三十
【사료426】『고려사』卷九十四 列傳 卷第七 諸臣 서희,
【사료427】『동사강목』제6하
【사료428】『고려사』권82 지 권제36 병2(兵 二) 성보 습흘과 송성에 성을 쌓다 960년 미상(음)
【사료429】『삼국유사』제1 기이(紀異第一) 북부여(北扶餘)
【사료430】『동사강목』「안시성고(安市城考)」
【사료431】『주례(周礼)』「오좌진산(五座镇山)」
【사료432】『사기』「제태공세가」
【사료433】『태평환우기(太平寰宇記)』卷70 「河北道 十九 平州」
【사료434】『명사(明史)』「지리지(地理志)」영평부(永平府)」
【사료435】『대명일통지』「영평부」
【사료436】『독사방여기요(讀史方輿紀要)』卷十七 北直八/卷十八 北直九
【사료437】『삼국사기(三國史記)』고구려본기 제6 고국원왕(故國原王) 十二年冬十月

445

【사료438】『진서』 권124 載記 第二十四
【사료439】『수서』 권61 열전26 「우문술전」
【사료440】『대명일통지』 권25 「요동도지휘사사」 고적 살수
【사료441】『조선왕조실록』 세종실록154권, 지리지 평안도 안주목
【사료442】『동사강목』「살수고(薩水考)」
【사료443】『삼국사기(三國史記)』 고구려본기 제2 대무신왕(大武神王) 27년 9월
【사료444】『후한서(後漢書)』 卷七十六 순리열전(循吏列傳) 第六十六「왕경(王景)」
【사료445】『삼국사기(三國史記)』 고구려본기 제7 문자왕(文咨王) 三年秋七月
【사료446】『삼국사기(三國史記)』 백제본기 제4 동성왕(東城王) 十六年秋七月
【사료447】『삼국사기(三國史記)』 신라본기 제3 소지(炤知) 마립간(麻立干) 16년 7월
【사료448】『조선왕조실록』 세종실록154권, 지리지 평안도
【사료449】『고려사』 권16 세가 권제16 인종(仁宗) 12년 2월 1134년 2월 29일(음) 기유(己酉)
【사료450】『고려사』 권3 세가 권제3 성종(成宗) 9년 9월 990년 9월 7일(음) 기묘(己卯)
【사료451】『고려사절요』 권3 현종(顯宗) 10년 2월 1019년 2월 1일
【사료452】『고려사』 권82 지 권제36 병2(兵 二) 성보 1050년 미상(음)
【사료453】『고려사』 권24 세가 권제24 고종(高宗) 45년 12월 1258년 12월 14일(음) 기축(己丑)
【사료454】『조선왕조실록』 세종실록 세종 지리지 함길도
【사료455】『고려사』 세가 권제26 원종(元宗) 11년 2월 1270년 2월 7일(음)
【사료456】『조선왕조실록』 성종실록 134권, 성종 12년 10월 17일 무오 1번째기사 1481년
【사료457】『명사(明史)』 志 第十七 地理 二 철령위(鐵嶺衛)
【사료458】『삼국사기(三國史記)』 권 제34 잡지 제3 지리(地理)一 신라(新羅)
【사료459】『수경주』「하수3」
【사료460】『후한서』 권3「장제기 제3」
【사료461】『무경총요』 권16 상「변방 정주로」
【사료462】『서경』〈하서〉「우공」제10장
【사료463】『東國輿地勝覽(동국여지승람)』「序文(서문)」
【사료464】『한서』〈엄주오구주부서엄종왕가전〉「가연지열전」
【사료465】『독사방여기요』「직예8 영평부」
【사료466】『수경』「패수」
【사료467】『수경주』「패수」
【사료468】『설문해자』
【사료469】『독사방여기요』 1678「요동행도사」
【사료470】『삼국사기(三國史記)』 백제본기 제2 근초고왕(近肖古王) 26년
【사료471】『삼국사기(三國史記)』 백제본기 제1 시조 온조왕(溫祚王) 38년
【사료472】『후한서』「광무제 본기」
【사료473】『후한서』「배인열전」
【사료474】『상서대전』「은전 홍범조」
【사료475】『사기』「송미자세가」
【사료476】『고려사』 권63 지 권제17 예5(禮 五) 길례소사 잡사 1102년 10월 1일(음) 임자(壬子)
【사료477】『고려사』 권63 지 권제17 예5(禮 五) 길례소사 잡사 1325년 10월 미상(음)

【사료478】『고려사』 권63 지 권제17 예5(禮 五) 길례소사 잡사 1356년 6월 미상(음)
【사료479】『고려사』 권63 지 권제17 예5(禮 五) 길례소사 잡사 1371년 12월 미상(음)
【사료480】『조선왕조실록』 태조실록 1권, 태조 1년 8월 11일 경신 2번째기사 1392년 (임신)
【사료481】『조선왕조실록』 태종실록 14권, 태종 7년 10월 9일 기축 1번째기사 1407년 (정해)
【사료482】『조선왕조실록』 태종실록 23권, 태종 12년 6월 6일 기미 2번째기사 1412년 (임진)
【사료483】『조선왕조실록』 세종실록 29권, 세종 7년 9월 25일 신유 4번째기사 1425년 (을사)
【사료484】『조선왕조실록』 세종실록 35권, 세종 9년 3월 13일 신축 1번째기사 1427년
【사료485】『조선왕조실록』 세종실록 37권, 세종 9년 8월 21일 병자 3번째기사 1427년
【사료486】『조선왕조실록』 세종실록 40권, 세종 10년 6월 14일 을미 5번째기사 1428년
【사료487】『조선왕조실록』 세종실록 44권, 세종 11년 5월 7일 임자 4번째기사 1429년
【사료488】『조선왕조실록』 세종실록 45권, 세종 11년 7월 4일 무신 6번째기사 1429년
【사료489】『조선왕조실록』 세종실록 51권, 세종 13년 1월 10일 을해 5번째기사 1431년
【사료490】『조선왕조실록』 세종실록 75권, 세종 18년 12월 26일 정해 4번째기사 1436년
【사료491】『고려사』 세가 권제1 태조(太祖) 원년 9월 918년 9월 26일(음) 병신(丙申)
【사료492】『삼국사기(三國史記)』 신라본기 제12 경명왕(景明王) 三年
【사료493】『고려사』 세가 권제1 태조(太祖) 2년 1월 919년 1월 미상(음)
【사료494】『고려사』 세가 권제1 태조(太祖) 10년 12월 927년 12월 미상(음)
【사료495】『고려사』 세가 권제2 태조(太祖) 16년 3월 933년 3월 5일(음) 신사(辛巳)
【사료496】『고려사』 권71 지 권제25 악2(樂 二) 속악 서경
【사료497】『삼국사기(三國史記)』 백제본기 제2 근초고왕(近肖古王) 26년
【사료498】『고려사』 지 권제10지리1(地理 一) 양광도 남경유수관 양주
【사료499】『삼국사기(三國史記)』 잡지 제6 지리(地理)四 고구려(高句麗) '국내성'
【사료500】『조선왕조실록』 세종실록152권, 지리지 황해도 해주목
【사료501】『한서(漢書)』 卷28下 地理志 第8下
【사료502】『자치통감』 "건흥 원년(建興元年)(AD313년)"조의 4월 기사
【사료503】『삼국사기(三國史記)』 고구려본기 제5 미천왕(美川王) 15년 9월
【사료504】『삼국사기(三國史記)』 고구려본기 제10 寶藏王 668년 02월(음)
【사료505】『삼국사기(三國史記)』 신라본기 제6 문무왕(文武王) 10년 7월
【사료506】『동사강목』 부록 하권 「마자수고(馬訾水考)」[안정복(安鼎福)]
【사료507】『자치통감(資治通鑑)』 卷一百八十一 隋紀五 煬皇帝 (大業八年(612) 五月 壬午)
【사료508】『삼국사기(三國史記)』 고구려본기 제1 유리왕(琉璃王) 22년 10월
【사료509】『삼국사기(三國史記)』 고구려본기 제4 산상왕(山上王) 13년 10월
【사료510】『삼국사기(三國史記)』 고구려본기 제1 유리왕(琉璃王) 21년 3월
【사료511】『삼국사기(三國史記)』 고구려본기 제6 고국원왕(故國原王) 十二年春二月
【사료512】『삼국사기(三國史記)』 고구려본기 제6 고국원왕(故國原土) 十二年秋七月
【사료513】『삼국유사』 권 제1 왕력(王曆)
【사료514】『삼국사기(三國史記)』 고구려본기 제6 고국원왕(故國原王) 十二年秋八月
【사료515】『삼국사기(三國史記)』 고구려본기 제7 문자왕(文咨王) 三年春二月
【사료516】『삼국지(三國志)』 魏書 三十 「오환선비동이(烏丸鮮卑東夷)」 鮮卑
【사료517】『자치통감』 卷九十六 晉紀十八 顯宗成皇

【사료518】『상서대전(尙書大典)』
【사료519】『산해경(山海經)』「대황북경(大荒北經)」
【사료520】『삼국유사』卷 第一 제1 기이(紀異第一) 동부여(東扶餘)
【사료521】『위서(魏書)』卷七下 高祖紀 第七下 (太和十有三年(489)) 冬十月甲申
【사료522】『삼국사기(三國史記)』고구려본기 제6 長壽王 489년 10월(음)
【사료523】『삼국사기(三國史記)』고구려본기 제6 장수왕(長壽王) 七十二年冬十月
【사료524】『서경(書經)(상서)』하서(夏書) 제1편 우공(禹貢)
【사료525】『산해경』「해내서경」
【사료526】『삼국사기(三國史記)』고구려본기 제6 고국원왕(故國原王) 三十九年秋九月
【사료527】『삼국사기(三國史記)』백제본기 제2 근초고왕(近肖古王) 24년 9월
【사료528】『삼국사기(三國史記)』신라본기 제3 소지(炤知) 마립간(麻立干) 17년 8월
【사료529】『삼국사기(三國史記)』신라본기 제3 나물(奈勿) 이사금(尼師今) 42년 7월
【사료530】『삼국사기(三國史記)』신라본기 제3 나물(奈勿) 이사금(尼師今) 45년 08월/10월
【사료531】『삼국사기(三國史記)』백제본기 제2 근초고왕(近肖古王) 24년 11월
【사료532】『삼국사기(三國史記)』고구려본기 제6 광개토왕(廣開土王)
【사료533】『삼국사기(三國史記)』백제본기 제3 진사왕(辰斯王) 8년 10월
【사료534】『삼국사기(三國史記)』백제본기 제3 아신왕(阿莘王) 2년 8월
【사료535】『삼국사기(三國史記)』백제본기 제3 진사왕(辰斯王) 3년 9월
【사료536】『삼국사기(三國史記)』신라본기 제3 나물(奈勿) 이사금(尼師今) 40년 8월
【사료537】『삼국사기(三國史記)』백제본기 제1 시조 온조왕(溫祚王) 원년
【사료538】『삼국사기(三國史記)』백제본기 제1 시조 온조왕(溫祚王) 13년 9월
【사료539】『삼국사기(三國史記)』백제본기 제1 시조 온조왕(溫祚王) 14년 1월
【사료540】『삼국사기(三國史記)』백제본기 제1 시조 온조왕(溫祚王) 14년 7월
【사료541】『삼국사기(三國史記)』백제본기 제1 시조 온조왕(溫祚王) 15년 1월
【사료542】『삼국사기(三國史記)』백제본기 제2 근초고왕(近肖古王) 26년
【사료543】『삼국사기(三國史記)』백제본기 제2 근구수왕(近仇首王) 3년 10월
【사료544】『삼국사기(三國史記)』백제본기 제4 문주왕(文周王) 一年冬十月
【사료545】『삼국유사』卷 第一 王曆
【사료546】『삼국사기(三國史記)』백제본기 제4 동성왕(東城王) 十三年夏六月
【사료547】『삼국사기(三國史記)』잡지 제6 지리(地理)四 백제(百濟)
【사료548】『삼국사기(三國史記)』신라본기 제8 신문왕(神文王) 686년 2월(음)
【사료549】『삼국사기(三國史記)』신라본기 제7 문무왕(文武王) 十一年春一月
【사료550】『삼국사기(三國史記)』잡지 제5 지리(地理)三 신라(新羅)
【사료551】『삼국사기(三國史記)』백제본기 제4 성왕(聖王) 四年冬十月
【사료552】『삼국사기(三國史記)』백제본기 제5 위덕왕(威德王) 一年冬十月
【사료553】『삼국사기(三國史記)』신라본기 제4 진흥왕(眞興王) 15년 7월
【사료554】『삼국사기(三國史記)』백제본기 제4 성왕(聖王) 三十二年秋七月
【사료555】『삼국사기(三國史記)』열전 제3 김유신(金庾信) 하
【사료556】『일본서기(日本書紀)』 권 19 天國排開廣庭天皇 欽明天皇
【사료557】『삼국유사』기이제1(紀異第一) 진흥왕(眞興王)

【사료558】『조선왕조실록』세종실록 149권, 지리지 충청도 청주목 옥천군
【사료559】『일본서기(日本書紀)』권 19 天國排開廣庭天皇 欽明天皇 13년(0552년 (음))
【사료560】『삼국사기(三國史記)』백제본기 제6 의자왕(義慈王) 二十年
【사료561】『자치통감(資治通鑑)』卷二百 唐紀十六 高宗天皇大聖
【사료562】『책부원구(冊府元龜)』卷九百八十六 外臣部 三十一
【사료563】『구당서(舊唐書)』列傳 第三十三 「소정방 열전」
【사료564】『신당서(新唐書)』卷一百一十一 列傳 第三十六「소정방 열전」
【사료565】『삼국사기(三國史記)』고구려본기 제10 보장왕(寶藏王) 七年春一月
【사료566】『삼국사기(三國史記)』고구려본기 제10 보장왕(寶藏王) 七年夏四月
【사료567】『삼국사기(三國史記)』고구려본기 제10 보장왕(寶藏王) 七年秋九月
【사료568】『산해경(山海經)』「남산경 남차이경(南次二經)」
【사료569】『삼국사기(三國史記)』백제본기 제6 의자왕(義慈王) 十六年春三月
【사료570】『삼국사기(三國史記)』신라본기 제3 실성(實聖) 이사금(尼師今) 4년 4월
【사료571】『삼국사기(三國史記)』신라본기 제3 눌지(訥祗) 마립간(麻立干) 28년 4월
【사료572】『삼국사기(三國史記)』신라본기 제2 나해(奈解) 이사금(尼師今) 14년 7월
【사료573】『삼국사기(三國史記)』신라본기 제1 파사(婆娑) 이사금(尼師今) 8년 7월
【사료574】『삼국사기(三國史記)』신라본기 제2 조분(助賁) 이사금(尼師今) 4년 7월
【사료575】『삼국사기(三國史記)』신라본기 제2 첨해(沾解) 이사금(尼師今) 3년 4월
【사료576】『삼국사기(三國史記)』열전 제5 석우로(昔于老)
【사료577】『삼국유사』권 제1 왕력(王曆)

참고 자료 목록

[단행본]

『욕망 너머의 고대사』, 2018, 서해문집, 젊은 역사학자 모임
『처음 읽는 부여사 : 한국 고대국가의 원류 부여사 700년』, 2015, 사계절, 송호정
『총균쇠』, 2005, 문학사상, 재레드 다이아몬드 저 ; 역자 김진준
『부여기마족과 왜』, 2006, 글을 읽다, 존 카터 코벨 저 ; 역자 : 김유경
『이야기로 떠나는 가야 역사여행』, 2009, 지식산업사, 이영식
『새 천년의 가락국사 : 한 권으로 읽는 가야사』, 2009, 김해향토문화연구소, 이영식
『가야 제국사 연구』, 2016, 생각과 종이, 이영식
『초기 고구려역사 연구 : 2007년 한중 고구려역사 학술회의』, 2007, 동북아역사재단, 동북아역사재단 중국사회과학원 편
『광개토왕비의 재조명』, 2013, 동북아역사재단, 연민수·서영수외
『역주 일본서기 1,2,3』, 2013, 동북아역사재단, 연민수 등 지음
『(譯註) 翰苑』, 2018, 동북아역사재단, 동북아역사재단 한국고중세사연구소 엮음
『고대 한일 관계사』, 1988, 한마당, 김석형
『일본에서 조선 소국의 형성과 발전』, 1990, 평양 백과사전출판사, 조희승
『초기 조일 관계사 1-3』, 2010, 사회과학출판사, 조희승·김석형
『(북한학자 조희승의) 임나일본부 해부』, 2019, 말, 이덕일
『古代韓日關係와 日本書紀』, 2001, 일지사, 최재석
『고대한일관계사 연구 비판』, 2010, 경인문화사, 최재석
『고조선은 대륙의 지배자였다』, 2006, 역사의 아침, 이덕일·김병기
『(이덕일의) 한국 통사』, 2019, 다산초당, 이덕일
『조선사편수회 식민사관 비판1-한사군은 요동에 있었다』, 2020, 한가람역사문화연구소, 이덕일
『압록과 고려의 북계』, 2017, 인하대 고조선연구소 연구총서, 주류성,·윤한택·복기대·남의현 외
『고구려의 평양과 그 여운』, 2018, 인하대 고조선연구소 연구총서, 주류성, 복기대 외
『동북아 대륙에서 펼쳐진 우리 고대사』, 2012, 지식산업사, 황순종
『임나일본부는 없었다』, 2016, 만권당, 황순종
『가야와 임나』, 1995, 동방미디어, 이희진
『백제사 미로찾기』, 2009, 소나무, 이희진
『임나신론(역설의 한일 고대사)』, 1995, 고려원, 김인배, 김문배 공저
『새로쓰는 한일 고대사)』, 2010, 동아일보사, 김운회
『우리가 배운 백제는 가짜다 : 부여사로 읽는 한일고대사』, 2017, 역사의 아침, 김운회
『한사군은 중국에 있었다』, 2018, 우리역사연구재단, 문성재

『한국고대사와 한중일의 역사왜곡』, 2018, 우리역사연구재단, 문성재
『임나의 인명』, 2019, 유페이퍼, 최규성
『임나의 지명』, 2019 유페이퍼, 최규성
『한단고기』, 1986, 정신세계사, 임승국
『일본의 역사는 없다』, 2000, 아세아문화사, 최성규
『거꾸로 보는 고대사』, 2010, 한겨레출판, 박노자
『고구려가 왜 북경에 있을까』, 2012, 글누림, 김호림
『고조선으로 가는 길』, 2015, 마고문화, 김봉렬
『세종실록 지리지와 고려사 지리지의 역사지리 인식』, 2006, 조선시대사학회, 조성을
『백제와 다무로였던 왜나라들 : 이제까지 감춰진 한·일 고대사의 비밀』, 2013, 글로벌콘텐츠, 김영덕
『고려사와 고려사절요의 사료적 특성』, 2019, 지식산업사, 노명호
『밝혀진 고려역사 : 통일신라의 실체』, 2019, 홍익기획출판, 한창건
『동명왕편 : 신화로 읽는 고구려의 건국 서사시』, 2019, 아카넷, 이규보 저·조현설 역해
『廣開土王碑文의 世界』, 2007, 제이앤씨, 권오엽
『桓檀古記 역주본』, 2012, 상생출판, 桂延壽 編著·안경전 역주
『흠정만주원류고』, 2018, 글모아, 남주성 역주
『광개토대왕릉비 : 동북아 시대를 맞아 우리의 광개토대왕릉비를 말한다』, 2014, 새녘, 이형구·박노희
『낙랑고고학개론』, 2014, 진인진, 중앙문화재연구원
『유라시아 역사 기행 : 한반도에서 시베리아까지, 5천 년 초원 문명을 걷다』, 2015, 민음사, 강인욱
『(고구려 평양성에서 바라보는) 초주와 해주』, 2012, 어드북스, 김진경
『고구려-발해인 칭기스 칸 1, 2』, 2015, 비봉출판사, 전원철
『(한반도에) 백제는 없었다』, 2021, 시간의 물레, 오운홍
『삼국사기 바로알기』, 2022, 키메이커, 김기홍

[논문 외]

「고조선사 연구 방법론의 새로운 모색」, 2017, 인문학연구 제14호, 송호정
「집안고구려비의 성격과 고구려의 수묘제 개편」, 2014, 한국고대사학회연구 제76집, 기경량
「사이비 역사학과 역사 파시즘」, 2016, 역사비평 통권114호, 기경량
「"학문은 '닫힌 걸괴' 강요해선 안 돼": '역사파시즘' 용어 제시한 기경량 강사, 대중 선동하는 사이비역사학 작심 비판〈인터뷰〉」, 2016, 주간경향 통권1168호, 기경량
「한국 유사 역사학의 특성과 역사 왜곡의 방식」, 2018, 강원사학 제30집, 기경량
「낙랑군은 평양에 있었다」, 2017, 한올문학 통권 제161호, 기경량
「낙랑군은 평양에 있었다 : 사료 몰이해로 엉뚱한 주장하는 사이비역사가들 : 올바른 역사 연구에 전문적 훈련·지식 뒤따라야」, 2017, 한겨레21 통권1174호, 기경량

「가짜가 내세우는 '가짜' 프레임 : 2600기 무덤, 1만5천여 점 유물 등 낙랑군이 평양에 있었다는 물증을 무조건 가짜이고 조작이라 말하는 사이비역사가들의 망상」, 2017, 한겨레21 통권1175호, 기경량
「정치적인, 너무나 정치적인 광개토왕비 : 19세기 제국주의 일본이 속았다… 광개토왕비에 숨은 5세기 고구려인의 진짜 속내」, 2017, 한겨레21 통권1173호, 안정준
「광개토왕비 연구의 어제와 오늘 : 신묘년조 문제를 중심으로」, 2017, (내일을 여는)역사 제68호, 강진원
「광개토왕비문의 '安羅人戍兵'에 대한 재해석」, 2017, 동방학지 제178집, 신가영
「고조선의 이동과 강역의 변동」, 1988, 한국사시민강좌 2, 서영수
「위만조선의 형성과정과 국가적 성격」, 1996, 한국고대사연구 9, 한국고대사학회, 서영수
「관산성-새로운 동아시아 국제질서의 시작, 한강유역과 관산성」, 2019, 충청남도 역사문화연구원, 주보돈·노중국외
「임나일본부설의 허상과 가야제국」, 2016, 한국고대사학회 고대사 시민강좌 2016 하반기, 이영식
「이영식교수의 이야기 가야사 여행」, 2007, 국제신문사, 이영식
「고구려 평양의 진실」, 2016, 역사인문학강연, 복기대
「조선시대 실학자들의 역사 인식과 조선총독부 편수회의(조선사)」, 2018, 인하대학교 고조선연구소 학술회의, 윤한택
「한국사에서 단군인식- 나말 여초~조선 중기 단군인식의 전개와 우리 역사체계」, 2018, 인하대학교 고조선연구소 학술회의, 조성을
「광개토왕릉비문 '신묘년 조' 연구 고찰」, 2017, 석사학위몬문, 전희재
「廣開土好太王碑 研究 100年. 上,中,下」, 1996, 高句麗研究會
「廣開土大王 碑文 研究」, 1987, 경남대학교 석사학위논문, 박병태
「고조선 말기 패수의 위치에 관한 제학설과 문제점」, 2017, 이찬구
「2016년 제2회 상고사 토론회」 고조선과 한의 경계, 패수는 어디인가?, 2016, 동북아역사재단, 김종서·이후석·박준형·심백강
「2016년 제3회 상고사 토론회」한국 상고사의 쟁점, 고조선과 연의 경계 만번한은 어디인가?, 2016, 동북아역사재단, 심백강·박준형·이후석·김종서
「서희 6주와 고려-거란전쟁지역 재고찰」, 2017, 남주성
「고구려 동성 연구의 현황과 과제」, 2014, 고구려발해학회, 양시은

지도 목록

[그림1] 삼수(습수, 열수, 산수)회지 위치도
[그림2] 요동, 요수 세 가지 개념
[그림3] 고대사 평양 여섯 가지
　①하북성 위만조선 평양성
　②산동성 고구려 졸본성인 나중의 남평양인 평양성
　③고구려 천도지 하북성 평양성(=①위만조선 평양성)
　④왜곡시킨 하북성 진황도시 노룡현
　⑤왜곡시킨 위만조선 평양성 위치인 고려 서경 평양성인 요령성 요양.
　⑥왜곡시킨 위만조선 평양성이자 고구려 및 고려 서경 평양성인 지금의 한반도 평양
[그림4] 일본 교과서 중국 조조 위나라 한반도 점령도(공손씨 대방군)
[그림5] 중국 및 주류 강단 사학계 왜곡 비정 압록수, 대요수, 소요수, (서)안평현
[그림6] 압록수, 대요수, 소요수, 갈석산, 태백산, 흑수하, (서)안평현
[그림7] 공손씨 양평(요동성), 대방군, 대방고지
[그림8] 중국 및 주류 강단 사학계 연나라 위치 비정
[그림9] 연나라와 고조선 위치도
[그림10] 일본 교과서 중국 진나라 한반도 점령도(진장성)
[그림11] 일본 교과서 중국 한나라 한반도 점령도(한사군)
[그림12] 요동외요, 좌갈석/요동고새, 우갈석
[그림13] 연5군, 한2군 위치 비정도
[그림14] 임유관. 마수산, 용성, (우)갈석산 비정도
[그림15] 주류 강단 사학계 왜곡 비정(압록수, 대수, 패수, 한수, 살수)
[그림16] 압록수, 대수, 패수, 한수, 살수, 평양성 위치 비정도
[그림17] 주류 강단 사학계 고구려 최대 영토 및 사국 비정도
[그림18] 고구려, 백제, 신라 영역도
[그림19] 백제 위치 강역도(동서남북 경계)
[그림20] 백제 하남 위례성 위치도
[그림21] 낙랑 이동과 예족(신라) 이동도
[그림22] 중국의 [위치 이동, 명칭 이동] 조작(탁록, 탁수거용관, 갈석산, 압록수, 요수,
　　　　노룡현, 용성, 등주, 서안평)
[그림23] 주류 강단 사학계 왜곡 비정(삼국지/후한서 동이 한전)
[그림24] 삼국지/후한서 동이 한전 비정도
[그림25] 주류 강단 사학계 통일신라 9주 5소경
[그림26] 한주, 삭주, 명주 비정 비교도
[그림27] 남옥저, 죽령 비정 비교도
[그림28] 중국/주류 강단 사학계의 거란 및 선비 위치 비정도
[그림29] 거란, 선비 위치 비정도
[그림30] 독산 비정 비교도

[그림31] 구천 비정 비교도
[그림32] 고구려 천리장성 위치 비교도
[그림33] 아차(단)성 비정 비교도
[그림34] 안동도호부 이동 비교도
[그림35] 고려 천리장(관)성 비정 비교도
[그림36] 비주류 강단 사학계(재야) 고려 국경
[그림37] 통일신라 국경선 비정 비교도
[그림38] 신당서 가탐도리기 기록에 의한 위치비정
[그림39] 요서 지리지상 신라 및 옛 평양성(고구려 졸본성) 비정도
[그림40] 송악 철원 비정 비교도
[그림41] 주류 강단 사학계 발해 당나라 등주, 마도산 공격 비정도
[그림42] 발해 당나라 등주, 마도산 공격 비정도
[그림43] 산서(기주, 병주, 유주/산동(청주, 영주)
[그림44] 유주와 평주
[그림45] 주류 강단 사학계 고려, 거란(요) 여진 왜곡 비정도
[그림46] 고려 영역도
[그림47] 요택 위치 비정 비교도
[그림48] 주류 강단 사학계 발해5경 위치 비정도
[그림49] 발해5경 위치 비정도
[그림50] 동북9성 위치설
[그림51] 주류 강단 사학계 서희 강동6주 위치 비정도
[그림52] 서희 8성 위치 비정도
[그림53] 『삼국사기』상의 졸본성의 위치 및 이에 대한 주류 강단 사학계의 왜곡과 교과서 비정
[그림54] 고죽국 왜곡 이동
[그림55] 살수(청천강), 환도성, 안시성 비정도
[그림56] 주류 강단 사학계 쌍성총관부, 동녕부 조작 비정
[그림57] 쌍성총관부, 동녕부 위치 비정도
[그림58] 주류 강단 사학계 고려 5도 양계
[그림59] 고려 북계, 동계 위치도
[그림60] 후한서 동이열전 왜전 "낙랑에서 왜로 가는 길"
[그림61] 삼국지 위서 오환선비동이전 왜전 "대방에서 왜로 가는 길"
[그림62] 고구려 수도 천도(주류 강단 사학계)
[그림63] 고구려 수도 천도
[그림64] 삼연(전연, 후연, 북연) 위치 비정도
[그림65] 중국/주류 강단 사학계의 북위 위치 비정도
[그림66] 북위 위치 비정도
[그림67] 광개토대왕비문 신묘년조 비교도
[그림68] 주류 강단 사학계 고구려 백제 한성 함락 공격 경로
[그림69] 고구려 백제 한성 함락 공격 경로
[그림70] 주류 강단 사학계 나당 연합군 백제 공격 경로
[그림71] 나당 연합군 백제 공격 경로

도표 목록

[도표1] 본 필자의 비판 대상인 이 논문의 비판 사료 이용 비판
[도표2] 연5군 및 현토·낙랑군 거리 적용 (『후한서』「군국지」)
[도표3] 중국사서 지리지상 소속현 규모 변화
[도표4] 연표
[도표5] 고조선 이동설 사서 기록 분석표
[도표6] 임유관(현, 궁, 임삭궁) 비정
[도표7] 마수산(책) 비정
[도표8] 고구려, 백제, 신라, 왜의 거리 수치
[도표9] 백제 온조왕 활동 사항
[도표10] 죽령, 남옥저 비정
[도표11] 안동도호부 위치 비정
[도표12] 하(아)슬라 비정
[도표13] 니하, 우산성 비정
[도표14] 독산(禿山, 獨山)『삼국사기』기록 정리표
[도표15] 구천책(狗川柵), 구천(狗川), 구원(狗原) 비정
[도표16] 남옥저, 죽령 지방 영유권 변천 과정
[도표17] 아차(단)성 비정
[도표18] 나당 전쟁 관련 중국사서『신당서』순서 조작
[도표19] 나당 전쟁 관련『삼국사기』명칭 조작
[도표20] 부양(부현, 대부현) 비정
[도표21] 발해 5경 비정표
[도표22] 서희의 강동 6주(8주) 비정
[도표23] 서희의 강동 6주(8주) 위치 비정
[도표24] 패수에 대한 학설
[도표25] 고구려 천도 사실
[도표26] 치양, 주양, 패수, 패하, 패강 위치 비교표
[도표27] 신라 실성이사금 활동 사항
[도표28] 수나라 고구려 공격루트 비정(AD612년 6월, 고구려 영양왕 23년)
[도표29] 백제 천도 사실
[도표30] 백제 말기 산동성 활동 기록
[도표31] 나당 연합군 백제 침략 성로 위치 비정표
[도표32] 백제 항복 주체 논란 및 예씨 선조 유래
[도표33] 이영식 교수 가야 비정 비교표
[도표34] 가야와 포상8국 비교표